【北京社科名家文库】

层峦叠嶂 深不见底

BEIJING SHEKE MINGJIA WENKU

乐黛云自选集

乐黛云◎著

首都师范大学出版社
CAPITAL NORMAL UNIVERSITY PRESS

图书在版编目(CIP)数据

层峦叠嶂　深不见底：乐黛云自选集 / 乐黛云著. —北京：首都师范大学出版社，2022.3

ISBN 978-7-5656-6801-2

Ⅰ. ①层…　Ⅱ. ①乐…　Ⅲ. ①世界文学—文学研究　Ⅳ. ①I106

中国版本图书馆 CIP 数据核字(2021)第 266162 号

北京社科名家文库

CENGLUANDIEZHANG SHENBUJIANDI

层峦叠嶂　深不见底

乐黛云自选集

乐黛云　著

项目统筹：杨林玉　　责任编辑：董　晴　车　慧

责任设计：王征发　　封面绘画：王征发

责任校对：李佳艺　　责任印制：李　然

首都师范大学出版社出版发行

地　址　北京西三环北路 105 号

邮　编　100048

电　话　68418523(总编室)　68982468(发行部)

网　址　http://cnupn.cnu.edu.cn

印　刷　三河市博文印刷有限公司

经　销　全国新华书店

版　次　2022 年 3 月第 1 版

印　次　2022 年 3 月第 1 次印刷

开　本　710mm×1000mm　1/16

印　张　25.5　　插页　2

字　数　400 千

定　价　89.00 元

《北京社科名家文库》编委会

出版说明

1978年，中国改革开放的元年。自那一年开始，中国已经走过了波澜壮阔的30年。这是伟大的30年，是改变中国的30年，是震惊世界的30年，也是哲学社会科学蓬勃发展的30年。

在哲学社会科学这30年的辉煌成就里，浸透着为新中国哲学社会科学奠基的老一辈专家呕心沥血的求索，也镌刻着寻着他们足迹的后来者追求真理的步伐。“学之大者，国之重器”。我们有责任将这些“大者”潜心研究的成果，重新编辑出版以飨读者。为此，北京市社会科学界联合会和首都师范大学出版社将这一套《北京社科名家文库》奉献给读者。她以自选集的体例形式，每年推出一批，争取在几年内达到百种以上。《北京社科名家文库》将系统展示当代哲学社会科学名家学者30年来的学思精华，展示他们的学术探索历程和风采。同时，为使这套《北京社科名家文库》更加丰富，编委会决定在首都师范大学出版社已出版的《当代著名学者自选集》中挑选符合体例的图书，编辑成《北京社科名家文库·纪念辑》，这将更完整地反映北京学人在学术风范和学术使命上的历史延续。

我们相信，《北京社科名家文库》将能够成为具有文化传承价值的经典性大型出版工程，成为集中展示首都哲学社会科学重要成果的一个窗口。由于我们水平所限，定有不足之处，希望读者和同仁给予批评指正。

编　委　会

2009年11月

乐黛云先生

目录

北京社科名家文库

北京社科名家文库

采撷东西，继往开来(代学术自述)*

采访人问(以下简称问)：您是怎样走上比较文学这条道路的？

乐黛云答(以下简称答)：1978年或1979年北大招了第一批欧美留学生，来自丹麦、瑞典、英国、美国。我那个班二十几个学生，有来中文系学习的，也有历史系来旁听的。让我开中国现代文学课，一是我过去教过，二是其他人不愿意去，怕出漏子。外国人提点问题怎么办，哪句话说得不对就是政治问题。再有中文系的人一般都不会英语，我好歹会两句。一去就教了3年，跟他们关系很好。1978年我算是正式恢复教职。我教他们现代文学，不可能像当时那样只教"鲁迅走在金光大道上"那几本热门的书，否则人家就会认为现代文学就这么点东西，所以我也讲了巴金、老舍、曹禺、徐志摩、闻一多这些不让讲的老作家，主要想把线连贯起来，学生也很欢迎。两年现代文学史课，时间很长，他们学得也很扎实。他们都是汉语毕业之后才来上北大的，现在都是汉学家、大使，罗马尼亚的学生是大使了。

这两年我越来越感到离开整个世界语境，专门讲中国现代文学的发展是讲不通的，哪个作家也脱离不了外国文学的滋养。当时很奇怪鲁迅对尼采的评价为什么那么高，看郭沫若翻译的《查拉图斯特拉如是说》，登在著名杂志《创造周报》上，多期连载；再看茅盾《论尼采》，一共是6期连载，登在《学生》杂志上面。我就很奇怪，不是说尼采是帝国主义走狗之类的么，可为什么他对中国的影响这么大？所以我看了很多尼采的书，感觉到讲现代文学无法离开20世纪语境。1979、1980年我写了一篇文章叫作《尼采与中国现代文学》，反应特别好，说是方向性突破，因为当时没有人敢把中国文学和西方的反动思想家联系起来，当时说尼采是希特勒的"思想智囊"。这么一篇很偶然的文章，1981年北大评社会科学奖，给我评了一个奖，可能是二等奖，是最早的一批。《文

---

* 原载《中国比较文学》，2012年第3期。访谈者：王东亮、罗湉、史阳。

学评论》也登了我的一些文章，《〈蚀〉和〈子夜〉的比较研究》也评上了奖。茅盾的三部曲和另外一些书都受到西方很大的影响。比如说三部曲把女性分成两种类型，一种是浪漫的、解放的，一种是守旧的、温婉的，它也吸收了西方很多东西。《子夜》更是这样，它和左拉的《萌芽》都是讲工人运动，描写有很多类似的地方。所以我很自然地走上了这么一条路，觉得现代文学吸收了很多西方东西，同时也尽量表现中国现状。《子夜》讲的是上海大都市资本家怎么赚钱，和西方有很多对应的地方。仔细研究这个问题也挺有意思的。

问：您(20世纪)50年代教中国现代文学已经开始考虑一些外来因素，此时教留学生的课就想得更全面更透彻，可以说，因为自己的阅读兴趣和问题意识，您当时已经进入了比较文学研究领域……

答：是的。特别是我在1978、1979年编了一本欧美学者论鲁迅的翻译集，我翻译了一篇，也请人来一起译。那本书影响很大，因为大家觉得过去的鲁迅研究已经很难突破了，看到国外怎么做研究，好像打开了一扇窗户，这其实也属于比较文学。

1981年哈佛燕京学社来招人，其实我英语基础不好，可是《尼采和中国现代文学》很有名。当时我的留学生里有一个叫舒衡哲(她是犹太人，当时是威斯理安大学的副教授，最近写的《鸣鹤园》很有名)，她向哈佛燕京推荐我做访问学者。我是第二批，第一批是社科院朱虹。可是我当时没有信心参加interview，觉得自己英语不好，而且来人专门要考察《尼采和中国现代文学》是不是我写的，所以提的问题全部关于尼采。中国文学我还可以勉强答上来一点，尼采方面我英语不会表达。我觉得没戏了，没想到一共录取了5个人，我是其中之一，就去美国了。当时政治上我是摘帽"右派"，没有真正平反。1978年平反了，就算没问题了，当时问我要不要恢复党籍，我要恢复。我写了一本书*To the Storm*，我口述，我的一个朋友卡洛琳记下来。后来，这本书成为美国一些大学讲"文化大革命"的参考资料。常有学生写信问我为什么还要留在共产党内，是不是还想做官。其实我想的是中国真正有理想、有能力的人大部分还是在共产党内，共产党的组织力和动员力无可代替。到哈佛待了一年，一下子扎进比较文学系了。那边接收我的是哈佛燕京学社，可是我选择的所有课程和接触的人都是比较文学系的。系主任是西班牙人，是比较文学专家，我坚持听课，参加了他的讨论班，听不懂，就用录音机录下来。一个礼拜2次课，我花3天听懂讲稿，一个字一个字地弄懂，看他指定的参考书。书念得很艰苦，基础不好，不如人家比较文学系出来的。

补充一点，我去哈佛以前，1979年左右，有些教授在天津一次会上已经提出了比较文学的想法，李赋宁、杨周翰、季羡林先生认为比较文学应该发展，但只是提了一个想法，没有下文。我没有参加会议，他们回来后，建议在北大建立一个组织，团结大家做这方面研究。1980年成立了北京大学比较文学研究中心，是一个民间虚体组织，没有钱也没有什么人，会长是季先生，副会长是杨先生和李先生，我是秘书长。张隆溪也参加了，他是杨先生的硕士生。

问：倡议这个比较文学中心的主要就是杨先生、李先生和季先生吧？他们自己的学术关注范围也与比较文学有关吧？季先生的研究不可避免地就会有比较，文学关系、语言、佛经，本身就离不开比较。其他两位先生的情况能给我们介绍一下吗？

答：杨先生很早就关注了，写的东西不少，《攻玉集》《七巧板》都是比较文学著作。2本书里有的文章是(20世纪)70年代的，有的是80年代后的。出国以前他的一番话对我影响很深。他让我出国要小心，研究外国文学的人一定要有一个中国人的灵魂，哪怕研究外国文学，也要用中国人的眼光、视野和灵魂去研究，否则永远无法超越别人，因为外国人研究外国文学一定比我们细致全面，有他们自己的文化根基。我一直在关注中国人应该如何研究外国文学的问题，现在中国文学和外国文学是在不同的系科分开来研究的，结合起来研究就是比较文学。

金丝燕是法语系毕业的，是比较文学第一个助教，她在法国生活了将近20年。我问她，在法国20年，你比钱锺书和陈寅恪他们对法国和法国文化的了解是否更深？她说不一定，因为人家来的时候有中国文化的底蕴，知道哪个是该拿的，哪个是急需的，哪个是不该用的，知道怎么鉴别欣赏。现在她正在申请翻译《文心雕龙》。总之，必须有中国文化的底蕴才知道要什么，拿什么，哪些该发展。现在比较文学的观点已经深入人心，我们超过外国学者的地方就在于你有中国文化底蕴，可以发展创造。

对我影响最大的是，我在哈佛一年，伯克利正好有研究员位置，研究中国文学，他们让我去，我就去了。正好1983年杨先生去讲学，讲莎士比亚的《暴风雨》。我担心这个题目在美国会不会受到欢迎，可是他完全用中国方式，讲中国生死观、道家、孝道、家庭关系，用庄子观点来讲，效果特别好，挺轰动的，到处都请他去讲莎士比亚的生死观，就是用中国的观念，讲莎士比亚哪一点是进步的，哪一点是有缺陷的。从那以后我更加觉得比较文学应该从中国出发。杨先生讲得真是很好，英文又好，我当时很感动，特别佩服他。可惜杨先生去世太早，1989 年就去世了。

我和李赋宁先生是朗润园邻居，他对我最大的启发是告诉我研究外国文学不能离开外国文学自己的谱系。他最反感讲外国文学就是讲现代派、后现代派，这都是后来的东西，如果不了解怎么来的，你就不能了解人家的来龙去脉。他本人就研究英国文学的根本起源。现在我也觉得不能光看现在，回到原典很重要，要看发展脉络和我们有哪些不同，这样比较文学的面就会扩展得很宽。

几位先生对我的影响都很大，更不用说季先生，每一步都是他扶着我走过来的。1985 年成立比较文学学会，很有意思，36 所学校共同发起，各交 200 块钱，在深圳大学成立。我回国想搞比较文学，可是北大中文系很难接受，不少人说我中国文学不通，外国文学半拉子，所以搞比较文学。有些话直接传到我耳朵里。老伴也劝我别搞了，还给我写了首诗："摸爬滚打四不像，翻江倒海野狐禅"，说是对我的概括。他说我英文不太好，外国文学基础不够，中国文学古代部分也欠缺，还是搞现代文学，或者就抱定一本书，把《文心雕龙》研究透了。可是我觉得中国需要比较文学，可以把文学研究方法整个打开，我牺牲了就算了。1990 年评博导，比较文学当时没有博士点。我想如果接受现代文学博导头衔，比较文学以后就没戏了，我就说不申请，等比较文学博士点建起来再当博导。等了 3 年，我觉得值得，好歹我把比较文学博士点成立起来了。

问：北京大学比较文学研究所是什么时候正式成立的？

答：1985 年成立，杨先生当所长，我是副所长。1989 年停顿了，那年杨先生又去世了。杨先生从 1985 年开始是国际比协(国际比较文学协会)副主席。我觉得非常对不起杨先生，我们要给他出一本英文集子，杨先生自己用英文写的，王宁编的。其中有一篇批判欧洲中心论的长文非常好。什么都弄好了，交给了北大出版社，从 1989 年到现在还出不来。原来说没钱，我就问程朝翔能不能给点钱，他一口答应，我还找了杨先生的外孙、上海师范大学文学院院长孙逊，说好他那边出一万，我们英语系这边出两万。结果出版社竟然找不到书稿了。这是我的心病。我在杨先生那儿受益很多，可是没有为他做什么。

当时，比较文学在北大发展不起来，中文系不肯接纳，英语系更进不去。正好北大支援深圳大学，李赋宁先生兼任深圳大学外语系主任，我兼任中文系主任。那时深圳大学刚成立，非常艰苦，很多人不愿意去。校长是清华张维教授，他很支持我，待遇也很好，给房子，我都准备扎根深圳了。香港、台湾地区 1965 年就开始成立比较文学博士班，成果很多。他们无私捐给我们一个比较文学资料室，应该说深圳也是中国比较文学的一个起点。我们在深圳大学编了一套《中国比较文学丛书》，出了8本，这在中国内地是第一套；后来又出了一套《中国文学在国外》丛书，共8本。1985年，在深圳大学成立了中国比较文学学会，有36所大学参加。杨先生那时是国际比协副主席，大家都支持，国外很多名人都来参加了成立大会。除学会之外，我们还办了比较文学讲习班，请了很多中青年教师、研究生，甚至本科高班生，总共200多人。国外专家都去讲课，用最新的知识武装了中国年轻人。讲习班开了一个月，人们开玩笑说类似黄埔一期。在深圳做了一段之后比较有规模了，各个学校也开始要研究这个问题，觉得挺有意思，36所学校和科研单位，还有200多名学员回去后开始做起来。直到1990年，北大，主要是名誉会长季先生说，光在深圳不行，提出让我回北大，集中发展北大比较文学研究所。我在深圳大学兼任中文系主任5年，做了很多事情，开拓了一些东西，也多亏了当时的深圳大学校长罗征启同志思想十分开明。

问：季先生很有战略眼光，能想到什么时候发展哪些学科。

答：他一直在想这个问题，很想把北大做好。他是一个组织者、领导者，当了几年副校长，做了很多事情。他当时是副校长，比较文学学会成立也是他的功劳。当时要挂靠民政部，民政部不接纳新学会，没办法，季先生找到老朋友胡乔木，通过体改委特批，否则深圳不敢开这个会，季先生起了关键作用。回北大后，我在深圳还兼了一两年职。我1983年开始招硕士，最早的硕士伍晓明现在也在做比较文学，写过《重读孔子》《读鲁迅的〈过客〉》等。1985年北大在季羡林先生的支持下，已经有了比较文学研究所，后来(大约是1986年或1987年)获得了教育部正式批准。开始没有挂在中文系，是独立的，有15个编制，决议都有，那时候还叫比较文学研究所。1990年改为比较文学与比较文化研究所，因为比较文学定义为跨文化的文学研究，这样就摆脱了简单的“比较”两个字。1990年正式批准了比较文学与比较文化研究所，一切走上了正轨。学会3年开一次年会，今年(2011年)在上海复旦大学开了第十届年会。1989年杨先生去世后我担任比较文学学会会长，也当了5年国际比协副主席，后来和孟华一起进入比较文学学会的理事会。主席只能当两届，我退了之后就接不上了，今年刚由英语系的周小仪教授接任国际比协副主席。

问：进入90年代蓬勃发展期，您自己的研究工作也逐渐展开，有很多课题，发表了很多论文。

答：90年代后写得比较多。当时还有一个过程，刚开始，“比较”两个字容易引起误解，很多人作X和Y的比较模式，例如莎士比亚与汤显祖的比较，加之很多人文化底蕴不够，看起来就很浮泛，不能这么发展下去。所以我们在《读书》杂志开了一个会，《读书》杂志发表了很多对这个问题的探讨，到底应该怎么个比较法。季先生也说简单的X和Y的比较方法是不能让比较文学提高一个层次的。

现在的世界比较文学一共经历了三个发展阶段，第一阶段以法国学派为主，通过实证文学关系、文学的传播、文学的迁移，做一些实证性的关系研究；第二阶段是二战之后，以美国学派为主，没有实际接触和传播关系，可是有主题的对应，比如爱情和政治的冲突，可以通过一个问题进行不同研究，也有很多人做；现在进入第三阶段，这是一个跨文化和跨学科的文学研究阶段，以全球化的多元文化发展为背景，更注重后殖民时代的文化和文学特点。

为什么说中国应该是第三阶段的主导力量？因为中国比较文学不是照搬外国的。杨周翰先生在意大利讲学，说中国比较文学并不是舶来品，有自己的三个特点：一、中国比较文学不是课堂中产生的。中国比较文学的开始是社会、国家政治的需要。当时大量西方文化涌入中国，而中国文学正好处于一个转折期，五四运动的实质是向国外吸收很多东西来改变国家现状，满足我国文学发展的需要。当时外国文学进来后，各种杂志、报纸、通俗小说反响很大。我和王向远教授合写了一本书叫《中国比较文学一百年》(后改名《比较文学研究》)。20世纪初科举制度废除，那时虽没有比较文学的名称，但已经开始做比较文学的事情。所以它是和中国社会和文学发展的需要结合在一起的，不是某个人的主观想法；二、中国比较文学一开始就是跨文化的，不像西方欧美都是从希腊罗马的文化发展起来的。中国最早的比较文学可以追溯到印度的佛经翻译成中文，特别在翻译上各种观念的交换，后来还有像王国维“红楼梦研究”之类，不是在单一文化圈里发展的；三、中国比较文学较少认同研究。法国研究在这方面很多，就是我哪一个方面跟你是一样的。中国一开始就是从对比对照来讲的，“你是这样，我不是这样”。林纾翻译100多本法国小说却不懂法文，是跟人家合作的，世界上绝无仅有。每本小说翻译完了他都会发一番感慨和议论，比较优劣。其实林纾每篇译稿的前言，即便是片言只语，也都是比较文学的早期原生态作品。这就是杨先生总结的中国比较文学的三点不同，后来的比较文学就沿着这三点发展下来。X和Y的比较模式与这种传统不一样，既没有跟社会联系，也没有很好的跨文化眼光，所以季先生提出这种方式应该有个了断。所以《读书》杂志开会，发表文章，出了专号，基本控制了这种普遍在做的X和Y的研究模式。那时候主题学、文类学研究开始发展起来，关系史研究也一直有，这一直是比较文学研究的重要内容，关于文化的旅行、传播，材料是很丰富的。现在大家都同意跨文化视角，因为文学关系研究也是跨文化的，大家都可以接受。有一些人强调文学关系史研究是比较文学的核心部分，也有一些人认为比较诗学最重要。现在比较所不少老师都做比较诗学，因为比较诗学是比较文学理论的基础，也是将来发展的重要方向。当然关系史也要研究，但是从理论上讲，将来比较文学的发展就是比较诗学的研究。

问：关系史研究可以说是比较文学的一个很重要的实证的部分，X 与 Y 的文本比较也有人在做，那么现在跨文化研究具体怎么进行呢？以您自己的学术成果给我们举个例子吧。

答：第二阶段的主题学和文类学研究，主要是没有实际交叉关系的研究。我写过几篇关于平行研究的文章。比如希腊神话中的启悟主题，就是一个人如何成年，例如希腊神话中到外面去寻找金羊毛、金苹果之类，经过历练以后再回归，人就成熟了。这个主题是否在世界上普遍存在呢？中国文学有没有呢？其实也是一样的。比如《红楼梦》中青埂峰下的顽石，就是不满意那样的生活，要在大观园花花世界，经历繁华，但绕了一圈，还是再回归到青埂峰下。《西游记》也一样，孙猴子在花果山做猴王挺舒服，却要大闹天宫，经过八十一难取经，然后回归到原来的地方，他就成熟了，修成正果。所以这个主题是全世界共通的，可是又有不同的表现。这就是一般所说的“启悟主题”，启发觉悟，回归本体。各种主题很多，比如爱情和政治主题也是很广泛的。我们曾和法国学者合写了一套丛书，现在还在继续出，对象是大学生、中学教师，学术性不是特别强的。我们找了一些大家都关心的主题，比如金丝燕写《梦》、叶舒宪写《情》、汤一介写《生死》、我写《自然》，都是一个中国人和一个法国人合写，翻译成中文和法文双语。这书在法国出版后销量挺好，中国没有太引起重视，因为这些事太小了。比如说“情”，很难找到真正对应的法文单词。热情、激情，跟中国的“情”都不一样。找两个人写“情”，一对比，就会有新的看法。这套书出了 12 本，这是直接实践跨文化交流。后来这套书翻译成意大利文，意大利、法国都在出。最近出了 4 本，汪德迈和汤一介一起写了《天》，一本书叫《童年》，法方作者是著名汉学家施舟人，中国作家是刚获得茅盾文学奖的张炜。

现在发展到第三阶段，最突出的特点是跨文化、跨学科的文学研究。很多问题要从文史哲社会科学等各方面讨论，在学科和文化打通的基础上来做。

问：正是在这个阶段非专业人士开始觉得不好把握了。学术研讨会如果是跨文化主题，就无法归类，因为无所不包。跨文化到了这个阶段，有没有制定一些基本规范模式？老师如果指导比较文学的学生做这方面研究，如何着手准备呢？

答：这个第三阶段刚刚开始，理论和经验都尚待积累。我的初步认识是首先要有跨文化的观点，以平等心态应对不同文化，尽量扩大自己对不同文化的知识和理解。其次必须是文学研究，离开了文学研究，就不再是比较文学。意大利罗马大学的阿尔曼多·尼兹教授指出今天的比较文学“是一个非殖民化学科”。他从改变人类精神世界的高度出发，把比较文学分为两个层面：第一个层面是“对于摆脱了西方殖民的国家”来说，“比较文学代表一种理解、研究和实现非殖民化的方式”，也就是要靠比较文学的理论和实践，彻底挣脱过去殖民思想的束缚；第二个层面是“对于我们所有欧洲学者”来说，比较文学“代表一种思考、自我批评及学习的形式，或者说从我们自身的‘殖民’(体系)中解脱的方式”。他特别强调作为长期生活在殖民地宗主国的欧洲学者，“必须确实认为自己属于一个‘后殖民的世界’，在这个世界里，前殖民者应学会和前被殖民者一样生活、共存”。尼兹教授认为，要做到这一点，绝非轻而易举，首先要抛弃数百年来殖民体系形成的西方人傲视他种文化的优越感。这是“一种自我批评以及对自己和他人的教育、改造，就像希腊文化中的‘苦修’(askesis)”一样，尼兹教授说，“作为欧洲人，我们必须超越那种贫乏而又激进的对欧洲中心主义的批评，将其转化为比较文学意义上的批评。这就是说重视非欧洲人对欧洲中心主义的批评。……因为不能仅靠我们的力量，以我们的哲学传统下的心理状况为基础就能实行这种苦修，相反，只有通过比较，倾听他人，以他人的视角看自己之后才可能实现。通过这些(比较)手段我们最终才会向他人，也向我们自己学习那些我们永远不能通过别的方法发展的东西”。

二战后，很多新独立的民族国家建立起来，但是在精神上依然处在被殖民状态。也就是说，它们在精神上，或者无意识中会依赖过去的殖民文化价值观，而较少发掘自身传统文化的固有价值，更谈不上在这个基础上与他种文化对话，使传统文化现代化，以致自身的文化仍然被他人所操纵。这种现象也就是佳亚特里·斯皮瓦克在《后殖民理性批判：通向正在消失的现在的历史》一书中激烈批判的来自“占支配地位的全球资本”对于前殖民地的新一轮殖民剥削并使殖民地人民无法发出声来。这也是她在谈到比较文学时一再提出的后殖民时代必须关注“强势文化对新独立文化的随意‘挪用’以及后者如何才能终于从精神的殖民中得到彻底解放的问题”。

我认为这就是比较文学第三阶段的根本出发点，即充分揭露殖民体系的不公，警惕它以另一种形态复活，并设法弥补它所造成的人与人之间的鸿沟，特别是“南北之间”的鸿沟！大家协力通过文学，来建设一个非殖民文化的新的精神世界。

我现在在北外(北京外国语大学)招了5个研究生，第一步就是让他们先看中国诗学，从《文心雕龙》开始，《诗品》《二十四诗品》等中国文学必读书。然后从亚里士多德《诗学》到后来比较重要的理论一共五六本。这是传统的读物。现代主义和后现代主义的基本书也要看。

问：就是说先要有比较诗学基础，了解中西诗学的不同。

答：对。比较诗学是比较文学的基础，这是文艺理论的汇通，也要了解很多作品。入学时，设想你已经看过相当多的作品，我们规定120本中外名著，你先勾出来哪些是看过的，哪些没有看，搞清楚哪些书必须要补，因为你不能脱离文本，否则理论也是空的。一年级多半让大家读书，写读书报告，讨论某个专题。比如“悟”，西方是怎么看的，中国是怎么看的，得有一个把握。也有一些关系研究，比如《文心雕龙》在西方的传播和理解。跨文化文学研究，必须是跨文化的，也必须是文学研究，比较文学的定义就是跨文化、跨学科的文学研究。具体研究对象就根据个人喜好。有人特别喜欢理论，也有人特别喜欢文本分析，都可以，现在很多东西都可以做，比如文学和自然科学、控制论、系统论，加上热学第二定律，这是最好玩的。比如关于钱锺书先生做的《拉奥孔》中诗与画、诗与雕塑、现代派的诗和现代派的画。钱先生做的是跨学科研究，也是跨文化的，因为不同文化对“通感”有不同的解释，他举了很多中国文学的例子。所以第三阶段首先是跨学科、跨文化的文学研究，既是关系研究又是平行研究，既包容又超越。

问：现在中国比较文学有这种思想和主张，在国外也是这样吗？

答：这在前面已经谈过了。目前哈佛大学比较文学系主任达姆罗什很赞成这种想法，他现在提得最多的是世界文学概念。什么是世界文学？什么是比较文学？这是我们一直不大说得清的。他跟歌德、马克思都不一样，他认为现在世界文学就是不同的文学通过一个民族文学反映出来，比如美国黑人作品有世界性，世界上的人都能欣赏它。对中国人来说，它是世界文学作品，可它本身又不是世界文学作品，是中国人接受后加以解释和解读以后的作品，他认为那就叫作世界文学。所以他认为世界文学就是比较文学。他说过去谈比较文学是一个圆心，圆心周围的人和事物跟你进行比较，现在讲世界文学是两个圆心，一个是本国文学，一个是他国文学，二者是椭圆形关系。他认为世界文学和比较文学的不同就是：一个是圆，一个是椭圆，一个只有一个圆心，另外一个有两个圆心。其实就是后现代的思想，不断变化、互动的。所以他认为实际上世界文学和比较文学是重叠的。这只是一个观点，还有很多疑问，可以继续研究，具体操作会有很多问题。（此处有删节）最近，他有2本书出来，一本叫《什么是世界文学》，另一本是他编的《新方向：比较文学与世界文学读本》，大家可以参考。

问：在您看来，现在国内比较文学代表性的趋势和倾向是什么？

答：这个问题没有很好地总结过，很难说。我想很重要的趋势是把中国文化推向世界。这个大家很重视，可是怎么推向世界就是个问题了。我不赞成大谈软实力，一说软实力人家就觉得是个政治概念，等于是要用你的“实力”征服世界，不是文学了。可是政府强调这个，资助最多的也是这个。我认为研究走向世界，不能仅凭主观愿望，而要了解人家觉得你到底什么东西好，什么东西有用，希望你对他有什么启发，这是自我和他者的关系。

问：我们说软实力是非要端给人家，其实还要考虑人家是否需要。

答：对，人家不但不一定需要，还可能反感。前年我在斯洛伐克开会，好几个人跟我说，他们不缺少汉语教员，孔子学院在抢他们的饭碗。而且很多政策也有问题。比如一个捷克人认为，汉语教学需要去边远地区，布拉格那种繁华地区已经足够了。可是负责人认为必须要去有代表性的地方才行，去山区没用。从比较文学第三阶段世界文学与比较文学的关系来看，我认为在文化和文学领域，还是以不提软实力为好，有些说法，如“21世纪是中国人的世纪”，这类提法也不妥，总有“中国中心论”的文化霸权意味，让人家很反感，结果更走不出去了。

我觉得在比较文学发展的第三阶段，首先是要深入了解我们自己的文化，有深入的文化自觉，并对之加以当代诠释，努力参与世界文化对话，让人们感到中国文化确实对他们有用、有益。

其次，我们必须坚持全球文化的多元化。经济和科技不能不讲全球一体化，但是文化不可能一体化，法国学者莫兰讲复杂性思维，他说我们要争取的不是单边主义、文化一体化的全球化，而是多元文化共生并存的全球化，我觉得很有道理。他讲得很尖锐，也批评了我们的“软实力”。

最后，要做到文化多元共生，就要正确对待“自我”和“他者”的关系。我们常常期待把“他者”变成“自我”，所谓“打通思想”，“我打你通”，希望别人变成和自己一样，意见不同就会吵架。可是，我们最需要关注的是他者与自己的相异之处，这样才能互参互动。另外还有一个话语问题，必须要有一个共同话语才可以交流。可是共同话语从哪里来？现在有人说中国患了百年失语症，许多概念都来自外国，没有自己的话语，所以这一百年发展都不足为训。我反对这个提法，因为不可能把这百年倒转，不能把百年来这么多工作，包括从王国维到钱锺书都否定了。他们都是用外来概念写作的，可是也有创造和贡献。从中国文化中发掘我们自己的概念，用自己的话语，重新建立中国文化话语是对的，可是怎么建立？没有对话就不可能有话语。话语是在对话中逐渐形成的。

问：我们比较关注比较文学和当代文艺思潮的关系问题。

答：对，最后还有一个后现代思潮转型的问题。比较文学过去多与后现代思潮相结合，反对本质主义，反对大叙述。其实后现代思潮在中国已经起了很大作用。它至少在一定程度上把人从绝对权威和绝对独裁中解放出来，有了独立思考、自由生活的愿望。但是后现代思潮也使得社会零散化、分离、孤独、众声喧哗、无所适从。因此有了“建构性后现代主义”的出现，希望把大家重新凝聚起来，多元共存，形成不同的文化共同体，使冷漠的、互不关心的、专注于追求物质功利的人重新聚合。这一派理论在美国加州很盛行，这就是我们常常说的新人文主义，也称之为“第二次启蒙”。第一次启蒙是指法国大革命时期，解放个性，最后发展成物化和异化。要解决这个问题，就要第二次启蒙。这一思潮的核心人物柯布教授认为中国文化在这方面可以起很大作用。例如中国传统文化历来强调有机整体，不像西方一开始就讲分类、区别、分离。西方现代医学就是把病原体和病体分开，将纯粹的和不纯粹的分离开，消灭不纯粹的，这是西方文化一个最基本的东西。而中医的阴阳辨证治疗方法强调的却是对立面的统一，阴阳协和，一起工作，中医寻求的是平衡而不是分离。西医的治疗方法是分离，摧毁行动者，把行动的癌细胞分离出来，加以摧毁。中医则讲个体和整体的协调，互相制约，和平共处，抑制癌细胞的生长。

建构的后现代思潮以怀特海的过程哲学作基础，他们认为这种哲学与中国前现代文化的生生之道、变异和不确定的混沌思想等都能契合相通，因此很重视中国文化。他认为西方的过程哲学提供了一种机缘，使中国这种直觉的、整体的思想可以和西方的哲学成果结合在一起，出现跨文化发展的新阶段。我觉得这个路数很对。他们的思想我当然也没有研究透彻，可是我觉得在我们面临的后现代转型中，中国文化可以起很大作用，作出很大贡献，提供丰富的资源。

总之，世界面临精神衰败的大问题。无论中西，大家都很难振奋。过去有很多文章谈到对欧洲梦和美国梦的批判。美国梦重在功利赚钱，欧洲梦很难摆脱沉重的福利负担和移民问题。中国以其数千年的文化底蕴和数百年的革命经验是否可以对解决世界问题有独特的、新的贡献呢？我认为从事比较文学，也就是跨文化对话的文学研究最根本的目的，就是要对人生、对人类精神的复兴有所建树，共同开创一个新的、互助共生的文化全球化。

我现在讲的第三阶段和新人文主义都是不成熟的东西，因为这是一个新的学科思想，没有切实研究过，也没有认真做过。

问：听了您的一席话，我们觉得比较文学很有希望，很有发展前景。另外也觉得很难凭空提出一些问题，还是要深入阅读一些古典文学文论，从中有所发现。

答：就是要回到原典再出发。正如老子所说的“反者道之动”，孔子所说的“反本开新”。李赋宁先生经常跟我们这样强调。

第一辑

比较文学理论、历史与现状

中国比较文学的现状与前景*

世界比较文学发展的总趋势

1958年，在美国北卡罗来纳州教堂山召开了著名的国际比较文学学会第二届年会。会上美国学者韦勒克（Rene Wellek）作了奠定他一生在比较文学学术界威望的题为“比较文学的危机”的挑战性发言。韦氏认为艺术品是“一个符号结构，但却是一个有含义和价值，并且需要用意义和价值去充实的结构”。这个“结构”一旦产生，它就完全不同于作者在写作时的大脑活动过程，而成为一个独立存在的实体。他指出：“在作者心理跟艺术作品之间，在生活、社会和审美对象之间，存在着一条被人们正确地称为‘本体论的沟渠’。我已把艺术作品的研究称之为‘内在’，而把对艺术作品与作家思想的关系，艺术作品与社会的关系的研究称之为‘外在’。”①这样把艺术作品与作家和作家的社会生活环境截然分开，在“内在”和“外在”之间画出一条鸿沟显然是错误的（后来韦勒克本人也修正和发展了自己的观点），然而，在当时情况下强调“内在的文学性”是美学的中心问题，指出文学研究必须“将文学作为有别于人类其他活动及其产物的学科来研究”，并从而提出“比较文学的危机”则对世界比较文学的发展做出了重大贡献。

---

* 原载《中国社会科学》，1986年第2期。

① 韦勒克：《比较文学的危机》，见于永昌等选编：《比较文学研究译文集》，133页，上海，上海译文出版社，1985。

韦勒克认为比较文学的危机表现为以下三方面：一、内容与方法之间的人为界限；二、渊源和影响的机械主义概念；三、民族主义的、为本国文学评功摆好的强烈愿望。

所谓“危机”的关键在于第二点。当时，比较文学作为一门学科在欧洲已有七十多年历史，特别是法国学者在这方面做出了很大成绩，但他们大都强调“比较文学就是国际文学的关系史。比较文学工作者站在语言的和民族的边缘，注视着两种或多种文学之间在题材、思想、书籍或感情方面的彼此渗透”。①他们甚至强调：“比较文学主要不考虑作品的独创价值，而特别关怀每个国家、每位作家对其所借取材料(emprunts)的演变。”②这样就把比较文学限制在很狭窄的范围，并越来越脱离对文学本身的研究。难怪韦勒克要攻击他们把“比较文学局限于研究二国文学之间的‘贸易交往’”，“使比较文学变得仅仅注意研究外部情况，研究二流作家，研究翻译、游记和媒介物”，“使比较文学成了只不过是研究国外渊源和作家声誉的附属学科而已”，这样，也就不可能从总体上来完整地研究一部艺术作品，因为“没有一部作品可以完全归因于外国的影响，或者被视为一个仅仅对外国产生影响的辐射中心”。这样的研究只能脱离“文学”本身而被淹没于社会心理学研究、文化史研究等“外在”研究之中。

韦勒克反对法国比较文学学者梵·第根(Van Tieghem)把比较文学定义为“研究两国文学间的相互关系”，而“总体文学则着眼于席卷几国文学的运动和风尚”，因为两者之间并无方法论上的不同。例如研究历史小说家司各特(Walter Scott)在法国的影响本身就是“浪漫主义时期历史小说研究”的一个组成部分。这种人为的划分只会引起混乱。

对于那种把比较文学当作“文化功劳簿”，“竭力论证本国施与他国多方面影响”的倾向，韦勒克也提出了批评。他还特别谴责了那种只要撰文说明普希金的金鸡故事源出于华盛顿·欧文，就被指斥为“没有根基的膜拜西方的世界主义者”的“政治教条主义现象”。

韦勒克提出了非常重要的问题，但却没有作出自己的回答。他只是强调“比较文学已经成为一个确认的术语，指的是超越国别文学局限的文学研究”。

---

① 马·法·基亚(M. F. Gnyard)：《比较文学》，4页，北京，北京大学出版社，1983。

② 卡雷(J. M. Carre)：《比较文学·序》，转引自张汉良：《比较文学研究的方向与范畴》载于《中外文学》第6卷10期，99页，台湾，1978。

然而，仅此一点已足以为比较文学在美国的发展打开一个崭新的局面。

韦勒克的发言引起了空前热烈的反响。激烈的批评首先来自苏联。1960年1月，莫斯科召开了讨论有关“文学联系与相互影响”的会议，1962年10月又在布达佩斯召开了讨论东欧比较文学的国际会议。两次会议的重点都是批评韦勒克的“形式主义”和“世界主义”。苏联高尔基世界文学研究所研究员聂乌帕科耶娃强烈指责韦勒克“把民族性溶合于普遍性的世界主义”和只强调艺术作品“本身”的“狭隘的形式主义”的分析方法。她认为“韦勒克对比较文学所提出的任务并不是从整个民族多面性的角度来研究活生生的文学史过程，而是把被分析的作品从那些构成作品的社会内容和民族特征中‘解放出来’”，同时，“文学间的民族界限被抹掉了，因而每一民族对于世界艺术文化的独特贡献被溶合在某种人为构造的‘全球’文学之中”①。聂乌帕科耶娃正确地强调了马克思主义的比较文学应“揭示每一个民族文化中的普遍性和特殊性的辩证统一，以深刻了解它对世界文化的贡献，确定它在不同阶段和不同社会条件下发展的规律性，促进富于民主主义的民族文化的进一步发展”②。大会还批评了“欧洲中心论”的倾向，提出应重视东西方比较文学的研究，并谈到中国文学在日本的影响以及中国文学与他国文学的联系如何影响了中国的现代小说③。

1966年在美国出版了法国比较文学著名学者艾金伯勒的专著《比较文学中的危机》(原名《比较不是理由》)。艾金伯勒实际上接受了大部分韦勒克的观点。他提出比较文学就是“人文主义”，主张把各民族文学看作全人类共同的精神财富和相互依赖的整体，而比较文学正是促进人们相互理解、有利于人类团结进步的事业。他认为：“文学的比较研究，甚至对那些相互之间没有影响关系的比较研究都会对当代文学作出贡献。例如关于毫无联系的诗的结构的比较分析就会帮助我们发现诗歌或小说本身必须具备的特性”。④ 他认为“研究文学类型的历史演进”(即渊源、影响和交流)和“研究不同文化中创造出来的与文学类型

---

① 聂乌帕科耶娃：《美国比较文学的方法论及其与反动社会学和反动美学的联系》，见《比较文学研究译文集》，344—346页，上海，上海译文出版社，1985。

② 同上。

③ 康拉德：《东方各民族文学与一般文艺学问题》；谢马诺夫：《文学联系对十九世纪末二十世纪初小说发展的作用》。

④ 艾金伯勒：《比较文学中的危机》，见于永昌等选编：《比较文学研究译文集》，117页，上海，上海译文出版社，1985。

相当的每一种形式的性质和结构”同样重要。在他看来，所谓“外在”的有关“历史的演进”和“内在”的有关“美学的沉思”，两者不但不对立，而且必须互相补充并结合起来。因此，既要研究“十八世纪到二十世纪(中国)道家学说在欧洲的传播”“二十世纪美国电影对法国的影响”这类历史性课题，也要研究像“‘能乐’和悲剧”“‘狂言’和闹剧”之类的相互之间并无事实联系的理论课题。艾金伯勒说：

> 历史和历史主义并不总是进步的，而美学也并非总是反动的；它会有助于发展这么一种比较文学：它将历史方法与批评精神结合起来，将案卷研究与“本文阐释”结合起来，将社会学家的审慎与美学家的大胆结合起来，从而最终一举赋予我们学科以一种有价值的课题和恰当的方法。①

艾金伯勒的功绩就在于他沟通了偏重于历史方法的影响研究和偏重于美学评价的平行分析，并开始把两者结合起来。

真正体现了这十余年论辩成果的是韦勒克本人写于1970年的《比较文学的名称与性质》和同年在巴黎出版的勃洛克(Haskell M. Block)的小册子《比较文学的新动向》。

韦勒克强调比较文学是一种没有语言、伦理和政治界限的文学研究；它的目的是从国际的角度来研究一切文学，因为一切文学创作和经验都有统一的一面，因而存在着从国际角度来展望建立全球文学史和文学学术这一遥远的理想。它的研究范围既包含“历史上毫无关系的语言和风格方面的现象”，也包含历史上的渊源和影响。韦勒克说：“研究中国、朝鲜、缅甸和波斯的叙事方法或抒情方式，同研究与东方的偶然接触——如伏尔泰的《中国孤儿》——一样名正言顺。”也就是说，比较文学不但研究文学史而且也研究理论和批评。因此，比较文学所用的方法就不能只限于“比较”，而要和运用“比较”一样频繁地去运用“描述、特性刻划、阐释、叙述、解说、评价”等种种方法②。

勃洛克更明确地提出：“比较文学主要是一种前景，一种观点，一种坚定

① 艾金伯勒：《比较文学中的危机》，见于永昌等选编：《比较文学研究译文集》，144—145页，上海，上海译文出版社，1985。

② 同上书，196页。

的从国际角度从事文学研究的设想。"正因为"时代赋予学者以世界公民的身份"①，因此人们越来越可以"摆脱民族和语言的束缚，以便使文学研究接近文学的本质，也越来越转向比较文学"。他认为"比较文学家确实是专攻国际文学的学者"。他强调比较文学本来就是一门"边缘"学科，它的特点就在于"边缘"。他反对给比较文学"下精确细致的定义"，反对"把它上升为一种准科学体系"，反对"把一个体系强加给一门不受体系束缚的学科"，因为这样一来就会取消这一学科的"边缘"性质②。

（二十世纪）七十年代以来，世界比较文学大体就是沿着韦勒克和勃洛克所提出的开放性方向发展的。关于比较文学名称和性质的讨论大致告一段落。

比较文学无论是通过不同语言现象和表达方式探索文学发展的共同规律，还是研究某一文学现象在国际范围内的渊源流变都取得了很大进展。

首先是关于文学共同规律的探索引起了很多学者的兴趣。苏联学者日尔蒙斯基认为"人类社会发展的共同过程"决定着文学也有自己发展的共同过程。"比较文学之所以重要就是可以通过比较，确定在社会制约中文学发展的共同规律。"③韦勒克也认为"文学是一元的，犹如艺术和人性是一元的一样"，所以"重要的是把文学看作一个整体，并且不考虑语言上的区别，去探索文学的发生和发展"④。他们的出发点显然不同，但承认和探讨文学的共同规律则是一致的。另一方面，从世界文学的角度来研究某种文学现象的传播、接受和发展也取得一定成绩，正如美国文学批评家佩恩(Willam M. Payne)所说的：

> 从进化角度研究文学，愈益趋向于成为一种比较研究。如同在某处被打乱了或突然中断的地质岩系，能在别处发现它在继续延伸那样，文学体裁中的某些发展线索在某一民族的产品中业已在某种程度上清理就绪之后，我们若把研究努力转到别的区域，便能从这一点出发，更好地勾勒出

---

① 艾金伯勒：《比较文学中的危机》，见于永昌等选编：《比较文学研究译文集》，197 页，上海，上海译文出版社，1985。

② 同上。

③ 同上书，285 页。

④ 韦勒克、沃伦：《文学理论》，45 页，北京，读书·生活·新知三联书店，1984 年。

这些发展线索的脉络①。

从前者出发，比较文学愈来愈趋向于理论化；从后者出发，比较文学日益趋向于“从国际角度来展望建立全球文学史和文学学术”，这就不能不日益重视距离遥远的更广大、更不同的文学体系，如东方和西方文学体系的比较研究和探讨。

世界进入八十年代，比较文学趋于理论化的倾向十分明显。正如普林斯顿大学教授厄尔·迈纳(Earl Miner)在1983年北京中美双边比较文学讨论会上指出的：“近十五年间最引人注目的进展是把文学理论作为专题纳入比较文学的范畴。”②但是由于当代世界文化发展的总趋势就是多中心和不稳定，当代西方社会再也产生不出稳固的思想体系和理论权威，各种新理论产生的频率愈来愈快，持续的时间却愈来愈短。而理论的构造又多基于理论假设并在一定程度上脱离了创作实际或者仅仅断章取义，为我所用。这种为理论而理论，在理论上兜圈子的现象已经引起了一些学者的忧虑。例如1985年8月在巴黎召开的国际比较文学学会第十一届年会上，虽也有许多学者提出了有关叙事学、互文性、符号学、解/结构主义等新理论的探讨，但也有一些权威学者反对这种“方法论的游戏”。三十年前曾提出“比较文学的危机”，并把整个学科推向新阶段的韦勒克就在年会上严厉谴责这种做法是“否认生活的感知的一面”，“否认美感经验”，“无补于实际批评”，反而“瓦解作品”，是“反美学的象牙之塔”，是“新虚无主义”。他强调文学理论不能不谈评价，不能不评善恶、美丑、丰富与贫乏、思想性与艺术性。前美国比较文学学会会长欧文·艾德里奇(Owen Aldridge)也反对脱离作品实际的“抽象的理论”，和“形式主义的分析”。他强调必须重视文学研究中的道德标准③。看来比较文学对理论的探讨正面临一个新的危机，必须走向一种新的结合：既肯定理论的推演本身对思路的开拓及其长远的指导意义，同时又承认理论必须与价值相联，使理论为具体的评价所

① 艾金伯勒：《比较文学中的危机》，见于永昌等选编：《比较文学研究译文集》，195页，上海，上海译文出版社，1985。

② 厄尔·迈纳：《比较诗学、比较文学理论和方法论上的几个课题》，见《中国比较文学》创刊号，249页。

③ 参阅杨周翰：《新文学理论的两种不同看法在国际比较文学十一届年会上的反映》，载《文艺报》1985年11月24日。

充实。

至于东西方比较文学的探讨，近年来也得到了很大发展，例如白之教授(Cyril Birch)关于中西小说和戏剧的比较研究①，斯坦福大学刘若愚教授的《中国文学理论》，加州大学叶维廉教授的《比较诗学》②以及厄尔·迈纳关于日本与欧美文学关系的研究，浦安迪(Andrew Pluks)关于中国小说叙述学的研究等。香港和台湾的比较文学学者也在这方面作出了有益的贡献。由于文学理论的层出不穷，每一种理论的出现都企图对旧的解释进行全面刷新，每一种理论都不满足于固守一隅，而要求对各种文学现象作全面的宏观的概括，要求新的理论既能解释西方，又能解释东方。这就大大激发了西方学者对东方文学的兴趣。1982 年 12 月在美国夏威夷召开的"当代批评方法与中国现代小说"国际研讨会，不少学者试图用叙事学、结构主义、诠释学、符号学、语义学、心理分析等新方法来分析中国现代小说，就是这种兴趣的表现。

1985 年 8 月的国际比较文学学会巴黎年会上，七十五岁高龄的艾金伯勒教授以"比较文学在中国的复兴"为题，发表了他最后一次在国际会议上的公开讲演。他对八十年代以来中国比较文学的发展给予很高评价并寄予深切希望。他的讲演获得了经久不息的掌声。中国比较文学刚刚起步，充满生机。它没有纯理论演绎的沉重负担，而有理论联系实际的深远传统，它正在走向世界，将以崭新的世界眼光重新评价中国辉煌的文学宝藏，从而使它对世界文学产生更重大的影响，并将清理全世界文学发展线索，弥补由于对东方文学研究不足而造成的整个文学"岩系"的断层。中国比较文学的觉醒无疑将对世界比较文学的发展作出伟大贡献。艾金伯勒教授几十年来一直研究比较文学，他是这一领域内最杰出的学者之一。他选择"比较文学在中国的复兴"这个题目来做他的退休前带有总结性的讲演，正说明他以锐利的眼光洞察了世界比较文学的发展趋势，预见到中国比较文学的前景。如果说比较文学发展的第一阶段主要成就在法国，第二阶段主要成就在美国，如果说比较文学发展的第三阶段将以东西比较文学的勃兴和理论向文学实践的复归为主要特征，那么，它的主要成就会不会在中国呢?

---

① 西利尔·白之：《白之比较文学论文集》，长沙，湖南文艺出版社，1987。

② 叶维廉：《寻求跨中西文化的共同文学规律：叶维廉比较文学论文选》，北京，北京大学出版社，1987。

比较文学在中国的复兴

比较文学在中国并不是新事物。且不说古代中国境内各民族文化(如荆楚文化、巴蜀文化、齐鲁文化、燕赵文化等)融合过程中，关于文学的比较、筛选和相互影响的研究；也不说魏晋以来印度思想文化与中国文学的关系以及当时有关翻译、媒介的论述。就从现代说起，中国比较文学的源头也可以上溯到1904年王国维的《尼采与叔本华》，特别是鲁迅1907年的《摩罗诗力说》和《文化偏至论》。鲁迅在他的文章中通过比较各民族文学发展的特色，研究了文学的作用。他指出印度、希伯来、伊朗、埃及等文化古国，由于政治上的衰微带来了文学上的沉寂；俄国虽也似无声，但“俄之无声，激响在焉”；德国青年诗人则以高昂的爱国热忱“凝为高响”，使人民热血沸腾；英国以拜伦、雪莱为代表的“恶魔诗派”更是以他们“立意在反抗，指归在动作”的诗歌“动吭一呼，闻者兴起”(这些属并无事实联系的“平行研究”)。他还研究过这一“恶魔诗派”在波兰、匈牙利等民族文学中的发展以及拜伦对普希金、密茨凯微奇等人的影响(属有事实联系的“影响研究”)。他的最后结论是：“首在审己，亦必知人，比较既周，爰生自觉”。也就是说必须在与世界文学的众多联系和比较中才能找到发展中国新文学的途径。

茅盾在1919年和1920年相继写成的《托尔斯泰与今日之俄罗斯》和《俄国近代文学杂谈》等文章中，首先比较了“西方民族之三大代表——英、法、俄”的文学。指出“英之文学裔皇典丽，极文学之美事矣，然而其思想不敢越普通所谓道德者一步”，“法之文学家则差善矣，其关于道德之论调已略自由，顾犹不敢以举世所斥为无理为可笑者形之笔墨。独俄之文学家也不然，决不措意于此，决不因众人之指斥，而委曲其良心上之直观”。他又曾指出托尔斯泰与易卜生颇有共同之处，都是写实主义，但“伊柏生言社会之恶，独破其假面具而已，而托尔斯泰则立救济之法；伊柏生多言中等社会之腐败，而托尔斯泰则言其全体”。中国现代文学本身就是在这样的比较和借鉴中发展起来的。

“比较文学”作为一门学科在中国出现则是二十年代末、三十年代初。1929年至1931年，英国剑桥大学英国文学系主任、新批评派大师瑞恰慈(Ivor Armstrong Richards)在清华大学任教，开设了“比较文学”和“文学批评”两门课。如果不算鲁迅1911年给许寿裳的信中提到的《比较文章史》，那么，“比较文学”的名目出现在中国，这是第一次。当时，清华大学教师瞿孟生(P. D. Jomeron)还根据瑞恰慈的观点和讲稿写成《比较文学》一书，主要是对英、法、德三国文学进行了比较研究。当时清华大学研究部文学课程分为文学专题和作家研究两类。“比较文学专题”是文学专题课中很重要的一门。除吴宓开设的“中西诗之比较”、温德(R. Winter)开设的“文艺复兴时期的文学”、陈寅恪的“中国文学中的印度故事的研究”外，还有“近代中国文学之西洋背景”“翻译术”等课程①。清华培养了一批学贯中西的比较文学学者，如钱锺书、季羡林、李健吾、杨业治等都是那个时期的学生。不久，傅东华和戴望舒又相继翻译了罗力耶的《比较文学史》和保罗·梵·第根的《比较文学论》，第一次在中国系统介绍了比较文学的历史、理论和方法。1934 年出版了梁宗岱的《诗与真》，作者以深厚的中国古典文学素养对西方文学进行了比较文学方法的探讨，1936 年又出版了陈铨的专著《中德文化研究》，全面评述了中国小说、戏剧、抒情诗在德国的传播和影响。

四十年代，由于战争的影响，许多工作停顿了，但有识之士进一步看到“走向世界”对于振兴民族的重要性。中国比较文学的理论在中国必须走向世界的理论中得到发展。例如闻一多在他那篇著名的《文学的历史动向》里，论证了以中国的《周颂》《大雅》，印度的《梨俱吠陀》，《旧约》里最早的希伯来诗篇，希腊的《伊利亚特》和《奥德赛》为代表的这四种约略同时产生的文化如何各自发展，渐渐互相交流、变化、融合的发展历程，认为：“这是人类历史发展的必然路线。”闻一多特别指出：“四个文化猛进的开端都表现在文学上”，“第一度佛教带来的印度影响是小说戏剧；第二度基督教带来的欧洲影响又是小说戏剧。”特别值得提出的是闻一多当时就强调了对于一个民族文化的发展来说“接受”的重要意义。他说：“本土形式的花开到极盛，必归于衰谢，那是一切生命的规律，而两个文化波轮由扩大而接触而交织，以致新的异国形式必然要闯进来……新的种子从外面来到，给你一个再生的机会。”他认为上面谈到的其他三种文化都只勇于“予”，而怯于“受”，所以没落了。“中国是勇于‘予’而不太怯于‘受’的，所以还是自己文化的主人……为自己文化的主人打算‘取’不比‘予’还重吗？所以仅仅不怯于‘受’是不够的，要真正勇于‘受’。……过去记录里有未来的风色，历史已给我们指示了方向——‘受’的方向。”②

三四十年代显示比较文学实绩的，则是朱光潜的《文艺心理学》《诗论》和钱锺书的《谈艺录》。

① 参阅《清华大学校史稿》，167 页，北京，中华书局，1981。

② 闻一多：《神话与诗》，201—206 页，北京，古籍出版社，1956。

《文艺心理学》和《诗论》的共同特点是寻求既能运用于西方文艺现象又能适用于中国文艺现象的共同规律。同时应用从西方文学总结出来的理论阐发中国文学，也用从中国文学总结出来的理论阐发西方文学。随便举一个例子：关于诗歌与音乐、舞蹈同源的问题，作者不仅论证了希腊的诗歌、舞蹈、音乐三种艺术都起源于酒神祭典，也论证了澳洲的卡罗舞混合着狂热的姿势与狂热的歌调，同时也论证了中国的《风》《雅》《颂》正是由于音乐的不同而有所区别。朱自清对于朱光潜的"阐发研究"曾经颇为赞赏。他认为在《文艺心理学》中，朱光潜用西方文艺理论对中国文学作了"有趣的新颖解释"，"最有意思的是以'意象的旁通'说明吴道子画壁何以得力于斐旻舞剑……又据佛兰斐尔的学说论王静安先生《人间词话》中所谓'有我之境'实是'无我之境'，所谓'无我之境'倒是'有我之境'。"①

钱锺书的《谈艺录》更多采取了这种超国别的研究方法。正如他在序中所说的"颇采二西之书，以供三隅之反"，因"东海西海，心理攸同；南学北学，道术未裂"。在《谈艺录》中无论是阐明一种原理或是批判一种理论都是以大量中外文学事实来加以证明，从不简单作出孤立绝对的结论(中国诗学重"表现"，西方诗学重"再现"之类)。例如他分析"模写自然"和"润饰自然"，前者从亚里士多德到韩昌黎，后者从克利索斯当到李长吉，说明中外都有同样的理论，因此是普遍规律。② 又如谈到思想和表达的问题，他举出了许多中国文艺理论中有关"心—手—物"的看法，也引证了但丁、雨果有关这一问题的论述，这才批评克罗齐"执心弃物"，主张"意象与表达二而即一之论"，"何其顾此失彼也!"③

总之，朱光潜和钱锺书一开始就是"从国际角度从事文学研究"的。他们的著作为中国八十年代比较文学的复兴奠定了坚实的基础。

正是因为有了这样的基础，我国一旦正确地实行了"对外开放"的政策，而且出现了上面谈到的要求理论联系实际和加强东西方比较文学研究的国际环境，比较文学就以崭新的姿态在中国迅速发展起来。

比较文学在中国的复兴是以钱锺书的巨著《管锥编》1979 年在中国的出版为标志的。《管锥编》全面、丰富、完整地体现了比较文学作为一门"最广阔，

① 朱光潜：《文艺心理学》，序，上海，开明书店，1936。

② 钱锺书：《谈艺录》，60—61 页，北京，中华书局，1984。

③ 同上书，210—211、536—537 页。

最开放”，最“无法归纳进任何科学或文学研究体系中去”的“边缘学科”的特点。

《管锥编》四册写于“文化大革命”十年动乱之间。全书七百八十一则，围绕《周易正义》《毛诗正义》等古籍十种，引用八百多位外国学者的一千几百种著作，结合中外作家三千多人，阐发自己的读书心得。

全书的根本出发点在于坚信“人文科学的各个对象彼此系连，交互渗透，不但跨越国界，衔接时代而且贯串着不同的学科”①。钱锺书从不企图用什么人为的“体系”强加于并不受任何人为“体系”约束的客观世界。他认为用很多精力去建立庞大的体系是无益的。历史上“往往整个理论系统剩下来的有价值的东西只是一些片段思想”②而已。但这并不是否认规律，恰恰相反，他认为“艺之为术，理以一贯，艺之为事，分有万株”，③ 去发现那些“隐于针锋粟颗，放而成山河大地”④的普遍规律才是做学问的真正乐趣。《管锥编》最大的贡献就在于纵观古今，横察世界，从“针锋粟颗”之间总结出重要的文学共同规律。也就是突破各种学术界限(时间、地域、学科、语言)，打通整个文学领域，以寻求共同的“诗心”和“文心”。钱锺书认为这种共同的“诗心”和“文心”是客观存在的，所谓“心之同然本乎理之当然，而理之当然，本乎物之必然，亦即合乎物之本然也。”⑤钱锺书在探索这些共同规律时从来都是从具体文学现象出发，而不作演绎的推理。他强调说：“我有兴趣的是具体的文艺鉴赏和评判。”⑥鉴赏和评判，这就和目前世界比较文学“不作评价”，只作纯理论推演的危险倾向相反。在进行文学鉴赏和评判时，钱锺书认为最根本的还是要紧紧围绕文学“本文”，如果“尽舍诗中所含，而别求诗外之物，不屑眉睫之间而上穷碧落，下及黄泉，以冀弋获。此可以考史，可以说教，然而非谈艺之当务也”。⑦ 在他看来，“谈艺”，就必须从作品实际出发。如果仅用一些新奇术语来故弄玄虚，那就毫无补益。他曾举出一些现代法、美文论家滥用结构主义的例子，批评了像克利斯蒂瓦(Jnlia Kristeva)这样一类人的理论⑧。但这决不等于说钱锺书不重

① 《诗可以怨》，《文学评论》1981 年第 1 期。

② 《旧文四篇》，26—27 页。

③ 《管锥编》，1279、496 页。

④ 同上。

⑤ 同上书，50 页。

⑥ 《旧文四篇》，7 页。

⑦ 《管锥编》，110 页。

⑧ 《钱锺书谈比较文学和文学比较》，《读书》1981 年第 10 期。

视理论，恰恰相反，他总是竭力排除琐碎枝节的干扰，力求抓住事物发展的总的脉络。他提倡“把千头万绪简化为二三大事”，以便可以“高瞻远瞩”，必须“没有枝节零乱的障碍物来扰乱视线”，① 才能发现事物的根本。因此，他认为中国式评点的根本缺陷就在于常以“小结裹为务，而忽略造艺之本源”。② 他本人则经常致力于探索“造艺之本源”，并对国外许多新理论的出现十分关切。即使是在十年动乱，闭关锁国的环境下，他在写《管锥编》时也仍然尽量利用了近代国外理论的成果。这些成果遍及语义学、符号学、风格学、心理学、语言学、文化人类学、单位观念史学以及系统论、生理学等各个领域。

《管锥编》不仅探索了中西文学共同的“诗心”和“文心”，而且对比较文学各个方面都有独到的建树。由于题材所限，《管锥编》关于渊源和影响的研究内容不多，但却也发表了一些非常重要的见解。例如钱锺书指出：进行渊源影响的研究，切忌“强瓜皮以搭李皮”。因情况很复杂：“学说有相契合而非相授受者，如老、庄之于释氏是已；有阳气相攻而阴相师承者，如王浮以后道家伪经之于佛典是已”。所以不能“归趣偶同，便谓渊源所自”，也不能“覩形貌之肖，武断骨肉之亲”，否则就会像清朝的一些学者，以为西洋之宗教、科学都出于《墨子》，政典国制都出于《周官》③。钱锺书本人在进行这样的渊源研究时往往“点到即止”，不作穿凿。如讨论波德莱尔散文诗所谓“中国人观猫眼而知时刻”源出于《酉阳杂俎·猫》和《瑯嬛记》；④ 西方旧小说常谈到的“服暂死药，俾情人终成眷属”与《无双传》所载“茅山道士有药术，其药服之者立死，三日却活……刘无双服之”⑤类似。钱锺书对影响研究谈得较少，并不说明他不重视。他曾强调指出：“比较文学是超出个别民族文学范围的研究，因此不同国家文学之间的相互关系自然是典型的比较文学研究领域……要发展我们自己的比较文学研究，重要任务之一就是清理一下中国文学与外国文学的相互关系”。⑥

《管锥编》用很多篇幅进行了以西方文艺理论阐明中国文学现象的所谓“阐发研究”。钱锺书不仅提倡“双向阐发”(同时也用中国理论阐发西方作品)，而

---

① 《旧文四篇》，3 页。

② 《管锥编》，1215 页。

③ 同上书，440 页。

④ 同上书，816 页。

⑤ 同上书，836 页。

⑥ 《钱锺书谈比较文学与文学比校》，《读书》1981 年第 10 期。

且对西方学者阐明中国理论时由于不求甚解而犯的错误常常提出尖锐的批评。例如认为日人遍照金刚所著《文镜秘府论》，“实兔园册子，粗足供塾师之启童蒙”。又指出西人引述陆机《文赋》常因“迻译者蒙昧无知，遂使引用者附会无稽”。①

在交叉学科（或译“科际整合”Interdisciplinary）研究方面，钱锺书一向强调各学科之间的相通，并早就指出“对于日新又新的科学——尤其是心理学和生理学，应有所借重”。② 在《管锥编》中借重各学科以论证文学现象的例子很多。例如第531页以西方心理学的“比邻联想”、生理学的“条件反射”解释《赵氏孤儿》；589页以美学、修辞学、印度因明学解释“诗以虚涵两意见妙”等。

在翻译媒介的研究方面，《管锥编》也是独树一帜的。钱锺书指出“译事之‘信’，当包‘达’‘雅’”；“‘达’正以尽‘信’，而‘雅’非为饰‘达’。依义旨以传而能如风格以出，斯之谓‘信’……译文‘达’而不‘信’者有之矣，未有不‘达’而能‘信’者也。”③因此，文学翻译的最高标准是“化”。把作品从一国文字转化为另一国文字，既能不因语文习惯的差异而露出生硬牵强的痕迹，又能完全保存原有的风味，那就算得入于“化”境。“译本对原作应该忠实得以致读起来不象译本，因为作品在原文里决不会读起来象经过翻译似的。”④

总之，《管锥编》从各方面为中国比较文学的发展开辟了道路。它与当前世界比较文学“理论偏枯”的倾向相反，密切结合中西具体艺术实践，总结出世界共同的“文心”和“诗心”为中西比较文学的发展作出了开创性的卓越成绩。如果说比较文学学科要求从事于它的人“具有超乎寻常的能力……能够表现更多的个性”⑤，那么钱锺书正是显示了这种能力与个性。如果说当前比较文学所需要更多的是“伟大的榜样而不是抽象的方法论公式”⑥，那么《管锥编》就是这样的“榜样”。

继《管锥编》之后，北京大学的四位教授相继发表了四本重要的比较文学论著：宗白华的《美学散步》(1981)在比较美学、诗、画、戏剧等交叉学科比较研

---

① 《管锥编》，1449、1177页。

② 《海外出版界》，《新月月刊》第4卷第5期。

③ 《管锥编》，1101页。

④ 《旧文四篇》，62—63页。

⑤ 《比较文学研究译文集》，198、206页。

⑥ 同上。

究方面独树一帜；季羡林在《中印文化史论文集》(1982)中，对中印文学关系进行了独到的探讨，为中国比较文学的影响研究树立了榜样；金克木的《比较文化论集》(1984)着重研究了《梨俱吠陀》与《诗经》的比较，并论及“符号学”“诠释学”在中国的应用，为中国比较文学的平行研究与阐发研究开辟了新的领域；杨周翰的《攻玉集》(1984)则以中国文学为参照系统，重新解释莎士比亚、弥尔顿、艾略特等欧洲作家的作品。南京大学范存忠教授的《英国文化论集》和上海社科院王元化的《文心雕龙创作论》也都为比较文学在中国的复兴作出了卓越贡献。

正如勃洛克所说：“当前没有任何一个文学研究领域能比比较文学更引起人们的兴趣或有更加远大的前途；任何领域都不会比比较文学提出更严的要求或更加令人眷恋”。① 人们愈来愈感到比较文学的难度，但也正因为如此，愈来愈多的优秀青年学者参加了这个行列。继青年学者王富仁所写《鲁迅与俄罗斯文学》之后，1985 年出版的《走向世界文学——中国现代作家与外国文学》一书几乎全部由三十岁上下的年青学者撰写。这部长达六百五十页的巨著，从小说、诗歌、戏剧、散文四方面探索了三十位中国现代作家对外国文学的接受以及三百二十六位外国作家在这些中国作家的作品中所显示的影响与痕迹。无论从比较文学研究或中国现代文学研究来看，这部书都是一个富于突破性的创举，它不仅说明比较文学可以赋予国别文学研究以怎样的广度和深度，同时也说明出色的比较文学研究成果往往也可以由高瞻远瞩、具有国际眼光的国别文学专家所提出。

总之，八十年代以来，中国比较文学已经形成了一支朝气蓬勃的队伍。② 同时，中国比较文学也正在逐渐走向世界，1982 年三位中国学者参加了世界

① 《比较文学研究译文集》，206 页。

② 1981 年 1 月北京大学成立了中国第一个比较文学学会，由钱锺书任顾问，季羡林任会长。学会出版了《比较文学丛书》和《北京大学比较文学研究会通讯》。1983 年 6 月，南开大学、天津师范大学等发起，召开了全国第一次比较文学学术讨论会，会议论文见南开大学出版社 1984 年版《比较文学论文集》。1983 年广西大学出版了比较文学的英文刊物《文具》，向国外发行。1984 年由季羡林主编的全国性比较文学刊物《中国比较文学》在上海创刊。具体比较文学论文发表状况，见《中国社会科学》1985 年第 4 期远浩一《比较文学的两个支柱》一文。此外广西大学、暨南大学也随后召开了比较文学学术讨论会。辽宁、上海等地也相继成立了地方性的比较文学学会。截至 1985 年 6 月，开设比较文学课程的大专院校已达 36 所。

比较文学纽约年会，并都提出了学术报告，其中一篇被载入《美国比较文学年鉴》①；1984年中美双边比较文学讨论会召开；1985年，杨周翰教授当选为国际比较文学学会副会长。在这样的形势下，举行中国比较文学界的一次荟萃精英，展示成果，切磋学艺，交流心得，以图更大发展的大会已是势所必然的事了。

中国比较文学的新起点

1985年10月29日，中国比较文学学会成立大会暨首届学术讨论会在深圳大学召开。

这次大会是中国比较文学研究发展现状的一次巡礼，同时，也是中外学者的一次学术交流。通过这种巡礼与交流，中国的比较文学研究将会有新的发展。

在会议收到的121篇论文中，首先最值得称道的当然是比较美学和比较文艺学所取得的成就。近几年来，我国对于世界范围内各国马克思主义美学和文艺学进行了广泛的比较研究。这种比较研究也是势所必然。过去，从三十年代以来，我们在这方面的研究绝大部分依据苏联理论界消化过的材料(少数来自日本)，许多重要的马克思有关著作被垄断或埋没，加以尖锐复杂的阶级斗争形势，不大容许从容和客观的研究，可以说我们还没有建立起自己中国的马克思主义美学体系，七十年代末，我们就这样毫无准备地面临了极其纷繁复杂的世界马克思主义美学领域。正如会议上有人提出的："在我们真正面向世界，面向现代世界马克思主义发展史和现状的时候，我们面前摆满了过去从来没有认真加以研究过的关系到马克思主义理论问题的人、事件和问题。"就以美学和文艺学领域来说，就有各种各样的观点和学说，对于教条主义者来说，这是一片混乱和危机，然而，对于勇敢的马克思主义者来说，这却是发展、充实自己，在比较和鉴别中建立中国马克思主义美学体系的大好时机。实际上，我国许多学者正在走这条道路，例如李泽厚的《批判哲学的批判——康德哲学述评》；柳鸣九关于萨特的研究和朱光潜有关维柯的研究；汝信的《西方美学史论丛续编》和蒋孔阳的《德国古典美学》都在这方面作出了卓有成效的努力。会议论文中还提出，要进一步建立马克思主义的比较美学，必须坚决抛弃日丹诺夫

① 乐黛云：《中国文学史教学与比较文学原则》，见美国印第安纳大学出版：《比较文学与总体文学年鉴》，1982年11月第31期。

式的苏联教条主义，深入研究马克思主义美学史，站在当代世界马克思主义高度看问题，迎接当代世界对马克思主义美学提出的新挑战。

我国比较美学和文艺学的进展还表现在对许多过去已经提出的问题，进行了深入分析，得出了新结论。例如有人从对艺术本质特征的理解（“表现”与“再现”），对艺术创作心理特征的理解（“迷狂”与“虚静”），对艺术和审美效应的理解（“净化”与“物化”），三方面着手，对中西诗学的不同特点作出了自己的解释，指出西方诗学旨在以“再现”求“表现”，中国诗学旨在以“表现”求“再现”；西方的“迷狂说”注重主体的“放射”和“创造”，与“表现”可通；中国的“虚静”说注重对客体的“明鉴”和“内通”，与“再现”一致；西方的“净化”说注重善美统一，以道德“节制”人的天然情感，使人的发展统一于社会发展；中国的“物化”论注重美真统一，追求物我合一的自由境界，使人返归于自然本身。最后指出西方诗学以“历史感”胜，中国诗学以“审美感”胜；基于历史与美学的统一，中西诗学正在互相吸引。此外还有些会议论文也从不同角度探讨了同一问题，从而把讨论带进了更深的层次。

深圳大会的第二个成就是在长期存在分歧的有关比较文学的定义、范围、方法等方面，取得了比较一致的意见。例如是不是用比较方法研究文学就叫比较文学？这个问题过去众说纷纭，目前一致的看法是：“比较”是研究文学理论、文学批评、文学史都经常用到的方法，不能用它来区别一个学科，况且比较文学除用比较方法外还大量采用归纳、演绎、描述、阐发、综合、反证等不同方法，有时也甚至根本不用比较的方法。会上，大家讨论到用国家这个政治概念来划定比较文学的范围也不妥当，特别是对中国这样一个多民族的大国来说更是如此。有人提出应在中国建立两个比较研究体系：国内比较研究体系，包括汉民族文学与其他民族文学的比较研究，文人文学与民间文学的比较研究以及地方文学之间的比较研究；中外比较研究体系则包括中国文学与世界各国文学的比较研究。当然也有不少人不同意这种意见，但大家一致认为比较文学本身是一个开放性结构，可以先开展研究再逐步形成学科的体系。

在方法论方面，会议上提出影响研究、平行研究和阐发研究作为比较文学研究的三种基本方法，得到了大家的赞同。有人援引台湾学者的论点，指出：“利用西方有系统的文学批评来阐发中国文学及中国文学理论”的“阐发法”“一直为中国学者所采用”。其实，阐发研究应是双向的。不仅用外国于中国，也可用中国于外国，用中国的文学理论来阐发外国文学和外国文学理论，同样会发现新的角度。这种双向阐发之所以可能，正是因为文学本身具有共同的发展规律，而相互的阐发足以沟通彼此的“文心”，但这只限于寻求两种模式的重叠处，而不能以一种模式强加于另一种文学。会上有的同志强调“影响研究”容易“划地为牢”，有其“不可克服的缺陷”，但很多与会者不同意这种看法。他们认为任何方法都有自身的局限，问题在于是否能发挥其专长。目前，影响研究在中国仍有其十分重要的意义。这不仅是为了“清理”一下中国文学与外国文学的相互关系，更重要的是我们正处在一个走向综合的时代，文化的相互渗透与汇合愈来愈成为不可避免的必然。而我国的“五四”时期，几乎容纳了欧美、俄苏、印度、波斯、日本等各国文化，在短短的时间内，如此众多的不同体系的文化突然涌入，和一个如此古老、统一、广阔的文化相撞击，这种现象在整个文化史上恐怕也是独一无二的。特别是从新的“接受”理论的观点出发，通过“事实联系”来研究中国文化对众多外国文化筛选、吸收、容纳、改造的“接受过程”，这无论对研究世界各国文化的汇合，对研究我们自己(以“接受”作为一面镜子)的文化特点都会具有重大价值。

最后，还应提到我国比较文学研究的某些薄弱环节，在这次大会上都有了新的增强。特别是东方各民族文学的比较研究更是显得突出。这次东方比较文学的论文第一个特点是面很广，有关于日本、越南、印度、朝鲜等国家与中国在文学上互相影响的研究。第二个特点是数量多，加上研究我国少数民族文学的论文，东方比较文学的论文共22篇，约占大会论文的20%，这个空前的比例说明了东方研究的繁荣。第三个特点是开拓了新的领域，如论文《从〈霍斯罗与西琳〉到〈帕尔哈德与西琳〉的演变看波斯与维吾尔的文化交流》《波斯文学与阿拉伯文学关系初探》等，都是发前人所未发的开创性著作。

在这次大会上，少数民族文学可以说是第一次大规模登上了比较文学的讲坛。自从以中南民族学院为中心的全国少数民族院校“外国文学、比较文学研究会”成立以来，少数民族文学专家作出了很大努力，这次大会显示了这种努力的实绩。正如有的大会论文中所说：“我国少数民族地处边陲，在自然条件上与外国接壤，如新疆与苏联，西藏与印度，广西与越南，内蒙古与蒙古人民共和国，吉林、辽宁与朝鲜等”。发展少数民族文学的比较研究无论对于文学本身或是对于发展各民族的友谊都有特殊重要的意义。这次有关这方面的论文除《汉族、纳西族龙故事的比较研究》外，都是少数民族与外国文学的比较研究。如《〈罗密欧与朱丽叶〉和〈娥并与桑洛〉》《〈霍岭大战〉与〈伊利亚特〉》《〈格萨尔王〉与〈荷马史诗〉》《中国少数民族英雄神话与外国英雄神话的比较探讨》等。少数民族比较文学是一块丰沃的处女地，目前的开垦只是开始，难免还停留在

“X与Y”这样的比较一般性研究上，但我们有理由期望一个辉煌的未来。

特别值得提出的是“交叉学科(科际整合)”研究的迅速发展。文学与文化的关系得到了特殊的关切，这大概是由于国际比较文学学会会长佛克马在会上所说的诗歌、小说面临着电影、电视的挑战，而“文化”在我们所处的“后帝国主义”时代又有着特殊意义的缘故吧。这方面有人描述了西方文化体系的解体，讨论了自尼采以来文化观念中希腊精神的复活以及黑格尔主义的终结。认为：“文化成为一种全新意义上的诗学的对象(从而被‘文学化’)与诗的模式进入到一般的文化概念的中心地带并构成新的文化观念(从而被‘哲学化’)是一个互相渗透而又互相说明的过程。”文化已不是旧观念中的“理论体系”，而是“作为一种生动的富于创造力的生存活动本身来理解”，因而表现出一种“诗的方式”；这种文化本身又把诗说明为一种“意义的模式”而体现着“文化的本质”。文章中展示了三种模式，即“从传统写作意识到当代写作意识的转变中的海明威模式、从传统文化观到当代文化观的转变中的维特根斯坦模式以及从文化的诗学到诗的文化学的转变中的海德格尔模式”。还有诗与画的交叉研究亦有所见，如以往诗画比较论中，莱辛《拉奥孔》中的论点被赋予一种超文化的意义，其实中西诗画比较说是基于不同的艺术实践，在不同的文化背景中展开的。如中国古代诗画比较说基于古代抒情诗和文人山水画，与莱辛所关注的史诗与故事画不同；中国艺术历来强调人与自然的默契，又与西方以人为中心的艺术概念不同；中国画使用的是晕染的墨色，其空间框架具有一定的虚拟性，突破了一般的造型层次，允许容纳许多非写实的因素，这与西方传统油画对色彩和线条的依赖及其对“模仿”的重视更是各异。因此会议上认为莱辛着重分析诗画媒介的差异，而中国诗画论则强调诗画表现功能的趋同。

此外，有关中西神话比较研究的论文也有许多创造性的突破，其中有些文章已属于总体文学研究的范围。例如关于射手英雄的研究。关于“人格化的神话理想”的研究，属于纯粹总体文学的研究，有论大力士参孙形象在《圣经・旧约》、弥尔敦的《斗士参孙》和茅盾的《参孙的复仇》中的不同表现和关于“狼”作为一个符号在全世界不同文学体系中的作用的论述。

与会代表中有14名国外学者，他们也都提交论文并参与了讨论，例如法国学者的专题报告介绍了接受理论在比较文学研究中的应用，其中介绍了接受理论的基本内容，并论述了运用“接受”理论研究比较文学时应注意的问题，指出实际读者对一部外国作品的“接受”与对本国作品的“接受”是不同的，他们常把本国文学的模式加于外国作品，进行选择、扬弃和改造。这些正是比较文学的研究对象。另外，比较文学学者也很难迁就“作品只能因阅读而存在”的“纯现象学观点”，因为这样就有可能把“接受”仅仅看作一种孤立的个人的阅读行为，而比较文学希望将文学纳入人类活动的整体，并充分考虑到文学作品被读者或观众接受的实际条件。接受理论还帮助比较文学学者更多了解不同国家中的接受者本身。如吉莱(G. Gillet)的《从伏尔泰到夏多布里昂法国文学中的〈失乐园〉》一书，就以法国对《失乐园》的接受作为一面镜子，照出了法国在乐观、进步的表象中暗藏着恐惧。“接受”理论使构造一部新的、从读者出发的文学史成为可能，这部文学史应由创作—传统—引进三要素构成。例如法国超现实主义“重新发现了过去不被注意的作家(传统)同时向中国文学开放(引进)”。比较文学就是要研究不同国家文学的这种“创作—接受传统—引进”的过程，并探讨其相互间的关系。“接受”理论关于“永远不要以为穷尽了一部作品”，“永远不要以为穷尽了文学”的观点对于比较文学研究也有十分重要的意义。报告最后建议“中国是否可以考虑开展对本世纪(20 世纪)八十多年来翻译介绍外国文学及其在中国被接受状况的研究”，不仅注意“X 作家在 Y 国”，而且也注意到在一个特定时期内“X 国文学在 Y 国”这样的论题。因为这种在“历时”的框架内关于“共时”的讨论常常帮助我们了解“视野转变”，“接受屏幕”与“接受条件”的变化以及“历史转折”等有趣现象。美国学者则着重论证了“接受”和“影响”的关系，强调指出西方的文学研究往往从某种假定和推断出发，特别是那些“故弄玄虚”的批评家往往只依赖于几百年来不断变化的假想，而中国的诗论则更多研究诗人是如何在感情上或道德上被打动的，他怎样把自己的感动用文字表达出来；这种表达又如何影响了读者。德国学者提交的有关总体文学研究的论文则探讨了世界文学中以疾病为主题或题材的作品所展示的文化、哲学、社会、心理、文学诸问题。论文指出，从这些研究“我们不仅获得了对于疾病的诠释，而且也获得了关于健康人的存在以及生存的意义和目的的各种人生观的精华”，又因为“疾病先由医学作了自然科学的客观描写，文学在这里就不仅是传递美和高雅的介体，而且也是已被深刻认识的存在着的真理之要素”。“这样，艺术和医学又互相补充，成为边缘学科和‘交叉文化’的‘人’的科学”。在学术讨论中，国外学者也与中国学者交换了意见，例如关于鲁迅研究的讨论中，有的中国学者认为有的论文以浪漫主义、现代主义、现实主义来概括鲁迅早期、前期和后期三个阶段失之于简单，不大能完全解释鲁迅思想和创作的复杂现象，有的国外学者则认为论文通过鲁迅对“摩罗诗人”、《苦闷的象征》和《艺术论》的“接受”，来研究鲁迅思想，提供了很有意义的理论假设。并建议应全面考察一下鲁迅自始至终十分复杂的个性。国外学者特别提到鲁迅晚年从未用白话写诗，他的旧体诗很难说是现实主义的。因此，很值得考察一下鲁迅早期的浪漫主义气质是怎样逐渐发展或消逝的。还有对欧洲现实主义与中国五四时期的现实主义的比较研究讨论中，国外学者同意有的论文中所提欧洲现实主义不具备中国现实主义那种强烈的历史使命感，但却举托尔斯泰为例不同意把“民族自省精神”局限于中国现实主义。国外学者的这些研究成果与学术见解为我们提供了值得借鉴的新方法、新角度以及新的思考。

这次会议既展示了我国比较文学研究的深度与广度，又检阅了具有合理的知识结构、活跃而敏锐的思维能力、年轻化的比较文学研究阵容①，以此为标志，中国比较文学研究进入了一个新起点，在这里我们已能眺望到那无限辉煌的中国比较文学发展的前景。

① 会议的参与者、论文提交者中年轻人(22—40岁)都占70%以上。

历史·文学·文学史*

——中美第二届比较文学双边讨论会侧记

文学理论、文学批评、文学史一向被认为是文学研究的三个组成部分。目前，文学理论的发展十分迅速，文学批评也由于各种流派作品的涌现而发生着急剧变化。相形之下，文学史却沿袭着过去的传统，进展迟慢。正如德国文学批评家汉斯·罗伯特·姚斯所指出："文学史家囿于客观性理想，只限于描述一个封闭的过去，对于他那个未完成的时代不置可否，把当代文学一味推卸给批评家，自己则抱守'名著经典'，同文学的最近发展保持一两代的历史距离……这样的文学史家便成为某种批评的寄生虫。"①他认为："文学史的既定形式在我们时代的理智生活中几乎已无地容身了，它过去赖以维系的静态的考察系统本身，如今已自身难保。"事实上，"文学史在大学课程中已明确地消失了"②。在欧美各国大学，那种文学编年系列，那种根据伟大作家年表直线型排列的"一条龙"式文学史确实已不再存在。当然这并不意味着文学史不再重要，而只是说明它需要在当前迅速发展的文学理论和文学批评的基础上突破自己，得到更新。近年来，对文学史的再认识，再探讨一直是西方文学研究界一个热门的课题。

1987 年 10 月，依次在美国普林斯顿、印地安纳、洛杉矶三地召开的中美第二届比较文学双边讨论会正是在这样的背景下集中讨

---

* 原载《文学评论》，1988 年第 3 期。

① 《接受美学与接受理论》，6、4 页，沈阳，辽宁人民出版社，1987。

② 同上。

论了“历史、文学和文学史”的有关问题。

会议主席，普林斯顿大学比较文学系系主任孟而康(Earl Miner)教授的论文就是以《历史、文学和文学史》为题的。孟而康教授认为历史的观念本身有了很大的改变。过去，人们并不注意“事件的历史”与“述说的历史”二者之间的“鸿沟”。其实一般所说的历史都是指“述说的历史”，因为由于时间和空间的限制，很少人能亲自目睹书上记载着的事件本身。既然是“述说”就必然带有述说者的局限和偏见。“事件本身没有知识，没有自我述说的能力”，人类的智力究竟能把事件解释到何种程度的真确，也很难确定，事实上“述说的历史无非就是某些人对历史事件的知识”，这种知识又是“基于历来的记述”，“基于述说者本有的知识和他当时的欲望与希求”，也就是说任何历史的记述都不可避免地包含着记述者的虚构。

北京大学的杨周翰教授在他那篇引起广泛注意的论文《历史叙述中的虚构》中，进一步分析了这种虚构的几个重要方面：首先是材料的选择和安排；其次是在这些材料上总会套上一个由文化所决定的某种文学模式，例如写成悲剧还是写成喜剧或是笑剧；再次，要把历史写成一个言之成理的故事，就要用先验的推理去发现事件背后的思想或动机，寻找事件之间的联系；最后，外加上去的模式具有指示性和比喻性，企图引起思考和感情上的反应。这样，历史家构筑成的历史恰恰反映了他自己的头脑。但历史家的头脑无论在时间和空间上都必然和历史人物的头脑不同。历史家所作的任何推论都可能是歪曲和虚构。杨周翰教授又考察了中国古代史学家对历史虚构问题的看法，他指出王充早就用“虚”和“增”的概念描述过历史的虚构现象：前者指与常理不合、迷信，或套上儒家偏见等，后者指语言的夸张和不准确。刘知几则更提出政治压力，道德考虑，“世情利害”等也都会促成历史叙述的虚构。

既然历史和文学都可以虚构，都同是叙述，又都同样无法验证(历史不可能像化学实验那样重演)，那么两者之间又有什么不同呢？按照目前的观念，文学作品并不是一个在任何时候，为任何读者都提供同样面貌的“客体”，它不是一座完成了的独自在那里显示其永恒本质的纪念碑，而是要依靠阅读把文本从词句的物质形式中解放出来，成为现时的存在，正如音乐要依靠演奏才能从总谱的音符中解放出来一样。因此，孟而康教授认为：“伟大的读者会变成作品的历史的一部分。”例如波普、约翰逊、阿诺德、艾略特对德莱顿的解读已经成为构成德莱顿作品意义的一个重要组成部分。从这个观念出发，文学是作者和读者之间的一种“对话”，一种不假外求的审美经验的交流。

孟而康教授在他的文章中强调文学和历史的不同就在于"人们阅读文学作品是为了文学作品本身"，而不是为了了解审美经验之外的历史事件。文学作品述说的是一个虚构的世界，这个世界可以取材于历史，也可以完全与历史无干，例如《西游记》取材于唐僧取经的史实，然而猪八戒、孙悟空却不可能在任何历史述说中出现。由于作家创造了自己的虚构世界，历史家却不能摆脱事件的"原初历史"的制约，因此，从一方面说作家远比历史家更为自由；但另一方面，历史家可以从各个方面，用各种方法来研究自己的对象，作家却必须在他所创造的虚构世界中维持一致的方法和逻辑，例如《西游记》必须始终维持那个由唐僧、孙悟空、八戒、沙僧、白马构成的虚构世界，换一种方法，用另一批人马就不再是《西游记》而是另一本小说。芝加哥大学比较文学中心主任、讲座教授余国藩先生在题为《历史、虚构与中国叙事文学之阅读》的论文中特别强调："传统诗人只能局限自己于一种故事的说法，史家却能取材自各种矛盾的说法，以便探索事实和真象。"他的思路与杨周翰教授正是不谋而合，他在论述历史与文学的关系时指出，如果说西方的历史著作常常套用某种文学的叙述模式，那么，中国的文学作品却常常套用某些史学著作的模式，显示出一种"拟史"的企图。他认为《红楼梦》的作者所以强调"大荒""无稽""无朝代年纪可考"，正是为了与这种传统的"史学模式"相抗衡。这种文学和历史的互相借用也正说明了两者并非同一。最后，孟而康教授认为文学和历史的不同还在于前者的累积性(Accumulative)和非排他性(not excluding)。他说：因为艺术作品的美学特质是"自有的"(of itself)，所以艺术作品不会互相争持，"每一作品都是自成天地"，"汉朝有玉雕马，后来的朝代也有雕马，它们并不互相否定"。咏叹"自然永恒，人生短暂"的诗作不啻成千上万，它们都有自我存在的价值。然而，最接近历史事件的历史述说却只有一种，历史述说者只能在否定前人的基础上才能前进，这和文学的累积性和非排他性恰好相反。因此，历史与文学有共同处也有不同处。

既然历史和文学的观念都因加入了主体的因素而有很大改变，文学史的观念是不是也会有相应的改变呢？例如文学的发展有没有一成不变的、稳定的、客观的规律性呢？如果有的话，这规律又是什么呢？这个问题会上会下都曾引起热烈的讨论，但却并未形成一致的意见。哈佛大学史蒂芬·欧文(Stephen Owen)教授的论文《毁掉的产业：文学史和乐园之诗》、哥伦比亚大学教授余宝琳的《文集·经典·中国古典诗》、普林斯顿大学东方语言文化系主任浦安迪(Andrew Plaks)教授的《平行线交会何方——中西文学中的对仗》都从具体文学现象出发，对这一问题进行了不同程度的探讨，引起了与会者的很大兴趣。

史蒂芬·欧文教授认为在漫长的文学发展过程中，最经常而且反复出现的规律性的东西就是“从纯朴到衰颓”的模式。任何文学的开端都是自然的，纯朴的，无拘无束的。它处在序列过程的开端处，无须为担心与前人雷同而焦虑，也无须为力求超出前人而挣扎奋斗，史蒂芬·欧文举出荷马史诗、莎士比亚戏剧、狄福的小说、盛唐诗歌、元代戏剧、五四散文作为这种开端的素朴的“乐园之诗”的代表。之后，虽有起伏升降，但总的趋势则是走向衰落。英国评论家德莱顿在《论戏剧诗》中说：“产业未交到儿孙手里，便早被他们毁掉了。没有哪一种性情、角色，或者情节，是他们没有用过的。一切到我们手里，都已经弄脏或者糟蹋掉了。”词句的普遍枯竭、耗尽、缺乏新意都显示着一种衰老时所呈现的无力和衰落。欧文谈到中国明代批评家谢榛在《四溟诗话》中也明确地提出这种自然、纯朴的不可再得。他说：“《古诗十九首》平平道出，且无用功字面，若秀才对朋友说家常话，略不作意。”后来模仿之作，“学说官话，便作腔子”，虽“平仄妥贴，声调铿锵，诵之不免腔子出焉。魏晋诗家常话与官话相半，迨齐梁开口，俱是官话。官话使力，家常话省力，官话勉然，家常话自然，夫学古不及，则流于浅俗矣”。中西文论都认为想恢复失去的自然、古朴为不可能，欧文教授指出：“人为的‘自然’只产生对自然的滑稽模仿，也就是‘浅俗’。”

为了摆脱这种无法回返与复归的困境，为了解除那种不可企及与自愧弗如所产生的痛苦，总之，逃脱古人对现代人的威胁，人们创造了历史主义。欧文说：“在十七世纪的中国和十八世纪晚期的欧洲，文学研究突然巨大的发展便是历史主义的直接结果，新的文学和文学研究之间的紧密关系在东西两大文明中都在逐渐进展之中。”在他看来，历史主义的产生、发展和后果也是规律性现象。因为人们“需要一个在时间上开放的结构，这结构允许一系列自足的价值系统存在，那个结构就是历史主义。在历史主义看来，一切都在整体和历史结构中占有一定位置，其价值就取决于这个位置”。这样，就可以把当代人达不到的古人的成就归并到一个复杂的序列中去，造成保护性距离而激烈地改变价值标准。欧文认为叶燮的“以时言诗”和“以诗言时”的理论解决了历史主义的首要任务即重新解释了“乐园之诗到衰落”的模式。叶燮认为：“时有变而诗因之。时变而失正，诗变而仍不失其正。故有盛无衰，诗之源也”，“后代之诗，有正有变，其正变系乎诗，谓体格声调、命意措词、新故升降之不同，此以诗言时，诗递变而时随之。故有汉魏六朝唐宋元明之互为盛衰，惟‘变’以救‘正’之衰，故递衰递盛，诗之流也。”欧文认为，“这正是历史主义精髓的一步：不是‘变’脱离了古代的完美，而是未完成内在的‘变’而造成衰落，文学发展正是要通过‘变’的行动来避免衰落达到完美”。叶燮又进一步分析“风雅日衰”的原因就在于“称诗之人……既不能知诗之源流本末，正变盛衰，互为循环；并不能辨古今作者之心思才力，深浅高下长短，孰为沿为革，孰为创为因，孰为流弊而衰，孰为救衰而盛，一一剖析而缕分之，兼综而条贯之”。欧文认为叶燮在这里提出了一种“有机模式”，其中每一阶段要能为人所辨认，就必须弄明白其前一阶段的基础和后来完成的情形，这也就是历史主义的根本内容。这种历史主义的理解把前人“相对化”，把他们放到“适当的位置”，后代作家不必再对前辈作家屈服和敬畏，这也就完成了历史主义的使命。欧文教授认为，相距遥远的中国和西方文学不约而同地都出现了同样的问题，都出现了历史主义，可以说明这是不以人的主观意志为转移的规律性现象，但历史主义本身就是人类自己的创造，是主观的产物，而不是一成不变的所谓“客观规律”。他总结他的论文说：“历史主义者通过理解而归并全部历史的许诺是逃出人的‘时间性’，而那也是逃出关于诗的‘乐园理论’中强烈的历史局限性引起的痛苦。关于我们的局限性的悲剧式观念于是被代之以一种骗人而脆弱的乐观主义。”

余宝琳从另一个角度探索了文学发展的规律性问题。她认为在希腊、中国、日本等不同文化体系中都有自己的大型文集，而其中一部分又被尊为经典。从作品到文集到经典这一过程可以说明很多问题。例如中国最早的两部诗集《诗经》和《楚辞》的形成和发展就一直为中国传统文学的一系列根本问题提供着关键性资料，这些问题包括：“文学的定义和性质，文学与历史的关系，文学的沿革演进，文体以及文体与作家的关系，文学评价及评价对诗人命运的影响以及诗歌诠释等等”。作品成为经典的过程就是一种“文化力量的实施”，它体现着一种保护性、规范性、评价性和传扬性。这一过程被某种文化力量所决定，又影响着这种文化的进一步形成和发展，这也可以说是一种普遍的规律。会上还讨论了这篇论文所提出的何以《诗经》成为几千年不衰的“经典”，而《楚辞》虽也曾被称为《离骚经》，却始终未能成为真正的“经典”，在“经、史、子、集”的传统分类中，它始终未能进入第一类。有的学者认为这是由于荆楚文化与殷周文化的消长，也有学者认为这正说明中国以求实为主流的文化一直排斥梦幻和夸饰。

蒲安迪教授的论文列举了大量中国、日本、希腊、希伯来文学的实例，说明“对仗”的出现是文学发展到一定阶段必然出现的一种现象，带有普遍规律性。特别在中国，对称的规律不仅应用于诗歌也同样应用于小说、戏剧。他指出中国传统戏曲批评家常以从典型的对称观念发展出来的对仗美学来讨论戏曲结构，如“离合悲欢”“雅俗”“虚实”“动静”等等。在他看来，名剧《牡丹亭》就是一部“架构于交替表现雅与俗、优美爱情与低级猥亵、抒情境界与剧烈行动等对立性质的戏”，“剧中场与场的连贯全由对立性质的交错所支配，显然对仗的结构是出于作者的构思”。白话小说的分章分回，不仅多数回目对称，内容也常由均衡的两半组成。中国小说评论家更是多次强调这种对仗结构中的交错渗透，如毛宗岗所谓“同树异枝、同枝异叶、同叶异花、同花异果”“奇峰对插、锦屏对峙”等，即使在人物塑造上，中国小说也常应用对称的构思：如林黛玉、薛宝钗相反相成，这平行对比的两人在第五回梦境里交会于“兼美”一人。甚至潘金莲与李瓶儿，孙悟空与猪八戒，曹操与刘备也都是同样美学原则的产物。蒲安迪还指出：“人物的互补透过情节的对仗，衍生为更抽象的对比”，如《红楼梦》全书的契机是“真假”，《西游记》寓言的关键是“色空”，而“盈亏”的制衡则为《金瓶梅》的主要架构。他认为“这些乍看对立的观念”“逐步化为交融互补，而发展为以对仗构造起来的作品的最终领悟”。他认为“对仗”可以说是中国文学构思的一种规律。

总之，很多人都同意文学发展过程中有不少中外文学都曾重复发生的规律性现象，文学史家应具体探讨这些现象及其变化发展，而不是用一个封闭的、已完成的“客观规律”来笼罩一切。

文学史究竟应如何写？这次会议也提出了一些有价值的见解。如中方学者的论文《叙述模式：中国小说从传统到现代》（乐黛云）、《接受与文化的过滤》（金丝燕）、《非我的神话——西方人眼里的中国》（张隆溪）、《小说的叙述结构：〈红楼梦〉、〈布登勃洛克一家〉和〈福尔赛世家〉的比较分析》（刘象愚）和《镜中世界与梦中世界》（应锦襄），还有《火凤凰：它的来源、意义和影响》（肖兵）、《原动力的流向、结果和意义》（孙景尧）等。

过去的文学史，多从时代社会的变化、作品中新的人物性格的出现和作者思想意识的更新等方面来描述文学史的发展。《叙述模式：中国小说从传统到现代》一文企图突破这种格局，从“文学性”本身的发展和文学在表现方法等形式方面的变化来探讨中国传统小说和现代小说的区别。文章指出，中国传统白话小说多采取全知的叙述角度，连贯的时间顺序，作者与叙述者的合一，客观训世的叙述调子，事序结构与叙事结构的统一和叙述层次的重叠等来形成自己的叙述模式；现代小说吸取了西方小说的特点，在以上各方面都有了革新和改变。刘象愚的文章则进一步探讨了中国、德国和英国的三部以大家庭崩溃为内容的长篇小说在叙述结构方面的异同。

过去的文学史多按照时间序列对文学发展进行“历时”性考察，按照比较文学的观点，文学史应在历时的方法中进一步设置“文学在一个瞬间的纵横交错的截面”，这种“共时”性截面往往可以把同时代作品的丰富多采、参差不齐、相互影响和渗透清晰地显示出来。因此孟而康教授一再强调“文学史必须重视比较文学的论据”。张隆溪在他的论文中强调我们正处于一个有可能越过各自的文化疆界和局限的关键时刻。他引用了极其丰富的材料说明过去西方人心目中的中国形象“或是理想化的乌托邦、诱人或充满异国风味的梦境，或是永远停滞、精神上盲目无知的国土”，他认为“如果我们决定扩大自己文化视野的疆界而认识人类的根本——这正是不同文化比较研究的目的——那就有必要打破作为想象对立面的那个‘非我’的神话”。这样“非我就不再是异己的、神奇的、无法说明的，却是可以了解和可以吸取的，最终可以成为我们对世界的经验共同认识之一部分”。很多学者认为我们正是要站在这样的高度，在对世界的共同理解和交错复杂的文化影响中来重写我们的文学史。

如果说张隆溪只是从原则上进行探讨，那么，金丝燕的论文则是通过1920年至1925年间中国新诗的“期待视野”的变化，具体讨论了两种文学接触时“接受与文化过滤”的种种问题。孙景尧的论文具体讨论了中国固有的“现世天然观”如何与外来的佛教相撞，经“妥协——蜕化与融汇”的过程产生了中国山水诗特有的魅力。应锦襄和肖兵的文章都是从总体文学的角度，前者讨论了“镜子”的意象和“梦”的意象在中西文学中的不同应用，后者讨论了神话大鸟故事在世界各国的流传和变体。这种宏观的观察必然影响到未来文学史的编写。

关于文学史的具体编写方法，大家也都提出了一些很好的意见。孟而康教授认为文学史一如文学，可以采纳歌德所谓“文学的三原式”，即抒情诗、戏剧与叙述文。他说：“我觉得中国文学史是代表抒情文学史的极佳例子，短短的叙述，强烈的意象，比喻或象征，无非为了抒发文学史家之情。富争论性的文学史可说是戏剧性的文学史……还有较长的，说故事的叙述体文学史”，王佐良教授的论文《文学史在古中国的先驱》也讨论了同样的问题。他以渊博的学识从公元一世纪的《汉书·艺文志》，谈到六世纪出现的《诗品》《文选》，以及提倡“文变染乎世情，兴衰系乎时序”的《文心雕龙》，直到杜甫的《戏为六绝句》和元好问的《论诗》三十首。他认为这些都只能说是文学史的先驱，真正意义上的文学史在1904年才出现。王佐良教授提出一个值得深思的问题：中国人并不缺乏历史感，事实上，中国的史学著作属于世界上最优秀之列，他们也不缺乏批评意识……他们早就有了一些有利于促成文学史的因素，包括一些近似文学史的著作，“为什么直到十九世纪之末，文学史终未出现在中国”呢？王佐良教授对这个问题作了很有意思的探讨，但他显然与孟而康教授有着不同的“文学史”的概念。孟而康认为是一种抒情文学史的东西，王佐良教授认为只能看作一种文学史的“先驱”。

另外，霍普金斯大学的拉泽尔・齐夫(Larzer Ziff)教授的论文《谈美国文学史的撰写》，伯拿大学印度研究所所长巴巴拉・米勒教授的论文《梵文文学中神话和诗学的作者问题》，以及纽约大学的季摩西`・雷斯(Timothy Reiss)的论文《文学・政治・历史》、洛杉矶加州大学彼德・李教授的《意识形态与朝鲜文学史》等都从不同方面提出了很有价值的关于写文学史的思考。

既然讨论涉及中国、日本、印度、朝鲜、美国、欧洲，大家又都是在一个比较文学的基础上来进行讨论，作为沟通手段的翻译理论势必引起到会者的重视。印地安纳大学欧阳祯教授的《接受美学与翻译》、黑龙江大学教授卢康华关于中国的翻译理论的论文都引起了大家的很大兴趣。

这次大会与1983年在北京举行的中美第一届比较文学双边讨论会相比，准备比较充分，讨论比较集中，学术水平也有所提高，过去各人宣读论文，互不关照的现象也有所克服，会议论文在很多方面都展开了交流和对话。这些进展的取得并不是偶然的。这次去美国，我感到美国文学研究界发生着相当深刻的变化：过去，不少研究东方文学的学者认为自己是汉学家，置身于比较文学的圈子之外，对正在迅速发展的文学理论不大感兴趣。而目前，一些重要的东方文学研究者正在积极注意把新的理论引入中国文学研究，并极力把中国文学研究与其他文学研究联系起来。另一方面，过去一些文学理论家认为他们的工作与东方研究没有多大关系，因而对东方研究漠不关心，而现在，他们感到一种理论如果只能应用于西方文学，只能用西方文学现象来解释，那就不是全面完善的理论，他们希望他们的理论也能在东方文学中得到印证，一批杰出的文学理论家已开始对东方文学感兴趣。实际上，比较文学的重心正在从以欧洲为中心的一个文化体系内部的比较急遽转向不同文化体系之间的比较，如中西文学比较。

回顾中国文学研究界，巨大的变化正在发生。许多研究中国文学的人，急需突破过去封闭式的研究体系，深深感到必须为自己建立一个外国文学的参照系，只有在广阔的背景和交错复杂的影响渗透关系中才能看出本民族文学的特色；另一方面，研究外国文学的人也深感不能跟在外国人后面去研究外国文学，杨周翰教授多次提醒我们：研究外国文学的人尤其要有一个中国人的灵魂。也就是说只有作为一个中国人去研究外国文学，才能在外国文学研究中开辟新的层面，创造独特的价值。正是这两方面的觉悟促成了近年来中国比较文学的巨大发展，使之成为一门“显学”。

这次中美第二届比较文学双边会议的全部论文既充分体现了美国文学研究界的变化，也体现了中国文学研究界的进展。这些变化和进展令人振奋，预示着 1991 年将再度在中国召开的中美第三届比较文学讨论会一定能进入一个更高更新的学术境界，也预示着通过比较文学途径，世界文学研究必将呈现一个辉煌的未来。

比较文学与中国现代文学研究综述*

新时期以来，比较文学的复兴与现代文学的面向世界同步——比较文学最早的一批论文多以现代文学现象作为研究分析的对象，现代文学研究面向世界多采取比较文学影响研究的方法。因此可以说，比较文学的发展与现代文学研究有着深入的联系，而现代文学研究也因比较文学的发展呈现出新的风貌。

影响研究

现代文学研究者的趋向于影响研究，起初似乎并非出自比较文学的学科自觉，而是"史"的观念的复苏带来的成效。因为要还中国现代文学史以历史的本来面目，如果不拓展视野，冲破"禁区"，清理现代文学与外国文学的关系，那就连即使是最粗略的勾勒也是不可能的。

现代文学研究领域内的影响研究，起步于清理鲁迅与外国文学——尤其是尼采的关系，有兴味的是，其中部分成果后来也被复兴的比较文学界所共享。

王瑶《论鲁迅作品与外国文学的关系》①突破了 17 年中只谈鲁迅汲取俄苏文学滋养的狭窄空间，对鲁迅所受的外来影响作出多方面的勾勒，并把注意力放在鲁迅从外国文学中主动的有眼光的选择和汲取上。王文既不排除把某些实际存在的影响抽离出来作进一步

---

* 原载《中国现代文学研究丛刊》，1995 年第 1 期。本篇为乐黛云与吉令旭合作。

① 《鲁迅研究》1980 年第 1 辑。

研究的可能和必要，又对防止浅薄平庸的实证主义和机械主义提出了及时的忠告。乐黛云的《尼采与中国现代文学》①站在全新的历史高度，以宏阔的视野总体把握尼采与中国现代文学的关系。乐文将这个从五四时期起就引人注目而又长期被“左”的思想干扰压制的课题，运用新的研究方法，置于世界文化互相影响的大背景中，对尼采在现代文学各个时期的不同消长及变形作了动态的描述和剖析，着重分析了鲁迅、茅盾和郭沫若对尼采的接受的不同情况，指出了尼采对现代文学的这种影响如何随时代和政治需要的变化而变化。值得注意的是，乐文一开篇就指出“20世纪初叶……以中国为中心的东西方文化的互相影响和渗透已成为近来世界学者研究文化思想发展史的重点之一”，并由此引入了一种开放的观念，自觉地将自己的研究与世界同行的研究接轨。这一点后来成为乐治学的主要特征之一。其他如李万钧的《论外国短篇小说对鲁迅的影响》②超越了单个作家间的静态联系，温儒敏的《鲁迅前期美学思想与厨川白村》③以美学探索的深度见长，将鲁迅文艺思想的研究向前推进了一步。

随着研究的深入，现代文学研究者已不满足于填补空白和“价值重估”，而追求研究命题的拓展和研究方法的更新，他们开始努力改变以往对文学现象的孤立把握，在广泛的联系中对研究对象作综合的考察。就影响研究而言，研究者注意把影响研究与作家的动态发展联系起来，将一个中国作家与一国乃至数国，一种思潮乃至数种思潮之间的关系进行多方面的研究。这方面最引人注目的是陈思和、李辉的巴金研究系列论文《巴金与俄国文学》④《巴金和法国民主主义》⑤《巴金与西欧文学》⑥《巴金与欧美恐怖主义》⑦等。作者层层深入地剖析了同是俄国作家，巴金何以接受赫尔岑而不是果戈理；同是托尔斯泰的作品，巴金何以没提到过《战争与和平》和《安娜·卡列尼娜》，却偏对《复活》中聂赫留朵夫的赎罪感兴趣；何以巴金与卢梭的思想感情相通却并未成为卢梭的信

---

① 《北京大学学报》(哲学社会科学版)1980年第3期。

② 《外国文学研究》1979年第1辑。

③ 《北京大学学报》(哲学社会科学版)1981年第5期。

④ 《文学评论丛刊》第11辑。

⑤ 《文学评论》1982年第5期。

⑥ 同上书，1983年第4期。

⑦ 《文学评论丛刊》第21辑。

徒等问题。当巴金被置于西欧文学的影响研究中时，作者又注意到不论巴金接受了多少外来影响，他都无法摆脱自己的社会环境与民族心理带给他的最本质的影响。由于作者将集体无意识理论融入巴金的民族心理和外来影响的比较研究中，因此能够进入一些不易被关注的层次，如巴金作品所蕴涵的民族心理的一个传统特点——对家庭伦理的热切关注。作者对巴金与欧美恐怖主义关系的探索，也触及巴金研究领域中较敏感的课题，即巴金作品中恐怖主义者形象的原型主要来自欧美恐怖主义者，通过与老舍作品中同类形象的对比，我们又认识到巴金对恐怖主义的矛盾态度。

形象研究

上文已约略谈到巴金作品中恐怖主义者形象的问题，形象研究把影响研究与平行研究结合起来，冲破了单纯的作家思想来源或创作动因的溯源研究，给现代文学研究带来了些许新意。

秦家琪、陆协新的《阿Q和堂吉诃德形象的比较研究》①一文虽然确认阿Q形象是堂吉诃德形象的影响性再现，但却把主要精力用于这种影响关系的探源和索隐，在两个艺术形象之间展开多层次的平行研究，着力探索发现二者“共同性中的差异性和差异性中的共同性”。作者认为，“本文全部的工作仅仅是力图来‘分清并且确切地指出不同事件的共同点’，以便使人们发现：阿Q的形象不仅是我国文学史上的一个不朽的光辉典范，而且在世界优秀艺术典型的画廊里也占有一个不容置疑的突出位置。”

形象研究的论文数量不少，但大体上与秦家琪、陆协新二位的文章属一个层次。直到钱理群的论著《丰富的痛苦——“堂吉诃德”与“哈姆雷特”的东移》②才把形象研究提升到一个前所未有的高度。

钱在前言中写道：“本书的任务仅在于描述，描述两个文学幽灵跨越几个世纪的门槛，从西方走到东方的故事；描述东西方各国作家怎样出于对人类某些重大精神命题的共同关怀，按照自己民族文化的传统，自己所处时代的要求，以及个人精神气质的特点，一面接受前人思想艺术成果，一面又丰富与发展前人的思考，有如思想接力棒的互相传递，共同创造了两个不朽典型的

① 《文学评论》1982年第4期。

② 钱理群：《丰富的痛苦——“堂吉诃德”与“哈姆雷特”的东移》，长春，时代文艺出版社，1993。

故事。”

按钱的分析，不仅鲁迅笔下的阿Q，而且曹禺笔下的方达生、曾文清，巴金笔下的杜大心、吴仁民、周如冰、觉新、汪文宣，无名氏笔下的印蒂，废名笔下的莫须有先生等艺术形象，都是西班牙骑士和丹麦王子的东方兄弟，这些文学形象的创造者们的内心世界和精神气质，都与骑士和王子有着千丝万缕的血脉关系。著者进而认为“正是这一充满迷惘、痛苦与生命活力的创造过程，把生活在截然不同时空里的几位世界艺术大师、思想家——从英国的莎士比亚，西班牙的塞万提斯，德国的海涅，俄国的屠格涅夫，到中国的鲁迅，以及他们周围的一大群作家、知识分子连接在一起，从而反映了从17世纪到20世纪人类精神发展，世界知识分子心灵历程的某一个侧面。而20世纪中国知识分子的精神气质，他们与世界知识分子的内在精神联系，将是我们考察与描述的重点”。

钱理群的研究已不再停留在文学形象的影响与平行研究上，而是把形象研究上升到整个人类的精神史和心态史的高度来加以观照。事实上，一个真正的作家，不仅关注、执着于国家、民族、社会人生，使他们的作品具有强烈的“现实性”，他们同时也注目于人类共通的精神问题，人性问题，往往在作品中的现实价值之上追求一种“超越国家、民族、时代的具体时空”的“全人类”意义。越是不朽的文学典型，就越具有这种普遍的概括性；正是这些不朽的文学典型，把关注着某些共同的人类精神命题的不同国家、不同民族、不同时代与不同个性的作家(思想家)联结起来，构成人类精神发展史的一个重要侧面。

这与比较文学学科中正在兴起的形象学研究完全一致。在形象学中，形象研究有三方面的意义：外国的形象；来自某一民族或文化圈的形象；由作者自身的独特感受而创造的形象。与此相适应，形象学研究要求研究者进行三个层面的分析：参照系；文化社会想象；作品结构。以往现代文学形象研究偏重于参照系和作品结构的层面，钱理群的工作，很明显地已进入文化社会想象这一更深的层面。

在世界文学语境下研究中国现代文学

比较文学的一个重要精神，就是在自身文学之外，寻求新的外在的视角，在世界文学总的语境下重新考察和认识自己。现代文学研究者同样不满于对文学现象的孤立把握，他们力求在世界文学总的语境之下对中国现代文学进行综合研究，他们意识到挣脱狭窄的单一的民族观念，以世界文学意识来看待文学的重要性。世界文学意识的觉醒不但赋予研究者以较为宏阔的视野，而且使研究渐趋接近现代文学的本质。唐弢的《西方影响与民族风格》①从外来影响与民族风格的冲突和融汇的动态联系中勾画现代文学的面貌，并上溯近代文学，把现代文学放在世界和民族的双重语境中来考察，冲破了近代文学之间的人为的隔墙。王富仁的《在广泛的世界性联系中开辟民族文学发展的新道路》②，将外国文学与“五四”新文学关系的考察纳入对整个中国现代文学的总体判断中去，从宏观的审视点阐发了外国文化、外国文学的影响在中国现代文学各个历史时期发生和发展的表现，并把整体的中国现代文学的发生发展置于世界文学的总体格局中，显示了研究者广阔的时空视野。

现代文学研究中“现代文学背后有世界文学总的语境”这一信念的确立，还大大促进了现代文学研究的整体时空格局观念的建立，在此影响之下，研究者主张在民族、文化、历史的大环境中对研究对象加以观照，其中最突出的例子是“20世纪中国文学”的主张和“新文学整体观”的提出。

黄子平、陈平原、钱理群三人联名发表的《论“二十世纪中国文学”》③一文，使“世界文学中的中国文学”这一概念，深深地印在学科同行的脑海中。他们把作为20世纪世界文学一部分的中国现代文学，置于一个“以‘民族—世界’为横坐标，以‘个人—时代’为纵坐标的坐标系”之中，充分强调“纵向的大背景是两千年的中国古典文学传统”“横向的大背景是本世纪的世界文学总体格局”；而“按照‘20世纪中国文学’的概念看来，过去我们对中国文学如何受外国文学的影响而产生的新变化研究较多，对世界文学中的中国文学研究甚少”。这种打通20世纪的主张，无疑给现代文学研究带来了观念的解放。

陈思和也不满于现代文学人为的分期，他认为，研究对象的封闭不可避免地会造成研究者的相对密集、研究视野大受限制等弊端。为改变这种状况，有眼光的研究者正致力于两个方面的开拓：一种是横向的开拓，比较文学的研究方法是其中之一，它追究西学东渐、西卉东植的历史演变，梳理西方文学理论、文学思潮与流派在中国新文学中的来龙去脉，研究中国现代作家的创作风格在形成过程中的外来因素等等。另一种是纵向的开拓，整体观的研究方法由是产生，它通过对本世纪(20世纪)以来的文学作整体的综合研究，来打破过

---

① 《文艺研究》1982年第6期。

② 《中国现代文学研究丛刊》1985年第1期。

③ 《文学评论》1985年第5期。

去的封闭状态。出于这种考虑，陈发表了《新文学史研究中的整体观》①，提出了打通中国现、当代文学的主张。陈后来把其他七篇与此观点有关的系列评论文章结集成《中国新文学整体观》②出版，并且在该书的“后记”中充满信心地宣称“把20世纪的文学(或称作中国新文学)视为一个不可分割的整体，是日下许多同行们所感兴趣的课题，黄子平、钱理群、陈平原、王晓明、李劼等同志正在这方面进行着极有意义的工作，我愿意加入这一行列，对这本可能根本性改变现当代文学研究现状的探索性学科作出自己的努力”。

在世界文学总的语境下对现代文学的研究还有一个成果，那就是比较的观念深入到文学史书写之中。李万钧的《欧美文学史和中国文学》③是国内第一本有意识地用比较的方法写成的文学史著作，该书比较系统地探讨了外国文学对中国文学的影响，以及外国文学和中国文学的几个重要类型。虽说仅仅是一个尝试，但却是一个可喜的开端。范伯群、朱栋霖主编的《1898—1949中外文学比较史》④则是一部文学的比较史，其显著的特点是对文学的现代化、世界化和民族化同步发展的强调。从1898年前后开始的中国文学发展历程，是中国文学走向现代化的进程，现代化既与世界化相联系，又与民族化同步，应该说，文学的现代化本身就应包括文学的民族化，没有文学的民族化，就没有该民族文学的高度现代化，反之亦然。

西方文学思潮与中国现代文学研究

相对于影响研究和形象研究，西方文学思潮流派在中国现代文学中的开拓和发展吸引了更多现代文学研究者的注意，也出现了相对较多较系统的研究成果。文学思潮的流播是比较文学关注的一个重要内容，正如地质岩系的延伸影响着对整个岩系的研究一样，只有了解同一思潮在不同文化中的发展，才能对该思潮有完整的理解。反过来说，如果对某一时期、某种文学研究离开了有关文艺思潮在其他文化中的状况，也很难有真正深入的探讨。

在较早的思潮流派的研究中，现代主义对中国现代文学的影响问题乃是其

---

① 《复旦学报》1985年第5期。

② 陈思和：《中国新文学整体观》，上海，上海文艺出版社，1987。

③ 李万钧：《欧美文学史和中国文学》，福州，福建教育出版社，1989。

④ 范伯群、朱栋霖：《1898—1949中外文学比较史》，南京，江苏教育出版社，1993。

中的热点。王佐良的《中国新诗中的现代主义——一个回顾》,[1] 突出了中国古典诗歌传统与西方现代派诗歌之间内在的精神同构，这种同构使得中国现代诗人“一回顾中国传统诗歌，总觉得许多西方新东西是似曾相识的”。王文进而指出，西方现代主义诗歌在中国“并不能为所欲为”，这不仅因为“它面对的是处在战争与革命的环境里的中国诗人”，而且“在他们背后则是世界文学里一个历史悠久，最有韧力的古典诗歌传统”。王佐良用“传统”来解释中国现代诗人容易接受现代主义风格技巧的内在机制——“中国品质”的原因的做法，颇能发人深思。严家炎《创造社前期小说与现代主义思潮》[2]一文从弗洛伊德学说，德国表现派文学主张的影响，意识流手法的尝试等多方面，总结出创造社前期作为异军突起之“异”，就在于它“是一个浪漫主义兼有较多现代主义成份的小说流派”。其他如应锦襄的《现代派对中国二十年代小说之影响》,[3] 袁可嘉的《西方现代派与九叶诗人》[4]也都各有特点。

关于现代主义思潮研究的总结性著作是唐正序、陈厚诚主编的《20 世纪中国文学与西方现代主义思潮》[5]。此书具体研究一个世纪以来西方现代主义文艺思潮传入中国及其对各个不同时期中国文学观念和文学创作的影响。它特别注意在不同作家、流派和时期所受现代主义影响，同时将 20 世纪中国文学作为一个有机整体来考察现代主义在中国的发展演变过程，不仅研究了现代主义影响所产生的社会历史和文化背景，而且注意到现代主义与现实主义、浪漫主义之间的错综复杂关系；特别值得一提的是，该书着重考察了现代主义影响与中国文学传统之间的关系，也即把时间轴引入到中西文学关系的共时性研究之中，这种做法可以把各个片断的影响研究互相贯通，联成一气。

在现代主义诸流派中，象征主义诗歌及其在中国现代文学中的流布是厘清得较为充分的一个领域。孙玉石的《中国初期象征派诗歌研究》[6]，是国内第一本较系统地论述象征派诗在中国的传播、发展和衰落过程的论著。孙不满于人

---

① 《文艺研究》1983 年第 4 期。

② 《小说界》1984 年第 4 期。

③ 《厦门大学学报》1983 年第 4 期。

④ 《文艺研究》1983 年第 4 期。

⑤ 唐正序、陈厚诚：《20 世纪中国文学与西方现代主义思潮》，成都，四川人民出版社，1992。

⑥ 孙玉石：《中国初期象征派诗歌研究》，北京，北京大学出版社，1985。

们谈诗只谈现实主义、浪漫主义主流的做法，认为这种作法“把丰富的历史弄进一条狭窄的河床”。之后，中国现代文学研究中有关法国象征派诗歌对中国新诗影响的论文开始比较大量地出现。其中金丝燕的《文学接受与文化过滤——中国对法国象征主义诗歌的接受》①一书首先对法国象征主义诗歌进行了比较周详的介绍和分析，金接受安德烈·巴尔在《象征主义》一书中的提法，认为象征主义给法国诗歌带来四个方面的革命：诗歌、韵律、句法和词汇。这部论著的重点放在研究中国接受者的情况。

金丝燕首先把法国象征主义在中国的接受定位为异源接受，并用丰富翔实的材料证明，在1915—1925年间，中国翻译界的接受外国文学的趋向是：重时间意义上的现当代文学，重诗歌，重抒情与现实主义；批评界的接受趋向大体与翻译界相同；而新诗理论界的期待视野却是浪漫性、古典性、偏重西方，这与前二者强调弱小民族的现实主义有所不同。具体到中国象征派诗人，他们对法国象征派诗歌的接受集中在两点：情调和手法。情调包括题材、形象、美丑观；手法包括诗体、节奏、语言。

金丝燕的研究还有一个重要特点，就是特别强调在接受过程中，本国文化所起的作用。金的工作其实已涉及共同想象或共同心理的研究。在她看来，一个个体，即便是天才，也很难与他们所在或曾经所处的文化框架隔绝。接受本身就是批评。每一次接受，接受者都有意无意地作了选择，而文化框架则在文学接受中默默起着过滤作用。

对现实主义的研究在新时期以来现代文学的研究中一直没能形成热潮，有关的研究成果不很多。温儒敏《新文学现实主义的流变》②对现实主义思潮在中国现代文学中的影响作了一个较为系统全面的总结。温著以“史述”为主，从繁复的文学历史现象中选择一些最突出的“点”(主要是一些有代表性的文论、文学争辩、创作风气等)，去把握“文学革命”后30多年间(1917—1949)现实主义作为一种文学思潮发生、发展与流变的轨迹，考察它与其他思潮流派的关系，它所以成为新文学主流的原因，它对整个新文学所起的推进或制约作用，以及它在世界文学，特别是俄苏文学发展背景下所表现出来的某些特色。

浪漫主义思潮的研究状况与现实主义有些相似。陈思和《中国新文学发展

---

① 金丝燕：《文学接受与文化过滤——中国对法国象征主义诗歌的接受》，北京，中国人民大学出版社，1994。

② 温儒敏：《新文学现实主义的流变》，北京，北京大学出版社，1988。

中的浪漫主义》①把现代文学中浪漫主义小说划分为个人抒情小说和田园抒情小说两种类型，陈认为前者盛行于20年代，以郁达夫为代表，与西方的关系更为密切些，卢梭的孤独及追求真理的勇气，维特的感伤，拜伦的反叛及华兹华斯、雪莱等人对自然和爱情的咏叹，都成为这一派中国作家的榜样。后者以废名、周作人、沈从文为代表，废名的创作中，虽然也能领略到哈代、艾略特的颓伤的田园乡土风味，但更为本质的却是自陶渊明、王维等一派的中国古典美学的审美传统的影响。虽然两派受西方浪漫主义影响的程度不同，但有一点是相同的，这两派中的浪漫主义都形成了各自的风格，成为中国现代文学史上浪漫主义小说的双峰。

乐黛云、王宁主编的《西方文艺思潮与二十世纪中国文学》②一书中的论文，也从各自不同的角度就西方文艺思潮对中国创作模式的冲击等问题，进行了系统的梳理与扎实的论证，有助于人们在广泛的文化背景上理解中国文学现象。

跨学科研究

研究领域开放观念的形成，不仅大大扩大了现代文学研究的选题范围，同时也使得研究者本人可以注意到比较研究的多学科性和边缘性，从而形成了现代文学研究中另一个充满生机的新领域——跨学科研究。

樊骏的《“五四”与新文学的诞生》③着眼于一些非文学因素——社会政治的因素对新文学生成的催化和推动作用，认为无论是西方文学的影响还是传统文学观念的沉淀，都无法替代这种作用。非文学因素(主要是政治斗争的需要)的干预，严重削弱了文学的独立性。新文学由于时刻摆脱不开为政治服务这一首要目的，而忽略或无暇开展旨在提高自身的艺术运动。所以，新文学在为中国文学带来众多成就和进展的同时，也存在着一些先天不足。

凌宇的《从苗汉文化和中西文化的撞击看沈从文》④则力图将沈从文及其创作放入广阔的文化背景中去考察。这样，不论凌文的结论如何，这种自觉地把

① 《学术月刊》1987年第10期。

② 乐黛云、王宁主编：《西方文艺思潮与二十世纪中国文学》，北京，中国社会科学出版社，1990。

③ 《中国社会科学》1989年第4期。

④ 《文艺研究》1986年第2期。

文化的观念引入文学研究的做法毕竟给文学研究本身带来了一些新的特点。张恩和的《从民族文化学的角度对中国现代文学的思考》①把民族文化学的研究方法引入到现代文学的研究中，突出了传统文化对现代文学的影响和渗透以及现代文学对民族文化变异的种种类型。

陈平原则关注宗教给予现代文学的影响的问题。他的《在东西方文化碰撞中》②一书中有两篇论文论及苏曼殊、许地山受佛教影响的情况。陈很清醒地认识到，"五四"新文化运动，本身就不是一场纯粹的文学革命，"五四"一代作家也很少是纯粹的文学家，他们对外来文化的借鉴远远不限于文学。这就决定了我们对这场文化碰撞的研究，立足于文学，着眼的是整个文化，除了不同时空的文学之间的比较外，同一时空中文学与艺术、文学与宗教、文学与思想等的比较研究也非常必要。

田本相始终关注中西戏剧的互相影响生发，他认为任何一个事物，都有着它同其他事物的历时性和共时性的联系。任何事物都是相比较而存在的。"事物正是在同其他事物的联系、影响、对比、矛盾、渗透、差异、斗争中而被更深刻、更全面认识到的……在比较研究中，它给我的是一种'发现'的乐趣，是新的侧面、新的层面、新的问题、新的领域等等的发现乐趣。"他的《试论西方现代派戏剧对中国话剧发展之影响》③就是因"比较"而产生的发现乐趣的产物。不仅如此，田对"比较"的兴趣还导致了由他主编的《中国现代比较戏剧史》④一书的出现，这一时间跨越半个世纪，洋洋50余万言的巨著解决了这样几个问题：1. 从中国话剧同外国戏剧运动、理论思潮和创作的关系出发，阐明了中国话剧诞生、形成、发展和演变的历史。2. 阐明了外国戏剧理论思潮和创作对中国话剧理论和创作的影响，并对之做出了历史的、具体的、科学的分析和估计，同时还研究了这些影响的呈现形态和转换方式，进而探讨了这些影响得以实现的原因和条件。3. 给中国话剧在世界戏剧史上定了位。

以上只是粗略地勾勒了新时期以来比较文学与现代文学研究互相启发和渗透的情况；深刻地理解二者的关系，则只有在具体的研究实践中去达成。

---

① 《中国社会科学》1987年第1期。

② 陈平原：《在东西方文化碰撞中》，杭州，浙江文艺出版社，1987。

③ 《南开大学学报》(哲学社会科学版)1983年第2期。

④ 田本相：《中国现代比较戏剧史》，北京，文化艺术出版社，1993。

后殖民主义时期的比较文学*

自从1886年英国学者波斯奈特(H. M. Posnett)第一次用“比较文学”命名他的专著，到1986年中国比较文学学会成立，回顾这一百年来比较文学发展的历史，应该说由于西方中心论和殖民主义的统治，比较文学这一学科几乎以泯灭亚、非、拉各民族文化特色为己任。在比较文学极为兴盛的本世纪(20世纪)二十年代末，著名的法国比较文学家洛里哀(Frederic Loliee)就曾在他那部名著《比较文学史》中公开作出结论：

> 西方之智识上、道德上及实业上的势力业已遍及全世界。东部亚细亚除少数偏僻的区域外，业已无不开放。即使那极端守旧的地方也已渐渐容纳欧洲的风气……从此民族间的差别将渐被铲除，文化将继续它的进程，而地方的特色将归消灭。各种特殊的模型，各种特殊的气质必将随文化的进步而终至绝迹。到处的居民将不复有特异于其他人类之处；游历家将不复有殊风异俗可以访寻，一切文学上的民族的特质也都将成为历史上的东西了。……总之，各民族将不复维持他们的传统，而从前一切种姓上的差别必将消灭在一个大混合体之内——这就是今后文学的趋势。①

---

* 原载《社会科学战线》，1997年第1期。

① 洛里哀：《比较文学史》，傅东华译，352页，上海，上海书店，1989。

不言而喻，作为核心，统治这个“大混合体”的当然是欧洲，而实现这样的趋势，正是比较文学的最终目的。现在看来，这样的主张自然是迹近天方夜谭，但在前半个世纪，认同这种思想的比较文学家恐怕也还不在少数。

六十年代，一些比较文学家提出：“比较文学就是从一种以上的民族文学的眼光或结合一种或另一种甚至几种知识学科，对任何文学现象所作的研究”。① 但这里所说的民族文学指的也还是西方文化体系内部的各民族文学；直到七十年代，著名的《比较文学与文学理论》一书的作者乌利希·韦斯坦因(Ulrich Weisstein)教授仍然认为东西异质文化间的比较文学是不可行的，比较文学只能在同一文化体系内进行。

二十世纪下半叶，比较文学学科有了很大发展，八十年代以来，许多有识见的比较文学家都在力求突破西方中心论和殖民主义意识形态。特别是从亚、非、拉第三世界的视角来看，随着后殖民阶段的到来和后结构主义理论的广泛影响，比较文学这一学科正在呈现出空前未有的蓬勃生机，预示着未来的更大发展。西方中心论的隐退带来了多元文化的繁荣，提供了比较文学发展的新的可能性；后殖民主义的深入人心，促使各民族力求返本归原，充分发掘本民族的文化特点，大大丰富和发挥了自己的民族性；与此同时，世界进入信息时代，高速信息网络、电子邮件等使快速的跨文化传递成为现实，全世界各种文化的地区和人民，都可以在同一时间接收到同一信息，以致任何自我封闭、固守一隅、逃避交往的企图都可以受到成功的抵制。这一切使比较文学可以不再局限于同质的西方文化体系内部，而在欧美、非洲、亚洲、拉丁美洲的异质文化的对比和共存中获得了空前未有的广阔空间。事实上，我们正经历着一场比以往任何一次都更其深刻宏伟的工业革命和文化转型，过去得到广泛认同，以为无可置疑的默认常规都已受到挑战而变得不确定。比较文学面临着民族文化复兴与多元文化共存的种种复杂的新问题和重重矛盾，只要迎接挑战，提出新的理论和解决问题的办法，比较文学就会发展到一个崭新的阶段。

目前我们首先感到的是文学和比较文学的非殖民化问题。即将过去的二十世纪集中反映了以往几个世纪建立起来的殖民体制和专制政体的灾难和祸害：两次世界大战、屠杀犹太人、古拉格群岛、恐怖主义……人类死伤无数。现在殖民体制虽已结束，但殖民主义在人类思想和心灵上的影响却仍然根深蒂固，

---

① 欧文·奥尔德里奇：《比较文学：问题与方法》，1页，伊利诺斯大学出版社，1969。

亟待清除。我认为作为欧洲文艺复兴发源地的意大利的比较文学家——罗马知识大学的阿尔蒙多·尼兹(Armando Gnisci)教授在他的《作为非殖民化学科的比较文学》一文中率先提出这个问题具有十分重大的意义。他指出：

> 如果对于摆脱了西方殖民的国家来说，比较文学学科代表一种理解、研究和实现非殖民化的方式；那么，对于我们所有欧洲学者来说，它却代表着一种思考、一种自我批评及学习的形式，或者说是从我们自身的殖民中解脱的方式。这并非虚言，条件是我们确实认为自己属于一个“后殖民的世界”，在这个世界里，前殖民者应学会和前被殖民者一样生活、共存。我说的“学科”与西方学院体制的专业领域毫无关系，相反，它关系到一种自我批评，以及对自己和他人的教育、改造。这是一种苦修(askesis)。①

尼兹教授还进一步指出，一向持有优越感和权力意志的身份卡的欧洲知识分子要做到这一点非常不容易，这一方面靠自我批评，另一方面也还要靠对方的合作和善意。他说：

> 不能仅靠我们的力量，以我们的哲学传统下的心理状况为基础，就能实现这种“苦修”；相反，这只有通过比较、倾听他人，以他人的视角看自己之后，才可能实现。通过这些手段，我们最终才会向他人，也向我们自己学习那些我们永远不能通过别的方法发展的东西。如今，这一切无需离家就可以实现，因为其他人已前来与我们相会。他们的目的不是武力征服，或以文化优越性压人一头，而是希望平等尊严地生活在我们当中。②

尼兹教授认为，在不可避免地被定义为“后殖民”的世界，欧洲知识分子要摆脱自身的殖民倾向，就意味着接受与其他民族文化比较和“苦修”的逻辑。“这个逻辑建立在欧洲与摆脱欧洲殖民的人平等互利的基础上”。他特别强调：“对于

---

① 阿尔蒙多·尼兹：《作为非殖民化学科的比较文学》，《中国比较文学通讯》1996年第1期，5页。

② 同上。

一个欧洲知识分子来说，这确实是今天最迫切、最重要的精神任务和批评任务”。①

尼兹教授的意见显然代表了正在欧洲发展壮大的比较文学的最新动向，他热切地呼唤着亚、非、拉各地知识分子，特别是比较文学学者的回应。

从曾经被殖民或半殖民地区的视角来看，当前最重要的问题就是在后殖民的全球语境下，如何对待自身的传统文化的问题。由于这些地区的传统文化长期以来受到西方文化的灌输和扭曲，一旦从殖民体制压制下解脱出来，人们首先想到的自然是如何恢复发扬自身的固有文化，使其传播四海。这种倾向完全合理，无可非议。但与此共生的往往是一种极端的民族情绪，特别是对历史悠久、文化灿烂、传统深厚的民族来说，更容易滋长这种情绪。在沉醉于这种情绪的人们看来，既然自己的文化已经被压制了几百年，如今为什么不应该扬眉吐气，“独逞雄风于世界”？他们认为西方中心的隐退就意味着另一中心的取而代之。显然，这样的思维方式不可能创造出任何新事物，只能是在新的时代和环境下，对过去的西方中心论的变形和复制。事实上，一种文化能否为其他文化所接受和利用，决非一厢情愿所能办到的。这首先要看该种文化（文学）是否能为对方所理解，是否能为对方作出有益的贡献，引起对方的兴趣，成为对方发展自身文化的资源而被其自觉地吸收。今天，东西方文化的接触只能是和过去完全不同的，以互补、互识、互用为原则的双向自愿交流。这种交流正是后殖民时代比较文学的基础。

关于如何对待后殖民时期的本土传统文化以发展比较文学，除了上述调整心态的问题之外，还有两个十分重要的问题需要思考，其一是如问理解传统文化，用什么样的传统文化去和世界交流？其二是如何交流，通过什么方式交流？

我们所说的文化并不等于已经铸就的、一成不变的“文化的陈迹”，而是在永不停息的时间之流中，不断以当代意识对过去已成的“文化既成之物”加以新的解释，赋予新的含义；它是：正在进行着的，当前整个社会的表意活动的集合，包括意义的产生、传达以及各种释意活动，因此，文化应是一种不断发展，永远正在形成的“将成之物”。显然，先秦、汉魏、盛唐、宋明和我们今天对于中国文化都会有不同看法，都会用不同时代当时的意识对之重新界定。我

① 阿尔蒙多·尼兹：《作为非殖民化学科的比较文学》，《中国比较文学通讯》1996年第1期，5页。

们今天用以和世界交流的中国文化也不是所谓“固有的”、原封不动、只待发掘出来的“宝贝”，而首先是我们用当代意识对这些既成之物——包括哲学典籍、文学艺术作品、既成的经济法律制度等加以诠释和利用。毋庸置疑，在信息、交通空前发达的今天，所谓当代意识不可能不被各种外来意识所渗透。事实上，任何文化都是在他种文化的影响下发展成熟，脱离历史和现实状态去“寻根”，寻求纯粹的本土文化既不可能也无益，即使中国从来不是殖民地，当代中国人也很难完全排除百余年来的西方影响，复归为一个纯粹传统的中国人，正如宋明时代的人不可能排除印度文化影响，复归为先秦两汉时代的中国人一样。因此我们用以和世界交流的，应是经过当代意识诠释的、现代化的、能为现代世界所理解，并在与世界的交流中不断变化和完善的中国文化。

至于如何交流，用什么方式交流，这里存在着一个难解的悖论。要交流，首先要有交流的工具，也就是要有能相互沟通的话语。所谓话语，也就是双方都能认同和理解的一套言谈规则。文化接触首先遇到的就是用什么话语沟通的问题。若完全用外来话语沟通，本土文化就会被纳入外来文化的体系之内，失却本身的特点，许多宝贵的、不符合外来体系的独特之处就会被排除在外而逐渐泯没；如果完全用本土文化话语沟通，不仅难以被外来者所理解，而且纯粹的本土文化话语也很难寻求，因为任何文化都是在外来文化的不断影响和交流中发展的。只有正确理解这一悖论，才能实现真正的文化接触。法国理论家皮尔·布狄厄(Pierre Bourdieu)在他的《文化生产场》一书中提出的折射理论对思考这一问题颇有启发。他认为社会现象在文学中的反映不可能直接发生而必须通过文学场的折射。文学以它的历史、特点以及约定俗成的默认成规等构成一个文学生产场，场外的社会现象只能通过折射而不能直接在这个场内得到反映，因为它必然因文学场的作用而发生变形，正如一支筷子在水中的折射变形一般，不可能和在场外全然一样。将这一理论运用到文化的接触和对话中，可以说甲文化与乙文化相接触也必然产生这种折射现象。属于甲文化的群体或个人进入乙文化时，必然带着他自身的文化场——思维方式、默认成规等，而使甲文化在他的研究和陈述中发生折射而变形，例如当中国文化进入外国文化场时，中国文化必然经过外国文化的过滤而变形，包括误读、过度诠释等；同样，外国文化进入中国文化场，也必然受到中国文化的选择并透过中国式的读解而发生变形。其实，历史上任何文化对他种文化的吸收和受益都只能通过这样的选择、误读、过度诠释等变形，才能实现。常听人说唯有中国人才真正能了解中国，言下之意，似乎外国人对中国的了解全都不值一顾。事实上，根本不需要外国人像中国人那样了解中国，他们只需要按照他们的文化成规，择取并将他们感兴趣的部分改造为他们所需要的东西。法国的伏尔泰、德国的莱布尼茨都曾从中国文化受到极大的启发，但他们所了解的中国文化只能通过传教士的折射，早已发生了变形，这种变形正是他们能以得到启发的前提。今天我们再来研究伏尔泰和莱布尼茨如何通过其自身的文化框架，来对中国文化进行了解和利用，又可以为我们提供一个崭新的视角，来对自己熟悉的文化进行别样的理解。这样，就在各自的话语中完成了一种自由的文化对话。这里所用的话语既是自己的，又是已在对方的文化场中经过了某种变形的。历史上不同文化之间的互利、互识多半是通过这样的方式来进行。例如古代中国在自己的文化场中，用自己的话语与印度佛教对话，结果是创造了中国佛教的禅宗。英国哲学家罗素 1922 年在《中西文化比较》一文中说："不同文化之间的交流过去已被多次证明是人类文明发展的里程碑。希腊学习埃及，罗马借鉴希腊，阿拉伯参照罗马帝国，中世纪的欧洲又摹仿阿拉伯而文艺复兴时期的欧洲则仿效拜占庭帝国。"显然，上述希腊、罗马等文化吸收了其他文化之后，仍然主要是希腊、罗马文化，但又不同于接触他种文化之前的希腊、罗马文化。正如中国作家鲁迅所说，吃了牛羊肉，也不见得会类乎牛羊。由此看来，世界文化的未来发展也不会造就洛里哀所预言的那种文化"大混合体"，而仍是具有不同特点的各民族文化的共存。

以上所说，只是过去文化接触的历史现象，当然也还可以更自觉地寻求其他新的途径，例如可以在两种话语之间有意识地找到一种中介，这个中介可以充分表达双方的特色和独创，足以突破双方的现有体系，为对方提供新的立足点来重新提出追问，并得出新的结论。例如共同解决人类面临的问题就可以是一种中介，尽管人类千差万别，但总会有构成人类这一概念的许多共同之处。从文学领域来看，由于人类具有大体相同的生命形式(男与女，老与幼，人与人，人与自然，人与命运等)和体验形式(欢乐与痛苦，喜庆与忧伤，分离与团聚，希望与绝望，爱恨，生死等)，以表现人类生命与体验为主要内容的文学一定会面临许多共同问题，如文学中的"死亡意识""生态环境""人类末日""乌托邦现象""遁世思想"等。不同文化体系的人对于这些不能不面对的共同问题，都会根据他们不同的历史经验、生活方式和思维方式作出自己的回答。这些回答回响着悠久的历史传统的回声，又同时受到当代人的取舍和诠释。只有通过这样的多种文化体系之间的对话，这些问题才能得到我们这一时代的最圆满的解答，并向未来开放回答这些问题的更广阔的视野和前景。在这种寻求解答的平等对话中，可能会借助旧的话语，但更重要的是新的话语也会逐渐形成。这种新的话语既是过去的，也是现代的；既是世界的，也是民族的。在这样的话语逐步形成的过程中，世界各民族就会达到相互的真诚理解。

从后殖民时代的今天回顾过去，百年比较文学的发展固然有很多问题，但仍创立了伟大的功勋，应很好地继承，特别是近年来美国以文学理论为核心，法国以形象学、心态史为重点的比较文学的新发展更是值得认真总结(后者将在另一篇文章中谈及)。正如西方文化五百年来为人类文化的发展作出了辉煌贡献，我们任何时候都不能以反对西方中心论为由，对之加以忽视和否定，否则就会导致人类文化的全面倒退。我们只能在这个已有的、雄厚的基础上前进。其实，这一基础也是属于全人类的，因为它是以殖民地所提供的物质财富为基础，并吸收了这些地区的某些精神资源才得以形成。那种排斥任何西方影响，执迷于重返本土的“文化部落主义”不仅在理论上不可取，而且在实践上还可能成为“文化战争”的根源，威胁人类未来的发展。

回顾近二十年比较文学发展的历史，文学理论成为比较文学的核心并不是偶然的。八十年代初，耶鲁大学的比较文学系系主任保罗·德·曼(Paul. de. Man)认为“比较文学研究的核心无疑是理论”。他曾在1979年提出：“根本没有任何理由能证明，为什么此处提出的对普鲁斯特的这种分析，在技术上稍作调整之后，不能运用到弥尔顿或但丁或荷尔德林身上”。① 有价值的理论确实有其普遍性，用西方理论解释中国文学现象，曾经形成海峡两岸都曾盛行一时的中国比较文学的“阐发研究”。在这样的“阐发研究”中，应该说，生搬硬套、削足适履的现象确实存在，盲目崇尚西方、唯新是鹜的殖民心态也并非完全没有。但是，总的看来，这些理论的涌入，为中国文学研究打开了新的思路，提供了新的视角，有助于发掘新材料，提出新问题。从理论上说，这些西方理论进入中国语境，受到中国文化框架的过滤和改造，又在中国的文艺实践中经过变形，已经中国化而不再是原封不动的原来的西方理论；事实上，如果我们摆脱东西方二元对立的既定思维模式，从全球化的新角度来看，那么，无论某一理论出自何方，只要它合理、有用，能解决实际问题，便都可以采纳利用。产生于西方资本主义社会的马克思主义在东方工业尚不发达的国家起了如此翻天覆地的作用，就是一个最雄辩的例证。

当然，以上所说的还只是问题的一方面，另一方面，在过去的殖民体制

① 保罗·德·曼：《阅读的寓言》，16页，耶鲁大学出版社，1979。

下，殖民地、半殖民地国家民族的文化创造性不可避免地被西方殖民主义的文化霸权所压抑，这大大削弱了用非西方文化来阐释西方文化的可能。在后殖民状况下，多元文化的发展必然会带来各民族文化的现代化和新的繁荣。这就使得产生于非西方文化土壤的理论也有可能用来阐发西方文化，作出有益贡献而被西方所利用。这种双向阐发，正是文化对话的又一种方式，必然会对人类文化发展做出新的贡献。最近，出现一种很有意思的文化现象：过去西方研究东方文化的学者，如汉学家，多少被视为神秘人物，处于边缘地位，与比较文学不搭界；从事比较文学的学者或出于非西方语言太难，或由于心理上的原因，对于非西方文化多半采取或敬而远之，或不屑一顾的态度。但近年来，这种情形有了改变，一些著名的比较文学家开始关注东方文化的状况和发展，如比较文学耆宿、法国的艾琼伯(Rene Etiembe)在八十年代末完成了他的巨著《中国的欧洲》；国际比较文学学会前会长孟而康(Earl Miner)于九十年代初发表了他的《比较诗学——东方与西方》；前国际比较文学学会会长佛克马教授在他主编的《比较文学史》中，谈到现代主义和后现代主义时，也加进了有关东方的内容；而著名的汉学家也开始进入比较文学领域，例如几乎在同一时期，对中国传统小说和现代文学深有研究的加拿大汉学家米列娜·多列热诺娃(Milena Dolezelova-Velingerova)也发表了她的几乎与孟而康教授的书同名的专著《诗学——东方和西方》。所不同的是前者集中于西方与日本，后者集中于西方与中国。一些卓有成就的中年汉学家如斯蒂芬·欧文(Stephen Owen)、武夫冈·顾宾(Wolfgang Kubin)等也都或明或暗，或多或少在自己研究中国文学的著作中注入了比较文学的理论和方法。1993年，美国比较文学学会会长查里斯·伯恩海默在题为《世纪转折点上的比较文学》的关于美国比较文学十年的总结和未来发展的报告中，特别强调“比较学者应对所有民族文化之间的巨大差异保持敏锐的体察，因为正是这种差异为比较研究和批评理论提供了基础”。他要求比较文学学生扩大语言视域，争取能至少涉及一门非欧洲的语言，并更多地考虑“一种母语在创造人的主体性、构建认识论的模式、幻想、群体生活的结构、锻造民族性的特质、表达对政治和文化霸权的抵抗和接纳的态度时所扮演的角色”。这一切都形成了很好的语境和机遇，促使我们更好地总结和发掘自己民族文化(文学，特别是诗学)传统的特色，在双向阐发中使其成为推动世界文化向前发展的重要资源。

当代文学理论进一步发展所面临的问题就是如何总结各民族文化长期积累的经验和理论，从不同角度来解决人类在文学方面所碰到的问题。在各民族文学理论交流、接近、论辩和相互渗透的过程中，无疑将熔铸出一批新概念、新范畴和新命题。这些新的概念、范畴和命题，不仅将在东西汇合、古今贯通的基础上使文学理论作为一门理论科学，进入世界性和现代性的新阶段，而且在相互比照中，也会进一步显示各民族诗学的真面目、真价值和真精神。在这一过程中，后殖民时代的比较文学肯定会得到全面的、新的发展。

伯恩海默教授在他的报告中指出："目前文学研究中的进步潮流所导致的多文化的、全球的、跨学科的倾向本质上是带有比较特征的"①，比较文学的这一特征将使这门学科在人文科学研究中保持其前沿地位。总之，在这世纪之交的文化转折时期，比较文学这一学科不是岌岌可危，而是面临着更远大、更光辉的发展。中国比较文学界已做好各方面的准备，迎接这一伟大新阶段的到来。

① 查尔斯·伯恩海默：《世纪转折时代的比较文学》，见《多元文化时代的比较文学》，47页，北京，北京大学出版社，2015。

文化相对主义与跨文化文学研究*

上篇 关于文化相对主义

文化相对主义是以相对主义的方法论和认识论为基础的人类学的一个学派，这个学派强调人类学应更属于人文科学而不是自然科学，坚持人类学应以“发现人”为主要目标。他们认为：每一种文化都会产生自己的价值体系，也就是说，人们的信仰和行为准则来自特定的社会环境，任何一种行为，如信仰、风俗等都只能用它本身所从属的价值体系来评价，不可能有一个一切社会都承认的、绝对的价值标准。在文化相对论者看来，过去的社会学、人类学往往用民族自我中心的偏见来解释不同民族文化的行为方式和行为理由，即以调查者自己群体的价值标准来评价别的民族文化，这本身就是站不住脚的；但是，另一方面，文化相对论者又不得不承认完全中立和超然的观察立场也是不可能的。这一悖论始终是文化相对主义者不能不面对的一个重要问题。

无论古今中外，相对主义在当时的历史条件下对于破除传统保守思想，抵制宗教独断，反对教条主义都起过良好的促进作用，但它割裂相对与绝对，主观与客观的辩证关系亦有自身的局限。

文化相对主义是近代社会的产物，在文化相对主义产生以前，对待不同文化曾经有过三种不同的态度：第一种是认为自己的文化最优越。例如古代中国统治者就认为自己位居中央，对于与自己文

---

* 原载《文学评论》，1997 年第 4 期。

化不同的人，一概视为异端，或称为未开化的野人，或称为类同禽兽的蛮夷，必征服之、同化之，以致绝灭之而后快。当年白种人占领南北美洲，对当地土著文化采取的就是这种态度。孟夫子提倡“用夏变夷”，引经据典地推崇“戎狄是膺，荆舒是惩”也与此相类。第二种是从自己的文化观念出发，承认其他文化的某些方面的价值，或加以吸收，或因猎奇而欣赏，或作为珍希而收藏并据为己有。鲁迅曾经指出：“赞颂中国固有文明的人多起来了，加之以外国人……其一是以中国人为劣种，只配悉照原来模样，因而故意称赞中国的旧物；其二是愿世间人各不相同以增自己旅行的兴趣，到中国看辫子，到日本看木屐，到高丽看笠子，若服饰一样，便索然无味了，因而来反对亚洲的欧化。这些都可憎恶！”①这第二种，其实是一种文化掠夺的态度。第三种则是经过冲突后，吸收他种文化，以补自己之不足，如中国对印度佛教的吸收，十八世纪欧洲的中国热，古代日本对中国文化的学习等等。

现代社会，特别是以电脑电讯为主的第三次工业革命以来，人们关于其他文化的知识逐渐丰富，又由于帝国主义时代告终，殖民体系土崩瓦解，原帝国主义国家的文化影响力相对减弱，各个新的独立国都在致力于寻回并发扬光大自身原有的文化，这些新的发展迫使原有的强势文化不能不改变自己的思考方向。在这种情况下，文化相对主义就有了很大发展。文化相对主义相对于过去的文化征服(教化或毁灭)和文化掠夺来说，无疑是极大的进步，并产生了重要的积极作用。但是，另一方面，文化相对主义也显示了自身的矛盾和弱点。例如文化相对主义承认并保护不同文化的存在，反对用自身的是非善恶标准去判断另一种文化，这就有可能导致一种文化保守主义的封闭性和排他性，只强调本文化的优越而忽略本文化可能存在的缺失，只强调本文化的“纯洁”而反对和其他文化交往，甚至采取文化上的隔绝和孤立政策；只强调本文化的“统一”而畏惧新的发展，甚至进而压制本文化内部求新、求变的积极因素，结果是导致本文化的停滞，以致衰微。此外，完全认同文化相对主义，否认某些最基本的人类共同标准，就不能不导致对某些曾经给人类带来重大危害的负面文化现象也必须容忍的结论，例如日本军国主义和德国纳粹也曾是在某一时代，某些地区被广泛认同的一种文化现象。事实上，要完全否认人类普遍性的共同要求也是不可能的，如丰衣足食的普遍生理要求、寻求庇护所和安全感的共同需要等

① 鲁迅：《灯下漫笔》，《鲁迅全集》，314—316页，北京，人民文学出版社，1957。

等；况且，人类大脑无论在哪里都具有相同的构造，并具有大体相同的能力，历史早就证明不同文化之间的相互理解、相互吸收和渗透不仅是完全可能的，而且是非常必要的。最后，处于同一文化中的不同群体和个人对于事物的理解也都不尽相同，只强调同一文化中的“统一”，显然与事实相悖。总而言之，文化相对主义为跨文化研究奠定了基础，开辟了许多新的研究层面，同时也提出了许多亟待解决的新的问题，这些问题已为许多文化相对论者所重视而提出了相应的修正。

文化相对主义的重要理论家赫斯科维奇指出：“文化相对主义的核心是尊重差别并要求相互尊重的一种社会训练。它强调多种生活方式的价值，这种强调以寻求理解与和谐共处为目的，而不去评判甚至摧毁那些不与自己原有文化相吻合的东西”①。这就不仅强调了不同文化各自的价值，同时也强调了不同文化之间的相互理解与和谐共处。根据这一说法，跨文化研究，首先是关于跨文化传通(或译交往)(Intercultural Communication)的研究，就成了文化相对主义的重要内容。

当信息的发送者是一种文化的成员，而接受者是另一种文化的成员时就形成了跨文化传通。跨文化传通研究主要是指在不同文化之间的一种双边的、影响行为的过程的研究。由于文化是人的生存环境，文化决定着人们表达自我的方式(包括感情流露的方式)，思维的方式，行为的方式，解决问题的方式等等，也就是说，文化限定了每一个作为传通者的个体或集团，其传通行为和赋予意义的方式在很大程度上受着文化的制约。来自不同文化的人在传通行为和赋予意义的方式方面，其差异是很大的，在一种文化中编码的信息要在另一种文化中被理解(解码)必然受到多方面的制约，这种差异和制约主要表现在感知、语言过程和非语言过程三方面：

感知是指对外来信息(包括一切外界刺激)的感受和理解，亦是一种对外来信息进行选择、评价和组织，使之转化为有意义的经验的内在处理过程。文化，限制并规定着这一过程的进行，历史地形成各种感知定式(perceptual sets)，极大地影响着人们如何对外来信息赋予意义，作出判断。

语言是传达信仰、价值观念等等的基本手段，从最基本的意义上说，语言

---

① 赫斯科维奇(Melville J. Herhovits)：《文化相对主义——多元文化观(Cultural Relativism: *Perspectives in Cultural Pluralism*)》，32—33页，纽约，蓝多出版社(Random House)，1972。

是一种有组织结构的，约定俗成的符号系统，用以表达各种事物和一定文化社群或地域社群的人的经验和感情等等。这种符号系统与其所指代的内容之间并无精确的必然联系，而多出自一定群体任意命名。因而词语的含义受到各种各样解释的影响和制约；各种文化都给语词符号打上了自己本身的、独特的印记，不同文化的人们对同一词语也会产生不同的反应。例如“狗”一词，在不同的文化中虽有不同的语音，它所指的却都是同一种动物，但这个词在欧美一般人中所产生的第一个反应断然不会是狗肉火锅、美味佳肴，而是可爱的家养宠物。这种语词的附加意义和衍生意义为跨文化传通带来了很大困难并经常产生难以避免的误读。

非语言过程如姿势、面部表情、目光的凝视、衣着、饰物器具、姿势动作、时间、空间和辅助语等，也都是传通的符号系统，这些都是后天习得的，并将作为文化经验的一部分而沿袭下去。非语言传通在跨文化传通中占有很重要的地位，它往往从一开始就决定着交往的成功与否。例如目光的接触就是可资借鉴的一个例子。在美国，人们交往时，总要保持充分的目光接触，否则就不礼貌；在日本却没有这种讲究，而习惯在上级面前低头垂目；传统中国人对于比自己尊贵的人也多“不敢仰视”；美洲印第安人至今还教导自己的孩子，直视年长者是不敬重的表示。可见非语言手段在跨文化传通中占有重要地位。对于这些非语言因素的忽略往往造成跨文化传通的阻碍。

如上所述，文化的多样性和传通方式的差异正是跨文化传通中最大的困难和潜在的问题。进行成功的跨文化传通不仅要对上述各种文化差异有较深入的掌握，更重要的是还要抱有对跨越文化障碍，进行成功传通的诚实而真挚的愿望。

由于文化的差异性，当两种文化接触时，就不可避免地会产生误读。所谓误读，就是指把文化看作文本，在阅读异文化时很难避免误解。人们总是按照自身的文化传统、思维方式，自己所熟悉的一切去解读另一种文化，一般说来，他只能按照自己的思维模式去认识这个世界。他原有的“视域”决定了他的“不见”和“洞见”，决定了他对另一种文化如何选择，如何切割，然后又决定了他如何解释。因此，我们既不能要求外国人像中国人那样“地道”地理解中国文化，也不能要求中国人像外国人一样理解外国文化，更不能将一切误读都斥之为“不懂”“歪曲”“要不得”。其实，误读不仅难于避免，而且往往在文化发展中起着很好的推动作用。可以举茅盾当年对尼采的误读来作为一个例子。茅盾对尼采的许多学说都有自己的看法。例如尼采提出人类生活中最强的意志是向往权力，而不只是求生。按照当时某些德国人的解释，这就意味着：我愿成为其他民族的主宰者。有权力的人对于较低级、没有权力的人们，应该并无任何良心的悲悯。茅盾的解读却是："惟其人类有这'向权力的意志'，所以不愿做奴隶来苟活，要不怕强权去奋斗。要求解放，要求自决，都是从这里发出；倘然只是求生，则猪和狗的生活也是求生的生活。"①作为德意志强大帝国的一员，尼采强调的"向权力"，显然是指占领和征服；作为弱国一员的茅盾却从反占领、反征服的角度来解读了他，并达到了认同。这样的误读显然一方面丰富了主体文化，另一方面又从完全不同的角度扩展了客体文化的应用范围和解读方式。在谈到"五四"新文化运动时，我们显然不能不谈到尼采；在全面讨论和总结尼采思想时，如果忽略他在第三世界的影响和如何被读解，尼采研究也是不完整的。

当然，并不是所有的文化误读都会产生积极作用，相反，有时误读会造成相当严重的后果。20 年代初，梁启超先生曾到欧洲游学，亲自体察了欧洲文化现状。回来后写了一本《欧游心影录》。说是西方濒临严重精神危机，几乎已是朝不保夕，因此，大声疾呼，要以中国的"精神文明"去拯救西方的"物质疲惫"。结果是并未拯救了别人，倒是国内崇奉国粹，热心复古的浪潮大大盛行起来，延缓了中国文化现代化的进程。

总之，文化之间的误读难于避免，无论是主体文化从客体文化中吸取新义，还是主体文化从客体文化的立场上反观自己，都很难不包括误读的成分。而从历史来看，这种误读又常是促进双方文化发展的契机，因为恒守同一的解读，其结果必然是僵化和封闭。这里所讲的文化误读既包含解读者对不同文化的深入探究，也不排斥因异域陌生观念而触发的"灵机一动"。关键全在于解读者的独创性发现。当然，这并不能成为对他种文化浮光掠影、不求甚解的借口。如果没有对不同文化的深入理解和刻苦学习，没有对文化知识的深厚积累，所谓"灵机一动"也是很难想象的。何况不同文化的交往已有很长的历史，开掘新的矿藏，需要更深、更艰苦的发掘，如果尚未认真地"读"，就谈不上"误读"。

19 世纪与 20 世纪两百年的历史，已经证明，用某种文化来吞并或"统一"另一种文化都不大可能，其结果从来都是灾难性的。西方文化终于不能同化东方文化，也不能综合各种文化造成所谓新的"世界文化"。文化相对主义的提出

① 茅盾：《尼采的学说》，《学生杂志》，第 4 号，北京，商务印书馆，1920。

使我们不能不承认我们面临的是一个多元共生的现实。承认这个现实，就要既承认文化的独立存在，即其相对性，又要有不同文化之间的交往和商谈，从中达成某种标准和共识；同时还要重视本民族文化的更新、变异和发展。关于处理这一复杂问题，中国传统文化中的“和而不同”原则或许是一个可以提供重要价值的文化资源。

“和而不同”出自《左传・昭公二十年》。大约在两千多年前，齐国的大臣晏婴和齐侯曾经有过一段很有意思的对话。齐侯对晏婴说：“唯据与我同”。“据”指的是齐侯侍臣，姓梁，名丘据。晏婴说：“梁丘据不过是求‘同’而已，哪里谈得上‘和’呢？”齐侯问：“‘和’与‘同’难道还有什么不一样吗？”这引出晏婴的一大篇议论。他认为“不同”是事物组成和发展的最根本的条件。例如做菜，油盐酱醋必须“不同”，才能成其为菜肴；又如音乐，必须有“短长疾徐”“哀乐刚柔”等“不同”，才能“相济相成”。晏婴说，像梁丘据那样的人，你说对，他也说对，你说不对，他也说不对，有什么用呢？此后，“和而不同”成了中国传统文化的核心观念之一。孔子说：“君子‘和而不同’，小人‘同而不和’”；① 周代史官——史伯提出：“和宜生物，同则不济。以他平他谓之和，故能丰长而物归之。若以同裨同，尽乃弃矣。故先王以土与金、木、水、火杂，以成百物”②。“以他平他”是以相异为前提的，相异的事物相互协调并进，就能发展；“以同裨同”则是以相同的事物叠加，其结果只能是窒息生机。因此，首先要承认不同，没有不同，就不会发展；但“不同”，并不是互不相关，各种不同因素之间，必须有“和”，“和”就是事物之间和谐有益的相互关系。“和”在中国是一个古字，见于金文和简文。“和”在古汉语中，作为动词，表示协调不同的人和事并使之均衡。如《尚书・尧典》：“百姓昭明，协和万帮”，《国语・郑语》：“是以和五味以调口，……和六律以聪耳”。古“和”字还有“顺防其道而行之”，不过分，和谐适中的意思。《广韵》说：“和，顺也，谐也，不坚不柔也”。《新书・道术》则总结说“刚柔得适谓之和，反和为乖”。《礼记・乐记》所说“和顺积中，而英华发外”也是和谐适度的意思。

“和而不同”原则可以在以下几方面补文化相对主义的不足：

首先，事物虽各有不同，但决不可能脱离相互的关系而孤立存在，“和”的

---

① 《论语・子路》，《十三经注疏汇要》，第 11 卷，173 页，北京，中央党校出版社，1996。

② 《国语・郑语》。

本义就是要探讨诸多不同因素在不同的关系网络中如何共处。在中国，儒家立论的基础是人和人的关系，道家立论的基础是人和自然的关系，都是在不同的领域内探讨如何和谐共处的问题。“和”的主要精神就是要协调“不同”，达到新的和谐统一，产生新的事物，这一事物又与其他事物构成新的不同。例如不同的原料构成一道菜，这道菜又与其他许多菜一起构成一桌筵席。最后，所有的不同并不消失，而是构成更大、更完美的和谐。文化发展也是如此，中国的儒家要求“制礼作乐”，即要求制定标准，以创建和维持社会的和谐(有为)，中国的道家则要求废止人为体制，提倡“顺应自然”——保持社会与自然原有的和谐(无为)。“有为”与“无为”，这原是两种不同的思想流派，后来，经过近千年的发展，西晋的哲学家郭象提出“制礼作乐”本身就是顺应自然的，并不需要“有为”去强使他人接受，因此，也可以说是一种“无为”。郭象的这个说法，儒家和道家都可以接受，但它已不全是原来的儒家思想，也不全是原来的道家思想了，这就达到了儒家和道家的新的和谐。中国传统文化的最高理想是“万物并育而不相害，道并行而不相悖”。“万物并育”和“道并行”是“不同”，“不相害”“不相悖”则是“和”。这种不断开放，不断追求新的和谐的精神，正可补文化相对主义的封闭发展之不足。

“和”的主要内容是“适度”，“适度”就是“致中和”，既不是“过”，也不是“不及”，而是恰到好处，因适度而达到各方面的和谐。公元前三世纪，一位中国诗人描写一位美女说，增一分则太高，减一分又太矮；再加粉则太白，再加胭脂又太红。总之是身材容颜，恰好适度，达到了各方面的和谐，这就是“中和”。怎样才算“适度”呢？庄子说，在大自然中，天在上，地在下，在一年之内，春夏在先，秋冬在后。无论是天地还是春夏秋冬，都不会因过度或不及而影响相互之间的顺序和发展。庄子认为，天道已有这样适度的盛衰次序，人道社会也会有一些大家都会自然遵循的普遍原则。他说：“顺之以天理，行之以五德，应之以自然”，就可以“太和万物”，① 使世界达到最完美的和谐。作为儒家核心的道德伦常观念，强调“父慈子孝”“兄友弟恭”“君义臣忠”等双方面的行为规范，力图找到两者之间关系的和谐和适度。所以说：“礼之用，和为贵”。“礼”是共同遵守的原则和规范，它必须在和谐、适度的前提下才能真正实现。“适度”而不过分也可以补文化相对主义过分执着于本土文化的不足。

然而。在如此众多的不同文化中，“和而不同”原则如何才能被不同文化群

① 《庄子·天运》，郭象子玄注，陆德明音义，卷5，20页。

体所接受并加以实现呢？将“和而不同”视为一种普遍原则，是否有强加于人的嫌疑而有悖于文化相对主义的根本原则呢？事实上，文化相对主义是在反对文化普遍主义的基础上发展起来的。后者以西方文化为标准，将其他不同文化视为畸形、蒙昧或野蛮，文化相对主义超越了对别种文化高低优劣的划分，从而超越了文化等级的偏见，也超越了所谓开化与不开化，蒙昧与文明的对立。但文化相对主义发展到极端，就会以自己的文化为最优，盲目死守自己的文化标准，排斥压制其他文化，以致发展为有碍于人类文化发展的法西斯主义、纳粹主义和原教旨主义。为了人类多元文化的共存，互补、互识，为了更好地处理人类的相互关系，是否能找到一些“最少侵犯不同文化群体的利益，最大容忍不同文化群体特点”的最低限度的人类共同认可的某些普遍原则呢？

德国哲学家哈伯马斯从当代西方文化趋势出发，也提出了并力图解决类似的问题。他在最近的著作中所思考的一个中心问题就是如何才能找到社会的共识，找到某些普遍原则，作为社会合作的道德基础。他的基本出发点之一就是任何人的行为都必须通过社会才能得以实现，但一旦嵌陷于社会的网络，就必须臣服于这一社会网络的普遍原则，个人特点和意愿不能不受到压制，乃至异化。哈伯马斯提出最低限度的“正义原则”以保障对个人尊重的平等权利，同时提出最低限度的“团结原则”，要求个人有同情和尊重他人的义务，使宽容的空间不断变得更大。如果说“个人原则”是保障人与人之间的“不同”，“团结原则”则是要求“和”。为了实现这些原则，哈伯马斯提出了交往、商谈、互为主观等重要途径。哈伯马斯还强调这些原则可以在不同层面展开。可以限于制定互利、互惠规则的功利层面，可以用于共同探求一种更好生活的伦理层面，也适用于一些更为抽象的形而上层面。这一切对于中国传统文化中长期追求的“和而不同”原则的实现都有十分重要的启迪和实际意义。而“和而不同”原则的实现，必将对文化多元共处有很大助益。

下篇　跨文化文学研究

在跨文化传通的基础上进行的跨文化文学研究就是当代比较文学的主要内容。

自从 1886 年，英国学者波斯奈特(H. M. Posentt)第一次用“比较文学”命名他的专著到 1986 年中国比较文学学会成立，回顾这一百年比较文学发展的历史，应该说比较文学的国际性大体只局限于西方文化体系内部。由于西方中心论和殖民主义的统治，20 世纪初叶，比较文学这门学科几乎以泯灭亚、非、拉各民族文化特色为己任。在比较文学颇为兴盛的20年代末，著名的法国比较文学家洛里哀(Fredrric Loliee)就曾在他那部名著《比较文学史》中公开作出结论。他说："西方之智识上、道德上及实业上的势力业已遍及全世界：东部亚细亚除少数偏僻的区域外，业已无不开放。即使那极端守旧的地方，也已渐渐容纳欧洲的风气……从此民族间的差别将渐被铲除，文化将继续它的进程，而地方的特色将归消灭。各种特殊的模型，各样特殊的气质必将随文化的进步而终至绝迹。到处的居民将不复有特异于其他人类之处，游历家将不复有殊风异俗可以访寻，一切文学上民族的特质也都将成为历史上的东西了……总之，各民族将不复维持他们的传统，而从前一切种性上的差别必将消灭在一个大混合体之内——这就是今后文学的趋势。"①不言而喻，作为核心，统治这个"大混合体"的当然是欧洲，而实现这样的趋势正是比较文学的最终目的。现在看来，这样的主张自然是近乎天方夜谭，但在前半个世纪认同这种思想的比较文学家恐怕也还不在少数。直到70年代，著名的《比较文学与文学理论》一书的作者乌尔利希·韦斯坦因(Ulrich Weisstein)教授仍然认为东西异质文化之间的比较文学是不可行的。

文化相对主义首先反对这种独霸式的欧洲中心主义，文化相对主义观念的普及和其他因素一起，在20世纪末叶大大促进了比较文学的发展。30年代以来，许多有识见的比较文学家都在力求突破西方中心论和殖民主义意识形态：特别是从亚、非、拉第三世界的视角来看，随着后殖民阶段的到来和后结构主义的广泛影响，比较文学这一学科正在呈现出空前未有的蓬勃生机，预示着未来的更大发展。一方面，西方中心论的隐退带来了多元文化的繁荣，形成了比较文学的新的国际性；另一方面，后殖民主义深入人心，使得各民族反本归原，充分发挥本民族的文化特点，大大丰富和发挥了不同的民族性，更重要的是世界进入信息时代，高速信息公路、电子邮件等快速的跨文化传通成为现实，全世界各种文化的地区和人民，都可以在同一时间接到同一信息，以致任何自我封闭、固守一隅、逃避交往的企图都可以受到成功的抵制，这一切为比较文学的发展提供了新的可能。比较文学可以不再局限于同质的西方文化体系内部，而是在欧美、非洲、亚洲、拉丁美洲的异质文化的比照中获得了空前未有的广阔空间。事实上，21世纪的比较文学必将以跨文化、跨学科的文学研究为其核心。我们正经历着一场比以往任何一次都更为深刻宏伟的文化转型，

① 洛里哀：《比较文学史》，傅东华译，352页，上海，上海书店，1989。

过去得到广泛认同，以为无可置疑的公开常规或默认常规都已受到挑战而变得不再确定。比较文学面临着民族文化复兴和多元文化共存的种种复杂的新矛盾和新问题，只要迎接挑战，提出新的理论和解决问题的办法，比较文学就会发展到一个崭新的阶段。

现在看来，21 世纪初，比较文学发展的总趋势可能集中表现在以下四方面：

异质文化文学之间的互补、互证、互识

不同文化的并存和相通，必然产生冲撞。如何才能使这种冲撞找到沟通的途径，不仅不至于引向灾难性冲突，而且还能使不同文化彼此受益？一些西方学者已经预言西方和非西方的文化冲突必将导致大规模战争，酿成新的人类悲剧。如何才能避免这种悲剧，已成为人们普遍关注的问题。事实上，解决这一问题的关键就在于不同文化之间的相互理解和沟通并相互怀有真诚的尊重和宽容。文学涉及人类的感情和心灵，较少功利打算，而在不同的文化中有着较多的共同层面，最容易相互沟通和理解。如果比较文学定位于"跨文化与跨学科的文学研究"，比较文学就居于文化沟通的最前锋。从这个意义上说，比较文学的根本目的就在于促进文化沟通，避免灾难性的文化冲突以致武装冲突，改进人类文化生态和人文环境。这种 21 世纪的新人文精神正是未来比较文学的灵魂，也是一切文学研究和文学创作的灵魂。

文化沟通首先是通过对话来进行，对话首先要有共同的话题。不同文化体系的文学中的共同话题是十分丰富的，尽管人类千差万别，但从客观来看，总会有构成"人类"这一概念的许多共同之处。从文学领域来看，由于人类具有大体相同的生命形式，如男与女、老与幼、人与人、人与自然、人与命运等，又有相同的体验形式，如欢乐与痛苦、喜庆与忧伤、分离与团聚、希望与绝望、爱恨、生死等等。以表现人类生命与体验为主要内容的文学就一定会有许多共同的层面。如关于"死亡意识""生态环境""人类末日""乌托邦现象""遁世思想"等等。不同文化体系的人们都会根据他们不同的生活和思维方式对这些问题作出自己的回答。这些回答回响着悠久的历史传统的回声，又同时受到当代人和当代语境的取舍与解释，只有通过多种不同文化体系之间的多次往返对话，这些问题才能得到我们这一时代的最圆满的解答，并向这些问题开放更广阔的视野和前景。

文学理论（诗学）也是一样，比较诗学的当务之急就是总结不同文化体系长期积累的丰富经验，从不同语境，通过对话来解决人类在文学方面遇到的共同问题。举例来说，文学研究首先碰到的就是“什么是文学”这一根本问题。我国从作为传统文学主体的抒情诗出发，对文学的传统界定首先是强调人类内在的“志”和“情”，“诗者，志之所之也”(《诗大序》)，“诗者，吟咏情性也”(《沧浪诗话》)。“志”和“情”不是凭空产生，志之动是感于物，情之生是触于景，所以说“应物斯感”，“景乃诗之媒，情乃诗之胚，合而为诗”(《四溟诗话》)。这种心物感应，情景交融不是简单的反映或模仿，而是按照“天人合一”的途径，人与自然共同显现某种宇宙原理。所以说，“诗者，天地之心”(《诗纬》)，“言之文也，天地之心”(《文心雕龙》)。总之，在中国传统诗学看来，从人的内在的心态、感情出发，达到与天地的沟通，这就是文学的本体。西方文学源于史诗和戏剧，比较强调文学对生活的反映。所谓“诗是一种摹仿艺术”(亚里士多德：《诗学》)，是“一种再现，一种仿造，或者形象的表现”(锡德尼：《为诗一辩》)。但西方诗学决非停留于此。后来，华兹华斯强调“诗是强烈感情的自然流露”(《抒情歌谣集》)。雪莱强调“诗则依据人性中若干不变方式来创造情节，这些方式也存在于创造主的心中，因为创造主之心就是一切心灵的反映”(《为诗辩护》)。20 世纪，尼采进一步指出，诗人由于表达宇宙精神的“梦境”与“狂热”也就“达到了和宇宙本源的统一”(《悲剧的诞生》)。整个过程可以说从对外在世界的反映进入到一种内在的沟通。其他印度文化、阿拉伯文化、非洲文化对这一问题都有自己独到的见解。要解决这一问题就不可能在一个封闭的文化体系中来寻求答案，而要在各种文化体系的对话中寻求新的解释，在这种新的解释中，各种文化体系都将作出自己独特的贡献。

文学创作和文学理论的发展对文学史研究提出了新的挑战。按照当代文学理论的观念，文学作品的存在首先是其文体形式的存在。同样的内容可以用历史文体、新闻报道等非文学形式来描述。文学之所以是文学，就因为文学形式是一种特殊的语言实践，这种语言实践构成的文本现实和其他语言实际相比，离真实的历史现实要远得多，因为它容纳了作家更多的幻想和虚构，而且，作为一种表意符号，文学本身除“原义”(meaning)外，还可以容纳不同时代、不同社会、不同读者所赋予它的无穷的“衍生义”(significance)。因此，文学史所研究的对象就不只是它所反映的现实，包括社会、人物、典型之类，而应更多在不同文学的参照中，研究文学之所以成为文学的“文学性”，或文学形式的发展，研究如何突破语言的囚禁，而在其不稳定性和多义性中呈现自己。要做到这一点，离开整个世界文学发展的脉络(包括文体形式、文学运动、文学分期等)也是不可能的。至于各民族文学双向的相互影响，不同时代、不同文化体系的读者对作品的接受、诠释、误读以致改写就更是文学史研究不可或缺的新内容。

在文学创作、文学理论、文学史研究全面更新的历史时期，以跨文化、跨学科为己任的比较文学将比任何时候都起着更为重要的触媒作用。这种触媒作用就表现为促进和加速各民族文学以多种途径织入世界文学发展的脉络，从而使两者都得到更大发展。不同文化体系关于文学共同问题的对话和解答将比较文学发展到一个更高阶段。在影响研究方面，如果说过去人们比较重视的是发达世界文化对第三世界文化的影响，较感兴趣的是追踪西方文化以何种方式渗入、延展于第三世界文化的脉络之中，那么，现在人们已注意到从相反的方向进行对应的工作，如研究非洲音乐、雕塑对欧美现代艺术的影响；中国工艺、建筑、文学、哲学对西方文化的渗透等等。这种双向的影响研究无疑将会对被研究双方的文学艺术提供更丰富的材料和更深刻的开掘。

从在他种文化的语境中反观自己来看，多种文化的接触也常常会产生意想不到的作用。诗人郭沫若曾经谈到他从小背诵中国古诗，但由于太熟悉，反而很少产生美感，只是在读过美国诗人郎费罗的诗后，他才在"那读得烂熟，但丝毫也没有感受着它的美感的一部《诗经》中，尤其是《国风》中，感受到了同样的清新，同样的美妙"。① 对于《庄子》也是一样，郭沫若在读了斯宾诺莎的泛神论后说："我在中学的时候，便喜欢读《庄子》，但只喜欢文章的汪洋恣肆，那里所包含的思想是很茫昧的。待到一和国外的思想参证起来，便真是到了一旦豁然而贯通的程度"。② 这都是异地文化反观本土文化而产生的"启悟现象"。

在异质文化之间互补、互证、互识的过程中，语言的翻译是非常重要的关键，它不仅决定着跨文化文学交往的质量，而且本身形成了独特的文学体系，是比较文学研究的不可或缺的重要组成部分。

比较文学向总体研究发展

由于多元文化和跨文化传递手段的发展，比较文学将越来越趋向于一种多文化的总体研究：围绕一个问题或一种现象在多种文化体系中进行相互比照和阐释。例如"德与欲的冲突""代沟""人与人性""可见世界与不可见世界""记忆与遗忘"等等问题都曾长期困扰着人类，成为不同文化中的许多文学作品反复

① 郭沫若：《我的作诗经过》，《沫若文集》，第 11 卷，138—139 页，北京，人民文学出版社，1969。

② 郭沫若：《创造十年》，同上书，第 7 卷，59 页。

探索、咏叹的共同主题。21 世纪随着各种文化边界的突破，这些问题将在全球意识的观照下，综合各种文学文本的记忆和智慧重新得到研究，并进行新的开拓。

从多种文化的文学文本来研究某种共同的文学现象，往往会得出意想不到的结论，同时又反过来加深对不同文化的认识。举一个小小的例子来说，在文学理论中，镜子是一个遍及各民族文学的比喻。西方文学常用镜子比喻作品，强调其逼真。柏拉图认为艺术家就像旋转镜子的人，“拿一面镜子四面八方地旋转，你就会造出太阳、星辰、大地、你自己……”镜子可以是动态的，如斯丹达尔说：“一部小说是一面在公路上奔驰的镜子”。镜子也可以有时间的维度，如卡夫卡说毕加索的艺术“是一面象表一样快走的镜子，记下了尚未进入我们意识范畴的变形”；歌德曾希望他的作品“成为我灵魂的镜子”，雪莱则指出“诗歌是一面镜子，它把被歪曲的对象化为美”。中国人却总是用镜子来比喻人心，强调其纯正和无偏。老子说：“涤除玄览”，高亨注：“览鉴通用，鉴者镜也，悬鉴者，内心之光明，为形而上之镜”。庄子说：“圣人之心静乎？天地之鉴也，万物之镜也”。中国诗学强调真心，也用镜子做比喻，如说：“若面前列群镜，无应不真……镜犹心，光犹神也”。印度佛教则多用镜子来比喻世界的空虚和无限。如佛教有“宝镜无限”之说；《高僧传》载发藏和尚取十面镜子“八方安排，面面相对，中安一佛像，燃一炬以照之，互影交光，学者因晓刹海涉入无尽之意”。总之，西方常用镜子来强调文学作品的逼真和完全，中国常用镜子来强调作者心灵的虚静、澄明，印度则用镜子来强调世界的虚幻和无尽。这种着眼点的差异又反映着各种文化的不同特点：西方传统思维方式强调主、客观的分离，认识世界是对外在于主体的对象进行综合分析，故强调反映的逼真，中国传统思维方式则以为主客观原属一体，“尽心、知性、知天”，认识世界只需从内心去探求，故必有一虚静、澄明的心境。印度佛教追求的是认识现世的虚幻和对轮回的超越。小小的镜子的比喻同时反映了三种不同文化的差别。①

从以上的例子可以看出，多种文化的比照和对话的结果决不是多种文化的融合，恰恰相反，这种比照和对话的结果正是使各民族文学的特点更加得到彰显，各个不同文化体系的文化特色也将得到更深的发掘而更显出其真面目、真价值和真精神。

---

① 乐黛云：《中西诗学中的镜子隐喻》，《文艺研究》1991 年第 5 期。

比较文学研究将更加深入文化内层

20世纪，文学研究经历了从外缘研究转向文学本体研究，又从文学本体研究转向文化研究这样两次重要转型。显然，在新的世纪，文学与文化的相因相成将成为未来文学研究的重要内容。以跨文化文学研究为核心的比较文学将以不同文化体系中文学研究的成果为文学与文化的研究提供丰富的资源而成为文学与文化研究的重要途径：对文学与文化关系的深入研究又必然为比较文学研究开创新的局面。

文学是表现文化现象最敏锐的部分，是研究文化现象最重要的资源，另一方面，只有深入了解一种文化才能对其文学有比较全面和深刻的认识。20世纪后半叶，德国关于"异"(Fremde)的文化讨论和有关描写"异"的文学就是一个很好的例子。自从尼采宣布"上帝死了"以来，两次世界大战给人们带来了难于弥补的精神创伤，人们普遍感到世界和心灵的空虚，而西方文化传统中的原罪意识又常迫使他们去寻求一种外在的拯救和寄托，这样的文化背景就产生了一系列描写"异乡""异国"的作品。如五十年代德国最著名的诗人之一高特福里特・本就写过一本诗集，题名《柏劳》。柏劳是南太平洋中的一个小岛，那里没有现代化，没有时空观念，只有神话、非理性和神秘，这些都与当时西方文化的失落密切相关。在西方文化繁荣时期，情况与此相反，人们寻求的不是"异"而是"同"，他们最想发现的是与他们自己的文化相同，而足以证实其文化的"普遍性"的东西。"求同"是想达成一种意识形态的统一，"求异"则是为了追寻足以逃避现实的乌托邦。从意识形态到乌托邦，形成一道从繁荣到失落的文化的光谱，而这一时期的文学作品都是从不同角度反映着这一文化光谱的不同光区。这只是略举一端，对于以"跨文化文学研究"为核心的比较文学学科而言，文学与文化的关系自然是核心的核心。

跨学科文学研究

跨学科文学研究多年来已是比较文学学科的重要组成部分，21世纪文学研究将更多向语言学、哲学、人类学、社会学、心理学、文化学、艺术学和自然科学等多种学科的新观念、新方法吸取营养，在边缘交叉研究中得到更新。如果说过去比较文学跨学科研究多集中于"文学与绘画""文学与音乐""文学与心理学""文学与自然科学"等以文学为中心的辐射式双边探讨，那么，目前的比较文学跨学科研究却着重在针对某一问题，集中所有学科的知识对之加以探索。例如关于"言"究竟能不能表达"意"，或在何种程度上能表达"意"，这是一个诗学问题，也是存在于许多其他学科的重要问题。只有联系到古今中外各种文化体系关于“言”“意”问题的讨论，以及语言学、人类学、哲学、社会学、历史学、宗教学等方方面面，关于这一诗学问题的探讨才能真正得以深入。预计21世纪，这类研究会得到更大发展。

总之，文化相对主义虽有自身的弱点，但它支持了一个文化多元共存的新时期。在这一新时期，曾经长期封闭、备受压抑，但却极富特色，并为全世界最多人口所拥有的中国文化与中国文学无疑将在全世界处于举足轻重、十分重要的地位。而在全世界文化多元共存的基础上，必将实现多种文化的互看、互识、互补、互利。在这一过程中，中国将向世界呈现自己，并积极参与对人类新文化的创造，世界期待着从中国文化视野出发写成的《世界文学史》《世界文艺思潮史》，中国也期待着从他种文化视野出发写成的《中国文学史》《中国文艺思潮史》。这样持久的平等对话与交往无疑将为比较文学和各国文学研究提供最广阔的发展前景。

互动认知(Reciprocal Cognition)：比较文学的认识论和方法论*

希望跳出自我，从外界来观察自身，一直是人类的一个梦想。18 世纪的英国诗人彭斯(Robert Burns，1759—1796)就曾在他的一首诗中写道：

啊！我多么希望有什么神明能赐我们一种才能
可使我们能以别人的眼光来审查自我！

中国古代诗人苏轼(1037—1101)也曾发出过同样的感慨，他说：

横看成岭侧成峰，远近高低各不同。
不识庐山真面目，只缘身在此山中。①

他的意思是说，山的形态总是和观山者所处的地位和角度有关，人们要真正认识山的全貌只能站在山之外。

如何才能取得这种外在于自我的角度呢？最重要的就是要有一个“他者”，也就是一个“参照系”，在与“参照系”的比照中重新认识自我。这种“参照系”有时是明显外在的，例如以人造丝为参照，我

---

* 原载《中国比较文学》，2001 年第 1 期。

① 许渊冲译文：It’s a range viewed in face and peaks viewed from the side，assuming different shapes viewed from far and wide. Of mountain Lu we cannot make out the true face，for we are lost in the heart of the very place.

们可以说出真丝的特点；但更多的时候，这种参照是潜藏隐在的。如中国哲学家王阳明所指出，人们说“龟无毛，兔无角”，那正是和潜在的“有毛”“有角”的东西相比照而显出了“无毛”“无角”的龟兔的特点。由此可见，要成为可以比照的“参照系”，首要条件就是要有差异。差异不仅是重新发现自我、认识自我的外在参照，同时也是构筑人类和谐、宽容的生活，发展多元文化的必要条件。

欧洲杰出的理论家翁贝尔托·艾科(Umberto Eco)1993年访问中国时，在北京大学发表演说。他提出：“了解别人并非意味着去证明他们和我们相似，而是要去理解并尊重他们与我们的差异”，他强调他的北京之行，不是像马可波罗那样，要在中国寻找西方的“独角兽”(Unicorn)，而是要摒除一切成见，来了解中国的龙。他在1999年意大利波罗尼亚大学建校900周年纪念会上，又再次强调：“人们发现的差别越多，能够承认的差别越多，就能生活得更好，就能更好地相聚在一种相互理解的氛围之中。”①他认为，发现和承认差别一方面是可以和他人更好地和谐相处，另一方面，也是有更多的“参照系”，可以从更多方面认识自己。

从这个意义上来说，历史悠久、典籍丰富、长期独立发展的中国文化，对西方来说，正是一个保持着最大差异，最能在比照中作为“他者”，帮助西方从多方面重新认识自己的最佳“参照系”。正如法国汉学家弗朗索瓦·于连(François Jullien)所说：“中国的语言外在于庞大的印欧语言体系，这种语言开拓的是书写的另一种可能性；中国文明是在与欧洲没有实际的借鉴或影响关系之下独自发展的、时间最长的文明……中国是从外部正视我们的思想——由此使之脱离传统成见——的理想形象。”②

事实上，最近几年来已经出现了一些颇有创意的、以中国文化为“参照系”反观西方文化的著作。中国，作为一个最适合的“他者”，日益为广大理论家所关注。美国著名汉学家安乐哲(Roger Ames)和著名哲学家大卫·霍尔(David Hall)合作写成的三本书陆续出版，引起了不小的轰动。第一本《通过孔子而思》(*Thinking through Confucius*)通过孔子思想对西方文化进行再思考；第二本《预期中国：通过中国和西方文化的叙述而思》(*Anticipating China: Thinking through the Narratives of Chinese and Western Culture*)；第三本

① 译文见《跨文化对话》第四卷，上海，上海文化出版社，2000。

② 弗朗索瓦·于连：《迂回与进入》，杜小真译，北京，生活·读书·新知三联书店，1998。

《从汉而思：中国与西方文化中的自我，真理与超越》(*Thinking from the Han: Self, Truth and Transcendence*)都是用一种互动认知的方式讨论了中西方文化中的自我、真理和超越以及更深层的思维方式等问题。2000年刚刚出版的斯蒂芬·显克曼(Stephen Shankman)所写的《赛琳[①]和圣贤：古代希腊与中国的知识与智慧》(*The Siren and the Sage: Knowledge and Wisdom in Ancient Greece and China*)对希腊和中国的认知方式作了互有回应的双向阐释。重要的是这些著作大都不再用主客二分的方式把中国和西方作为独立于主体的固定对象来进行分析，而是肯定中国或西方文化都不是一成不变的，它必然根据“个体”(主体)的不同理解而呈现出不同的样态，因此，理解的过程必然是一种“互动认知”的过程，也就是重新建构的过程。

“五四”以来，中国国内学术界以西方为参照系来重新认识中国文化的学术著作也不少。特别是深有家学渊源，而又长期留学国外深受西方文化熏陶的前辈学者，在这方面曾经作出过相当卓越的贡献。例如冯友兰继承中国传统哲学，参照西方哲学发展源流，建构出一套新的哲学体系，既不同于传统中国，也不同于西方，而是他个人融汇西方经验，对中国传统哲学所作的新的诠释。他关于“负的思维方式”的解析就很有启发。他举例说，画家以线条描一月或颜色涂一月，其所画之月，在他画的地方；还有另一种画月的方法，只在纸上画云，于所画云中留一圆的或半圆的空白，其空白即是月。“画家的意思本在画月，但其所画之月正在他所未画的地方”,[②] 画其所不画，也是一种画。这种负的思维方式在中国应用极广，如孟子说：“不屑于教诲者，是亦教诲之而已矣。”不教诲就是一种教诲的负面方式。这种负面思维方式在传统文学创作中，更其常见，以致成为中国诗学的一种主流。中国诗学讲究“超以象外”“不落言诠”，以“不著一字，尽得风流”为最高境界，就是力求“以直接可以感觉者，表显不可感觉、只可思议者，以及不可感觉也不可思议者”。也就是说，诗人所想使人得到的，并不是他所说的，而是他所未说的。例如晏几道的词：“当时明月在，曾照彩云归”，诗人想说的既不是明月，也不是彩云，而是字面上未能表现出来的当年和一位美丽姑娘诀别时的无限情怀。冯友兰关于传统文化中负面思维的系统总结显然是在与西方文化的比照中得到启发和发展的。

---

① 赛琳，希腊神话中人面鸟身的女神，智慧的象征。

② 冯友兰：《新知言》，《贞元六书》，869页，上海，华东师范大学出版社，1996。

当代中国学者在互动认知的背景上对中国文化特点的研究也有很多新的成果。例如庞朴教授关于"三极"观念是中国传统智慧的一个基本点的论述就是如此。他认为，早在公元前四世纪前后，中国的一本古书《关尹子》就曾记载了"蜈蚣吃蛇，蛇吃青蛙，青蛙吃蜈蚣"的三物循环相克的有趣现象。后来古书上的这种思考发展为司马迁的历史观的一个重要方面。司马迁指出：下一代常常因克服上一代的短处同时又铸成了自己的短处，这种短处又有待于更下一代参照更上一代的经验来加以解救，如此循环往复，永无休止。除了这种三极相克的理论，另一种相生相成的理论也是以"三极"为核心的，那就是《易经》提出的"天、地、人"。天有化生的能力，地有养育的能力，人正确地参与其间，就形成了天人合一的、和谐发展的局面。庞朴认为，"三"同时也是中国方法论的一个核心。那就是"执其两端，而用其中"的中庸原则。这个"中"，非此非彼，而是对两者的超越，是"第三极"。老子说："万物负阴而抱阳，冲气以为和"，万物都是由"阴"和"阳"两方面所构成，但只有在第三者"冲气"的作用下，才能"和实生物"，创造生命活力，使"阴""阳"二者的潜力成为现实。因此"三"在中国是一个十分重要的数字。《史记·律书》说："数始于一，终于十，成于三。"为什么说"成于三"？就是因为只有"三"才能使孤立的"一"和"二"相结合而产生新事物。所以老子说："一生二，二生三，三生万物"。亚里士多德在他的《形而上学》第 14 卷 1 章中说，所有的哲学家都以二元对立作为第一原则，中国则似乎总想找到包含对立、超越对立、制约对立、代表对立的和谐，也就是在一、二之后找到了"三"，并以之作为思考问题的第一原则。

以上两例都是对于中国古代文化的深层次的研究，这样的研究显然不大可能出现在 20 世纪之前。无论是明代人还是清代人都不可能采取这样的研究角度，也不可能作出这样的研究结论。原因就是他们不可能像上述两位学者那样，有一个广阔的西方文化背景作为参照系，无论是隐在的(如第一例)，还是明确说出来的(如第二例)都是如此。应该说，这种对于中国古老文明的新的归纳和诠释都只有在广泛吸收了西方文化，并在中西文化相比照的语境中才能作出。

因此，近年来，在多元文化蓬勃发展的形势下，互动认知成为学术界一个相当热门的话题。80 年代以来，欧洲中心论以"普遍主义"的形式，改头换面，重新向全世界推展，引起了许多学者的思考。1987 年在布鲁塞尔召开了第一届跨文化国际研讨会，建立了常设机构——跨文化研究院(Transcultura)，开始邀请亚洲学者和非洲艺人去欧洲实地考察并评点欧洲文化。1991 年在中国广州中山大学召开了第一次中欧跨文化国际讨论会，以“互动认知的策略”为中心议题，会后出版了论文集《狮在华夏——文化双向认识的策略问题》。1993年，跨文化研究院组织了包括意大利、西班牙、比利时、法国、德国等多位著名学者组成的学术考察团，沿丝绸之路对中国文化进行考察和评点，以取得第一手经验，最后在北京大学举行了有关“文化误读”的国际学术讨论会，出版了中、法文版的《独角兽与龙：在寻找中西文化普遍性中的误读》论文集。第三届中欧跨文化国际讨论会是1996年在南京大学召开的，会议主题为“中欧文化对话中的差异与共存”。会后出版了同名论文集。这次会议除学术讨论外，最重要的成果是决定由法国跨文化研究院、法国人类进步基金会、中国文化书院跨文化研究院和南京大学比较文学与比较文化研究所共同合作，开创三项实际工作：一、出版中欧跨文化对话刊物，现已出版中文本5卷，法文本1卷，准备明年春天出新千年特大号；二、编写中法合作的《远近丛书》，选定中法一般读者都感兴趣的日常生活问题，如生死、自然、梦、夜、味、美、身体、智慧、童年、家等，每本皆由一位中国作者和一位法国作者结合自己个人的人生经历和文化底蕴合作写成，现已完成7本，并在中国和法国发行；三、着手研究某些关键词在不同文化中的不同涵义。第一批选定5个词语：经验、自然、真、善、美，中方写作已完成。原拟只在中法文化之间进行探索，现在又发展为研究某一词在中国、法国、印度、阿拉伯4种文化中的不同涵义和不同解读。另外，“互动认知”网刊已在“北大在线”网站开通，即可通过英特网与更多的地区进行联系。

总之，互动认知正在全面刷新人类对世界的认识。在即将到来的21世纪信息社会及其所产生的知识社会，不同地区、不同群体之间的相互理解和沟通将成为人类行为的基础，而互动认知也必将成为人类认识主观世界和客观世界的最重要的认知方式。互动认知本来就是比较文学和比较文化研究的基本认识论和方法论，这种认知方式的全面发展必将使比较文学和比较文化的研究，发展到一个崭新的阶段。

多元文化与比较文学的发展*

一、全球化与文化发展

全球化不等于一体化。全球化(Globalization)是所有事物都很快地全球互相联系、互相依存了；一体化(Unification)指的是完全一样，遵守同样的规则和同样的模式。现在，经济上正在一体化，加入了WTO，就得遵守同样的游戏规则；科技也得按照同样的规律来做。所以在经济和科技的绝大部分领域已经是一体化了。

但文化显然不可以，也不应该一体化。文化从来就是多元的。各个人类群体的生存环境不同，语言不同，传统和习惯不同，文化也就各不相同。必须有不同文化的互相启发、互相促进，构成丰富多彩的文化生态，人类才有发展前途。中国古话说："和实生物，同则不继。"孔夫子说："君子和而不同，小人同而不和。"就是说，不同，才可以互相补充，互相启发，互相发展，甚至于互相冲突，冲突以后也可以发展。如果大家都一样，不断重复，那就不能继续发展了。所以我们一定要保持文化生态的丰富性，决不可以让文化也变成单一化、一体化。这和自然生态一样，没有树林的覆盖，没有多样化的自然发展，没有各种生物的相生相克，那就会变成一片自然的沙漠。如果没有不同的文化之间的和而不同，多元并存，我们的文化也会变成文化沙漠。

事实上，文化是通过两种不同的方式来发展的：一是"趋同"，

---

* 原载《江苏社会科学》，2003年第1期。

一是“离异”。“趋同”是一种纵向发展，也就是趋向于共同的方向。例如秦始皇统一全国，儒家一统天下，汉文化“定于一尊”，结束了百家争鸣的局面。从发展来看，这种阶段也是必要的，因为“纵向的认同”求得了统一，巩固了前一阶段的发展。但是所谓“同”也不是绝对的“同”，里面仍然包孕着隐在的“不同”的因素。发展到一定时候，这些因素就会使趋同的方式崩溃，而代之以“离异”的阶段。横向开拓一般有三方面导向，即外来文化影响，边缘文化的中心化和与原来互不相干的其他学科的汇合。

三种导向中，外来文化的影响是最重要的。例如魏晋南北朝，佛教传入中国后，冲击了汉儒的“定于一尊”，形成了一个思想解放的时代。中国有三次大规模吸收外来文化的高潮，一是在魏晋南北朝时期，中国文化接受了佛教的传入，发生了很大的变化；第二次是明末清初时期，基督教文化大量传入，那时候很多清朝官吏，甚至包括康熙皇帝，他自己就学几何、代数，这在中国过去是没有的。“五四”前后，又是一个西方文明大量传入的时代。外来文化的三次大的影响和波及，造就了中国文化横向开拓的一个重要方面。

第二个方面是边缘文化向中心靠拢，带来了新的发展。边缘文化就是我们通常说的次文化，亚文化。主流文化吸收了边缘文化，也是横向开拓。这在中国特别明显。大家知道，中国的诗歌从整齐的五言诗、七言诗变成长短参差的“词”，就是受了民间歌谣的影响，是一种边缘文化和主流文化的汇合。小说也是一样，也是从边缘文化开始的。例如佛教里的讲经，有僧讲、俗讲，为要宣传佛教，就需要讲通俗易懂、联系生活实际的故事，小说就此发展起来。说书人、话本、讲经都是不登“大雅之堂”的边缘的亚文化潮流。

第三个方面是从非文学的其他学科吸收新鲜血液，如绘画、音乐、建筑、雕塑以及自然科学等等。举例来说，“五四”前后，进化论对于中国文学思想影响很大，称得上是对文学的全面刷新。鲁迅正是根据进化论才提出青年人必胜于老年人，未来会比现在更好。当然现在对此又有不同的看法，我只是说自然科学常常给文学带来新的观念。总之，一种文化的发展往往有纵向继承的“趋同”的倾向，同时还有横向开拓的“离异”的倾向。只有这两种倾向互相为用的时候，这种文化才能巩固发展。

二、多元文化的危机：文化霸权主义与文化割据主义

经济全球化应是文化横向开拓的大好时机，但经济全球化同时也蕴涵着以强势文化覆盖弱势文化，削弱多元文化的可能。这主要表现在两方面：第一方

面是文化霸权主义，第二方面是文化割据主义。

所谓文化霸权主义就是指某些人总是想把他们的价值标准，他们对于人生和世界的观念强加于人，覆盖全球，形成单边统治。这种单边化相应地构筑了文化的一元化，破坏了文化生态，结果是使多种文化消亡。文化割据主义，是指有些人很怕受到外来影响，极力鼓吹"纯而又纯"的本土文化，动不动就搞"清除精神污染"，排斥一切外来文化，拒绝交往，拒绝任何改变，甚至为此镇压内部改革求新的势力。塔利班就是最明显的文化割据主义，他们毁掉一切外来的优秀文化遗产，如巴米扬大佛。其实文化割据主义也是一种文化霸权主义，他们也是要用他们所坚持的信念来覆盖别人、强制别人，只不过他们力所能及的范围很小。文化割据主义显然只会带来自己文化的覆灭，这是历史多次证明了的。

历史和现状都已证明文化霸权主义和文化割据主义之间所引起的冲突必将给人类带来极大的灾难。那么，在文化霸权主义和文化割据主义之间进行对话，达成妥协，避免战争是可能的吗？

也许希望就在于这两者之间还存在着极其广阔的空间。世界上绝大部分人是既不赞成文化霸权主义，也不赞成文化割据主义的。但他们往往或偏向于前者，或偏向于后者。

偏向于文化割据主义的人总是有意无意地将自己封闭起来，只愿意谈自己熟悉的事，不愿意、甚至畏惧开辟新的领域，吸收新的知识。如果你想讨论世界上大家都关心的，但是由别国提出的问题，他们就会说你们为什么只想讨论别人的问题，就不讨论我们自己提出的问题啊？

还有人提出我们要有自己的、不受外来影响的、"原汁原味的中国文化"。那实际上是不可能做到的。因为中国文化从一开始就吸收了印度文化、西域文化，后来又吸收了基督教文明。中国文化本来就是在一个不断跟外界交换信息，不断吸收外来文化的条件下发展起来的，到哪儿去找"原汁原味"呢？这种文化保守主义也是很危险的，它总认为西方的东西都是精神污染，要把自己封闭起来。

倾向于文化霸权主义的也不光是美国。过去我们看到好多苏联的报章，他们总想别人按照他们的方式办，什么东西都是苏联的好，明明不是他们发明的也算他们发明的。现在我们还可以从网上看到一些文章说，过去不是日本侵略中国，而是日本团结中国来抵御西方白种人的进攻。大东亚的人团结起来，为生存而战，没有侵略可言。这就是他们所谓的日本领导下的"大东亚共荣圈"。

东亚文化实际上是以中国文化为主流的，这是事实。但我们并不抹杀别样的文化。我们主张文化应该是多元的，多元并举，多元并有。可是，这也不是容易办到的事。国内也有文化霸权主义的苗头。例如常常有人说21世纪是中国的世纪，从理论上来说，这也是不对的。世界文化是多元的，你要用中国文化来覆盖全球，这本身就做不到。中国文化可以成为很重要的参照系，可以对别的文化提供非常好的借鉴，可是要用中国文化“征服”全球，强制人吸收，那就会形成文化霸权。

如上所述，我们希望21世纪是一个多极制衡，多元文化并存，互相交流、互相发展的世纪，而不是哪一种文化覆盖全球的世纪。如果我们能克服以上的错误思想倾向，首先在文化霸权主义和文化割据主义之间的广阔空间里让人们逐渐接近，取得共识，文化霸权主义和文化割据主义就会被孤立起来，他们所产生的危险也就不是不可制止的。在这个过程中多元文化也就会发展起来。

三、比较文学在多元文化发展中的特殊地位

如上所述，遏止文化霸权主义和文化割据主义危机的关键之一就在于沟通生活在不同文化中的人民，通过对话使他们能互相理解、互相尊重，以致互相欣赏。正如费孝通先生在《反思・对话・文化自觉》一文中所提出的：“各美其美，美人之美，美美与共，天下大同。”从历史来看，文学从来是文化沟通和文化对话的最重要的途径之一。因为文学是研究人的，研究人和人的关系，研究人的灵魂。不管是哪一国的文学，都是研究人。只要是人，他就有七情六欲，就有共同的生命形式，如人和人的关系、人和自然的关系、人和命运的关系、夫妻关系、父子关系等等。这对于全世界的人来说都是一样的，可是解决问题的方法不同、方式不同，价值观也不同。我们可以通过谈论文学，谈论人的关系来互相沟通、互相理解、互相宽容。人的体验方式也是一样的，不管你是什么人，都有欢乐，有痛苦，有幸福，有忧伤，有希望和绝望，有爱恨，有生死，有离合……这样的人类体验无论东方人和西方人都是有的。在这些问题上就很容易沟通。文学是用以沟通人的灵魂的，它是沟通不同文化的一个非常重要的方面。

我们要解决世界问题，首先要了解不同文化对这一问题的不同看法，否则就会引起误解和冲突，甚至诉诸武力。可以给大家举一个例子。中国最讲究孝，对父母很尊重。中国人讲“仁”，“仁”就是“亲亲为大”。要先爱你的父母，然后“推己及人”，也爱别人的父母，然后是爱天下人的父母。这就是“老吾老，

以及人之老；幼吾幼，以及人之幼”。你不可能说你爱你的父母跟爱别人是完全一样的，这就是“爱有差等”。这是中国的一个传统。可是在别的国家就不一定是这样的爱。像非洲有一个部落，他们有一个习俗，父母到了六十岁时(子女)就把他们杀掉。为什么呢？客观上他们的生产力不发达，如果老人太多，年轻人就没有东西吃了，所以他必须要把老人杀掉。在心理上呢，他们认为，父母到了六十岁以后都是很困难的，走也走不动了，吃东西也吃不动，这儿疼，那儿疼，脚也不好，牙也不好。把他们杀了，就是把他们的灵魂解放了。他们的灵魂从肉体中解放出来再去投生到一个新的肉体里边，成为一个快乐的年青人，有什么不好呢？他们认为这是对父母做了一件好事。等到科学发达，他们认识到没有灵魂这回事，就不一定把父母杀死了。所以你就不能怪他，不能按你的标准来要求他。你要是不理解他，不能容忍他，甚至跟他为仇，进行剿灭，那就不对了。你要尊重别人的信仰，相信他们会进步。西藏也是。我们的父母死了都要好好地埋葬起来，入土为安，或者是土葬或者是火葬。但是西藏实行天葬，把父母的尸体放在最高的山上面，让老鹰把他们的肉叼走，叼得越干净，就是对父母越尽孝。因为这证明你的父母是最纯洁的。如果你说这是残忍的、不孝的，他也可以说你把父母埋在地下，让蝼蚁虫子一点点蛀空吃光，才是残忍不孝呢！这样，互相就不能沟通。所以文化要能够共容共存，就必须互相理解，互相沟通。

通过文学的途径，使不同文化的人们得以互相沟通是很重要的，在当前尤其如此。以跨文化文学研究与跨学科文学研究为核心的比较文学在发展多元文化，展开不同文化的对话，缓解文化霸权主义与文化割据主义的对立，促进文化多元共存等方面显然具有不同于过去的重要意义。

四、多元文化中的文学欣赏

多元文化中对不同文学的欣赏是比较文学的一个重要方面。它可以提供我们多种多样的欣赏的快乐。如果只知道中国文学，那么范围是很窄的，就不知道外国文学也提供了很多很有意义、有趣味的欣赏对象。如果把不同文化中写同样题目的作品放到一起来欣赏，就会得到不止是看一种作品的乐趣。我可以举个例子，世界上所有的人都喜欢欣赏月亮。中国人对月亮很看重，有很多关于月亮的诗。中国的月亮诗多半是很富于哲理的。特别是李白的诗，他把月亮和很多哲理结合在一起，比如通过月亮把人生的短暂和自然的永恒加以对比。他写道：“今人不见古时月，今月曾经照古人。古人今人若流水，共看明月皆如此。”给人很多感慨。人世经过许多沧桑，而明月依旧如此！中国人看月亮，常常把月亮当作永恒的象征，咏叹人世的短暂！

日本人写月亮，就不太一样。日本有一个获“月亮诗人”美称的大诗人——明惠上人，大概是生活在宋朝这样的年代。他写月亮，从不涉及哲理，而是动情地表达与月亮无猜的亲密。他写过一首诗，是很短的俳句：“山头月落我随前，夜夜愿陪尔共眠。”和月亮一起共同睡觉，这在日本人看来非常美，可是在中国人看来，就会觉得对月亮多少有些亵渎，而不是一种虔敬的感觉。中国诗人通过月亮把短暂和永恒结合在一起，日本人却把自己和月亮本身结合在一起。像这首诗，后面又说：“心境无翳光灿灿，明月疑我是蟾光”，我的心境是那么清纯明亮，我和月亮是那么亲密，连明月都怀疑我就是月亮本身了！日本著名作家川端康成在获得诺贝尔奖发表演说时，认为“月亮诗人”讲得非常好，他非常喜欢这些诗，认为它们集中代表了日本民族的审美趣味。这是另外的一种欣赏方式。

再看希腊神话里对于月亮的欣赏。在希腊神话里，月亮是一个非常漂亮的少女，是一个女神。这个女神每天驾着好几匹白马拉的金车从东边到西边，每天都是一样。月亮每天这样走来走去觉得非常孤独，后来她就爱上了一个人间的少年。她非常爱他，可是凡人是要死的，不像月亮可以永恒。她就把这个美男子放在一个山洞里，每天经过山洞，她都亲吻他，拥抱他，然后再驾车走掉。这个少年由于月亮女神之爱，得到永恒，但他只能长年不醒，也不会说话，永远在睡眠中生存。这个神话告诉我们人要得到永恒，就要付出代价，这代价就是离开尘世，永远孤独。中国的嫦娥，吃了长生不老药，就成仙升天到月亮上去了。那里只有她一人，还有一只玉兔，后来有一个砍树的吴刚，他砍的树砍下又复生，他永远在树上下不来。另外还有一个三条腿的宝蟾。所以嫦娥也很寂寞。唐代诗人李商隐的诗说：“嫦娥应悔偷灵药，碧海苍天夜夜心”，日日夜夜都是一样寂寞，你要想和别人不一样，要想追求永恒，它的代价就是孤独。

欧洲的近代诗歌又不相同。法国诗人波特莱尔的诗集《恶之花》中有一首非常有名的诗，题目是“月之愁”，写得很美。它的特点是月亮和人完全是两分的，诗人完全把月亮拟人化了。在诗人笔下，月亮是一个忧愁的女人。这首诗说：“今晚月亮做梦有更多的懒意，像美女躺在许多垫子上。”月亮周围有许多白云，有如羽毛坐垫。诗歌描写月亮在漫不经心地抚摸着自己，在入睡之前，觉得很悲哀，她就面向地球，让她的眼泪一串串地悄悄地流向大地。这时，一位虔诚的失眠的诗人，面对着月亮把这苍白的泪水捧在手掌上，好像乳白色的珍珠碎片，银光闪亮。他把它放在心里，那是太阳永远照不到的地方。这就和日本的月亮诗很不一样，日本的诗是人与月亮合为一体，这首诗是写人和月亮的两分。这首诗和中国的月亮诗、希腊的月亮神话也不一样，这不是对孤独与永恒的描写，而是写一种月亮和人的美好的世俗关系。由此可见，如果我们只欣赏中国的关于月亮的诗当然很好，但你也可以用别的欣赏方式，日本的方式、希腊的方式、欧洲的方式……那么你就会很丰富了。

对于各种象征，全世界也是不一样的。例如在西方的象征系统里，蝙蝠是最坏的东西，因为它又是哺乳动物，又是鸟，所以它代表魔鬼。可是中国认为蝙蝠是非常好的象征，大家看木梳上刻着蝙蝠，门窗上也有很多蝙蝠的形象。为什么中国人觉得蝙蝠是很美的呢？因为蝙蝠跟“福”同音，蝙蝠来了，就是“福”来了。所以中国人就很喜欢蝙蝠。有些象征也是一样的，比如狼，中外文学中都是坏的象征。外国文学中，狼总是贪婪、残忍的，中国也一样：“子系中山狼，得志便猖狂”。但也有变化，大家看过杰克·伦敦的《海狼》，在原始的森林里，狼嗥，代表一种原始的活力，对生命力的追求，这是另外一种象征。

千百年来，人类创造的精神文明实在是太丰富了。比较文学就是帮助大家找到一条在对比中欣赏各种文学的路径，能够很好地去欣赏人类所创造的各种精神财富。

五、在多元文化中寻求文学的生长点

从文学史发展的角度来看，比较文学的另一个功能就是发现文学的生长点。多种文化中的文学的解读是创造新文化的一个必要条件。一种文化进来了，人们要接受它，首先要对它进行解释。我们在解释它的时候，肯定跟它原来在其本土中被解释的情况并不一样，有许多方面会不知不觉地按照我们传统文化的习惯去解释，这就难免有误解，有误读。我举个例子来说，我在美国加州大学教书的时候，和美国大学生一起讨论过一篇赵树理在延安时代写的题为《小二黑结婚》的小说。小二黑是个农民，他正在跟村子里名叫小芹的姑娘谈恋爱。小芹的母亲叫三仙姑，四十来岁，是个神婆，靠跳神给人家治病。人家来看病，她就唱请神的歌，唱得特别好听。后来小芹和小二黑的结婚受到了当地干部的压力，因为村干部的朋友想要和小芹好。于是，他们找了个由头，把三仙姑一家告到了村里。村干部就把小芹的母亲叫去骂了一顿，指责她管教不严。村干部说，你都四十几岁了，还打扮得花枝招展的，粉搽得那么多，就像下了霜的驴粪蛋！中国的一般读者都会觉得小芹的母亲是不规矩，四十几岁了，还跟那些男人谈笑，搽粉，打扮，戴花什么的，不怎么样。在和美国学生讨论的时候，他们的看法可不同。他们认为三仙姑是一个非常解放的女性，她热爱生活，虽然四十几岁了，仍然爱美，认为生活是美好的，她愿意和年轻人在一起，她希望过一种不是别人给她安排的、快乐的生活。她并没有危害什么人，她应该是一个正面人物，是勇敢突破束缚的、女性解放的先锋。这种看法真是我们没有想到的。他们还批评那个村干部，说这个村干部就是中国的父母官传统的写照，什么都要管，人家脸上搽粉有多厚也要管，这是妨害个人自由！我们当然也可以说，美国学生的看法是对中国作品的“误读”，这肯定不是作者赵树理的原意。事实上，作者的原意并不一定很重要，作者总是会“死”的，他的意愿也不大可能完全如他所愿地表现在作品里。“文化误读”必然会产生的。这种“误读”并没有什么坏处，倒是给我们提供了新的角度。由此可见，不同文化之间，文学作品的“误读”能够造成一个新的生长点，使得文化向前发展。比较文学要研究的也就是这样的生长点怎样触发新的思路，促进两种文化的交融和共同发展。

“五四”时期，易卜生的剧本《傀儡家庭》在中国有很大影响。原著并没有讲女主人公娜娜离家出走后结果如何，后来鲁迅写了一篇文章《娜娜走后怎样?》。以中国社会为背景，他指出娜娜走后只有两条路：一条路是回来，另外一条就是堕落，因为她没有工作，无法生存。鲁迅的这个思想就补充了易卜生的《傀儡家庭》的思想，不光是一走了之，还要有社会的改革，要准备可行的道路。鲁迅的短篇小说《伤逝》写两个年青人自由恋爱，离家出走，还没到一年，男的由于社会压力，失业在家，女的也找不到工作，只能天天做饭，养了一只小狗，养了几只小鸡，越来越觉得生活平淡无味，太没意思！爱情也就此消亡。最后，女的又回到她的娘家，男的则无家可归。这篇小说显然是沿着《傀儡家庭》的思路来写的。经过对中国社会实际情形的思考，使原作深化，变成了另外一个作品。在文学史上，新的变动就是这样在不断的碰撞中产生。比较文学为不同文学的碰撞提供了土壤。

六、文学理论的现代化和全球化

中国传统文学理论肯定是世界文学理论十分重要的组成部分。很早以前哈佛大学比较文学系主任克劳德·纪延(Claude Gillian)就曾说过世界文学理论如果没有中国的参与，就不会是全面的，也是不能想象的。这种想法很早以前就被很多学者所认同。

但如果永远是原封不动的古代理论，那就不能为今天所用，更不能成为一种为世界其他文化的人们也能接受和利用的东西。因此首先是要使其现代化，为现代人所明白。也就是要对中国文学理论进行现代诠释，并推向世界，让世界接受它，使它成为二十一世纪新的文化理论建构中的一个很重要的组成部分。传统文学理论的现代化决不是关起门来所能完成的。我们必须来到世界文学理论发展的前沿，了解人们都在思考和谈论什么问题，了解这些问题从何而来，也就是了解这些问题的历史和现状，经过仔细的对话和参照，才能弄清楚在我们的理论遗产中哪些是我们自己最可宝贵的东西，哪些是可以补他人之不足的东西，哪些需要扬弃，哪些需要改造以适应现代的要求，做到既非强加于人，又非故步自封。只有这样，才能使中国传统文学理论走向世界，有益于全人类。这正是以跨文化文学研究为其核心内容的比较文学学科必须面对的重要任务。

对于外国文学理论的引进也只有在相互比照参证中才能产生互动，互相引发，使双方都得到发展。例如当我们讨论德国、法国、英国的浪漫主义时，如果能参照浪漫主义传入中国、日本、印度的不同情形——被接受的不同重点、改写和变形，就不仅可以更深入地研究当地文学发展的来龙去脉，而且也是对于浪漫主义本身的一种极其重要的反馈和丰富。

总之，比较文学所研究的是不同文化的文学间性，即各种文学聚集在一起时所产生的各种现象，这既不是“比较”也不完全是“关系”所能范围的。记得中美比较文学双边会议继 1983 年第一届会议(北京)和 1986 年第二届会议(美国普林斯顿、印第安纳、洛杉矶)之后，曾计划于 1989 年召开第三届会议，议题就是“Literatures, Literary Theories, Literary Histories”即“多种文学、多种文学理论、多种文学史”。近 30 篇论文都已写好，但由于众所周知的原因，这个双边会议就此中断。论文曾由辽宁大学出版社用英文出版，为许多美国大学图书馆所收藏，但在中国却鲜为人知。当时杨周翰、王佐良等先生的设想就是要在这次会上讨论各种文学聚集在一起时所产生的各种现象。

七、跨学科的文学研究

比较文学的另一个分支是跨学科文学研究。它研究文学和其他学科，包括哲学、艺术、自然科学等不同学科的关系。这方面的研究常常因为其范围过于广泛而不大被人们所认同。其实，如果紧紧扣住文学研究这个中心，从这个中心向其他学科辐射，还是完全可以把握的。例如研究《春江花月夜》这首诗，如果和以它为创意的古典乐舞《春江花月夜》(我甚至看过一次很成功的《春江花月夜》芭蕾舞演出)和有关的绘画、音乐联系起来研究，一定会交相辉映，比单独研究一首诗更有意义。

比较困难的也许是文学研究和自然科学的关系。其实，这种关系也是非常值得研究的。21世纪严重的问题之一是现在科学的发展，逐渐离开了人文的目标和精神。过去发展科学、技术都是为了人类的幸福，现在不同了，追求利润成了发展科学技术的最重要的目的。即便科学家仍然本着自己的“良心”，但他也不得不听命于给他投巨资建立实验室的资产者。就拿植物转基因来说，由于改变了基因，土豆越来越大，西红柿越来越红，这当然可以赚更多的钱，但是基因改变会不会引起整个生物链的改变？这种做法长远来看，结果如何，谁也不知道，谁来负责，没有人负责。改变了植物的基因，动物的基因，然后我们吃这个植物和动物，人类的基因也会受到影响。到了十年二十年以后，人类会变成什么样子，整个自然的生态遭到了破坏，原来的均衡遭到了破坏，到底会带来什么样的后果。这些问题都影响着整个人类生活，都向人文科学提出了挑战。人文科学应该和自然科学一起回答这些问题。在人文科学与自然科学结合，面对人类命运的过程中，文学可以作出很大贡献。如科幻小说、科幻电影就可以在想象中充分预示科学脱离人文的目标后所可能出现的种种危机；探索人类未来的文学作品更可以为自然科学家提示有益的启发。

另外，自然科学新理论的进展往往也会刷新文学的研究。进化论、系统论、信息论、控制论等新理论对文学产生了很大的影响。特别对文学研究方法更是如此。比方说我们把《红楼梦》输进电脑后，统计了一下，哪些词各用了多少次。《红楼梦》前八十回后四十回是两个人写的，怎么来证明呢？首先统计哪些词在前八十回用了多少次，在后四十回用了多少次，一比较就会发现，有的词在前八十回用了几百次在后四十回却没用过几次。这样一比较，经过统计，就会知道《红楼梦》是两个人写的，不可能是一个人写的。这种借助统计学的科学方法刷新了文学研究中词汇学、风格学等学科的研究。

总之，目前，为了世界的多元文化的发展，为了世界能有均衡的制衡，不致为一种霸权文化所覆盖，以致成为单极的某一种文化对全球的统治，不要让一些战争狂人来征服全人类，我们需要不同的制衡。不同的制衡需要不同的文化，不同的文化之间就需要沟通、对话，互相宽容、互相支持、互相吸收。文学是沟通人类灵魂最好的桥梁，比较文学的目的在于跨越文化，跨越学科，让人类通过文学互相交流、互相对话、互相理解，来共同创造一个不同文化共存和互补的和平的新时代。

跨文化、跨学科文学研究的当前意义*

一、从比较文学说起

近代以来，文学研究都是通过文学理论、文学批评和文学史三种途径来进行的。文学理论研究文学的共性、基本原理、类别和标准，它基本上是将文学现象作为同一时代的一种思想体系和艺术体系来进行研究的，这是一种系统的、综合的文学研究。有些人认为，文学完全是一种个人行为，人们只能够去读它、欣赏它、领会它，而不能进行系统的、综合的理论分析，因为理论分析容易排斥个人的趣味、感动和美学享受；另一些人则认为既然是理论，就应是科学的、客观的、确定的，他们用自然科学的因果律、定量、图表等方法来研究文学，得出机械的结论；这两种说法都使文学理论不能发挥其应有的作用。其实，每一部文学作品都有它的个别特征，同时又具有作为艺术作品的共同之点，正如每一个人都有他的个性，同时又有同民族、同职业的共同特征以致人类的通性一样。一件文学作品既是特殊的，又是普遍的；既是个别的，又是一般的；任何“特殊”和“个别”，只要是文学的，就包含着文学的共同原则，就可以用这种原则来加以解释，这种原则就是文学理论。但文学理论有自身的独特性，它更富于主观色彩，更容易随时间和空间的变易而变易，在这种变易中，个人的兴趣、爱好，乃至经历、情绪等都起着极大的作用，不大可能作完全客观的验证。文学批评是

---

* 原载《社会科学》，2004 年第 8 期。

对某一具体文学作品的研究，它在一定文学理论的影响下。对具体文学现象作出分析与评价；在研究具体作家作品时，不可能没有理论的指导或影响。有些人认为从事具体文学批评可以不要什么理论，就事论事，感时抒情即可。其实，这不过是让头脑中原有的理论和认识占了统治地位，而新的理论遭到拒斥罢了。文学批评只能在一定的社会和文学历史中来进行，它必然是某种社会思潮、文学流派、文艺思想的反映，因此又必然和文学史相联系。文学史则主要研究文学的发展和演变，它不仅由对各个作品的分析和评价积累而成，同时为不同时代的社会经济状况、风习和心态所制约。总之，文学理论、文学批评、文学史三者密切相关。没有文学批评和文学史的文学理论、没有文学理论和文学史的文学批评、没有文学理论和文学批评的文学史同样都是不可想象的。事实上，文学理论同时就是文学批评的理论和文学史的理论。当然，文学理论并不只是产生于文学批评和文学史，它还不断从当时的哲学理论、社会理论中吸取营养，并从逻辑推理中得到发展，以指导文学的进步。这样的文学研究的三分法已经有近百年的历史，但至今仍然有效。

研究一国之内的文学理论、文学批评和文学史一般被称为国别文学研究①，如德国文学研究、中国文学研究等。随着人类交往的日益频繁，文学研究很难局限在一国之内，于是有了把多种文学理论、多种文学批评、多种文学史联系在一起的研究，专门研究存在于不同文化中的不同文学之间的各种现象，后来又有人致力于研究文学与其他学科，如文学与音乐、文学与绘画、文学与人类学等。总之，跨文化与跨学科的文学研究就是比较文学。比较文学是一门开放性、多方位的动态型学科，它的目的就在于推动这种不同文化和不同学科的“间性”或“互文性”(intercontextuality)的研究。1988年中国比较文学学会(杨周翰、王佐良先生为主导)和美国比较文学学会曾共同策划召开的第三届中美比较文学双边会议，主题是“多种文学，多种文学理论，多种文学史”②，其构想的基础就是这种“间性”或“互文性”。

比较文学的历史本身就是不断发生并克服各种危机到达新阶段的过程，它的现状在多种联系中充满着复杂矛盾，它的未来通向千百种可能的途径。然

---

① 这种说法并不十分准确，有些国家包含了多种民族文化的文学，不是“国别”所能包容的。

② 参见 *Literatures, Literary Theories, Literary Histories*，沈阳，辽宁大学出版社，英文版，1990。

而，它仍然是一个有着自己独特性质和范围的学科，无论是过去、现在和未来，它都曾经在，而且将会在不断变化的诠释中更新和存在。对比较文学这个名词可能会有各种各样的理解，甚至会有人根本否定它的存在。但是人们分明会感觉到它：当人们探讨某种文学理论是否在多种民族文学中可以通用时；当人们读到同一个主题在不同文学传统中反复被咏叹和吟味时；当人们看到一种文学思潮或一部文学作品从一个民族流传到另一个民族，从一个地区蔓延到另一个地区时；当人们发现各种文体如诗歌、戏剧、小说在各民族文学中都有类似的发展规律而又各具特色时；当文学与其他艺术、文学与宗教、文学与其他社会科学、文学与自然科学之间的关系日趋密切、亟待分剖时，人们就会清楚地意识到无论过去、现在和未来，这里确实存在着，并将会继续存在一门十分必需、非常有趣，而且对人类智力极富挑战性的学问，那就是比较文学。

总之，无论国别文学、比较文学都包括文学理论、文学批评、文学史三方面的内容，只是研究的范围和出发点不同。国别文学与比较文学既互相区别，又互相关联、互相渗透。例如文学理论不仅可以进行某一国的文学理论的研究，也可以进行不同文化体系的文学理论的比较研究(在比较文学领域中称为“比较诗学”)，也可以对某一文艺理论问题，如隐喻、虚构、形象等从世界的角度进行总体性的研究分析(亦称“总体文学”研究)，当然也有从不同文化视点对某一作品进行具体比较分析，或对不同文学史进行比较分析的。事实上，国别文学研究是比较文学研究的基础，不懂得国别文学，比较文学就无从谈起；但有价值的比较文学研究又常常反过来，大大丰富了一国的文学研究。这是文学史上经常发生的事实。

比较文学的出现不是偶然的，它是经济、社会发展和文学发展本身的结果。正如马克思、恩格斯在《共产党宣言》中说：

> 资产阶级由于开拓了世界市场，使一切国家的生产和消费都成为世界性的了，……旧的，靠国产品来满足的需要，被新的，要靠极其遥远的国家和地带的产品来满足的需要所代替了。过去那种地方的和民族的自给自足的闭关自守状态，被各民族的各方面的互相往来和各方面的互相依赖所代替了。物质的生产是如此，精神的生产也是如此。各民族的精神产品成了公共的财产，民族的片面性和局限性日益成为不可能。于是，由许多种民族的和地方的文学形成了一种世界文学。

属于两个或多个不同文化体系的文学的比较研究就是这样发展起来的。这种比较研究的发展必然导致“世界文学”(World Literature)的概念。早在1872年，歌德就提出了“世界文学”的名目，意思是总有一天，各民族文学的特点都将充分显示出来，构成一个伟大的综合体；各种文学都将在这样一个全球性的大合唱中演奏出自己的声部，合成一个由各具特点的不同声部聚合而成的伟大的交响。但这决不是使各民族文学的个性特点日趋泯灭，而是以发挥各民族文学特点为前提的；没有各声部的特点，交响也就不再存在。因此，“世界文学”应该解释为世界各民族最优秀的，具有世界意义和世界水平的文学宝藏的总和。由此可见，比较文学是文学研究发展到一定历史阶段的产物，它有自己特定的范围和内容，并不是所有用比较方法来研究文学的现象都可称为比较文学。例如李白与杜甫的比较，五言律诗与七言律诗的比较，这只是研究文学的一种基本方法，而不是一个学科的范围。比较文学必须满足两个条件：一个是跨文化或跨学科，另一个是文学研究。举例来说，研究《春江花月夜》是中国文学；研究《春江花月夜》在日本的传播和影响，或同样题材在欧美文学中的表现，是比较文学；研究《春江花月夜》如何表现在音乐、绘画、舞蹈中则是跨学科文学研究。同样，如果谈了很多不同文化、不同学科的理论，惟独没有文学研究，那也不是比较文学。当然，一定要把一国文学内用比较方法来进行研究的部分都称之为“比较文学”也无不可，但这毕竟不是国际上一般所说的、得到大家公认的比较文学。

二、人文精神永远是比较文学的旗帜

比较文学首先产生于人和人之间相互沟通和理解的需要。人们的相互接触多了，就会产生相互了解、相互认识的愿望。如果没有相互认识的兴趣就谈不上比较文学。美国著名比较文学家孟而康(Earl Miner)指出，“需要了解是比较诗学之母”，这种需要常表现为好奇：

> 我们完全有理由在圈定的牧场上养肥自己的羊群，和几个牧民朋友一起抽旱烟；但也有另一些人不惜长途跋涉而去更遥远的地方，这也是合乎人性的行为。在那里，人们发现的不再是羊，而是骆驼、鱼和龙。这一发现会被我们带回到当地牧场，会使我们考虑如何使骆驼、鱼和龙与羊相互

协调一致，并对如何向牧场上的伙伴们解释作一番思索。①

比较文学就是从想了解他人的愿望开始，使我们扩大视野并得到更广泛的美学享受。

但是，成长于不同文化中的人们能相互理解吗？东西方都有不少人认为不同源的异质文化之间不大可能沟通和真正互相理解，因为各自都无法摆脱自身的思维方式和文化框架。曾经有这样一个故事：从前在水底下住着一只青蛙和一条鱼，他们常一起玩，是好朋友。有一天，青蛙跳出水面，看到了许多新鲜事物，他看得非常高兴，就回去向好朋友鱼报告说，外面的世界精彩极了，他看到了人，他们身穿衣服，头戴帽子，手握拐杖，足履靴子，这时，在鱼的头脑中便把人想象成一条鱼，身穿衣服，头戴帽子，鱼鳍夹着手杖，尾翅上吊着两只鞋。青蛙说，有鸟，可展翅在空中飞翔，这时，鱼的头脑中便出现了一条腾空而飞的鱼。青蛙又说有车，带着四个轮子，滚动前进，于是在鱼的脑中便出现了一条带着四个轮子的鱼。

这个故事说明认识和联想，无论有意无意，都受着一种思维方式和认识框架的支配。所有的认识和判断都会以一种"模式"为起点。鱼，没有见过人，他只能按照他的模式去想象人是什么样子。但这并不是说不同文化模式的人就不可能互相了解，只能说这种了解的过程包含着误读，误读的积累不仅将逐渐趋向于正确而且还不断创造出新的读解和新的价值。事实上，两种文化相遇，也就是进入了同一个"文化场"(Cultural Field)，两者便都与原来不同而产生了新的性质，两者之间必然会发生一定关系，这种关系有时是明显的对比，有时是一种潜在的参照。例如中国古代哲人所指出的，我们说"龟无毛"，正是和"有毛"的动物相比，突出了乌龟的特点；我们说"兔无角"，则是和"有角"的东西相比，突出了兔子没有角的特色。如果没有和这种有毛的、有角的、隐在的参照物相比，龟和兔的无毛、无角的特点就不会显现出来。比较文学的根本意义就在于它为文学研究开辟了一个崭新的层面。当文学被封闭在某一个别民族文化体系之中时，它就不大可能突破原有的欣赏方式和思维模式，来接受新鲜事物。只有认识了他人，才能更好地认识自己。这就是比较文学的重要功能之一："互识"，也就是由互动而产生的新的认识。

① 厄尔·迈纳：《比较诗学》，王宇根等译，5页，北京，中央编译出版社，1998。

如果说“互识”只是对不同文化间文学的认识、理解和欣赏，那么“互证”则是以不同文学为例证，寻求对某些共同问题的相同或不同的应和，以达到进一步的共识。不同文化体系的文学中的共同话题是十分丰富的，尽管个人千差万别，但从客观来看，总会有构成“人类”这一概念的许多共同之处。如关于“死亡意识”“生态环境”“人类末日”“乌托邦现象”“遁世思想”等等，不同文化体系的人们都会根据他们不同的生活和思维方式对这些问题作出自己的回答。这些回答回响着悠久的历史传统的回声，又同时受到当代人和当代语境的取舍与诠释，只有通过多种不同文化体系之间的多次往返对话，这些问题才能得到我们这一时代的最圆满的解答，并向这些问题开放更广阔的视野和前景。这就是比较文学的另一个功能——“互证”。所谓“互证”就是要在互相参证中找到共同问题，证实其共同性，同时反证其不同性，以达到进一步的沟通和理解。

除了“互识”和“互证”，比较文学工作者还要在这个过程中，按照自己的需要，从他者吸收营养，谋求新的发展。这就是比较文学的“互补”功能。“互补”首先指相互吸收、取长补短，但决不是把对方变成和自己一样，也不是把自己变得和对方一样。例如在日本文化与汉文化的接触中，日本诗歌大量吸取了中国诗歌的词汇、文学意象、对生活的看法，以致某些表达方式，但在这一过程中，日本诗歌不是变得和中国诗歌一样，恰恰相反，日本诗歌的精巧、纤细、不尚对偶和声律而重节奏、追求余韵、尊尚闲寂、幽玄等特色就在与中国诗歌的对比中得到进一步彰显和发展。

“互补”还表现为以原来存在于一种文化中的思维方式去解读(或误读)另一种文化的文本，因而获得对该文本全新的诠释和理解，正如树木的接枝，结果是成长出既非前者，亦非后者的新的品种，但这并不是“融合”，正如“苹果梨”主要是梨，而“香蕉苹果”主要还是“苹果”一样。两种文化中不同文学的“相遇”不能不用一种文化框架去解释另一种文化中产生的作品，这不仅不会将一种文化的作品变得和另一种文化的作品一样，而是对原有文化增添了新的诠释、新的风貌，是原有文化的一种新发展。例如朱光潜、宗白华等人以西方文论对中国文论的整理；刘若愚、陈世骧等人试图用中国文论对某些西方文学现象进行解释，这就是近来人们常常谈到的比较文学的“双向阐释”。

另外，“互补”还包括一种文化的文本在进入另一种文化之后得到了新的生长和发展。例如浪漫主义在德国和英国原有不同的源流，传入中国、日本和印度后又都各不相同。正如地质学研究的岩系从一个地区伸展到其他很多地区，如果不了解其后来的发展，就谈不上了解整个岩系。不了解浪漫主义在亚洲的不同发展也谈不上了解浪漫主义。显然上述"互识""互证"和"互补"都为文学的发展提供了新的生长点。

同理，文学与其他学科的关联（跨学科研究）也对文学的发展产生了同样的作用，如音乐、绘画、宗教、哲学、社会学、心理学，乃至自然科学都常常给文学开辟了意想不到的新局面，19、20 世纪进化论对文学发展的巨大影响就是一个鲜明的例证。

由于比较文学为增进人类的相互理解，为沟通各种文化以促进其发展织成了最直接、最有效的交流之网。20 世纪以来，比较文学从欧洲到美洲，从美洲到亚洲，不断发展，成为以人文精神为中心的、贯穿整个 20 世纪的一门重要的显学。

三、维护多元文化，实现跨文化沟通

人们曾经梦想 21 世纪将是比 20 世纪更美好的和平与发展的新世纪，然而，风云突变，人们突然面临一个战争和暴力威胁着人类的严重局面。2000 年出版了《帝国——全球化的政治秩序》一书①，其基本观点是："就在我们眼前，帝国正在生长、成形。无边无垠，永无止境，这就是全球化政治新秩序——一种新的主权形式：帝国。"帝国是一个中心消解的、无边界的庞大体系，文化与经济始终处于畅通的流动贯通状态。它没有内外的区隔，在无所不在的虚拟空间操作，不再以民族国家的国界为区分。统治人类的重任落到超国家的帝国体制的肩上。紧接着 2002 年，芝加哥大学的米尔森教授在《大国政治的悲剧》中指出：任何一个国家都要寻求权力的最大化，因此，不可能有权利均衡的机制，最好的防御就是进攻。在《美国新世纪计划》中，克里斯托尔、卡根等更是公开提出必须维持一个"单极的 21 世纪"，提出必须"阻止新的大国竞争者出现"，必须"控制关键地区（欧洲、东亚、中东）"，"积极推动美国军队和战争的转型"，"控制网络空间和太空的主导权"，"在全球推行自由民主原则"等等。以拉姆斯菲尔德等人为代表的 21 世纪的美国新保守派更是极度崇尚军力，主张建立美国的"全球性仁慈霸权"，强调输出美国式民主和价值观。他们的新帝国大战略就是先发制人，以假想敌为攻击对象，提倡国家主权有限论，

① 作者内格利，意大利帕多瓦大学政治学教授，1979 年以恐怖组织领导人之名被捕，1983 年当选激进党国会议员，在法国流亡回国后被捕，今已获释，2004 年夏出访中国；另一作者哈特为美国杜克大学比较文学教授。

轻视和改写国际准则，提倡所谓“后民族时代”的到来。

全球化的“帝国”趋势引起了民族国家、种族和宗教的顽强抵抗，要消除这些抵抗，就得借助于残酷战争和无情统治，而新的仇恨又会由此而产生。这就是文化霸权主义与文化原教旨主义的激烈冲突。要解开这一死结，不少西方有识之士对西方文化进行了深刻的反思。

法国著名思想家、社会科学院研究员埃德加·莫兰(Edgar Morin)认为，西方文明的福祉正好包藏了它的祸根：它的个人主义包含了自我中心的闭锁与孤独；它的盲目的经济发展给人类带来了道德和心理的迟钝，造成各领域的隔绝，限制了人们的智慧能力，使人们在复杂问题面前束手无策，对根本的和全局的问题视而不见；科学技术促进了社会进步，同时也带来了对环境、文化的破坏，造成了新的不平等，以新式奴役取代了老式奴役，特别是城市的污染和科学的盲目，给人们带来了紧张与危害，将人们引向核灭亡与生态死亡。他强调人类需要的不是帝国世界而是通过“统治—解放”的双重过程，创造一个和谐、均衡的“社会世界”①；而要达到这个目的，不同文化的多元共存是必不可少的。他认为文化的全球化 Globalization(非一体化 Unification)并没有妨碍文化的多元化，也不会使文化同质化。相反，文学艺术将在跨文化的大潮中创新，而跨文化的相逢又会激励各民族文化在其内部的独创性表达，多元文化的汇合必然会重新创造出新的多样化，同时鼓励和促进彼此沟通。例如在节奏与布鲁斯忧郁曲(rhythm and blues)相遇之后，非洲的摇滚乐(rock)在美国的白人世界里流行开来，然后传遍全世界。各地的人们用自己的语言演唱，并形成了各自的民族特性。莫兰的理论反映了西方知识分子的深刻反思并给跨文化的沟通带来了新的前途和希望。

伊拉克之战使欧洲出现了强烈的反战情绪，知识分子表现出空前的团结，振兴欧洲的热情高涨。2003 年 5 月 31 日欧洲各大报刊发表哈贝马斯与德里达联合署名的文章《论欧洲的复兴》。文章强调欧洲民众更相信国家的组织能力和控制能力，而对市场的调节能力持深刻的怀疑态度，对技术进步也不是那么盲目乐观；欧洲人更倾向于从社会团结出发的制度规范，尊重个人人格的完整，并主张在控制与减少军事暴力的基础上加强联合国的作用，建立一种有效的世界内政。哈贝马斯等人相信欧洲经历过两次世界大战，几个大国都经历过帝国

---

① 埃德加·莫兰：《超越全球化与发展：社会世界还是帝国世界?》，译文见《跨文化对话》第 13 期，上海，上海文化出版社，2003。

权力的顶峰，必然会从帝国灭亡的经历中有所领悟。对欧洲来说，帝国统治和殖民历史一去不返，欧洲的政权也就得到一个机会保持一种反思的距离。这可能会有利于抛弃欧洲中心论，加快世界多极均势的实现。要建成一个多极均势的"社会世界"，就需要一个文明开化、多元发展的联盟。很多西方人认为要摆脱现在的困境，人类精神需要发生一次"突如其来的跃进"，一次"人类心灵内在性的巨大提升"。西方的文化反思推动人们更多地探索和研究非西方文化，特别是掀起了重新认识东方的热潮。

事实上，20世纪后半叶，西方思想界已经大体完成了从二元对立到互动认知的思维方式的转向。互动认知的思维方式认为"认知"不应只是主体强加于客体的单方面的认识，也不是客体自身单方面存在的"自在的"特点，而应是二者沟通后产生的新知。过去，"认知"所描述的是一个可信赖的主体，去"认识"一个相对确定的客体，从而将它定义、划分、归类到已有的认识论框架之中。互动认知的思维方式与主体原则相对，强调"他者原则"；与确定性"普适原则"相对，强调不确定的"互动原则"，即强调主体和他者在认知过程中都有所改变，对主体和客体的深入认识都必须依靠从"他者"视角的观察和反思；一切事物的意义并非一成不变，也不一定有预定答案，而是在千变万化的互动关系中、在不确定的无穷可能性中，有一种可能性由于种种机缘，变成了现实。

在这样的情况下，中国文化势必成为一个十分重要的"他者"。正如法国学者弗朗索瓦·于连(François Jullien)所说："中国的语言外在于庞大的印欧语言体系，这种语言开拓的是书写的另一种可能性；中国文明是在与欧洲没有实际的借鉴或影响关系之下独自发展的、时间最长的文明……中国是从外部正视我们的思想——由此使之脱离传统成见——的理想形象。"他写了一篇专论《为什么我们西方人研究哲学不能绕过中国?》的著名文章①，他说："我们选择出发，也就是选择离开，以创造远景思维的空间。人们这样穿越中国也是为了更好地阅读希腊：尽管有认识上的断层，但由于遗传，我们与希腊思想有某种与生俱来的熟悉，所以为了了解它，也为了发现它，我们不得不割断这种熟悉，构成一种外在的观点。"只有从"远景思维的空间"出发，从"他者的外在的观点"出发，才会构成对自己的新的认识。他最近在北大出版的《道德奠基：孟子与启蒙哲人的对话》中进一步研究了这一问题。他在前言中说："我选择从一个如

① 弗朗索瓦·于连：《为什么我们西方人研究哲学不能绕过中国?》，《跨文化对话》第5期，2001。

此遥远的视点出发，并不是为异国情调所驱使，也不是为所谓比较之乐所诱惑，而只是想寻回一点儿理论迂回的余地，借一个新的起点，把自己从种种因为身在其中而无从辨析的理论纷争之中解放出来。”①

以互动认知为核心，西方理论家与汉学家相结合，形成了一脉崭新的思潮，如美国汉学家安乐哲(Roger Ames)与并不懂中文的哲学家郝大维(David Hall)合作，一连写了《通过孔子而思》(*Thinking Through Confucius*)，《预期中国：通过中国和西方文化的叙述而思》(*Anticipating China*：*Thinking through the Narratives of Chinese and Western Culture*)，《从汉而思：中国与西方文化中的自我，真理与超越》(*Thinking from the Han*：*Self*，*Truth and Transcendence*)三本书。他们指出：西方哲学正在经历一场翻天覆地的变化，哲学家们和各种哲学运动从各方面向我们熟悉的关于理论和方法的客观性的观点提出挑战。这种大趋势迫使我们放弃那些关于确定性的不加分析的假定，实际上在西方思想界掀起了一场真正的革命。他们强调不仅要通过“他者”来认识自己，而且要通过双方的对话得出新的结论而有所发展。例如他们认为他们所强调的儒家民主主义就是杜威和孔子对话的产物：杜威认为贯彻民主的主要障碍在于将民主理想与政治制度混为一谈，尤其是当这种政治制度很虚伪地声称它体现了民主的时候。杜威认为，民主的基础是相互沟通的人类社群，人类社群的凝聚力又有助于确立个人的价值。孔子和杜威都强调“人是具体环境下的人(Person-in-concrete-context)”，而不接受完全无约束的自由主义的个人概念。他们认同的文化价值观都是人类社群在一个相当长的时期内积淀下来的成就。杜威认为：“民主是表现在态度上的，而不是表现在组织机构上的，而且民主的态度是通过教育逐渐形成并得到加强的。”他指出：仅仅追求独立自由的自我并没有给美国带来什么好处，事实上，已经阻碍着美国社会的进步。这些思想都可以从孔子的教导中得到引证和深化②。

类似的著作还有斯蒂芬·显克曼的《赛琳和圣贤：古代希腊与中国的知识与智慧》和《古代中国与希腊：通过比较而思》，让·弗朗索瓦·勒维尔的《和尚与哲学家：佛教与西方思想的对话》，英国学者舒马赫的《小的是美好的》等等。奥地利主要心理学家卡尔·容格更是在他的《东洋冥想的心理学》中指出：“应

---

① 弗朗索瓦·于连：《道德奠基：孟子与启蒙哲人的对话》，北大学术讲演丛书第15辑，北京，北京大学出版社，2002。

② 详见《跨文化对话》第10期，2002。

该转换西方人已经偏执化了的心灵，学习整体性领悟世界的东方智慧”，应该“让他们放弃一些令人毛骨悚然的技术，拆穿他们拥有力量的幻象……这已导致千百万人付出生命”①。主流社会学的重要代表齐格蒙特·鲍曼在《现代性与大屠杀》中，则论述了在西方“高度的文明与高度的野蛮其实是相通的和难以区分的……现代性的某些本质性的要素，如科学所培育出的那种冷冰冰的斤斤计较的理性计算精神；自我膨胀的技术以道德中立的外观加速发展着人类自我毁灭的力量；社会管理日益趋向非人性化的工程化控制方向，所有这些的结合，使对人本身的迫害和屠杀这样灭绝人性的惨剧成为设计者、执行者和受害者密切合作的社会集体行动。现代性始于理性，现在看来极端的理性却通向极端的非理性。现代性是现代文明的结果，而现代文明的高度发展超越了人所能调控的范围，导向高度的野蛮”②。

以上这些都说明西方有识之士对现代西方文化清醒的反思。这样的反思，使他们不得不去寻求另一种生活方式和思维方式，而东方文化正是他们最有价值的参照。

如果说反对文化霸权和文化原教旨主义的严重形势，迫切要求加强不同文化之间的对话和沟通，那么，世界性的文化反思和转向，则为文化间的对话和沟通提供了条件和基础。从历史来看，文学从来是文化沟通和文化对话的最重要的一个途径和先驱。因为文学专门研究人和人的关系，研究人的灵魂。不管是哪一国的文学，都是研究人的。只要是人，就有七情六欲，就有共同的生命形式，如人和人的关系，人和自然的关系，人和命运的关系，夫妻关系、父子关系等等。这对于全世界的人来说都是一样的，可是解决问题的方法不同、方式不同，价值观也不同；我们可以通过谈论文学，谈论人与人的关系来互相沟通、互相理解、互相宽容。人的体验方式也是一样的，不管你是什么人，都有欢乐，有痛苦，有幸福，有忧伤，有希望和绝望，有爱恨，有生死，有离合……这样的人类体验无论东方人和西方人都是有的，在这些问题上就很容易沟通。文学是用以沟通人的灵魂的，它是沟通不同文化的一个非常重要的方面，在当前尤其如此。以跨文化文学研究与跨学科文学研究为核心的比较文学

① 卡尔·容格：《东洋冥想的心理学》，40—41页，北京，社会科学文献出版社，2000。

② 齐格蒙特·鲍曼：《现代性与大屠杀》，杨渝东等译，封底页，南京，译林出版社，2002。

始终是世界人文精神的一个重要组成部分，它始终以服务于人类文化的沟通和建造更美好的精神家园为自己的根本目的。在发展多元文化、展开不同文化的对话、缓解文化霸权主义与文化原教旨主义的对立、促进文化多元共存等方面，比较文学显然具有特殊重要的意义。

中国比较文学是现阶段中国文学研究的一个重要分支，百年中国比较文学发展的历史就是在传统中国文化的基础上不断重新诠释和反思中国文化与中国文学的历史，也是不断吸收、运用西方文学的经验和各种西方文学理论、语言学理论和科学理论，并在这些理论中不断发展壮大自己的历史。它是继法国、美国比较文学之后，在中国本地破土而出的、具有代表性的第三阶段的比较文学，它既不是舶来之物，更不是古已有之，而是立足于本土，在全球交往的语境下产生的、新的、有中国特色的人文现象。它既反对“文化霸权主义”，又反对“文化原教旨主义”，它所肩负的重任正在逐步更清楚地显示出来。中国比较文学所代表的是一个阶段，赋予它生命的，是一个时代，而不只是一个什么“学派”，更不是什么精英象牙塔内的玩物。正因为如此，中国比较文学必将从边缘走向核心：一般说来，中国对西方的了解远胜于西方对中国的了解，西方比较文学学者还需要时间来更新这方面的认识，在目前情况下，他们中的大部分人由于语言和学术训练的限制，还很难深入进行跨东西文化的文学研究，这正是西方比较文学最近发展不够迅速的原因。但在不久的将来，必有来自全球东西南北的同道，因共同的理念和目标汇合在一起，高举人文精神的旗帜，为实现跨文化沟通，维护多元文化，建设一个多极均衡的世界而共同努力。

全球化时代的比较文学——中国视野*

国际比较文学学会年会第一次在中国境内召开，我感到十分高兴，我谨代表中国比较文学学会向大家致以最热烈的欢迎，并向大会组织者欧阳教授和他的工作团队致以最诚挚的敬意和感谢。

我今天的发言包括以下三个问题：

一、“反本开新”与“参照他者”

1997年，当我们在荷兰莱顿相聚时，我们都曾梦想即将到来的新世纪会是一个和平发展的美好世纪。然而，不幸的是我们在新世纪看到的却是各种文化陷阱和文化冲突正在将人类引向不确定的，也许是毁灭的深渊。为了救助人类，全世界的有识之士都在进行深刻的反思，希望找到一条通向幸福和平的途径。在寻找的过程中，一方面是回返自身的文化源头以探索新的文化资源，如中国古训所强调的“反本开新”；另一方面，是以他种文化为参照，重新发现自身文化发展的特点与可能。

从中国来看，近年来，关心世界、关心人类的知识分子十分重视对古老的中国传统文化进行现代诠释，希望能从六千年的中国文明中发掘出对缓解世界文化危机有益的智慧。我只想举一个例子：目前很多人在讨论中国的思维方式。中国的思维方式是多种多样

* 原载《中国比较文学》，2005年第1期。本文是乐黛云教授在17届国际比较文学年会上的发言，文中第三部分主要根据曹顺庆、叶舒宪、徐新建、谢天振、程爱民等同志提供的材料，特此致谢。

的，有万物相生相克，广泛联系，互相转化的阴阳五行的思维方式（水克火，火克金，金克木……木生火，火生土，水生木等）；也有"极高明而道中庸""执两用中，一分为三"的思维方式（这个"中"并不是"折中"，而是从"两端"中产生出来的那个新的"三"）。多种思维方式的基础是中国哲学认为一切事物的意义并非一成不变，也不一定有预定的答案，而是形成于千变万化的互动关系，在不确定的无穷可能性之中，由于种种机缘，其中的一种变成了现实。这就是老子说的"有物混成""有生于无"，最后又都将"复归于无物"。既然事物的意义并非一成不变，而是形成于千变万化的互动关系之中，那么，"万物并育而不相害，道并行而不相悖"的"和而不同"的理想就成了中国文化所追求的最高价值之一。重视差别，认为"不同"是事物发展的根本，提倡"和实生物，同则不继"也就成了中国传统的行为准则。这种思想为文化多元共处提供了不尽的思想源泉。例如从这种思想出发，以不变立场为基础的"世代复仇"就失去了依据，不是"仇必仇到底"，而应是千余年前的北宋学者张载所主张的"仇必和而解"。这种以西方文化和社会现实为参照的、对中国古代文化所作的现代的选择和诠释显然对世界有益。

从西方来看，许多学者也都在重新叩问自己的文化源头，他们更关注的是在他种文化的参照下，对自己熟知的文化，如何进行新的审视和发现。正如法国汉学家弗朗索瓦·于连在《为什么我们西方人研究哲学不能绕过中国?》中所说的，"穿越中国"是"为了更好地阅读希腊"，是为了"创造一个远景空间，切断西方人对希腊思想原有的某种与生俱来的熟悉"。他说："为了再了解和再发现，不得不割断原有的熟悉，构成一种外在的观点"，即从"远景思维的空间"，从"他者的外在的观点"，构成对自己的新的认识。而中国正是一个十分重要的"他者"，因为"中国的语言外在于庞大的印欧语言体系，这种语言开拓的是书写的另一种可能性；中国文明是在与欧洲没有实际的借鉴或影响关系之下独自发展的、时间最长的文明……中国是从外部正视我们的思想，并由此使之脱离传统成见的理想形象"。这类以中国作为他者、反观西方的著作与日俱增，如弗朗索瓦·于连（François Jullien）的《迂回与进入》（*Le Détour et l' accès*），美国汉学家安乐哲（Roger Ames）与哲学家郝大维（David Hall）合写的《通过孔子而思》（*Thinking Through Confucius*），《预期中国：通过中国和西方文化的叙述而思》（*Anticipating China：Thinking through the Narratives of Chinese and Western Culture*），显克曼（Stephen Shankman）的《赛琳和圣贤：古代希腊与中国的知识与智慧》（*The Siren and the Sage：Knowledge and Wisdom in Ancient Greece and China*）等等。总之，"反本开新"和"参照他者"的现实需要使在不同文化之间建立一种崭新的关系成为可能。西方的汉学研究、理论研究和比较研究合为一体，正在成为一种新的趋势，这无疑为跨文化的文学研究，也就是比较文学研究开创着前所未有的新的可能。

二、跨文化和跨学科的文学对话

比较文学是一种跨文化和跨学科的文学研究，对于促进不同文化之间的认识和对话有独特的作用。事实上，在全球资讯时代，人类面临的仍然是历史上多次遭遇的共同问题：如生死爱欲问题，即个人身心内外的和谐生存问题；权力关系与身份认同问题，即人与人之间的和谐共处问题；人和外在环境的关系问题，即人与自然之间的和谐共存问题。追求这些方面的“和谐”是古今中外人类文化的共同目标，但这种“普遍性”在不同历史时期和不同地域、不同文化环境中有完全不同的表现而形成不同的文化特殊性。可以说从古至今，各种不同的文化都在竭力探索这些有关生存之道的共同困惑，深入了解不同文化对这些共同困惑的探索，坚持进行持续的交流互动，也许可以把我们从目前单向度的、贫乏而偏颇的全球主义意识形态中解放出来，形成以多元文化为基础的另一种全球化。

在沟通普遍性与特殊性、发展文化多元化、保护文化生态等方面，文学艺术可以作出自己的特殊贡献。任何伟大的艺术作品总是体现着人类经验的某些共同方面，而使读者产生共鸣，同时又是作者本人的个人经验、个人想象与个人言说。伟大作品在被创造时，不管作者是否愿意，总是从自身文化出发，很难避免自身原有的文化局限；在被解读时，又因人们对共同经验的感知和理解而超越了不同文化之间的隔阂。文学涉及人类的感情和心灵，较少功利打算，不同文化体系的文学中的共同话题总是十分丰富的，诸如关于“死亡意识”“生态环境”“人类末日”“乌托邦想象”“遁世思想”等等。不同文化体系的人们都会根据他们不同的生活和思维方式对这些问题作出自己的回答。这些回答回响着悠久的历史传统的回声，又同时受到当代人和当代语境的取舍与诠释。这就是多种不同文化体系之间文学的对话。“互识”是对不同文化间文学的认识、理解和欣赏，“互证”是在互相参证中找到共同问题，证实其共同性，或反证其不同性，以达到进一步的理解和沟通，“互补”则是以原来存在于一种文化中的思维方式去解读另一种文化的文本，从而获得对该文本全新的诠释、理解和补充。通过多种不同文化体系之间文学的互识、互证、互补和多次往返对话，人类共同关切的问题就能得到比较圆满的解答，同时为这些问题开放更广阔的讨论的视野和前景，人们的思想感情也就由此得到了沟通和理解。比较文学研究的价值就在于此。

以上所述，本来就是比较文学题中应有之义，目前强调提出，就因为它所处的背景——时间和空间全然不同了。全球化和信息化大大缩小了不同文化接触的空间。如果说轴心时代形成的四大文化体系或八大文化体系过去只能处于相对独自发展的隔离状态，百年比较文学绝大部分也只能始终停留在同一文化体系内部；而今天的第二个轴心时代，各大文化体系间的文学不能不形成互识、互证、互补和多次往返对话的明显态势。特别是西方文化与中国文化之间的互动更是取得了很大成绩。

事实上，当前许多优秀的比较文学著作都充分体现了上述不同文化之间的互识、互证和互补的内容，如厄尔·迈纳(Earl Miner)教授的《比较诗学：文学理论的跨文化研究札记》，宇文所安(Steven Owen)教授的《中国文论读本》，欧阳祯教授的《透明之眼》(*Transparent Eye*)，还有叶维廉关于道家美学的研究，李欧梵关于现代性的讨论都是明证。更值得一提的是：由国际比较文学学会主编的多卷本《用欧洲语言撰写的比较文学史》不仅加进了《东亚比较文学史》一卷，而且在伯顿斯和佛克玛(Douwe Fokkema)主编的《后现代主义》分卷中也加进了中国和其他非西方地区的现、当代文学内容。另外，还有许多汉学家的新著，也出现了新的开拓。在中国，这类著作的新成就更是有目共睹。另外，西方与非洲、西方与印度的跨文化文学研究也都在蓬勃发展。

显而易见，西方过去曾经独立发展的三股力量——文学理论、比较研究和汉学研究正在逐渐结合成一股不可忽视的学术潮流，这是前所未有的。这就不可避免地使比较文学研究进入了一个崭新的阶段。如果说第一阶段是以法国的影响研究为核心，第二阶段是以美国的平行研究为核心；那么，现在就应是世界性的、以跨异质文化与跨学科的文学研究为核心的比较文学发展的第三阶段。

跨学科文学研究是比较文学的又一个支柱。由于自然科学对人类生活越来越深刻的影响，21 世纪文学的跨学科研究可能会更多地集中于人类如何面对科学的发展和科学的挑战。科学的发展曾为文学提供了许多前所未有的新观念。19 世纪，进化论曾全面刷新了文学理论、文学批评，以及文学创作的各个领域；20 世纪，系统论、信息论、控制论、热力学第二定律以及熵的观念对文学的影响也决不亚于进化论之于 19 世纪文学。21 世纪人类将经历一个过去连想也不敢想的生物学世纪。人类遗传密码将被破译，人类即可开始探究生命的蓝图。这将深刻地改变现有的哲学、伦理、法律等观念。对于基因的排列和变异的研究，克隆技术的实现，以及人类在宇宙空间存在的心态所引起的种种道德伦理问题，这一切都对人文科学提出了新的挑战。人类已经不由自主地被分裂为"懂科技"和"不懂科技"的两类，其间的鸿沟越来越深，而"懂科技"也无非是只懂自然科学和技术中的一个极小部分，如果没有人文精神的指引，科学家只是为利润而工作，那么，这种分裂所带来的灾难将是无可估量的。以上这些问题无一不首先显示在文学中。千奇百怪的科幻小说、科幻电影预先描写了科学脱离人文目标、异化为人所不能控制的力量时人类所面临的悲惨前景。跨学科的文学研究，特别是自然科学与文学研究之间的整合和互动必将为比较文学的发展翻开全新的一页。

三、中国比较文学的本土性和国际性

中国比较文学是在中国本地破土而出的、20 世纪中国文学研究的一个分支，它既不是舶来之物，也不是古已有之，它的产生是与中国人振兴国家民族的愿望、更新和发展本民族文学的志向分不开的。它始于推介外国文学，特别是翻译外国小说，并在世界文学的语境下重新认识自己，以寻求发展新路，它的根基始终是根深叶茂的中国文学传统。20 世纪第一个十年，林纾、王国维、鲁迅的著作都足以说明这一点。

中国比较文学自存在以来，就是和关切人类生活的人文精神联系在一起的。1985 年，由 36 所大学和研究机构共同发起的中国比较文学学会在深圳成立，国际比较文学学会主席佛克玛，美国比较文学学会前会长艾德礼(Owen Aldridge)，美国普林斯顿大学比较文学系主任厄尔·迈纳，法国巴黎第四大学比较文学教授雪弗列(Yves Chevrel)，美国杜克大学教授詹明信(Frederic Jemeson)等 14 名外国著名学者和多名港台著名学者都参加了大会，与此同时，我们还举办了由他们担任主讲、200 余名国内年青教师参加的比较文学讲习班，为中国比较文学的全面复兴和发展奠定了基础。学术讨论会按当年季羡林、杨周翰、李赋宁等老教授所商订的 7 个专题进行，即"比较文学方法论""比较文学与中国现代文学""比较诗学与美学""东方比较文学""中国少数民族文学比较研究""中西神话比较研究""总体文学与科际整合"。大会按照钱锺书先生提出的"讨论者大可以和而不同，不必同声一致"的原则进行，这个原则一直贯彻到如今。

中国比较文学 20 年来一直沿着以上 7 个专题的方向发展，近年来又有新的开拓与创获，特别值得推介的有以下几方面：

1. 对比较文学观念的推进

近年来，中国比较文学学者结合中国比较文学实践，积极探索跨越东西方文化研究的比较文学新观念和新理论，取得了可喜的进展；出版了许多比较文学理论探索的著作，如北京大学、四川大学、北京师范大学、首都师范大学的比较文学理论专著，以及一大批青年学者的比较文学理论新作，在比较文学理论方面前进了一步，主要的推进有如下几点：(1)倡导"和而不同"的多元文化共存与互补观念，强调差异、互识互补、和谐相处，并通过文学促进世界文化的多元共存。(2)提出跨文化的比较文学观念，建立了异质文化之间文学交流的基本理论。(3)探索了东西方文学对话的机制与方法，通过东西方对共同话题的讨论，建设能够相互理解的新的话语。今年(2005 年)8 月在山东召开的比较文学全国教学研讨会将在 23 种教材的基础上对此进行总结。

近年来，中国比较文学学者结合中国比较文学实践，积极探索跨越东西方文化研究的比较文学新观念和新理论，取得了可喜的进展，出版了许多比较文学理论探索性著作，如乐黛云、陈跃红、张辉等著《比较文学原理新编》(北京大学出版社，1998)，曹顺庆等著《比较文学学科理论研究》(巴蜀书社，2001)、《比较文学论》(四川教育出版社，2002)，陈惇、刘象愚《比较文学概论》(北京师范大学出版社，2000)，张铁夫主编《新编比较文学教程》(湖南人民出版社，1997)，陈惇、孙景尧、谢天振主编《比较文学》以及杨乃乔、方汉文、王向远等中青年比较文学学者的新著，在原有比较文学原理的基础上，大大地前进了一步，为世界比较文学观念的推进做出了贡献。主要的推进有如下几点：

(1)倡导"和而不同"的多元文化互存与互补观念。中国学者首倡以中国古代智慧"和而不同"来指导中国比较文学研究，主张东方与西方文学求同存异、互识互补、和谐相待，促进世界比较文学携手共进。这一独特的比较文学观念，既引导了中国比较文学的健康发展，又推进了世界比较文学观念的进步。

(2)提出了跨文化、跨文明的比较文学观念。面对全球化语境，中国学者提出了以跨越东西方异质文化为基础理论的跨文化比较文学研究理论，提出了全世界比较文学观念发展的三个阶段，即：以影响研究为基础理论特征的欧洲阶段；以平行研究和跨学科研究为基本理论特征的北美阶段；以跨越东西方异质文化或文明为基本理论特征的新阶段。在第三阶段，重点"求异"，即东西方文学中的异及其文化或文明的异质性，从异质的探求中发现东西方互补的巨大价值，从"不同"中求差异互补中的"和"，即真正做到尊重差异，才能真正互识互补，才能真正做到东西方彼此尊重的多元并存。

(3)提出了东西方文化与诗学平等对话的观念，并探索了对话的机制与方法。许多学者皆较深入地探讨了东西方文学与诗学对话的问题，力图建立能够与西方文论对话的平台，从深层学术规则中探索东西方不同的学术规则及话语模式，并沿着“不同话语，共同话题”的基本对话路径，参照巴赫金的对话理论，总结出一套适合中西对话的基本观念。这种对话研究，将中国比较文学观念推进和深化了一大步。

2. 文学人类学和对中国古代经典的现代诠释

文学人类学是近 20 年来中国比较文学跨学科研究催生出的最具活力的一个新领域。自 1991 年至今，“中国文化的人类学破译”系列共 800 余万字相继出版，包括对《诗经》《楚辞》《老子》《庄子》《史记》《说文解字》《中庸》等上古经典的人类学现代诠释，特别是最近出版的第 8 种——《山海经的文化寻踪》，在世界文化语境的参照下，对这部最神奇难解的上古经典作了极有创见的解读，作者认为《山海经》是一种“神话政治地理学”的想象原型标本，也是中华文明一源四方的同心方世界观的文本出处，其中充满了既有妖魔化，也有乌托邦化的“文化他者”的瑰奇想象。2003 年出版的《文学与人类学——知识全球化时代的文学研究》(叶舒宪)一书，立足本土文化，为中国文学研究的知识创新提供了具有前瞻性的见解与可操作的方略。如强调本土话语与域外话语的互动、文献文本与田野文本的互动、中心话语与边缘话语的互动等。

3. 关于翻译文学的研究

中国是一个翻译大国，不仅有着两千多年的翻译历史，而且从事翻译工作的人数和翻译作品的数量在全世界都遥遥领先。据统计，20 世纪的最初 10 年，文学翻译作品占我国全部文学出版物的五分之四。今天，各类翻译作品也占到了我国全部出版物的将近二分之一。文学翻译与一般文字翻译不同，不只是文字符号的转换，而且是文化观念的传递与重塑，翻译文学不可能脱离译者的文学再创造而存在，翻译家的责任不仅是有创造性地再现原意，而且还要在“无法交流处，创造交流的可能”，也就是在两种语言相切的地方，发展本土的语言。因此，译成中文的翻译作品应是中国文学的一个不可或缺的重要组成部分。我国率先出版了《中国现代翻译文学史》(谢天振、查明建主编)和《中国译学理论史稿》(陈福康著)，最近又出版了《翻译论》(许钧著)，都是开风气之先的力作。

4. 海外华文文学与流散文学研究

中国比较文学界对海外华文文学的研究有很大进展，这种研究从理论上将海外华文文学视为不同文化相遇、碰撞和融合的文学想象，进一步展开了异国文化的对话和不同文化的相互诠释。近几年来，这种海外华文文学研究迅速扩展为全球规模的、用不同语言写作的海外华人文学的研究，汇入世界性的流散(diaspora)文学的研究。这方面的学者不仅致力于引进西方的流散写作理论，而且还通过总结中国流散写作的理论和实践，直接与国际学术界进行了有效的对话。中国在全世界的移民为数众多，历史悠久，这种研究必将为未来的世界文学史的重写做出不可替代的贡献。最近出版的两卷本《美国华裔文学研究》(程爱民编)和《本土以外——论边缘的现代汉语文学》(饶芃子、费勇著)显示了这方面的实绩。目前，南京师范大学、广东的暨南大学和北京的清华大学已成为这方面研究的重镇。

5. 关于文学形象学研究的新进展

对中国比较文学来说，文学形象学也是一个新兴的领域。在多次国际学术会议中，北京大学都主持了有关中西文学形象互看互识的讨论。2000 年由北京大学主办的“多元之美”世纪比较文学大会特别突出了文学形象学的主题；特别值得一提的是刚出版的 8 卷本《中国形象：西方的学说与传说》(周宁编著)。这部巨著相当全面地汇集了有史以来西方人对中国的看法以及他们所塑造的各色中国形象，为形象学的进一步研究打下了坚实的基础。

6. 关于中外文学关系的研究

这方面最大的进展是将 20 世纪中国文学和世界文学作为一个整体来进行探讨。复旦大学的研究项目《二十世纪中外文学关系》《外来思潮流派理论在中国现代文学史上的影响》就是以此为指导的；北京大学的《中国现代作家在古今中外文化坐标上》也是全面讨论 20 世纪中国作家所体现的中国传统文化继承与西方文化影响的互动。至于“中国文学在国外”的研究，80 年代已出版了中国文学在法国、英国、德国、日本等 8 种，最近两年又以更大规模出版了 10 卷本《外国作家与中国文化》(钱林森主编)，进一步研究了阿拉伯、俄罗斯、印度等不同文化的作家与中国文化的关系。

7. 关于东方地区文学的研究

我国著名学者季羡林教授早就指出，由于中国、印度、波斯、日本、朝鲜和其他阿拉伯国家历史悠久的积累，形成了与西方不同的庞大而深邃的、独立的文学理论体系，可惜从事文学理论研究的人往往“知西而不知东”，这是很大的遗憾。近年来，这方面有了新的可喜成绩。1996 年、1998 年相继出版的《东方文论选》(曹顺庆编)、《中外比较文论史·上古卷》(曹顺庆著)涵盖了上述各个东方民族的重要文学理论；《东方文学交流史》(孟昭毅著)分章论述了中国和东北亚、东南亚、西亚和南亚各地区的文学关系；北京大学严绍璗教授以中日朝三国文学为基础，开辟了文学发生学的新视野，取得了重要成绩；刚刚出版的《东亚文学导论》从中日韩文学复杂的多边关系出发，整体地研究了东亚文学所隐含的多样性和相似性，是引导学生关注东方文学的一部好教材。

此外，比较诗学、跨文化生态文学研究，以及中国少数民族文学比较研究等也都创造了可观的成绩。当然，以上所说都只能是挂一漏万，难以概括全局。

至于在教学方面，目前中国绝大部分大学都已开设了比较文学课程，设有博士点或硕士点的大学已达 50 余所，比较文学在许多师范大学特别受到关注，全国第一个比较文学系已在首都师范大学创立，他们的毕业生逐年把比较文学所贯穿的人文精神和国际精神带到了中学。全国中外文的比较文学刊物已达 8 种，北京大学和上海师大还建立了大型国际性比较文学网站和数据库。目前，中国比较文学学会会员已达 900 余人，各地的省级比较文学学会都有自己的活动，最红火的是四川、上海、江苏、广东和山东，另外，陕西、贵州、湖南、吉林等地方学会也都承办过全国的比较文学年会。中国比较文学学会所属的中国比较文学教学研究会、文学人类学学会、传记文学研究会、后现代研究中心等也都在积极开展工作。中国比较文学教学研究会主办的全国比较文学教学研讨会即将在今年 8 月 15 日召开。

无庸讳言，人类正在经历一个前所未有、也很难预测其前景的新时期。在全球“一体化”的阴影下，促进文化的多元发展、加强人与人之间的理解与宽容、开通和拓宽各种沟通的途径，也许是拯救人类文明的唯一希望。我相信奠基于中国文化传统的中国比较文学，作为世界跨文化与跨学科文学研究的一个组成部分，将在消减全球主义意识形态，改善后现代主义造成的离散、孤立、绝缘状态等方面起到独特的作用。

中国比较文学百年史整体观*

比较文学的出现是人类社会文化及文学本身发展到一定阶段的产物。它作为一门独立学科的形成是以1877年世界第一本比较文学杂志的出现（匈牙利）、1886年第一本比较文学专著的出版（英国）以及1897年第一个比较文学讲座的正式建立（法国）为标志的。经过法国学派倡导的各国文学相互传播及相互影响的研究，第二次世界大战后美国学派倡导的平行研究及跨学科研究，又经过20世纪80年代后中国比较文学的崛起和繁荣，比较文学学科走过了百年历程。

但是，中国比较文学崛起与繁荣并不是法国学派和美国学派的直接延伸，它虽然受到了世界比较文学的重大影响，却有着自己发生、发展的独特过程。在过去的一百年中，比较文学先是作为学术研究的一种观念和方法，而后是作为一门相对独立的学科，在中国学术史上留下了自己较为深刻的、独特的足迹。从根本上说，比较文学在20世纪中国的发生、发展和繁荣，并不是基于一个新的研究对象的出现或新的研究领域的发掘——像甲骨文的发现促成了甲骨学的产生那样——而是基于中国文学研究观念变革和方法更新的内在需要。这一点决定了20世纪中国比较文学的基本特点。学术史的研究表明，中国比较文学不是古已有之，也不是舶来之物，它是立足于本土文学发展的内在需要，在全球交往的语境下产生的崭新的、有中国特色的人文现象。

---

* 原载《文艺研究》，2005年第2期。本篇为乐黛云与王向远合作。

尽管我们可以将20世纪中国比较文学的“史前史”上溯到先秦时代，但中国比较文学并非古已有之。为什么在历史悠久的中国传统学术中未能孕育出以跨越异文化为根本特征的比较文学呢？为什么两千多年中华各民族之间文学的交流、一千多年以佛经翻译为纽带的印度文学对汉文学的输入、一千年间汉文学对东亚国家的传播与影响，却都没有促使中国产生以中外文学交流为研究对象的“比较文学”学科，甚至没有在文学研究中自觉地运用跨文化的比较方法呢？原因很复杂，答案也是多种多样的。或许有人认为，中国人的文化与文学的自豪感，乃至“居天地之中”的“中国”意识不利于比较文学观念的形成。然而19世纪的法国人对法国文化与文学也有优越感，也有法国文学的中心意识，但比较文学学科却恰恰成立于此时的法国，法国正是通过比较文学研究弘扬了他们的文学自豪感；或许又有人认为，中国传统学术研究及文学研究的习惯方式是感悟式的评点，不擅长比较文学研究所要求的那种条分缕析的系统研究，然而比较文学既可以是系统的研究，也完全可能以中国式的感悟评点、点到为止的形式来进行，被许多人誉为比较文学研究楷模的钱锺书的《管锥编》，不就是以感悟评点的传统形式写成的吗？何况，中国传统学术历来主张“文史哲不分家”，这与当代比较文学的一些提倡者所主张的“跨学科”研究岂不是不谋而合的吗？

中国传统学术未能孕育出以跨越异文化为根本特征的比较文学，其根本原因是社会、政治、经济条件尚不成熟。当世界“地方的和民族的自给自足、闭关自守状态”还未被马克思恩格斯所说的“各民族、各方面的互相往来和各方面的互相依赖所代替”的时候，世界任何地方都不可能产生现代意义上的比较文学。当然中国还有自己独特的原因。例如传统中国人缺乏那种依靠输入外来文学来更新自身文学的自觉而迫切的要求。由于汉文学自成体系，作为东亚和东南亚诸国文学的共同母体具有强大的衍生力和影响力，因而汉文学史上的历次革故鼎新，都没有主要依靠外力的推动，而基本上是依靠汉文学自身的矛盾运动来实现的。在中国几千年的文学舞台上，一直没有一个外来文学体系堪与汉文学分庭抗礼。佛经翻译虽然引进了印度文学，但那主要是在宗教范畴内进行的，而且又较快地被汉文学吸收消化，在不自觉地引进印度文学的过程中，并没有在中国人的文学观念中产生诸如“印度文学”或“外国文学”之类的观念或概念。没有对等的外来文学体系的参照，就谈不上“本国文学”和“外国文学”的分野，因而也就无法形成“汉文学”“中国文学”这样的与外来文学对举的概念。而“比较”“比较文学”总是双边的，甚至多边的，这种没有“他者”在场的汉文学的

“单边”性，只能是汉文学的“独语”，或者是汉文学对周边异文学的“发话”，而不是汉文学与异文学之间的“对话”。而“文学对话”的意识正是比较文学成立的根本前提之一。

这种情形，到了晚清时期开始发生根本的变化。这当然首先是社会、经济、政治方面的变化。20世纪伊始，清政府一方面是对改革派“横流天下”的“邪说暴行”实行清剿，一方面也不得不提出“旧学为本，新学为用”的口号，并于1901年下令废除八股，1905年废除科举并派五大臣出洋考察，1906年又宣布预备立宪，改革官制等。在这样的形势下，有头脑的中国人，无论赞同与否，都不可能不面对如何对待西方文化的问题，也不能不考虑如何延续并发扬光大中国悠久文化传统的问题。在这样的形势下，西学东渐成为不可阻挡的时代潮流。在西学的冲击下，传统文人难以单靠汉语文学立身处世，出国留学、学习外语便成为新的选择。连林纾那样的倾向保守的人士，尽管无法掌握外语，却与人合作译出了三百多种外国小说，晚年更感叹自己一生最大的遗憾是不通外文。林纾的译作在读书人的面前展开了新异的文学世界，推动了中国人的文学观念由传统向现代的转变。从此，在中国人的阅读平台上，出现了与汉文学迥然不同的西洋文学，这就为中西文学之“比”提供了语境。许慎《说文解字》释“比”字为“反从为比”。西洋文学与中国文学的“反从”(不同)，就为中西文学之“比”提供了可能。于是清末民初的不少学者，如林纾、黄遵宪、梁启超、蒋智由、苏曼殊、胡怀琛、孙宝宣、侠人、黄人、徐念慈、王钟麟、周桂笙、孙毓修等，都对中外(外国主要是西方，也包括日本)文学发表了比较之论。当然，这些“比较”大都是为了对中西文学做出简单的价值判断，多半是浅层的、表面的比较，但它却是20世纪中国比较文学的最初形式。

这一点与欧洲比较文学有明显的不同。法国及欧洲的比较文学强调用实证的方法描述欧洲各国文学之间的事实联系，而中国的比较文学一开始就具有强烈的中外(主要是中西)文学的对比意识或比照意识；欧洲比较文学主要强调的是欧洲各国文学的联系性、相通性，而中国比较文学则具有强烈的差异意识。从这一点上看，欧洲比较文学重心在“认同”而不在“比较”，中国比较文学重心在“比较”而非“认同”。但中国比较文学发生伊始的这种“反从为比”的单一性，由王国维稍后的登场而有所改变。王国维独辟蹊径，从另一个侧面进入了比较文学。他以外来思想方法烛照中国文学，用西洋的术语概念解读和阐释《红楼梦》等中国作品，努力使外来思想观念与中国固有的文学相契合，虽然没有太多直接的比较，却具有跨文化的世界文学眼光，体现了一种“他山之石，可以攻玉”的内在的比较观念，因而更能够深刻切入比较文学的本体。然而，无论是王国维的中西契合还是晚清时期其他人的中西比照，他们当时似乎都没有注意到西方的比较文学学科研究本身，甚至也许对“比较文学”这一学科术语都不清楚。因此，从起源上看，中国人的比较文学意识并非是直接从西方接受过来的，中国比较文学也并非来自于西方或起源于西方，而是在中外文化交流的大语境中，基于中外文学对话与文学革新的内在需求而发生的，是“内发”与“外发”相互作用的结果。

中西比较文学发生学上的这种不同，意味着中国比较文学与西方比较文学之间所具有的更深刻的差异，也体现了中国比较文学的又一根本特征。这一深刻差异在于：欧洲比较文学是在欧洲文学，乃至西方文学这一特定的区域文学内部进行的，它在很长的一段历史时期内都是一种区域性的比较文学；而中国比较文学一开始就是在世界文学的大背景下发生的，而且一开始就跨越了东西方文学，具有更广阔的世界文学视野。诚然，欧洲人靠着新大陆的发现、奴隶贸易、资本的输出和殖民地的建立，在政治、军事、经济上比中国人更早具备了世界视野，但从文学上看，当比较文学在19世纪后期的法国作为一门学科产生的时候，其基本宗旨是清理和研究欧洲各国文学之间的联系。甚至到了20世纪30年代后，梵·第根在其《比较文学论》中将法国的比较文学实践加以理论概括和总结的时候，视野仍然囿于欧洲文学之内，这种情况的出现有着多方面的原因。法国学派将比较文学学科界定为文学关系史的研究，而这种研究只有在欧洲各国文学之间才能进行；超出欧洲之外，当时文学交流与传播的链条尚未形成，至多正在形成之中，还不能成为实证研究的对象。而且，以当时法国人及欧洲各国比较学者的语言装备来看，通晓欧洲之外的语言，并具备文学研究能力的学者，可以说是凤毛麟角。因而将研究视野扩展到欧洲文学之外，对他们来说即使有心，也是无力，非不为也，是不能也。况且他们所关注的主要是如何使其他文化变得跟他们自己的文化一样。如罗力耶在《比较文学史》一书中所追求的，那就使欧洲的比较文学更难成为以多元文化为基础的比较文学了。这种情形到了50年代崛起的美国学派那里，虽然由于非欧美血统学者的加入，使美国学派具有了更多的世界性因素，但由于美国文学历史尚浅，与外国文学的渊源关系的清理和研究并非美国学派的急务和专擅，美国学派对各国文学交流史的研究在理论上不提倡、不重视，在研究实践上成果也不多。如果说法国学派强调的是一种历史的、地理的视野，美国学派注重的却是一种学术思维的多维空间。美国学派的贡献在这里，局限也在这里。

将中国比较文学与西方比较文学加以比较还可以发现，比较文学当初在法国及欧洲是作为文学史研究的一个分支而产生的，它一开始就是一种纯学术现象，一种“学院现象”。而20世纪初比较文学在中国就不是作为一种单纯的学术现象而发生的。中国比较文学从根本上说是一种文化现象、人文现象，它与中国文学由传统向现代的转型密切相关，它首先是一种观念、一种眼光、一种视野，它的产生标志着中国文学封闭状态的终结，意味着中国文学开始自觉地融入世界文学中，标志着中国文学开始尝试与外国文学进行平等的对话。看不到这一点，就看不到比较文学在中国兴起的重大意义与价值。

中国比较文学在20世纪初发轫，20年代后作为一门学科开始孕育，其间经历了漫长、曲折的进程。尽管由于时代和政治的原因，中国内地的比较文学在60至70年代的所谓“文革”时期处于一种潜沉状态，但台湾、香港地区的比较文学却在美国学派的影响下率先繁荣起来。1979年改革开放后的大陆学界，压抑了多年的学术热情和创造力，像井喷一样迸发出来。比较文学作为最具开放性、先锋性的学科之一，得到了迅速的复兴和迅猛的发展。从世界比较文学学术发展史上看，中国比较文学在此时的崛起具有重大意义。如果说，欧洲比较文学代表了世界比较文学发展和繁荣的第一阶段，美国比较文学代表了世界比较文学的第二阶段，那么，20世纪80年代后，世界比较文学的重心则是明显地移到了中国。可以说，中国比较文学是继法国、美国比较文学之后，在中国本地破土而出的、全球第三阶段的比较文学的代表。

我们说中国比较文学是全球第三阶段的比较文学的代表，并无意贬低其他国家的比较文学及其成就。我们也知道，20世纪80年代后，欧美国家虽然有一些学者对比较文学学科本身提出了质疑，但毕竟有大批学者长期从事比较文学研究，而且推出了一系列有价值的成果，比较文学在欧美学术界仍然是一门不可忽视的学科领域。我们也知道，在亚洲，我们的东邻日本早在1890年就有坪内逍遥博士讲授“比照文学”，而且今天我们中国人使用的“比较文学”这四个汉字本身就是日本人创制的，日本的比较文学在20世纪一百年的时间里也一直在发展和推进着。但是，同其他国家的比较文学相比而言，作为世界比较文学的第三阶段的中国比较文学，其规模、声势、社会文化与学术效应都大大地超过了19世纪至20世纪上半期的以法国为代表的欧洲的比较文学，也大大地超过了20世纪50至70年代美国的比较文学。在外国比较文学的影响之下，在本土文学与文化的深厚沃土之上，在时代的呼唤之中，中国比较文学由自为到自觉、从分散到凝聚、从观念到实体，从依托其他学科到成为相对独立的学科，再从弱小学科发展到较为强大的学科，走过了值得骄傲的百年历程。

先从研究成果的规模效应上看，据《中国比较文学论文索引(1980—2000年)》(江西教育出版社2002年版)一书的统计，80至90年代的二十年间，仅中国大陆地区的学术刊物上就刊登出了一万两千多篇严格意义上的比较文学文章，还出版了三百六十多部严格意义上的比较文学著作。尽管我们现在还无法对世界上比较文学较为发达的国家，如法国、美国、英国、日本等国的比较文学成果进行统计，并与中国做一比较，但即使这样，我们也可以肯定地说：仅从学术成果的数量上看，中国比较文学在这二十年间的成果从数量上已经在世界上处于领先地位了，而且其中相当一部分论文和绝大多数研究著作，都具有较高的学术水准。再从研究队伍来看，到90年代末，中国比较文学学会的在册会员已近九百名，加上没有入会的从事比较文学教学与研究的人员，估计应在千人以上。这样一个规模，是任何一个国家所不能比拟的。更重要的是，通过各方面的支持和努力，中国比较文学在组织上建立了被纳入现行教育体制的专门的研究机构，成为高等教育中的一个重要学科部门，形成了从本科生到博士生到博士后流动站的系统连贯的人才培养体系，还创办了《中国比较文学》等几种专门的核心刊物。由此，中国比较文学已经成为一个不可忽视的存在，成为一门“显学”，在中国学术文化体系中确立了自己独特的位置。

从全球文化的高度上看，中国比较文学的兴起和繁荣，是与全球文化的基本走势相契合的。在全球资讯时代，人类所面临的问题仍然是历史上多次遭遇的共同问题：如生死爱欲问题，即个人身心内外的和谐生存问题；权力关系与身份认同问题，即人与人之间的和谐共处问题；人和外在环境的关系问题，即人与自然之间的和谐共存问题。追求这些方面的“和谐”是古今中外人类文化的共同目标，也是不同文化体系中的文学所共同追求的目的。深入了解不同文化中的文学对这些共同困惑的探索，坚持进行文学的交流互动，就有可能把人们从目前单向度的、贫乏而偏颇的全球主义意识形态中解救出来，形成以多元文化为基础的另一种全球化。中国作为发展中国家，它不可能成为帝国文化霸权的实行者，而是将坚定地全力促进多元文化的发展。作为世界比较文学第三阶段的中国比较文学的基本价值取向，就是致力于不同文化体系亦即异质文化之间文学的“互识”“互补”和“互证”。

从中国社会文化自身的发展逻辑上看，中国比较文学发生和发展的轨迹，是与中国学术的近代转型和现代化相始终的。中国比较文学之所以获得如此的发展和繁荣，根本原因在于比较文学的学术精神契合了20世纪中国的社会历史的发展进程，特别是契合了 80 年代以后中国改革开放的需要、中国文学界和学术界思想解放的需要。当欧美比较文学在其学术文化的主流中已远不如过去兴盛发达时，当欧美学者由于语言和学术训练的限制还很难深入进行跨东西文化的文学研究时(这正是欧美比较文学最近发展不够迅速的原因)，中国比较文学却取得了高度的繁荣。可以说，现阶段中国人、中国学者对欧美的了解远胜于欧美对中国的了解，中国学者的外国语言能力和学术修养，使得他们在跨文化，特别是跨东西文化的文学沟通与文学研究中具有更强的学术优势。这一切，都历史地决定了世界比较文学的学术重心已经逐渐转到中国。换言之，世界比较文学发展的第三个阶段，或称第三个历史时期，已经在中国展开。中国比较文学所代表的是世界比较文学发展中的一个历史阶段，赋予它生命的是一个时代，它不只是一般意义上的，如“法国学派”或“美国学派”那样的“学派”。

作为世界比较文学第三阶段的代表，中国比较文学立足于本土文化，努力吸收和消化外来文化的营养，体现了博大的文化襟怀。中国比较文学的根本特征就是由这种开放的文化襟怀所决定的。首先是中国比较文学对东西方比较文学的兼收并蓄。中国的比较文学学者对比较文学的中国传统渊源作了深入的发掘和阐释，并把中国古人提出的“和而不同”的价值观作为比较文学的精髓。同时，对西方的欧美、东方的日本的比较文学的理论与实践的成果也多有借鉴和吸收。从 20 世纪 30 年代戴望舒翻译梵·第根的《比较文学论》起，到 20 世纪末，中国翻译、编译出版的外国的比较文学著作、论文集已达数十种，对外国比较文学的评介文章数百篇，绝大多数的比较文学教材都有评介外国比较文学学科史的专门章节。或许在世界上任何一个国家，都没有像中国学者这样对介绍与借鉴外国的比较文学成果如此重视，这正是中国比较文学繁荣昌盛的一个表征。

从中国比较文学研究本身来看，中国比较文学的特点也甚为显著。最引人注目的是研究领域的全面性。涉及英语、日语、法语、俄语、德语、梵语、朝鲜语、阿拉伯语等语言文学的研究较多，不必多说。即使是“小语种”的比较文学领域，也或多或少有人在从事研究。可以说，就比较文学研究领域的全方位性而言，中国比较文学在世界各国中即使不是最充分的，也是较充分的。可以说，中国比较文学已具备了广泛的“世界文学”的视野和眼光。在这种情况下，比较文学作为中国学术文化的一个重要组成部分，在 20 世纪的中国学术发展演变的进程中，特别是在中国的文学研究中，有着特殊重要的无可替代的作用——接洽中外学术、促进文学交流、开拓国际视野、构建世界意识、打通学科藩篱、强化整体思维、在世界文学的大格局中为中国文学定性和定位。从这个意义上说，20世纪中国学术中的比较文学具有国际性、世界性和前沿性。它接受了法国学派的传播与影响的实证研究，也受到了美国学派平行研究和跨学科研究的影响，同时突破了法国学派与美国学派的欧洲中心、西方中心的狭隘性，使比较文学真正成为一门沟通东西方文学和文化的学问，与此同时，从各种不同角度，在各个不同领域，将比较文学研究推向深入。

作为世界比较文学第三阶段之代表的中国比较文学，对历史上作为第一阶段的法国学派有充分的借鉴，也有必要的超越。法国学派所开创的以文献实证为特色的传播研究，曾在50年代遭到美国学派的批判和否定。但在中外文学关系研究中，实证研究不是一个简单的方法选择问题，而是研究中的一种必然需要。例如，历史上一千多年间持续不断的印度佛经及佛经文学的翻译，为中国比较文学学术研究留下了丰富的学术资源。在宗教信仰的束缚下，在宗教与文学杂糅中，古人只能创造却难以解释这段漫长而复杂的历史。到了20世纪20年代后，胡适、梁启超、许地山、陈寅恪、季羡林等将比较文学的实证研究方法引入中印文学关系史，在开辟了中外文学关系史研究的同时，显示了中国比较文学实证研究得天独厚的优势，也为中国的中外文学关系研究贡献了第一批学术成果。此外，中国文学在东亚和东南亚的朝鲜、日本、越南诸国的长期的传播和影响，也给中外文学关系、东亚和东南亚文学关系的实证研究提供了广阔的空间。因而，在20世纪中国比较文学中，实证的文学传播史、文学关系史的研究不但没有被放弃，反而是收获最为丰硕的领域。中国学者将中国学术的言必有据、追根溯源的考据传统，与比较文学的跨文化视野与方法结合起来，大大焕发了这一研究的生命力。在这个领域中出现的学术成果，以其学风的严谨、立论的科学而具有难以磨灭的学术价值和长久的学术生命。

作为世界比较文学第三阶段之代表的中国比较文学，也从美国学派那里接受了丰厚的馈赠。美国的比较文学作为世界比较文学史上第二个阶段，突破了法国学派的将比较文学定位为文学关系史的学科藩篱，提倡无事实联系的平行研究和文学与其他学科之间的跨学科研究。中国比较文学界对美国学派也有热情的呼应。实际上，中国比较文学在这方面也有自己独到的收获。1904年王国维的《红楼梦评论》，1920年周作人的《文学上的俄国与中国》，20年代茅盾的中国神话和北欧神话研究、钟敬文的《中国印欧民间故事之类型》，以及1935年尧子的《读〈西厢记〉与*Romeo and Juliet*（罗密欧与朱丽叶）》等文章，已为中国比较文学开创了平行研究的先河。后来，钱锺书的《中国诗与中国画》

《读〈拉奥孔〉》《通感》《诗可以怨》以及杨周翰的《预言式的梦在〈埃涅阿斯纪〉与〈红楼梦〉中的作用》《中西悼亡诗》等都是跨文化研究与跨学科研究的典范之作。70年代，钱锺书的《管锥编》更是别开生面的平行贯通的楷模。进入20世纪80年代以后，特别是在中国比较文学的复兴初期，美国学派所提倡的平行研究一时遍地开花，公开发表的相关文章每年数以百计。在平行研究中，人们有意识地在中外文学现象的平行比较中，寻求对中国文学及中国文化的新的理解和新的认识，并在平行比较中尝试为中国文学做进一步科学的定性和定位。但对于平行研究中的可比性问题，陈寅恪等一代学者早就提出了质疑，随着80年代后平行研究的热潮汹涌，有识者及时指出了它的弊端和问题。季羡林等学者严厉批评了那些"X比Y"式的牵强附会地比附，遂使得90年代后期的中国比较文学有了更健康的发展。此后，中国比较文学在平行研究的理论和实践方面都做了自己的探索。70年代钱锺书的多项式平行贯通的研究实践，成为中国式平行研究之楷模；而90年代后发表的有关比较文学学科理论与方法的著作和论文，在对中国比较文学的研究实践进行总结的基础上，使平行研究的方法论更趋于科学化和成熟化。

对美国学派提出的"跨学科研究"，中国比较文学界也给予了一定的回应，大多数的学科理论著作和教科书都在努力提倡和阐述"跨学科研究"。但最近二十年来，跨学科研究的成果却很有限，与理论上的大力提倡并不相称。这可能是由于对"比较文学的跨学科研究"这一命题的认识并不统一。其实，早在30年代已有不少学者在这方面作出了卓越的贡献。如宗白华关于诗画同源的研究，朱维之和许地山关于文学与宗教关系的研究等。另外，首届中国比较文学学会会长杨周翰1989年也在为《超学科比较文学研究》一书所写的序言中说得很清楚，他说："我们需要具备一种'跨学科'(interdisciplinary)的研究视野：不仅要跨越国别和语言的界限，而且还要超越学科的界限，在一个更为广阔的文化背景下来考察文学。"其实，只要我们清醒地把握"比较文学的跨学科研究"指的只是"跨学科的文学研究"，而不是别的研究，换言之，只要我们把跨学科研究理解为文学研究的一种角度与方法，则许多误解都可以烟消云散。举例来说，对比较文学而言，"诗画同源"的研究，重点在"诗"；"文学与宗教"的研究，重点在文学；关于《春江花月夜》的词曲歌舞的多媒体研究，重点在词。事实很清楚，如果没有这样的跨学科研究，人们对文学的了解就会缺少很多有意义的角度，而这些角度只有比较文学的跨学科研究才能提供。

综上所述，中国比较文学充分汲取了历史上前人的研究成果，但它并非只是被动地接纳外来的学科理念，而是在研究中试图作出自己的判断。我们有理由说，中国比较文学作为世界比较文学的第三个发展阶段，不是外来学派的一个分支，它发出了独特的声音，表现了深入的思考，显示了自己固有的特征。

比较文学在中国的兴起，使得中国文学研究乃至中国学术文化发生了一系列变化。这主要表现在研究视野的扩大和研究方法的更新两个方面。

先说研究视野的扩大，包括研究对象、研究领域的拓展。比较文学观念与方法的引入，使中国传统学术视野中一直被忽视的许多领域得以呈现，得以纳入学术文化的体制之中。例如，对于中国神话及民间故事的研究，中国传统学术是不够重视的。20 年代以后，这一研究却成为现代学术的一个显著的亮点。比较文学的跨文化视野使中国神话和民间文学显示了独特的价值。茅盾、赵景深、周作人、钟敬文等人在神话与民间文学的研究中普遍采用了跨文化的历史地理学派的传播研究方法、平行研究的主题学方法，从比较文学角度看就是在神话与民间文学研究中运用比较文学的方法。此一方法的使用不仅将学术研究的触角深入到了中国文化和中国文学的根部，而且将民族的和民间的东西赋予了世界性价值；90 年代以后，又有新一代学者在神话与民间文学比较研究的基础上，使人类学研究与文学研究相交叉，尝试建立了“文学人类学”，成为中国比较文学跨学科研究催生出的颇具活力的新领域。再如翻译文学的研究，20 世纪 20 年代梁启超在《翻译文学与佛典》中率先尝试从跨文化的立场将翻译文学作为一个独立的研究对象。80 年代后，人们发现翻译文学研究作为跨文化的文学研究，是比较文学学科中的天然的研究对象。正是比较文学在学科理念上对翻译文学研究的支持和铺垫，使得翻译文学研究成了中国比较文学研究中的一个新领域，翻译文学史的研究和翻译文学基本理论的研究越来越受到重视。又如，在法国比较文学的“形象学”理论与实践的启发之下，90 年代后有不少研究者对中国文学中的外国形象、外国文学中的中国形象问题展开了富有成效的研究，更有人从“形象学”概念中进一步引申出“涉外文学”的概念，并把它视为比较文学特有的研究对象。“形象学”乃至“涉外文学”的研究，为 90 年代后中国比较文学研究开辟了一片广阔天地。

比较文学观念和方法的引入，还使得文学研究的方式与途径得以更新。众所周知，中国传统学术在义理、考据、辞章三方面，都形成了一整套成熟的理路与方法，但也有一定的封闭性。20 世纪初，从王国维开始，援用异文化中的观念和方法，对中国文学加以重新解读和研究，遂得出了令人耳目一新的结论。由此开中国比较文学的“阐发研究”之先河。试图以 A 文化的文学理论阐释B文化的文学作品，或以B文化的文学理论阐释A文化的文学作品，这样的“阐发研究”在中国的文学研究中占有很重要的地位，以致有些台湾学者提出阐发研究就是“中国学派”的特色。尽管这种方法有着以中国的材料为外来学术思想做注脚的弊病，但它的发生和发展乃至普泛化，都与中国比较文学研究史有着深刻的渊源和关联。从比较文学学术方法对其他学科的渗透与影响来说，像“阐发研究”这样的发端于比较文学的学术方法的普泛化，正表明了比较文学对其他相关学科所产生的影响。这种影响和渗透到了80年代后仍然存在并有明显表现。再如，80年代后陆续出版的诸如《中国古代文学接受史》《中国现代文学接受史》之类的研究成果，虽然都是在中国文学内部谈接受问题，并不属于比较文学，但其基本的思路显然与比较文学所主张的国际文学的传播与接受、影响与接受等有着密切关系。

人类正在经历一个前所未有的新时期。在所谓全球“一体化”的阴影下，促进文化的多元发展，加强人与人之间的理解与宽容，开通和拓宽各种沟通的途径，也许是拯救人类文明的惟一希望。我们有理由相信，奠基于中国文化传统的作为世界比较文学第三阶段的中国比较文学，必将在消减帝国文化霸权、改善后现代社会结构所造成的离散、孤立、绝缘状态等方面起到独特的重要作用。中国比较文学的基本宗旨就是促进不同民族文化之间的交流和对话，高举人文精神的旗帜，为实现跨文化沟通，维护多元文化，建设一个多极均衡的世界而努力。

文化转型时期比较文学面临的问题*

一、21世纪以来比较文学的变化

进入21世纪，人们对比较文学有了与过去很不相同的认识，一般认为当代比较文学就是跨文化、跨学科的文学研究，这一看法已得到国内外学者的广泛认同。最近，我们高兴地看到，曾宣告“比较文学作为一门学科气数已尽”的英国学者巴斯奈特又重新提出，“反观那个主张，看来基本上是错误的”，承认这是由于“没有考虑跨文化转换过程中的政治含义”，并指出在西方：“这在一定程度上导致了这个学科的衰落，而在世界的其他地方，比较文学却一派欣欣向荣！”①曾专写一本书论述比较文学消亡，并题名为《学科之死》的印度裔美国学者斯皮瓦克则强调，比较文学若能走出欧洲中心的原点，不受由国际商业所决定的全球交换流的控制，就会有新的发展，形成新的学科②。为了比较文学的更新和发展，不少学者提出了建设性的意见。例如苏源熙在他起草的美国比较文学学会《关于新的学科现状和未来发展报告》中提出：“未来比较文学的发展策略，是回到‘文学性’研究，重新考察‘文学性’观念，以新的视

---

* 原载《文艺研究》，2009年第6期。

① 参见苏珊·巴斯奈特《21世纪比较文学反思》，黄德先译，载《中国比较文学》2008年第4期。

② Gayatri Spivak Chakravorty, *Death of a disciplinary*, Columbia University Press, 2003, p. 25.

角重返具有新意和新见解的文学研究。”①巴西作家和理论家奥斯瓦尔德·安德拉德认为比较文学对“单一意义”的拒斥意味着坚持巴西的多声音和多元文化空间，最终从精神的殖民中得到解放②；巴斯奈特则希望比较文学学者放弃对术语和定义的毫无意义的争辩，她认为比较文学的未来在于放弃以任何规定性的方法来限定研究的对象，而聚焦于最广泛意义上的文学观念，聚焦于对文本本身的研究，勾勒跨文化、跨时空边界的书写史和阅读史，承认文学流传所带来的必然的相互联系。

这些改变，说明一些外国学者与中国学者对比较文学这一学科领域的看法越来越接近了，比较文学的跨文化对话特征日益彰显。中国比较文学学会首届会长、国际比较文学学会副主席杨周翰教授早就论述过：“中国比较文学的发端，除了结合政治、社会、文化实际这一潮流以外，还有另一股潮流，那便是用从西洋输入的理论来阐发中国文化和文学。”③这说明中国比较文学从一开始就是植根于有益人类社会的根本目的，同时在与西方的跨文化对话中得到进步与发展。进入21世纪，全球互联网、移动通信使人与人之间的紧密沟通成为可能。转基因、干细胞、克隆等生物工程技术使生命可能通过人为的手段复制、改写、优选。而纳米技术使人类能够实现对微观世界的有效控制。这些革命性的新知识、新技术贯穿到人类生活的每一细节，导致人类对时间和空间都有了和过去根本不同的看法，也导致了对地球资源的空前消耗和争夺。人类所面临的现实，不是对抗，就是对话。过去的经验多次证明对抗只能引向战争和毁灭，只有对话和沟通才能引向和平。另一方面，20世纪的两次世界大战给人类留下了惨痛的记忆，物质的损毁和精神的创伤都要求我们对那一时代残酷的经验进行反思，重新定义人类状况，重新考虑人类的生存意义和生存方式。这种重新定义只能在全世界各民族的对话中进行。加之，文化冲突越来越严重地影响着全球人类的未来，“文化霸权主义”和由文化封闭主义发展而来的文化原教旨主义的尖锐对立，已经使全世界处于动荡不安之中。要制止这种冲突，不能通过暴力，只能通过对话。最后，20世纪前后，哲学的转向在很大程度

---

① Haun Saussy(ed.), *Comparative Literature in an Age of Globalization*. Baltimore, Md.: Johns Hopkins University Press, 2006, p. 20.

② 参见苏珊·巴斯奈特《21世纪比较文学反思》，黄德先译，载《中国比较文学》2008年第4期。

③ 杨周翰：《镜子和七巧板》，7页，北京，中国社会科学出版社，1990。

上改变了人们的思维方式。现象学和以怀特海为代表的过程哲学相继扭转了西方主体和客体可以互不参与的二元对立的倾向，使西方哲学进入了一个主体与客体互动的新阶段。虽然中国传统哲学从来强调客观世界与主体不可分离，但缺少现代诠释和现代实践。今天，西方哲学与中国哲学互为他者，重新反观自己，通过对话而生成进一步的互识、互证和互补并将其推延至全球，必将是人类相互理解、构建和谐社会以及造就人类新的世界观和人生观的起点。

二、新阶段比较文学的核心问题

由于以上这些变化，比较文学也必然相应地进入一个新的阶段。这个新阶段的核心，就是通过文学进一步推动跨文化对话，共建一个非单边统治的、多元文化共存的未来。对话并不是一件容易的事，它并不只是为了感情和兴趣，而首先是为了能共同生存下去，能解决共同遭遇的挑战和难题，这样的对话必然生成新的思想和新的举措。进行这样的“生成性对话”不能不碰到以下的矛盾和难点：

第一，普适性和差异性的关系。

在比较文学研究中，“认同”和“差异”几乎是一个永恒的主题。差异是普遍存在的。物之不齐，物之情也，可以说，没有差异就不成其为世界。但是差异在世界上并非各不相干，而是在某种普适性之下共存。例如当前地球所遭遇的生态危机，各地区、各民族都必须通过自己的特殊方式，和其他民族一起来共同解决这一普遍问题。自从上世纪(20 世纪)殖民体系瓦解后，一部分新独立国家的人民急于构建自己的身份认同，强调了不同文化之间的差异，以抵制某些强势文化以“普世价值”为旗帜覆盖其他各族文化的企图(这是完全必要的)，但也有一些国家因而坚持不与外界沟通，片面强调不同文化之间的绝对差异，即“不可通约性”。既无共同点，又“不可通约”，这就否定了对话和沟通的可能，最后演变为封闭停滞的文化原教旨主义。那么，文化的普世价值，文化交往中的普适性，也就是“同”的因素究竟是否存在，或者说占一个什么地位呢？

其实，普适性只能存在于特殊性之中，正如没有普适的、抽象的“水果”这种东西，而只有特殊的、具体的苹果、橘子、梨。但苹果、橘子、梨都具有水果的普适的属性，否则就不再是水果。同样，如果只谈事物的差别而无视相同的属性，则一切人文活动就都失去了意义。因为没有共通之处，就没有相互理解和接受的可能。事实上，正是 21 世纪的生态危机、能源危机、道德危机、文化冲突危机等一系列共同危机迫使我们必须共同协商面对，这才有了对话

（包括文化对话、文学对话）的迫切需要和可能。事实上，没有共同的目标（普世价值），就无须对话；另一方面，没有各自独特的生活，也就没有了对话的内容，结果是无话可对。

总之，普适性寓于差异性之中，正是有了差异性，普适性才有意义，正是有了普适性，差异性才有了对话、共存的可能。只强调差异，把差异变成了各个互不相干的孤立存在，而排除了作为差异之间对话、沟通、互补的共同基础，结果只能是既取消了普适性又取消了差异性。我们需要的对话不是“各说各话”，也不是一方压倒另一方，而是一种能产生新的理解和认识，从而为双方带来新的发展的“生成性对话”，也就是一种互识，互动、互为主观的发展之道，即通过差异者之间的对话而得到发展。人为地使差异性和普适性之间发生深刻的断裂，片面强调差异之间的“不可通约”显然是不可取的。特殊性与普适性之间的断裂，影响了各方面的和谐，使对话难以进行，社会难以发展。重新沟通和弥合这种断裂，回返普遍与特殊的正常关系是发展多元文化，保护文化生态，缓解文化冲突，更是使比较文学得以蓬勃发展的重要环节。

第二，坚守传统文化与接受外来影响的关系。

在比较文学研究中，常常会出现坚守传统文化与接受外来影响的矛盾。实际上，文化包含两个层次：一是“传统文化”，即民族文化传承下来的“已成之物”，如经典文献、各种古器物等，这是全然不可更改的，只能原封不动，永远保存；另一个层次是“文化传统”，这是一种对“已成之物”不断进行重新诠释、发展而构成的、不断变化的“将成之物”，如不同时代对同一经典文献的不同解读。这种解读因时因地而变，不断发展，构成新的谱系。

不分这两个层次，就会片面强调文化越“纯粹”、越“守旧”越好，中国长期以来流行着一种说法，即“越是民族的，越是世界的”。如果是针对第一个层面来说，这无疑十分正确，但如果从第二个层面来看，就会发现所谓“民族的”远非封闭的，更不是一成不变。它必然在与他种文化的互动中得到发展；况且“民族的”和“世界的”也不是割裂、互不相干的；“民族的”有时会变成“世界的”，“世界的”有时也会变成“民族的”。况且，“民族的”要得到“世界的”认可和喜爱，在突出自身特点的同时，还必须考虑其受众的期待视野和接受屏幕。总之，对于文化的第一层面必须保持其纯粹，对于文化的第二层面则必须通过对话和沟通，力求其变化、发展和更新。

那么，不同文化之间不可避免地渗透和吸收是否有悖于保存原来文化的特点和差异呢？这种渗透交流的结果是不是会使世界文化的差异逐渐缩小，乃至因混同、融合而消失呢？从历史发展来看，一种文化对他种文化的吸收总是通过自己的文化眼光和文化框架来进行的，也就是要通过自身文化屏幕的过滤，很少会全盘照搬而多半是取其所需。例如佛教传入中国，佛教经典曾“数十、百倍于儒经”，但佛藏中“涉及男女性交诸要义”的部分，“惟有隐秘闭藏，禁止其流布”①。这说明本土文化在文化接触中首先有自己的选择。同时，一种文化对他种文化的接受也不大可能是原封不动地移植。一种文化被引进后，往往不会再按原来的轨道发展，而是与当地文化相结合产生出新的，甚至更加辉煌的结果。印度佛教传入中国，产生了禅宗、华严宗，对宋明理学的产生也有一定影响；希腊文化和希伯来文化传入西欧，成为西欧文化的基石。这种文化异地发展，滋生出新文化的现象，在历史上屡屡发生。由此可见，两种文化的相互影响和吸收不是一个“同化”“混一”的过程，而是一个在不同环境中转化为新物的过程。其结果不是“趋同”，而是各自提升，在新的基础上产生新质和新的差异。有如两个圆形在某一点相切，然后各自沿着自己的轨道再发展，形成新的圆。

第三，自我与他者的关系。

比较文学中的他者与自我也是一个十分复杂的问题。我们常从自我出发，将对方设想得和自己一样，总想同化对方。结果是牺牲对方的特色而使他者和自我趋同。如果想双方都在自己的基础上，沿着各自的方向发展，形成生成性对话，那就需要如勒维纳斯所特别强调的，应该从他者出发，关注他者最不清楚，甚至最不可能被自己理解的那一面。因为“他者”是我所“不是”，不仅仅是因为他的性格、外貌和心理，更重要的是因为他的相异性本身。正是由于这种相异性，我与他者的关系才不像通常所认为的那样是一种“融合”，而是一种“面对面”的关系②。只有充分显示这种“面对面”的相异性，“他者”才有可能成为可以反观自我的参照系。然而，只强调相异性，往往就会“各不相干”，难于达到理解和沟通的目的；不强调相异性，又会牺牲对方的特色而使他者和自我趋同，对话也就不再存在。理想的状况应是双方都从他者受到启发，发展出新的自我。这种他者与自我的悖论正是产生“生成性对话”的最有意义，同时也是最困难之处。

---

① 陈寅恪：《寒柳堂集》，155页，上海，上海古籍出版社，1980。

② 勒维纳斯：《时间与他人》，参见杜小真《勒维纳斯》，香港，三联书店，1994。

文学的历史证明任何伟大的文学或艺术作品总是体现着人类经验的某些共同方面，而使读者产生共鸣，同时又是作者本人的个人经验、个人想象与个人言说。伟大作品被创造出来，不管作者是否愿意，总是从自身文化出发，带有不可避免的自身文化的色彩；在被解读时，读者一方面带有自身的文化先见，一方面又因人们对共同经验的感知和理解而突破了不同文化之间的隔阂，产生了新的阐释。这就是多种不同文化体系之间文学的"互识""互补"和"互证"。"互识"是对不同文化间文学的相互认识、理解和欣赏；"互补"是取他人之所长，补自身之不足，同时，以一种文化为参照系去解读另一种文化的文本，从而获得对该文本新的诠释、理解和补充；"互证"则是在互相参证中找到共同问题，证实其共同性，或反证其不同性，以达到进一步的理解和沟通。通过多种不同文化体系之间文学的互识、互证、互补和多次往返对话，人类共同关切的问题就能得到我们这一时代的比较圆满的解答，同时为这些问题开放更广阔的讨论的视野和前景，人们的思想感情也就由此得到了沟通和理解。

第四，不同文化对话的话语问题。

"话语"(discourse)不是"语言"(language)：语言需要掌握对方的词汇和语法，完全按对方的习惯和方式来进行；话语与此不同，在两种文化的对话中，也许说着同一种语言，但互相却不能理解。话语有如游戏规则，当我们在一起对话、互相解读的时候，双方都要遵守某些规则，形成最基本的认同，否则就无法沟通。正如我们不能用下象棋的规则来下围棋一样，规则不同，游戏就无法进行，对话只能终止。

在过去的比较文学研究中最困难的问题之一就是：如果用甲文化的话语来解释和讨论乙文化，难免会削足适履，对于乙文化所特有的、也许是最宝贵的、较难被他种文化所理解的原生态部分往往被排除在外。如果坚持用乙文化的话语来进行对话，甲文化又难于理解，无法认同，也就难以达到沟通的目的。在跨文化对话过程中，最困难的是要形成一种不完全属于任何一方，而又能相互理解和相互接受的话语，这是平等对话的首要条件。

目前，第三世界所面临的，正是多年来发达世界以其雄厚的政治经济实力为后盾所形成的，在某种程度上已达成广泛认同的"文化话语"，也就是他们的一套概念和游戏规则。如果我们只用这套文化话语来诠释本土文化，不仅大量最具本土特色和独创性的文化现象就会被排除，而且，果真如此，对话仍然只能是同一话语的独白，无非补充了一些异域资料而已。那么，能否用"完全本土"的话语来进行对话呢？先不说任何文化都是在与其他文化的交往和影响中发展起来的，“完全本土”很难存在；即便有这样的“完全本土”的话语，对方也难以接受和理解，对话也难以进行。

如何才能走出这一困境？最重要的是要寻求一个双方都感兴趣的“中介”，也就是一个共同存在的问题，从不同文化立场和角度进行讨论。要做到这一点首先要在对话中保持一种平等的心态。不少西方人不了解，也不愿意了解他种民族的文明，而是固执地、也许并不带恶意地认为自己的文化就是比其他文化优越，应该改变和统率其他民族的文化。要改变这种心态，远非一朝一夕可以做到。意大利一位研究跨文化文学现象的学者——罗马知识大学的阿尔蒙多·尼兹（Armando Gnisci）教授特别指出，要改变这种“西方中心”思想，必须通过一个他称为“苦修”（askesis）的过程。他说：“我们必须确实认为自己属于一个‘后殖民世界’，在这个世界里，前殖民者应学会和前被殖民者一样生活、共存。它关系到一种自我批评以及对自己和他人的教育、改造。这是一种苦修。”①另一方面，许多过去被压抑的民族，由于十分敏感于捍卫自己固有的文化，以致保守、封闭，拒绝一切对话，结果是自身文化的停滞和衰竭。要消除这样的心态，同样有一个“苦修”的过程。只有在这样的基础上，就某一问题的长期讨论形成新的话语，对话才能达到预期的目的。

有了平等的心态，就可以找到人类许多共同的问题和感受。例如，人的生、死、爱、欲等问题是古今人类共同的问题，死，是任何人都不能幸免的。陶渊明《形影神赠答诗》认为“纵浪大化中，不喜亦不惧。应尽便须尽，无复独多虑”，十分放达；美国作家海明威认为，人的一生，开始时有如一条活泼嬉闹的小溪，它从山上流下来，不断溅起浪花，和各种石头、花草亲吻，然后，变成壮阔的大河，最后慢慢地、平静地自然消融于大海，流入永恒。陶渊明和海明威谈的是同一个问题，这就构成了不同文化的对话，后人通过这样的文学对话（尽管语言不同，要通过翻译），就可以找到共同的话语，同样有所领悟，受到启发。文学里有很多共同的东西，无论古今中外，都有很多共同的题目在对话，有很多相通的感受在交流。事实上，每一部伟大的作品都是根据自己不同的生活方式、思维方式，对共同问题做出自己的回答。这些回答鸣响着一个民族悠久的历史传统的回声，同时又受到属于不同时代、不同群体的当代人的解读。不同文化的人们通过这样的解读，可以互相交往，互相理解，得到共

① 阿尔蒙多·尼兹：《作为非殖民化学科的比较文学》，《中国比较文学通讯》1996 年第 1 期。

识，在这个过程中也就逐渐形成了共同的话语。

三、新的时间和空间的跨越

如果说以往的比较文学研究多专注于跨越不同的空间，那么，由于21世纪时空观念的变化，时间和空间的界限将有更大的突破。不仅会有更多同一文化中古今的跨越，也会有不同文化之间古与今的复杂交错的打通，更重要的是两者的结合进行。例如2005年出版的《神话简史》①，将人类历史从公元前2万年至公元2000年划分为六个阶段，其论述遍及于苏美尔、巴比伦、埃及、古代中国以及当今的五洲四海；从人类学、心理学、考古学、语源学等不同角度，聚焦于说明诸神的故事或英雄们下降阴间、穿越迷宫、征战妖魔的故事揭示了人类心理的隐秘的运作，向人们展示如何应对他们自己内心的危机。《神话简史》并不是一部学术巨著，但却无可置疑地向我们展示了跨越时空、跨越文化、跨越学科，并使之相结合的无限可能性。

中国比较文学自其发端开始，就努力立足于古今中外的坐标之上。1987年杨周翰教授就曾指出：中国比较文学的一个源头“是用从西洋输入的理论来阐发中国文化和文学”；又说：“在中国文化，中国学者的心态中，历史意识特强，事事都要溯源。这种文化熏陶使人们看到本国文学受外来影响，或外国文学中有中国成分，就自然而然要探个究竟。”②在他看来，中国比较文学是中国本土的产物，它的出现是中国文学发展本身的要求，是中国经济、政治、社会、文化发展以及中西文化相触的必然结果。中国比较文学的产生始于推介外国文学，并力求在外国文学的语境下重新认识自己，以寻求发展新路，它的根基始终是中国社会和悠久的中国文学传统。应该说，中国比较文学从一开始就是产生于古今中外文化的会通之中。

从实际情况来看也是如此，1897年，严复与夏曾佑在天津创办《国闻报》，在其《国闻报馆附印说部缘起》中，他们就强调了世界的视角，把中国作为世界的一部分来讨论。例如说：“无论亚洲、欧洲、美洲、非洲之地，石刀、铜刀、铁刀之期，支那、蒙古、西米底、丢度尼之种，求其本源之地，莫不有一公性情焉。此公性情者，原出为天，流为种智。儒、墨、佛、耶、回之教，凭此而出兴，君主、民主、君民并主之政，由此而建立。故政与教者，并公性情之所

① 凯伦·阿姆斯特朗：《神话简史》，胡亚豳译，重庆，重庆出版社，2005。

② 杨周翰：《镜子和七巧板》，7页，北京，中国社会科学出版社，1990。

生，而非能生夫公性情也。何谓公性情？一曰英雄，一曰男女。”①早期《中国文学史》的作者黄人（1869—1913，原名振元，别号摩西）也指出“南海北海，此心同，此理同”，他相信“虽东、西国俗攸殊，而必有相合之点。如希腊神话，阿拉伯夜谈之不经，于吾国各种神话小说，设想正同。盖因天演程度相等，无足异者”。② “天演程度相等”就是进化的层次相类，故不同文化的文学由此都会有共同之层面，黄人当时指出这一点，是很有意义的。

陈寅恪曾总结说：“真能于思想上自成系统，有所创获者，必须一方面吸收输入外来之学说，一方面不忘本来民族之地位。此二种相反而适相成之态度，乃道教之真精神，新儒家之旧途径，而二千年吾民族与他民族思想接触史之所昭示者也。”③百年来中国文学正是这样在古今中外文化激烈冲撞中推进，文学研究积累了丰富的经验，今天的文学研究将在这个基础上参照世界文化当前语境，回归原点再出发。一种纯粹和整体的知识不能从特定的政治现实以及时代状况中获得，而只能借助于追本溯源，回到尚未损害、尚未败坏的自然。中国文学研究也是如此，恰如中国作家格非从他自身的创作实践所总结的：“整个中国近现代的文学固然可以看成是向外学习的过程，同时也是一个更为隐秘的回溯性过程，也就是说，对整个传统的再确认过程。”④一方面是空间性坐标，即在费孝通所说的“机械文明”和“信息文明”两个文明重叠的挤压下，与世界的情愿和不情愿的交往；另一方面是时间性坐标，也就是格非所说的那个更隐秘的向传统回归的过程。中国文学发展的百年历史亟须在这个纵的和横的坐标上来进行总结，开辟新路。

事实上，无论是文学研究还是文学创作，现代人从传统文化的土壤中生长出来，同时又过着现代生活，受着现代教育，从物质到精神都或多或少受着外来影响；中国文化百余年来，无时无刻不与外来文化发生种种接触。古今中外纵横交错，表现为非常复杂的循环往复，现在到了在新的形势下根据新的需要，更系统、更深入地进行诠释的时候。这一切都为当下文学的发展提供了新

---

① 《国闻报馆附印说部缘起》，《中国近代文论选》上册，188页，北京，人民文学出版社，1962。

② 黄人：《小说小话》，载《小说林》1908年第9期。

③ 陈寅恪：《冯友兰中国哲学史下册审查报告》，《金明馆丛稿二编》，252页，上海，上海古籍出版社，1980。

④ 格非：《汉语写作的两个传统》，载《文汇报》2005年12月3日。

的思路和条件。在当前世界的大变局中，在形成全球性的文化多元格局中，文学是一个十分重要的环节；同时，这个进程又将给文学研究的发展和更新带来新的契机，从而根本改变当前文学研究的格局。在古今中外的坐标上为文学研究重新定位，让跨文化文学研究的根本精神贯彻于文学研究的各个领域，这就是当前中国比较文学，也就是跨文化文学研究所面临的形势和任务。

四、比较文学与后现代思潮的转型

进一步考察当今比较文学存在的语境，就会发现我们正处于一个后现代思潮的转型时期。20 世纪 60 年代兴起的后现代解构思潮轰毁了过去笼罩一切的"大叙述"，使一切权威和强制性的一致性思维都黯然失色，同时也使一切都零碎化、离散化、浮面化，最终只留下了现代性的思想碎片，以及一个众声喧哗的、支离破碎的世界。后现代思潮夷平了现代性的壁垒，却没有给人们留下未来生活的蓝图，未提出建设性主张，也未策划过一个新的时代。

到了 20 世纪末、21 世纪初，后现代思潮要向前发展就不能不面临一次新的转型。有学者提出将法国第一次启蒙的经验与后现代思潮整合起来，开创建构性的后现代主义，召唤"第二次启蒙"。目的在于一方面走出现代性的陷阱，另一方面克服后现代思潮的弱点。他们的主张大抵有以下几方面：(一)超越人类中心主义，高扬生态意识。在他们看来，人不过是众多物种中的一种，只有当他有助于整个生态系统时，才会有自己的价值。如果说西方启蒙主义科学的基础是"重塑"自然，以符合人类面貌，那么，现在需要的是抛弃人类可以操纵自然的想法，根据环境条件调整自身。(二)推重文化互补意识。如果说第一次启蒙的口号是"解放自我"，第二次启蒙的口号就是"尊重他者"。他们认为贯穿今天的两大精神潮流：其一是在一个日益物质化的世界里，寻找某种更高的对个人使命的渴望；其二是在一个逐渐疏离、冷淡的社会里，寻找某种共同意识的需求。为了共存于一个日益联系紧密的、生死与共的世界，人类需要不断合作开发新的理念，透过差异找到更多、更深层的共通之处。(三)拒绝抽象自由观，走向有责任的深度自由。他们将责任和义务观念引入自由的观念中，揭示出自由与义务的内在联系，呼吁在全世界的联合国公约和人权公约之外，还应订立全世界的责任公约。(四)超越工具理性，呼唤审美智慧。他们认为工具理性使人们难以摆脱以功利为目的的行为动机。审美智慧是一种建立在有机联系观念基础上的，以真善美的和谐统一为旨归的整合性思维。在这里，科学思维、理性思维、感性思维、宗教思维、艺术思维得以互相补充，互相丰富。过去，受二元对立思维方式的影响，现代理性是以排斥感性、情感价值和美为前提的。而审美智慧强调亦此亦彼的和谐思维。

建构性后现代主义，也就是第二次启蒙的这些主张与中国文化的传统价值有很多相通之处，如“和实生物，同则不继”“欲遂其生，亦遂人之生”“道始于情，情生于性”“天人合一”等。这些都为打通中外古今的跨文化文学研究提供了理论基础和广阔空间。回首历史，中国比较文学在20世纪初发轫，20年代后作为一个学科开始孕育。80年代后，作为最具开放性、先锋性的学科之一，得到了迅猛发展。90年代前后，世界更进入全球化时代，与此同时，单向度的、贫乏而偏颇的全球主义意识形态的弱点随之暴露无遗，而以多元文化为基础的另一种全球化的诉求被强有力地提了出来，而建构性后现代主义，或说第二次启蒙，正是这一诉求的思想核心。这种诉求大大促进了比较文学的发展，使之超越以法国比较文学为主流的第一发展阶段和以美国比较文学为主流的第二发展阶段，进入以多元文化体系文学的“互识”“互证”“互补”为主潮的、比较文学发展的第三阶段。

中国比较文学是第三阶段比较文学的积极倡导者。(一)中国作为发展中国家，反对帝国文化霸权，始终如一地全力促进多元文化的发展。(二)中国具有悠久的文化历史，为异质文化之间的文学研究提供了取之不尽、用之不竭的源泉。长期以来，中国和印度、日本、波斯以及欧洲各国都有过深远的文化交往。(三)近百年来，中国人对外国文化和外国语言勤奋学习，不断积累，近年来更派出大量留学生和进修学者，使得中国人对外国的了解一般来说，要远胜于外国人对中国的了解。这就使得中国比较文学有可能使在异质文化之间的文学研究这一领域，置身于前沿。(四)中国比较文学以“和而不同”的价值观为现代比较文学的精髓，对各国比较文学的派别和成果兼收并蓄。20世纪30年代初，梵·第根的《比较文学论》、洛里哀的《比较文学史》都是在出版后不久就被中国名家译成中文。到20世纪末，中国翻译、编译出版的外国的比较文学著作、论文集(包括欧美、俄国、日本、印度、韩国、巴西)已达数十种，对外国比较文学评价分析的文章数百篇，绝大多数的中国比较文学教材都有评介外国比较文学的专章。可以说任何一个国家的学者，都没有像中国学者这样，如此热心地重视对外国比较文学的介绍与借鉴。最后，还应提到中国传统文化一向文史哲不分，琴棋书画、舞蹈、戏剧相通，这为第三阶段的跨学科文学研究提供了全方位的各种可能。

其实，上个世纪末，比较文学学科所以在欧美一片萧条，正是因为很多学者未能突破欧洲中心论，很少了解欧美文化之外的其他文化，也就难以进入以跨越异质文化的文学研究为主潮的比较文学第三阶段。中国比较文学既拥有深厚的历史基础，又具有明显的世界性和前沿性。它接受了法国学派的传播与影响的实证研究，也受到了美国学派的平行研究与跨学科研究的影响，它既总结了前人的经验，又突破了法国比较文学与美国比较文学的西方中心的狭隘性。中国比较文学有相当数量的学者，长久以来，卓有建树地致力于印度文学、阿拉伯文学、日本文学和拉美文学的研究，使比较文学能真正致力于沟通东西方文学和学术文化，从各种不同角度，在各个不同领域将比较文学研究深入导向崭新的比较文学发展的第三阶段。

第二辑
中西文化比较研究

中西诗学中的镜子隐喻*

类比是人类认识世界的重要途径。一个比喻，如果偶尔提及，那只是在特定时间和空间说明某一问题；如果在某一领域被多次提到，并成为反复说明某种理论的依据，那么，它本身就成为构筑这一理论的组成部分。在这种情况下，研究这种比喻就成为理解这种理论的一个方面。

在中西诗学中，镜子就属于这样一种比喻。

西方从柏拉图开始，就用镜子作为比喻来说明文学艺术的模仿本质。他认为艺术家就像旋转着镜子的人一样，“拿一面镜子四面八方地旋转，你就会马上造出太阳、星辰、大地、你自己、其它动物、器具、草木……”①在他看来，绘画、诗歌、音乐、舞蹈、雕塑……都是模仿，有如镜中的影像。在柏拉图之后，镜子这个隐喻在诗学领域内长期被沿用，并派生出了多方面的意义和用法。

沿着柏拉图的思路，镜子被许多西方诗学家用来比拟映照出周围世界的艺术作品。相传曾是古罗马著名修辞学家西赛罗的名言，喜剧是“生活的摹本，习俗的镜子，真理的反映”②，这句话曾被广

---

* 原载《文艺研究》，1991年第5期。

① 柏拉图：《理想国》，第10卷。

② 这句话曾广泛被引用，相传出自古罗马演说家、修辞学家西赛罗(公元前106—公元前43年)之口。参阅G. G. 史密斯编《伊丽莎白时期批评文选》，第一卷，369—370页。

泛引用；荷马的史诗《奥德修纪》被称为“人类生活的一面美丽的镜子”①，莎士比亚被认为“应该受到这样的称赞：他的戏剧是生活的镜子”②。

但是，镜子隐喻毕竟是用两维的平面来反映多维的生活，当19世纪长篇小说兴起，反映的生活更为复杂时，镜子的隐喻就被赋予了动态的性质。例如法国著名作家司汤达就说“一部小说是一面在公路上奔驰的镜子”③，是在运动中反映生活。卡夫卡在讨论毕加索的画时更指出毕加索的艺术“是一面像表一样‘快走’的镜子”，“记下了尚未进入我们意识范畴的变形”④。

然而，文学艺术毕竟不只是反映客观世界，它与作者的思想感情密切相关。16世纪英国诗人马洛已开始指出诗歌不仅反映周围的客观现实，同时也反映了诗人的心灵，他说，“就像永不凋谢的花朵，从诗中我们可以看到人类智慧的最高成就，就像镜中反映的一样”⑤。浪漫主义的前驱，德国诗人歌德进一步借少年维特之口，喊出：“啊！要是我能把它再现出来，把这如此丰富，如此温暖地活在我心中的形象，如神仙似的哈口气，吹到纸上，使其成为我灵魂的镜子，就像我的灵魂是无所不在的上帝的镜子一样，这该有多好啊！”⑥这里，歌德强调的是作品不仅反映外在世界，而且也反映作者的灵魂。英国浪漫主义诗人雪莱进一步指出，“诗是生活唯妙唯肖的意象，表现了它的永恒的真实……一个失实的故事有如一面镜子，模糊而且歪曲了本应是美的对象；诗歌也是一面镜子，但它把被歪曲了的对象化为美”⑦。雪莱赋予镜子隐喻新的含义，这不是一面普通的镜子，而是能够“把被歪曲的对象化为美”的镜子，它只反映生活中的美好方面。列宁在谈到“托尔斯泰是俄国革命的一面镜子”时，他也是在不只一般反映而且反映某些本质方面这个意义上来应用镜子隐喻的。列宁提出问题说：“把这位艺术家的名字与他所显然没有了解，显然避开的革命联在一起，初看起来，也许显得是奇怪和勉强的。分明不能正确反映现象的东

---

① 亚里士多德：《修辞学》Ⅲ，iii，1406页。

② 塞缪尔·约翰逊：《约翰逊论莎士比亚》，11页。

③ 转引自普林斯顿大学《诗与诗学百科全书》，640页，1986。

④ 转引自冯宪光：《艺术毕竟是一面映照人生的镜子》，载《文艺报》1990年6月30日。

⑤ 转引自艾布拉姆斯：《镜与灯》，中文版，363页，1989。

⑥ 歌德：《少年维特之烦恼》。

⑦ 雪莱：《文学批评和哲学批评》。

西，怎能叫它作镜子呢?”列宁指出，托尔斯泰的作品里“反映出革命的某些本质的方面”，“的确是我们革命中的农民的历史活动所处的各种矛盾状况的一面镜子”①。可见列宁所用的镜子隐喻不只是反映浅层的现象，而且有深入反映本质的作用。

无论是反映周围生活，反映作者主观思想感情，反映美，反映本质，西方诗学都是用镜子来比喻作品，作为镜子，首先被强调的特征是逼真，不仅是表面的逼真，而且是实质的逼真，不仅逼真地反映外在世界，而且也逼真地反映内在心灵；不仅是静态的反映，也是动态的反映。

镜子，在中国诗学中也是一个贯穿始终，经常被用来说明文学艺术本质的隐喻。但是用法与西方很不相同。比柏拉图早一百多年，老子就已经用了镜子这个隐喻，他用镜子来比喻人心。《道德经》第十章：“涤除玄览，能无疵乎!”高亨注说：“览、鉴古通用。玄者，形而上也，鉴者，镜也。玄鉴者，内心之光明，为形而上之镜，能照察事物，故谓之玄鉴。”②老子认为人心就像镜子一样，必须洗涤除尘，免去瑕疵。比柏拉图晚一百年左右的庄子进一步指出：“至人用心若镜，不将不迎，应而不藏，故能胜物而不伤。”③他认为人心能和镜子一样公正完美地反映周围的事物，而镜子所以能起这种作用就因为它的不偏不隐。庄子又说：“水静则明烛须眉，平中准，大匠取法焉。水静犹明，而况精神！圣人之心静乎！天地之鉴也，万物之镜也。”④只有保持一颗圣人才有的明静的心，才能理解万物之情，所以说：“抱大圣之心，以镜万物之情。”⑤

自从佛教传入中国，镜子的比喻又多了一层涵义，那就是“空”和“虚”。东晋时期的长安和尚僧肇(385—414)认为，“夫至人虚心冥照，理无不统，怀六合于胸中，而灵鉴有余；镜万有于方寸，而其神常虚。”⑥这显然和庄子所说的“至人用心若镜”一脉相承。但他所强调的不仅是镜子“不将不迎”的“正”，和“应而不藏”的“真”，而首先是镜子的“虚”。正因为镜子本身的空无一物，它才有“怀六合”“镜万有”的可能。

---

① 列宁：《列夫·托尔斯泰是俄国革命的镜子》。

② 高亨：《老子正诂》，24 页。

③ 庄子：《应帝王》。

④ 庄子：《天道》。

⑤ 《淮南子·齐俗》。

⑥ 《肇论·涅槃无名论·妙存第七》。

唐末，洞山良介禅师在他所传的《宝镜三昧》中更进一步认为镜（心）、形（物）、影（镜像）三者都是虚幻，他说："如临宝镜，形影相睹，汝不是渠，渠正是汝。"①形不是影，影却正是形。如果"以镜照镜"，虚幻的形影就会至于无限。《楞严经》和《华严经》都谈到佛教讲经场所，常在四面八方安置许多圆镜，"方面相对"，"使其形影，重重相涉"，"交光互影，彼此摄入"，以说明世间万事万物都是一"理"在镜像中的反映，有如"月映万川"：作为"理"的"月"，只有一个，作为事像，映于"万川"的月影却可以无限。宋《高僧传》记载法藏和尚为了说明同一道理，曾取十圆镜子，"八方安排，上下各一，相去一丈余，面面相对，中安一佛像，燃一炬以照之，互影交光，学者因晓刹海（瞬息万变的世界）涉入无尽之意"。类似的比喻道家也有。唐末道士谭肖所著《化书·道化·第一》就说："以一镜照形，以一镜照影，镜镜相照，影影相传；是形也，与影无殊，是影也，与形无异。"总之，形影相照，全属虚幻。

中国诗学受佛、道的影响极深。当诗论家用镜子作为隐喻时，也是一方面强调其"静"，一方面强调其"虚"。明代诗论家谢榛就曾以镜子来比喻诗人之心。他说：

> 夫万景七情，合于登眺，若面前列群镜，无应不真。忧喜无两色，偏正唯一心，偏则得其半，正则得其全。镜犹心，光犹神也。②

除"静"之外，镜子的"真"与"正"也作为特征被强调出来。只有一颗纯真而正直的诗人之心才能描绘出客观和主观的"万景七情"。用镜子来比喻诗人之心的"静"与"真"和"正"，这样的用法在中国诗学中经常出现，直到20世纪，著名现代诗人郭沫若，还在类似的意义上用了镜子的比喻。他说："我与诗人的心境譬如一湾清澄的海水，没有风的时候，便静着，如像一张明镜，宇宙万汇的印象都涵映在里面……"③

不仅明静，还要虚空。明代哲人王阳明的弟子徐爱曾说："心犹镜也，圣人之心如明镜，常人之心如昏镜"，"昏镜"就是镜中已有物而不能"空明"。因此，王阳明说："圣人之心如明镜，只是一个明，则随感而应，无物不照，未

---

① 《五灯会元》卷第十三。

② 谢榛：《四溟诗话》卷三。

③ 郭沫若：《三叶集·论诗三札》。

有已往之形尚在，未照之形先具……只怕镜不明，不怕物来不能照。”有了“已往之形”或“先具之形”，镜子就成了“昏镜”，必须在“磨上用功”，“磨镜而使之明”①。从诗学上来说，就是必须要有像明镜一样“虚”和“空”的心境，才能写出好诗。因此，陆机强调创作之始，首先就要“收视反听”，才能“耽思旁讯”，才能“精骛八极，心游万仞”②。意思是说，只有不视不听，心不外驰，才可沉思广求，以致精神驰骛于八极，心灵浮游于万仞。苏东坡也说：

欲令诗语妙，无厌空且静。
静故了群动，空故纳万境。③

像镜子一样“静”和“空”的心境，是审美创作的重要条件。

综上所述，中国诗学通常不是用镜子来比喻作品，而是比喻作者的心。如果说西方诗学的镜子隐喻强调的是逼真、完全、灵动；中国诗学的镜子隐喻则是强调空幻、平正、虚静。

另外，中国典籍对镜子还有另一种用法，根据这种用法，镜子既不是喻作品也不是喻作者之心，而是比喻向作者提供作者自我形象的周围环境。墨子在他著名的论文《非攻》中，很早就说过：“君子不镜于水而镜于人，镜于水，见面之容，镜于人则知吉与凶。”唐太宗也常说：“夫以铜为镜，可以正衣冠；以古为镜，可以知兴替；以人为镜，可以明得失，朕常保此三镜以防己过。”④这和当代精神分析学代表人物拉康所说的“镜像阶段”当然有本质的不同，但用镜子隐喻来说明客体对主体的映照这一点却是相似的。拉康认为六个月至两岁半之间的儿童通过自己在镜子中的影像认识自己。最初，他把镜子中的影像看作一个现实事物，后来把它看作他人的影像，最后才把它与自身主体联系起来，主体形成了自己基本的人格同一性。因此，拉康说：

镜像阶段是一个戏剧，根据对空间的确认，这个戏剧的内在动力逐渐把儿童从身体的不完整形象导向我们称为他的身体的整体性的外科形状学

---

① 以上三处引文均见王阳明：《传习录》。

② 陆机：《文赋》。

③ 苏轼：《东坡集》卷十。

④ 转引自《太平御览》，3177页。

的形式。①

后现代主义文学进一步认为主体——“我”这个概念正是由语言和社会赋予的，恰如镜子给儿童提供了自己的形象。动物没有语言，它们就很难知道自己是什么模样。人总是在语言和对他人(社会)的模仿中形成自己的自我。这和中国的“镜于人”“镜于古”就有某些相通之处。

钱锺书先生把中国和西方关于镜子隐喻的多层涵义综合在一处，作了极富启发性的描述。在他的一篇早期论文中有这样一段意味深长的话：

> 我们对于世界的认识，不过是一种比喻的、象征的，象煞有介事的诗意的认识。用一种粗浅的比喻，好像小孩子要看镜子的光明，却在光明里发现了自己。人类最初把自己沁透了世界，把心钻进了物，建设了范畴概念。这许多概念慢慢地变硬、变定，失掉本来的人性，仿佛鱼化了石。到自然科学发达，思想家把初民的认识方法翻了过来，把物来统治心，把鱼化石科学概念来压塞养鱼的活水。②

“小孩子要看镜子的光明，却在镜子里发现了自己。”这既包含拉康的“镜像阶段”的意味，也包含了中国的“镜于人”“镜于古”的意味。以下关于鱼化石的比喻进一步说明了各种通过语言表现出来的规范和模式原是人造的，是一种诗意的认识，但却反过来“僵化”，“固定”了人的“自我”。孩子在镜子里“发现自己”应有两层含义：一层是说原属于“非我”的“客观”的一切概念，其实是人类自造的；另一层是说人类通过语言建设起来的“范畴概念”，有如镜子为人类的自我提供了模式。因为人类自我的形成无法离开语言和对他人的仿效。由此可见，孩子在镜子中所发现的自己，既是自己又不是自己，它包含着他人眼光中的自己，也包含他人认为自己应该是如此的“自己”。这里，镜子所比喻的，就是形成和塑造(通过仿效)自我的语言和社会。

如上所述，中国和西方虽然用法不同，但都有把镜子喻为映照人类自身的客观世界的。前面所谈西方多以镜子喻作品，中国多以镜子喻人心，也无非是

---

① 拉康：《拉康文集》，97 页。

② 钱锺书：《中国固有的文学批评的一个特点》，见《文学杂志》，1937 年 8 月第 4 期。

大体而言，事实上中国也有以镜子喻作品，西方也有以镜子喻人心的，但其用法也往往截然相异。例如意大利著名画家达·芬奇就曾明确指出："画家的心，应该像一面镜子，永远把它所反映事物的色彩摄进来。前面摆着多少事物，就摄取多少形象。明知除非你有运用你的艺术对自然所造出的一切形状都能描绘(如果你不看它们，不把它们记在心里，你就办不到这一点)的那种全能，就不能作一个好画师。"他还强调："画家应该研究普遍的自然，就眼睛所看到的东西多加思索，要运用组成每一事物的类型的那些优美的部分。用这种方法，他的心就会像一面镜子，真实地反映面前的一切。"①显然，达·芬奇也是用镜子来比喻艺术家的心。但这和中国的用法全然不同，他强调的不是镜子的空、幻，恰恰相反，而是它反映复杂色彩、形象、类型的能力。中国诗学中也有用镜子来比喻作品而不是比喻作者之心的，如严羽《沧浪诗话》："诗者，吟咏情性也……如空中之音，相中之色，水中之月，镜中之像，言有尽而意无穷。"谢榛《四溟诗话》认为："诗有可解、不可解，若水月镜花，勿泥其迹可也。"这里虽然用镜子比作品，但所强调的仍然是"空幻"。明代诗论家胡应麟在《诗薮》中说：

> 譬如镜花水月：体格声调，水与镜也；兴象风神，月与花也，必水澄镜朗，然后花月宛然，讵容昏鉴浊流求睹二者？

胡应麟把文学作品分成两部分，一部分是"体格声调"，即声调、格律、辞藻、章句等所构成的诗的"载体"(水与镜)；另一部分则是体现在这一载体之中的"兴象风神"，即诗人想要传达给读者的形象、兴味、联想、寓意、精神等等(月与花)。胡应麟认为前者必须清朗、澄明，才能将后者加以呈现。虽用镜子比喻作品的形式，但强调的是明静，而不是西方诗学用镜子隐喻时通常强调的完全、逼真。

再拿"以镜照镜"来说，也可以看出全然不同的用法。例如德国新教教义的先驱者爱克哈特(Eckehrt Meister，1260—1327)，德国著名的诗人戏剧家黑贝尔(Hebbel Friedrich，1813—1863)，爱尔兰伟大诗人、剧作家叶芝(Yeats William Butler，1865—1939)等都曾用过"以镜照镜"的比喻。但他们都不是像佛典、道籍那样用这个例子来说明"理"和"事"的深奥玄理，而是用来说明并无

① 达·芬奇：《笔记》卷2，见《西方文论选》，161页。

创造力的相互模仿。例如叶芝说："你的通信人引我的话说辛格先生的作品过于文饰，满是以镜照镜反映出来的形象，他是正确的。"①中国文论中也有类似叶芝的用法，清代李元复的《常谈丛录》就曾批评司空图的《诗品》以诗体谈诗艺，难以充分说明，他说："《诗品》原以体状乎诗，而复以诗体状乎所体状者，是犹以镜照人，复以镜照镜。"②但是，大部分中国诗家却在佛、道典籍的基础上用"以镜照镜"来比喻一种复杂交错的意境。正如钱锺书所说："己思人思己，己见人见己，就犹甲镜摄乙镜，而乙镜复摄甲镜之摄乙镜，交互以为层累也。"③他举了许多实例，最明显的如张问陶《船山诗草》第 14 卷《梦中》："已近楼前还负手，看君看我看君来"，王国维《苕华词·浣溪纱》："试上高峰窥皓月，偶开天眼觑红尘。可怜身是眼中人。"其实，日本镰仓初期的禅师明惠上人关于月亮的一首和歌也是同样的意思："心境无边光灿灿，明月疑我是蟾光"，是就"我"以纯洁无垠的心面对明月(甲镜摄乙镜)，"我"是甲镜，"月"是乙镜，第二句"明月疑我是蟾光"，明月"因我"明静如月的心境而误以为"我"就是月亮本身。作为乙镜的明月摄取了"我"(甲镜)的面对明月(甲镜之摄乙镜)，"而"我(甲镜)又进一步理解了月亮对我的理解。这就有了三层意思：甲镜摄乙镜，乙镜摄"甲镜之摄乙镜"，甲镜复摄"乙镜摄甲镜之摄乙镜"。这正是佛家所讲的"镜镜相照，影影相传"，这就不是叶芝所讲的反复摹仿，而是钱锺书所讲的"互为层累"，层层相映，引向更为深邃的缥缈虚无。

为什么西方总是用镜子来强调文学作品的逼真、完全、灵动，而中国却往往用镜子来形容作者心灵的空幻、平正和虚静呢？为什么即使是西方艺术家也同样用镜子来比喻心灵，中国诗学家也同样用镜子来比喻作品时，其所强调的内容仍然如此不同呢？甚至用同一个比喻"以镜照镜"来比喻诗学现象时，其美学之间的距离仍然如此遥远呢？

这可能与传统的中西思维方式不同有关。一般说来，西方传统思维方式往往强调主观与客观的二元对立。主体独立于客观世界并为它赋形和命名。认识世界是一个对外在于主体的客观对象进行观察、分析、切割、反映和综合的过程。人要超越自身，只有依靠外在的力量，如上帝的拯救。因此，西方诗学所强调的也就是如何逼真、完全、灵动地反映这一认识和超越的过程。中国传统

① 参阅钱锺书《谈艺录》，371 页，1984。

② 李元复《常谈丛录》卷六。

③ 《管锥编》，第一册，115 页。

思维方式认为主体与客体世界原属一体，所以强调“反求诸己”，强调“尽心、知性、知天”，“天道”本来就存乎人心，穷尽人心乃知天理，对世界的认识不假外求，而只要从内心去发掘。人要超凡入圣也无须从外在的力量去探求，而只要从人内在的本性去领悟。因此，最要紧的是一颗空灵、虚静、澄明的心。中国诗学所强调的也就不是如何去视、听、观察、反映世界，而是“收视反听，耽思旁讯”，也就是说，不视不听，静思以求。

另一方面，中国古人还常常用一种“负”的方式来进行思维。近人冯友兰先生认为：“真正形上学的方法有两种，一种是‘正’底方法；一种是‘负’底方法。‘正’底方法是用逻辑分析法讲形上学。‘负’底方法是讲形上学不能讲。讲形上学不能讲，就是一种讲形上学的方法。”①例如画月，用“正”的方法画，则可以用线条描一月或用色彩涂一月。他画的月亮，就在他所画的地方。用“负”的方法画，则他不用线条或色彩来画月亮本身，而是在纸上“烘云”，即画许多云彩，而在所画的云彩中留一圆形或半圆形空白。他画的月亮正在他所不曾画的地方。这种“负”的方法是中国传统的一种思维方式。在古远的《道德经》中，老子就举了很多例子，谈“无”的作用。例如说：“埏埴以为器，当其无，有器之用。”意思是用陶土制成饮食的器皿，真正起作用的并不是陶器本身，而是陶器所构成的空间。中国传统诗学强调的也是“不涉理路，不落言筌”，“不着一字，尽得风流”等等，也就是说中国传统诗学主要关注的不是语言实体本身，而是语言所构成的各个层次的空间。因此，当用镜子来作比喻时，中国诗学首先强调的就是镜子的虚幻和空无一物。

综上所述，我们是不是可以说中西诗学关于镜子隐喻的不同用法正是反映了中西思维方式和中西诗学着重点之不同呢？

① 冯友兰：《新知言》，见《三松堂全集》，第五卷，173 页。

复杂的交响乐*

我最初接触米兰·昆德拉的作品是在1985年。那时他的书正在美国掀起一阵规模不小的热潮。《新闻周刊》载文说“昆德拉把哲理小说提高到了梦态抒情和感情浓烈的一个新水平”，《华盛顿邮报》指出昆德拉是“欧美最杰出的和始终最为有趣的小说家之一”，《华盛顿时报》则认为新出版的《生命中不能承受之轻》是二十世纪最伟大的小说之一，昆德拉借此“坚实地奠定了他作为世界上最伟大的在世作家的地位”。美国的高档报刊《纽约客》《纽约书评》等也都纷纷发表了类似的评论。其实，西方世界对昆德拉的激赏并不是那种常见的“阵热”。早在1968年，当昆德拉的第一部作品《玩笑》在巴黎出版时，著名作家、共产党人路易·阿拉贡就在他那篇引起世界性轰动的前言中宣称这本书是“本世纪最杰出的小说之一”，而最近又传来了昆德拉被正式提名为诺贝尔文学奖候选人的消息。

昆德拉的小说以它深邃的哲理思考和非常新颖的结构方式，特别是那种寓沉痛和辛酸于幽默调侃的笔调深深地吸引了我。当时不止一次在心里重复：“这些作品真该译成中文才好！”没有想到为时不过五年，昆德拉的主要作品《玩笑》《为了告别的聚会》《生活在别处》《生命中不能承受之轻》，短篇集《欲望的金苹果》都相继在中国出版，如果再加上台湾同胞翻译的《笑忘录》，可以说这位“世界上最伟大的在世作家”的小说珍品几乎已全部译成中文，并在中国知识分子中获得了相当广大的读者。目前，和我已有十年友谊的、我

---

* 原载《读书》，1992年第1期。

的年轻朋友艾晓明博士又广为搜求，将她所能找到的昆德拉自己谈论小说艺术的篇章，各部作品的序、跋，以及世界各地评论家对昆德拉作品的评介与鉴赏，搜集成册。作为对昆德拉小说的同好，我当然想来谈谈这位曾经如此深切地激发了我们内心的深思与共鸣，并得到我们如此热烈的共同赞赏和喜爱的伟大作家与哲人。

昆德拉小说之所以与众不同，这和他对于小说这种文体的，与过去完全不同的理解密切相关。昆德拉认为“小说唯一存在的理由就是去发现唯有小说才能发现的东西”。这个“东西”就是人的“具体存在”，亦即人的“生命世界”。昆德拉把现实和存在相对地分开来。他认为：“小说不研究现实，而是研究存在。”“现实”和“存在”究竟有什么不同呢？现实是已经实现的可能性，是既成事实。它和人的关系是主体和客体的关系，犹如眼睛面对一幅画，或演员站在布景当中，而“存在”却是一种尚未实现的可能性，它随着客观世界的发展和主体内在世界的千变万化而凝聚成万千不同的现实。生活中总是有众多可能性，现实本来可以如此，却常常由于极细小的主观或客观原因而变成完全是另一个样子。“存在”不是已经发生的既成之物，而是人存在于其间的一种可能的场所。在这种场所中，人与世界的关系是一体共生的，世界是人存在的维度(昆德拉说，有如“蜗牛和它的外壳”)。描写现实的小说呈现的是一种历史境状，它写的是特定时间里的某种社会状况，如关于法国大革命的小说，关于农业集体化的小说，昆德拉称之为“一种小说化的历史编纂的小说”；另一种小说也可能写历史，但那是“审视人类存在的历史维度”的小说。它所关注的首先不是历史，而是在某种可变的历史环境中的人的存在的可能性，是人的“具体存在”，人的“生命世界”，也就是那些对个人命运来说有决定意义，而对于构成历史的现实来说却全然不值一顾的，不断在遗忘中湮灭的大量细节。例如1968年，苏军进入捷克后，对捷克人的统治是由官方组织的对狗的屠杀为先导的。这一细节对任何史学家、政治学家都毫无意义而全然被忘记。昆德拉在他的《为了告别的聚会》中却以这一插曲提示了全书的历史气候而被认为“具有很高的人类学意义”。在昆德拉看来，小说的作用不在于呈现一个社会历史片断，而在于理解、分析、考察被投入这一历史漩涡中的人的动作、行为、态度的各种可能。例如卡夫卡作品中的小说世界就不是一个真实存在的客观世界，而是一种尚未真正实现的可能。因此，昆德拉认为：“小说家既不是历史学家，也不是政治家，而是‘存在’的勘探者。”小说的目标就是要详加考察人的具体的“存在”。

昆德拉提出人的“存在”必须“勘探”，正是因为这种“存在”太被漠视，太久被遗忘了。笛卡尔曾经宣称人是“大自然的主人和所有者”，然而，现代人却发现他们正是各种力量(技术、政治、历史)的奴隶和被所有物。相对于这些力量，“人的具体存在，他的‘生命世界’既没有价值，也没有趣味，它黯然失色，从一开始就被遗忘”!

只有小说以它自己的方式，通过它自己的逻辑，依次发现了“存在”的各种不同的维度。而小说的历史就是小说家不断开发人的“存在”的历史。诸如薄伽丘企图通过人的行动来认识人的存在，狄德罗发现人的行为及其结果受众多外在因素的制约；因而行动与自我之间往往有一道鸿沟(例如宿命论者雅克只想开始一场爱情艳遇，行动的结果却招致残废终身)。理查德逊离开行动的可视世界，试图在不可见的内心生活中去勘探人的“存在”。普鲁斯特和乔伊斯沿着这条道路引入了时间的维度。既然每一时刻都是一个小小的世界，这个世界在后面的一刻立即被无可挽回地遗忘，我们又如何在这转瞬即逝的时刻中抓住“人的存在”呢？卡夫卡则从另一个角度提出了全然不同的问题：在一个外在的规定性已经变得过于沉重，从而使人的内在动力已无济于事的世界里，人的可能性是什么呢？我们既然不能不被外界(环境、规律、条件等等)所决定，被一些谁也无法逃脱的境况所决定，“人的存在”又有什么意义？如昆德拉所说：“到了我们的世纪，周围的世界突然自己关闭了，世界变成了无可逃遁的陷阱。”或者如他在《玩笑》英文版序中所说：“受到乌托邦声音的迷惑，他们拼命挤进天堂的大门。但当大门在身后砰然关上之时，他们却发现自己是在地狱里。”人类逃不出时间和空间的限制，逃不出客观条件的限制，更逃不出主观知识发展阶段的限制。人类越想超越这些无法超越的局限，就越显得渺小和可笑。因此，昆德拉引用犹太谚语说：“人们一思索，上帝就发笑!”那种自以为能超越一切局限，“从未听过上帝笑声，自认掌握绝对真理”的人是与小说无缘的。因为“小说的精神是复杂性的精神，每一部小说都对读者说：‘事情并不像你想象的那样简单’。”“小说又是个人发挥想象的乐园，那里没有人拥有真理，但人人有被理解的权利”。昆德拉说：“人类渴望一个善与恶能够被清楚地区分的世界，因为他有一个天生的不可遏制的欲望，就是在他理解之前作出判断。宗教和意识形态都建立在这种愿望上。他们只能这样来对付小说，那就是把小说的相对的和模糊的语言翻译成他们自己绝对肯定的、教条的话语。他们要求，总得有某人是正确的：或者安娜·卡列尼娜是一个头脑狭隘的暴君的牺牲者；或者卡列宁是一个不道德的女人的牺牲者。”这就使得小说的智慧(不确定性的智慧)难于被接受和了解。

由于对于小说特点的这种不同凡响的新的认识，昆德拉在艺术表现方面也有了许多新的创造。他认为小说家最巧妙的艺术就是通过构思，把不同的情感空间并列在一起，然后通过每一情感空间进行“存在”的追问。一个主题就是对存在的一种追问。强调主题的统一性和情节的一致性使昆德拉的作品不像某些现代主义作品，那样专注于对瞬间的穷尽性探索和无休止的随意性意识流动；也不像某些后现代主义作品，那样热衷于无目的、无确定意义的摄影式反映。他“永远直接走向事情的中心”，将一切可有可无的展现、描写、解释从主体“剥离”，单刀直入，对特殊的词和主题词进行研究。昆德拉说：“小说首先是建立在若干个基本的词之上，这就像勋伯格的‘音符系列’。在《笑忘录》中，‘序列’是这些：遗忘、笑、天使、曲言、边界。在小说进程中，这几个主要的词被分析、研究、定义、再定义，并因此而改变成存在的范畴。小说就建立在这几个词之上，有如一座房屋被它的栋梁所支撑。”不仅整个小说如此，就是人物本身也由若干关键词所组成。这些词成为人物的“存在编码”。例如在《生命中不能承受之轻》中，特丽莎的存在编码是：肉体、灵魂、晕眩、软弱、田园诗、天堂，萨宾娜的存在编码是女人、忠诚、背叛、音乐、黑暗……在不同的感情空间，在另一个人的“存在编码”中，这些词都有不同的意义。这些“存在编码”不是被抽象地研究，而是在情节与境况中逐步被揭示出来。如果说现实主义作品要求人物应有完全的独立性，作者的观点应尽量隐没，让人物自己与读者对话，尽量促使读者把虚构的人物当作现实；昆德拉却力图让读者看到他的人物不是对一个活人的模拟，而是一种创造，是一个想象出来的人，是一个实验性的自我。作者正是要通过他，把自己对存在的疑问追究到底。因此，昆德拉认为小说故事不能离开贯穿于其中的主题，一个主题却可以在故事之外独自得到发展，昆德拉称这种现象为“离题”，并指出“离题并不削弱小说结构的秩序而是使其更为强有力”。

为了达到从多方面勘探“存在”这一目的，昆德拉提倡用音乐的“复调”方式来写小说。复调就是多条线索同时并进而又相互对照，相互呼应，形成音乐式的“对位”。例如布洛赫的小说《梦游人》将长篇小说、短篇小说、报导、诗、论文五条根本不同的线索结合在一起。昆德拉认为“把非小说性的类，合并在小说的复调法中，这是布洛赫的革命性创举”。但他也指出这五条线索还缺乏平衡和有机联系。昆德拉说：“对于我，小说对位法的必要条件是：1. 各‘线’的平等；2. 整体的不可分割。”即各条线索必须均衡发展，并为同一主题所统率，正如“在同一主题的桌子上，一架缝纫机与一把雨伞的相遇”。各条线索的文体风格也应是和谐一致的。小说的哲理议论决不同于一般哲学论文。昆德拉说，他的思考“从第一个字开始就采用游戏、讽刺、挑斗、实验或疑问的语气……它后面有许多思考、经验、研究，乃至激情，但语气从不是严肃的：它是挑斗性的。在小说之外，不可设想这一论文”；这就是他称为的“独具小说特点的论文”。有时候，昆德拉的小说甚至不是建立在一个故事的提纲上而是建立在一篇论文之上。例如《生命中不能承受之轻》的第六章。它包容了斯大林儿子的历史、一个神学思考、亚洲的一个政治事件、弗朗兹在曼谷死去，以及托马斯在波希米亚下葬等多条线索，其间并无时间顺序，也无因果关联，而只是被“什么是‘媚俗’”这一永恒的疑问(主题)紧紧联系在一起。

以上所有“剥离”、“存在编码”、哲学追问、复调、对位等都是为了使读者通过虚构的人物始终保持探究其“存在状况”的兴趣，而不至于认虚构为现实，失去观察和探究的距离。而这一切又都服务于一个总的策略和设计，那就是“把极为严肃的问题与极为轻浮的形式结合在一起”，因为，“一个轻浮的形式与一个严肃的内容的结合，把我们的悲剧(我们在床上发生的和我们在历史的大舞台上表演的)揭示在他们可怕的无意义中”。这样，昆德拉就成功地完成了哲理与故事，梦与现实的结合，或者说创作了一支把哲学、叙事和梦合为一体的复杂交响乐。这支交响乐的主旋律不免过于悲观，但构成这一主旋律的许多“动机”和乐章却“绕梁三日”，久久回旋往复，难以忘去。

其实，昆德拉在他的小说中对于“存在”的追问，大部分是形而上的，这使他的作品带有某些原小说的意味。特别是关于人生的重和轻，关于肉体、灵魂、爱情、青春、软弱、晕眩、遗忘……存在状况的探究都是远远超出于一时一地，更不是某种特定的政治环境所能范围的。我想我们最好按照昆德拉的指引来读他的作品。他说：“唯有在这种超民族的语境中，一部作品的价值，也就是说，它作出的发现意义，才能被充分的看出和理解”，他始终坚持“如果一个作家写的东西只能使本国人了解，那么，他不但对不起世界上所有的人，更对不起他的同胞，因为他的同胞读了他的作品只能变得目光短浅”。让我们更好地理解昆德拉，更完美地享受和欣赏他的艺术。

文化相对主义与"和而不同"原则*

今天世界的纷争虽不完全是由文化冲突引起，但也决非与文化冲突无关。因此，关于文化冲突与文化共处的讨论正在世界范围内展开。是增强不同文化间相互理解和宽容而引向和平，还是因为文化隔离和冲突而导致战争，决定着21世纪人类的命运。自从二战之后，由于殖民体系的瓦解，文化上的"西方中心论"也逐渐随之消退，世界文化呈现出多元发展的趋势。近半个世纪以来，世界经济贸易，信息传递的发展，使民族与民族，国家与国家，地域与地域之间文化上的交往越来越频繁，世界日益成为一个不可分割的整体。目前，世界文化发展中，出现了两股不同方向的文化潮流：某些西方国家的理论家从维护自身的传统利益或传统习惯出发，仍然坚持"西方中心论"，与此同时，许多取得独立或复兴的民族，抱着珍惜自身文化的情怀，形成了一种返本归根，固守本土文化的民族主义和回归传统的保守主义，甚至某些东方学者鉴于两个世纪以来西方文化对世界造成的灾难和自身所曾受到的欺压，而提出文化上的"东方中心论"。如何使这两股相悖的潮流不致发展成为大规模对抗，并得以消解，实是当前一大问题。

19世纪与20世纪两百年的历史已经证明，用某种文化来"吞并"或"统一"另一种文化都不大可能，或者其结果是灾难性的。西方文化终于不能同化东方文化，也不能综合各种文化，造成新的"世界文化"。我们面临的是一个文化多元共生的现实。我们只能承

---

* 原载《中国比较文学》，1996年第1期。

认这个现实。承认这个现实，就有一个在不同文化之间如何相处的问题。为了能和平相处，有的西方学者提出了文化相对主义。

西方的文化相对主义比西方中心主义显然进了很大一步，它承认不同文化存在的合理性，反对用自身判断是非善恶的标准去判断另一种文化，反对用一己的诠释框架去套用或解释其他文化现象。但文化相对主义也有它自身的弱点，例如它可能导致一种排他性，只尊重自身文化的优越，甚至为维护本民族文化的认同，而牺牲部分成员变异求新的要求，采取封闭、隔绝的孤立政策。另一方面，完全认同文化相对主义就不能不容忍某些已经对，或即将对人类共同生活带来重大危害的文化现象，如日本法西斯、德国纳粹，显然都有他们自身的文化根源，属于某种既定的文化。

看来在文化多元的现实社会，既要承认文化的相对性，又要有不同文化之间的交往和商谈，从中达成某种标准和共识，同时还要重视本民族文化的变异、更新和发展。中国传统文化中的“和而不同”原则或者可以为我们提供某些有正面价值的资源。

和而不同的理论出自两千多年前《左传》所记载的一段故事。那时齐国的大臣晏婴和齐侯曾经有过一段很有意思的对话。齐侯对晏婴说：“唯据与我和。”“据”指的是齐侯侍臣，姓梁，名丘据。晏婴说：“梁丘据不过是求同而已，哪里谈得上和呢?”齐侯问：“和与同，难道还有甚么不一样吗?”这引出晏婴的一大篇议论。他认为“不同”是事物组成和发展的最根本的条件。例如做菜，油盐酱醋，必须“不同”，才能成其为菜肴；又如音乐，必须有“短长疾徐”、“哀乐刚柔”等“不同”，才能“相济相成”。晏子说，像梁丘据那样的人，你说对，他也说对，你说不对，他也说不对，有什么用呢?

此后，“和而不同”成了中国传统文化的核心观念之一。孔子说：“君子和而不同，小人同而不和”；郑子产说：“和宜生物，同则不济”(《国语·郑语》)。首先要承认不同，没有不同就不会发展，但不同并不是互不相关，各种不同因素之间，必须有“和”，“和”就是事物之间和谐有益的相互关系。唯有“和”，才能产生新的事物，才能发展。“同”或相互隔绝的“不同”都是不可能发展的。如果按照这样的“和而不同”的原则来处理一种文化内部或不同文化之间的关系，也许会得出一些很有益的结论。

首先，承认“不同”是普遍存在的。在同一文化内部，个人有说“是”或“否”的权利，也就是有与别人不同的权利。承认在一种文化传统内，可以有不同的传统，如中国的儒家、道家和佛教，以及其他民间文化传统，它们“相生相济”，共同发展。今天的文化多元论者也可以把文化一元论看作多元中的一元，承认其不同的存在。在不同文化之间，则要承认他种文化存在的权利，包括某些自己一时还难于理解和接受的方面。总之，坚持“不同”，就要使自己的存在形式相对化，能够站在一定距离之外，或站在他种文化立场，从不同角度来审视自己，十分小心地注意决不轻易使自己认同的原则普遍化，并强加于人。

“和”，按照中国传统的解释，应包含四方面的意思：

第一，事物虽各不相同，但决不可能离开相互的关系而孤立存在，“和”的本义就是要探讨诸多不同因素在不同的关系网络中如何共处。儒家立论的基础是人和人的关系，道家立论的基础是人与自然的关系都说明了这一问题。

第二，“和”的精神，就是要协调“不同”，达到新的和谐统一，产生新的事物，这一事物又与其他事物构成新的不同。例如不同的原料构成一道菜，这道菜又与其他许多道菜一起，构成一桌筵席。最后，所有的不同并不消失，而是构成了更大、更完美的和谐。文化发展也是如此，中国的儒家要求“制礼作乐”，即要求“有为”，以维持社会的和谐；道家则要求“顺应自然”，即要求“无为”，以保持社会的安宁(也是和谐)。这本是两种不同的思想流派，后来，经过近千年的发展，西晋的哲学家郭象提出儒家的“制礼作乐”，本来就是顺应自然的，并不需要有所作为去让别人接受，因此也是一种“无为”。这个说法儒家和道家都可以接受，但它又不全然是原来的道家和儒家了，这就达到了新的和谐。中国传统文化的最高理想是：“万物并育而不相害，道并行而不相悖”(《中庸》第三十章)。“万物并育”和“道并行”是“不同”，“不相害”，“不相悖”则是“和”。

第三，“和”的主要内容是“适度”，“适度”就是“致中和”，既不是“过”，也不是“不及”，恰到好处，因适度而达到各方面的和谐。公元前 3 世纪，一位中国诗人描写一位美女说：“增一分则太高，减一分又太矮；再加粉则太白，再加胭脂又太红”(《登徒子好色赋》)。总之是身材容颜，恰好适度，达到了各方面的和谐，这就是“中和”。

第四，怎样才算“适度”呢？道家认为顺应自然就是“适度”。庄子指出，在大自然中，天在上，地在下，在一年之内，春夏在先，秋冬在后。无论是天地还是春夏秋冬，都不会因过度或不及而影响相互之间的顺序和发展。天道已有这样的盛衰次序，人道社会也应有一些大家都会自然遵循的普遍原则。他说：“顺之以天理，行之以五德，应之以自然”就可以“太和万物”，使世界达到最圆满的和谐。作为儒家学说核心的道德伦常观念，强调“父慈子孝”“兄友弟恭”

“君义臣忠”等双方面的行为规范，力图找到两者之间关系的和谐和适度。所以说：“礼之用，和为贵”，“礼”是共同遵守的原则和规范，它必须在和谐、适度的前提下才能真正实现。

从以上的论述，可以看到“和而不同”原则在某些方面弥补了文化相对主义的不足，但仍有一个重要问题尚需解决，那就是处理人类相互关系，需要遵循人类共同认可的某些普遍原则。只有这样，才能真正实现“和而不同”。然而，这些原则如何产生呢？如何使这些原则最少侵犯不同群体的利益，最大容忍不同群体的特点？如何使不同群体的人们能认同并自愿接受这些原则？无论是认为普遍原则出自“圣人之言”的儒家，还是认为普遍原则出自“自然”的道家，都未曾正面回答这些问题。

德国哲学家哈贝马斯从当代西方文化的趋势出发，也提出了，并力图解决同样的问题。他在最近的著作中所思考的一个中心问题也就是如何才能找到社会的共识，找到某些普遍原则，作为社会合作的道德基础。他的基本出发点之一就是任何人都必须通过社会，其特点才能得以实现，但一旦嵌入社会的网络，就必须臣服于这一网络的普遍原则，使个人特点和意愿受到压制，乃至异化。哈伯马斯提出“正义原则”，保障对个人尊重的平等权利，同时提出“团结原则”，要求个人有同情和尊重他人的义务，使宽容的空间不断变得更大。如果可以说前者讨论的是“不同”，那么，后者讨论的就是“和”。为了实现这些原则，哈伯马斯提出了交往、商谈、互为主体等重要途径。哈伯马斯还强调这些原则可以在不同层面展开。可以限于制定互利互惠规则的功利层面；可以用于共同探求一种更好生活的伦理层面，也适用于一些更为抽象的层面。这一切对于中国传统文化中长期追求的“和而不同”原则的实现都具有十分重要的启迪和实际意义。

从历史发展来看，通过交往和商谈达到“和而不同”，也不是始于今日，而是已有一些成功的先例。这些交往和商谈有几种不同的情形。一种情形是甲文化并不具有乙文化的某些观念，但这些观念与甲文化的其他观念并非不能相容，例如在中国文化中本来没有印度佛教关于“顿悟”的观念，但到宋明时代，程朱理学和陆王心学都接受了这一观念并将其融汇在他们的体系之中，促成了他们的思想的新发展。另一种情形是发现乙文化的某些观念与甲文化的某些观念实相抵触，但这些观念对于甲文化的发展具有重大意义，甲文化按照自己的需要，吸收并改造了这些观念，成为自身文化的组成部分，因而得到发展。例如中国传统文化中以民众为治理对象，重视民众只是为巩固自己的统治，因而有“民可使由之，不可使知之”之类的说法。这与西方的民主思想大不相同。中国文化要容纳西方的民主，就不能不批判原来传统中的某些观念。本世纪(20世纪)以来，中国文化对于西方文化中民主思想的改造和吸收，对中国政治的改善起了很大的作用。还有一种情形是在文化的交往和商谈中，发现双方都未曾有过，然而十分有用的新观念，它本身就是交谈的产物。例如“文化多元共处”的原则之于西方中心论和东方中心论者。

这种通过交往和商谈达到的“和而不同”原则，可以在最低的功利层面上进行，例如两个完全不同的国家可以在互不侵犯领土这一点上，只因互利而达到“和”。交往和商谈也可以在很抽象的层面进行。例如基督教讲“博爱”，佛教讲“慈悲”，儒家讲“泛爱众”，其内涵并不相同，但从抽象的层面来看，都是讲“人类之爱”。“爱”就可以成为不同文化传统都可接受的普遍原则，同时，“博爱”，“慈悲”，“泛爱众”仍然保留其各自的不同。

事实上，人类文化就是在这样不断的交往、商谈，达到新的“和而不同”的过程中进步发展的。英国哲学家罗素在他1922年所写的《中西文化比较》一文中曾说：“不同文化之间的交流过去已被多次证明是人类文明发展的里程碑。希腊学习埃及，罗马借鉴希腊，阿拉伯参照罗马帝国，中世纪的欧洲又模仿阿拉伯，而文艺复兴时期的欧洲则仿效拜占庭帝国。”欧洲文化在其自身发展的过程中，吸收了各种各样外来文化的因素，但它不仅未失去其欧洲文化传统，而且还大大丰富了自身文化的内涵。各种文化“并育而不相害”，“并行而不相悖”，这就是“和而不同”的表现。

然而，在过去的历史上，无论是“和而不同”原则，还是商谈、交往等行为，都还不是自觉地、有意识地实现的。中国传统文化在其数千年的发展历史中，创造过许多非常精彩和有意义的思想原则，但由于各种社会原因和它本身往往缺乏必要的可操作性，很少能真正付诸实行；“和而不同”原则也是其中之一。哈伯马斯在他的商谈伦理学中努力建构的一方面接受多元，另一方面坚持通过商谈取得共识的普遍理论，特别是他关于后形而上学时代的思考和他对人类命运的关切，也许可以和中国古老的“和而不同”原则一起，为21世纪不同文化的和平共处与共同发展，作出有益的贡献。

文化转型与文化冲突*

所谓文化转型是指在某一特定时期内，文化发展明显产生危机和断裂，同时又进行急遽的重组与更新，如西方的文艺复兴，中国的魏晋六朝时期和“五四”时期。文化发展总是通过“认同”和“离异”两种作用来进行。“认同”表现为与主流文化一致的阐释，是在一定范围内向纵深的发展，是对已成模式的进一步开掘，同时表现为对异己力量的排斥和压抑，其作用在于巩固主流文化已经确立的种种界限和规范，使之得以发达和凝聚。我国汉代的“罢黜百家，独尊儒术”，“定于一尊”就是一例。“离异”则表现为批判和扬弃，即在一定时期内，对主流文化否定和怀疑，打乱既成规范和界限，对被排斥的加以兼容，把被压抑的能量释放出来，因而形成对主流文化的批判，乃至颠覆。这种“离异”作用占主导地位的阶段就是文化转型时期。在这种时期，人们要求“变古乱常”，在一定程度上中断纵向的聚合，而以横向开拓为特征。横向开拓也就是一种文化外求，外求的方向大致有三：第一是外求于他种文化，如文艺复兴时期西欧文化对希腊文化的借助；汉唐之际中国对印度、西域文化的吸收；第二是外求于同一文化地区的边缘文化（俗文化、亚文化、反文化），如中国文学发展史中，词、曲、白话小说的成长都是包容了俗文化的结果；第三，外求于他种学科，如弗洛伊德学说与达尔文进化论对文学观念的刷新。

20 世纪后半叶，人类正在进入一个新的文化转型时期。30 年

* 原载《民族艺术》，1998 年第 1 期。

来，世界的巨变是过去任何历史时期都无法比拟的：电脑主宰了大工业生产，整个工业体系正在进行急遽的改组和更新，世界进入了信息时代。高速发展的电脑电讯、多媒体、互联网、信息高速公路正在极其深刻地改变着人类的思维方式、生活方式，以致生存方式；分割世界势力范围的殖民体系已经分崩离析，独立的亚、非、拉各民族国家构成了从未有过的、蓬勃发展的第三世界；作为20世纪前半叶帝国主义特征的垄断寡头经济被世界多元经济所代替，发达国家为了追求资源、廉价劳动力和市场，把他们的企业，包括技术、管理、名牌商标等和平转移到发展中国家，以获取更大利润，解救国内经济危机。他们需要的是没有罢工、没有动乱的稳定环境，因此，世界可能获得一段时间的和平，这就为人类文化的交流、转型、发展创造了条件。

另一方面，人对世界的认识能力有了极大的提高。20世纪前半叶，爱因斯坦的相对论、马克思主义的社会革命论、弗洛伊德的精神分析学分别使人类对自然、对社会、对人本身都有了全新的认识。20世纪后半叶，人类经历着认识论和方法论的重大转型，即在逻辑学范式之外，现象学范式得到了很大程度的应用和普及。

逻辑学范式，是一种形式分析，通过“浓缩”，将具体内容抽空，概括为最简约的共同形式，最后归结为形而上的逻各斯或黑格尔的绝对精神。从这种范式出发，每一个概念都可以被简约为一个没有具体内容、没有实质、没有时间的纯粹的理想形式，一切叙述都可以简化为一个封闭的空间，在这个固定的空间里，一切过程都体现着一种根本的结构形式。例如许多英雄神话的叙述都可归纳为：生—入世—退缩—考验—死—地狱—再生—神化这样一个结构。许多这样的叙述结构结合成一个有着同样结构的“大叙述”或“大文本”，体现着一定的规律、本质和必然性。

现象学范式与逻辑学范式不同，它研究的对象不是抽象的、概括的形式，而首先是具体的人，一个活生生地存在、行动，感受着痛苦和愉悦的人。现象学强调对自觉经验到的现象作直接的研究和描述，尽量排除未经验证的先入之见，强调“诉诸事物本身”，亦即对具体经验到的东西采取尽可能摆脱概念前提和用过去的知识进行理性分析的态度，“回到直觉和回到自身的洞察”。经过这一“还原”，一切已知的东西就成为感官中的现象，也就是通过直觉、想象等意识形式而被直接认识。这样的“还原”倒转了人们的认识方向，从面向客体转为面向意识。如果说过去逻辑学方式强调的是人对客观世界的种种现象和规律的认识，这些现象和规律对任何人来说都是一样的“客观存在”，那么，现象学范式所研究的重点则在于客观世界是如何被主体所认识的。现象学范式首先从人的意识出发，在这个人的周围，没有什么绝对固定不变的客体，一切都不是固定的，都随着这个具体人的知识结构、思维方式、心情和视角的变化而变化。因此，现象学研究的不是一个固定不变的几何学空间，而是不断因主体的激情、欲望、意志、思维方式的变动而变动的、开放的拓扑学空间。从现象学范式出发，后现代主义将人们习惯的深度模式解构了：现象后面不一定有一个共同的本质；偶然性后面不一定有一个共同的必然性；“能指”后面也不一定有一个固定的“所指”。中心被解构了：原先处于边缘的、零碎的、隐在的、被中心所掩盖的一切释放出新的能量；历史被解构为事件的历史和叙述的历史两个层面，事件被“目睹”的范围是很小的，我们多半只能通过叙述来了解历史，而叙述中材料的选择、详略、叙述角度和视野都不能不受主体的制约，所以说：“一切历史都是当代史”，也就是当代人所诠释的历史。当然，在现实生活中，逻辑学范式和现象学范式往往同时存在而运用于不同的领域，正如牛顿力学和量子力学可以运用于不同的领域一样。在文化研究的范围内，第二种范式起了消解中心，解放思想，逃离权威，发挥创造力等巨大作用，但它也导致了某种离散和互不相关，以致某种程度的社会解体。

由于物质世界和人类精神世界的巨变，人们不能不重新思考百年来主流文化的弊端并转而寻求横向开拓，以致力于新的发展。在这样的新的认识高度，回首百年历史，人们不能不看到百年来，人类被屠杀的数字远远超过了历史上任何一个世纪。帝国主义争夺市场的两次世界大战和不计其数的局部战争，使人类的自相残杀达到了空前的规模。高科技迅速发展带来的负面影响给人类生活造成了严重威胁：据统计，本世纪(20 世纪)原子能泄漏事件达 27 次之多，核试验、核废料污染不断；日本奥姆真理教集中了日本相当优秀的高科技力量，目的却在制造有最高杀伤力的毒气；能源枯竭，环境恶化就更不用提了。精神方面对人的残害也更远胜于中世纪，仅奥斯维辛集中营，便虐杀了 600 万犹太人！苏联的古拉格群岛、中国的“文化大革命”，对人性的屈辱和迫害也都是空前的。这一切都说明文化转型的需要已迫在眉睫。

然而，20 世纪末期毕竟是与过去不同了。瓜分势力范围、帝国主义大战、核战争、冷战等毕竟已是昨日梦魇。从目前情况来看，文化冲突(民族、宗教、权力、野心等)似乎已占引发战争因素之首位(西亚、非洲、中欧、俄罗斯、印度半岛皆不乏实例)，于是有了亨廷顿教授(Samuel Huntington)关于西方与非西方的文化冲突将引发世界大战的预言。这里对亨廷顿教授的预言先不置评，但他所提出的文化冲突问题的确是未来世纪最核心的问题之一。

文化冲突首先起源于文化压制。亨廷顿先生之所以紧张，首先是因为他从西方中心论出发，感到过去以西方为中心的文化建制正在衰落，随着殖民制度的崩溃，各民族文化正在彰显自己。对任何不带偏见者来说，这种彰显十分重要，因为没有差异就不会有发展。保存并发扬文化的多样性正是世界文化之幸，人类之幸。就举西方文化的发展为例，无论是非洲音乐对当代通俗音乐的影响，日本绘画对凡·高、莫奈的影响，中国建筑对欧洲建筑的影响……都可以充分说明当代欧洲艺术的发展确实得益于我们这个世界仍然存在的文化差异。英国哲学家罗素早就说过："不同文化之间的交流过去已被多次证明是人类文明发展的里程碑。希腊学习埃及，罗马借鉴希腊，阿拉伯参照罗马帝国，中世纪的欧洲又摹仿阿拉伯，而文艺复兴时期的欧洲则仿效拜占庭帝国"①。不同文化的差异构成了一个文化宝库，经常诱发人们的灵感和创造性而导致革新。如果不再有这些差异，也就不再有激发人们灵感和创造性的文化资源；尤其是在目前的文化转型时期，发掘不同文化(无论强弱)的特殊独创性，以解决人类面临的共同问题，使人类文化得到全面更新，这对于21世纪的人类命运实在太重要了！

然而，世界文化的多样性发展确实正在受到多方面的威胁。最明显的威胁就是顽固存在的各种文化中心论，首先是西方中心论。西方文化界许多人总是顽强地认为西方文化是最优越的，包含最合理的行为模式和思维方式，最应普及于全世界。在比较文学学科领域内，这种西方中心论更为突出。自从1886年英国学者波斯奈特(H. M. Posnett)第一次用"比较文学"命名他的专著到1986年中国比较文学学会成立，这一百年来比较文学发展的历史，几乎就是以泯灭亚、非、拉各民族文化特色为己任的历史。在比较文学极为兴盛的本世纪20年代末，著名的法国比较文学家洛里哀(Frederic Loliee)就曾在他那部名著《比较文学史》中公开作出结论：

> 西方之智识上、道德上及实业上的势力业已遍及全世界。东部亚细亚除少数偏僻的区域外，业已无不开放。即使那极端守旧的地方也已渐渐容纳欧洲的风气……从此民族间的差别将渐被铲除，文化将继续它的进程，

---

① 罗素(Bertrand Russeau)：《中西文化之比较》，转引自《一个自由人的崇拜》，8页，长春，时代文艺出版社，1988。

> 而地方的特色将归消灭。各种特殊的模型，各样特殊的气质必将随文化的进步而终至绝迹。到处的居民，将不复有特异于其他人类之处；游历家将不复有殊风异俗可以访寻，一切文学上的民族的特质也都将成为历史上的东西了。……总之，各民族将不复维持他们的传统，而从前一切种姓上的差别必将消灭在一个大混合体之内——这就是今后文学的趋势。①

不言而喻，作为核心，统治这个“大混合体”的当然是欧洲(包括美国)，而在他看来，实现这样的趋势，正是比较文学的最终目的。现在看来，这样的主张自然是近乎天方夜谭，但在前半个世纪，认同这种思想的比较文学家恐怕也还不在少数；今天它也还蛰伏在许多西方学者的灵魂深处。要改变这种现象远非一朝一夕之事。意大利比较文学家——罗马知识大学的阿尔蒙多·尼兹(Armando Gnisci)教授把对西方中心思想的扬弃这一过程称为一种“苦修”。他在《作为非殖民化学科的比较文学》一文中说：

> 如果对于摆脱了西方殖民的国家来说，比较文学学科代表一种理解、研究和实现非殖民化的方式，那么，对于我们所有欧洲学者来说，它却代表着一种思考、一种自我批评及学习的形式，或者说是从我们自身的殖民中解脱的方式。这并非虚言，条件是我们确实认为自己属于一个“后殖民世界”，在这个世界里，前殖民者应学会和前被殖民者一样生活、共存。我说的“学科”与西方学院体制的专业领域毫无关系，相反，**它关系到一种自我批评以及对自己和他人的教育、改造。这是一种苦修**(askesis)。②

可见先进的西方知识分子已经觉悟到在后殖民时代抛弃西方“中心论”的必要和困难。

其实，也不仅是西方中心论，其他任何以另一种中心论来代替西方中心论的企图都是有悖于历史潮流，有害于世界文化发展的。例如有人企图用某些非西方经典来代替西方经典，其结果并不能解决过去的文化霸权问题，而只能是过去西方中心论话语模式的不断复制和新的霸权的出现。中国中心论也不能不

---

① 洛里哀：《比较文学史》，352页，上海，上海书店，1989。

② 阿尔蒙多·尼兹：《作为非殖民化学科的比较文学》，《中国比较文学通讯》1996年第1期，5页。

说是一种潜在的威胁。中国本来就有“中央之国”“定于一尊”“统一至上”的传统，一旦“阔”起来，就难免会陶醉于“21 世纪是中国人的世纪”，“过去西风压倒东风，现在轮到了东风压倒西风”之类的好梦。

更有甚者，还有某些“政治家”公然以维护文化一元化，将本国文化中心论强加于人作为统治国家的首要决策。前面提到的亨廷顿教授最近就著文宣称：虽然“美国的流行文化和消费品席卷全世界，渗透到最边远和最抗拒的社会……在经济、意识形态、军事技术和文化方面居于压倒优势”，但美国“要想重新唤起较强的国家特性感，还需要战胜美国存在的崇尚多样性及多文化主义的思想”，他甚至得出结论说：“如果多元文化盛行，如果对开明的民主制度的共识发生分歧，那么，美国就可能同苏联一道落进历史的垃圾堆!”为了维系这种“共识”，“增强人民之间的凝聚力”，就必须制造一个“假想敌”。① 由此可见，要削弱各种“中心论”，走向文化的多元化实在还有很长的路程。

危害世界文化多元发展的，除了各种中心论之外，更其严重的是科学的挑战。毋庸讳言，高速发展的电脑电讯、多媒体、互联网、信息高速公路正在极其深刻地改变着人类的思维方式、生活方式，以致生存方式。如果说前一个世纪之交，科学把人类引入到一个以原子为核心的物理世界，那么，在眼前的世纪之交，科学正在把我们引入一个崭新的以“比特”(bit，信息的基本单位)为核心的信息世界。信息网络使人们进入了一个“数字化生存”的时代。一切都可化作数字，通过电脑进行运算。这种运算不仅是数值运算，而且也包括逻辑判断和思维推理，因而大大促进了体力劳动向脑力劳动的转化，并取代了大量人类的脑力劳动。据估计，全世界汽车马力的总和是人类体力的 100 倍，而全球两亿台计算机的处理能力则是全人类计算能力的 33 万倍！多媒体作为互联网的终端，融合了电话、电视、电脑三种主要传媒的功能于一体，用声音、图像、文字和数据以及活动影像等多种媒介来传送信息，为经济、政治、教育、文化、艺术、医疗、商务、金融、娱乐等社会生活的各个领域提供服务，制约着人类的思考和判断。目前，国际互联网已联结全世界近一亿人口，并正以空前速度向前发展。②

---

① 塞缪尔·亨廷顿：美国国家利益受到忽视，美国《外交》杂志 1997 年 10 月号，译文见《参考消息》1997 年 10 月 16—18 日第 3 版。

② 参阅孙晓礼、刘华杰在“未来十年这个和欧洲社会最关切的问题”国际学术讨论会上的发言(即将发表)。

信息交往首先要有双方都能解码的信息代码。目前网络上通行的是英文，首先是ASCII(American Standard Code for Information Interchange)，即“美国信息交换标准代码”。虽冠以“美国”二字，但实际上已是国际标准代码。这种以某种语言为主导的跨国信息流是否会压抑他种语言文字从而限制人类文化的多样性发展呢？更严重的是信息的流向远非对等，而是多由发达国家流向发展中国家。随着经济信息、科技信息的流入，同时也会发生意识形态、价值观念和宗教信仰等文化的“整体移入”，以致使其他国家民族原有的文化受到压抑，失去“活性”，最后使世界文化失去其多样性而“融为一体”！历史已经证明任何“文化吞并”、“文化一体化”的企图都只能带来灾难性的悲剧结局。这将是下一世纪世界文化发展的重大危机，也是全人类在21世纪不得不面临的新问题。

世纪末文化危机的另一来源是文化相对主义。文化相对主义的本义是将事物和观念放到其自身的文化语境内去进行观照的一种方式，它赞赏文化的多元共存，反对用产生于某一文化体系的价值观念去评判另一文化体系；承认一切文化，无论多么特殊，都自有其合理性和存在价值，因而应受到尊重。正如文化相对主义的重要理论家赫斯科维奇所指出：“文化相对主义的核心是尊重差别并要求相互尊重的一种社会训练。它强调多种生活方式的价值，这种强调以寻求理解与和谐共处为目的，而不去评判甚至摧毁那些不与自己原有文化相吻合的东西。”①

文化相对主义认为，文化差异是现阶段普遍存在的现实，正是这些差异赋予人类文化以多样性。事实上，正是由于差异的存在，各个文化体系之间，才有可能相互吸取、借鉴，并在相互比照中进一步发现自己。正如苏轼所说，“不识庐山真面目，只缘身在此山中”，必须从外部，从另一种文化的陌生角度来观察自己，才能看到许多从内部无法看到的东西。近代社会，特别是以电脑电讯化为主的第三次工业革命以来，人们关于其他文化的知识逐渐丰富，又由于帝国主义时代告终，殖民体系土崩瓦解，原帝国主义国家的文化影响力相对减弱，各个新的独立国都在致力于寻回并发扬光大自身原有的文化，这些新的发展迫使原有的强势文化不能不改变自己的思考方向。在这种情况下，文化相

① 赫斯科维奇(Melville J. Herskovits)：《文化相对主义——多元文化观(*Cultural Relativism: Perspectives in Cultural Pluralism*)》，32—33页，纽约，蓝多出版社(Random House)，1972。

对主义有了很大发展。文化相对主义相对于过去的文化征服(教化或毁灭)和文化掠夺来说，无疑是很大的进步，并产生了重要的积极作用；但是，另一方面，文化相对主义也显示了自身的矛盾和弱点。例如文化相对主义承认并保护不同文化的存在，反对用自身的是非善恶标准去判断另一种文化，这就有可能导致一种文化保守主义的封闭性和排他性，只强调本文化的优越而忽略本文化可能存在的缺失；只强调本文化的“纯洁”而反对和其他文化交往，甚至采取文化上的隔绝和孤立政策；只强调本文化的“统一”而畏惧新的发展，甚至进而压制本文化内部求新、求变的积极因素，结果是导致本文化的停滞，以致衰微。此外，完全认同文化相对主义，否认某些最基本的人类共同标准，就不能不导致对某些曾经给人类带来重大危害的负面文化现象也必须容忍的结论；例如日本军国主义和德国纳粹也曾是在某一时代、某些地区被广泛认同的一种文化现象。事实上，要完全否定人类普遍性的共同要求也是不可能的，如丰衣足食的普遍生理要求、寻求庇护所和安全感的共同需要等等；况且，人类大脑无论在哪里都具有相同的构造，并具有大体相同的能力，历史早就证明不同文化之间的相互理解、相互吸收和渗透不仅是完全可能的，而且是非常必要的。最后，处于同一文化中的不同群体和个人对于事物的理解也都不尽相同，因为人们对事物的认识总是与其不同的生活环境相联，忽略这种不同，只强调同一文化中的“统一”，显然与事实相悖。文化相对主义本身所包含的这些缺陷于是发展为世纪末另一方面的文化危机。

特别是由于文化多元发展遇到的种种阻碍和挫折及其远非乐观的前景，一部分有识之士感到自身民族文化被淹没以致消亡的可能，奋起突出彰显本民族文化，这对于保护和发展世界文化的多样性无疑具有极为重要的意义。遗憾的是在这一潮流中，文化相对主义发展为封闭、孤立、倒退的文化孤立主义。文化孤立主义无视数百年来各民族文化交往，相互影响的历史，反对文化交往和沟通，要求返回并发掘“未受任何外来影响的”“以本土话语阐述的”“原汁原味”的本土文化。其实，这样的本土文化是根本不存在的。如果我们说的不是“已成的”、不变的文化遗迹如青铜器、古建筑之类，而是不断发展和积累的文化传统，那就必然蕴涵着不同时代、受着各个层面的外来影响的人们对各种文化现象的选择、保存和创造性诠释。企图排除历时性和并时性影响(超越时间和空间)去寻求本源，结果必然发现葱头剥到最后原来是空的。

文化孤立主义常常混迹于后殖民主义的文化身份研究，但它们之间有根本的不同。后者是在后殖民主义众声喧哗、交互影响的文化语境中，从历史出发为自身的文化特点定位；文化孤立主义则是不顾历史的发展，不顾当前纵横交错的各方面因素的相互作用，只执着于在一个封闭的环境中虚构自己的“文化原貌”。由此出发，就导致一种文化上的封闭性和排他性：只强调本文化的优越而忽略本文化可能存在的缺失；只强调本文化的“纯洁”而反对和其他文化交往和沟通，惟恐受到“污染”；只强调本文化的“统一”而畏惧本文化内部的必然差异，特别是畏惧新的发展，以致对外采取文化上的隔绝和孤立政策，对内压制本文化内部求新、求变的积极因素，结果是导致本文化的停滞，以致衰微。为保卫这种顽固的孤立和隔绝而引发战争也并非不可能。

综上所述，可以看到随着21世纪的到来，人类文化正面临一个比以往任何时期都更加深刻的文化转型时期，这一转型时期包含着多方面的危机：一方面是各种文化中心论仍然有形无形地对他种文化进行压制，威胁文化的多元发展，使文化的多样性日益削弱，导致世界文化资源无可挽回地流失，这种压制必然引起文化冲突，乃至诱发战争；另一方面，文化相对主义所造成的文化孤立和隔绝不能不引起一种文化与他种文化的对抗，这种对抗同样有可能诱发战争，同时又引向自身文化的衰微以致绝灭；另外，自然科学作为人类已难于控制的一种力量也向未来人类文化的多元发展提出了严峻的挑战。面对这样一些严重问题，面对即将到来的21世纪，研究人类历史和现状的人类学，研究人类心灵的文学，还有其他文化学、民族学等学科都应作出自己的回答。

中西跨文化研究五十年*

20 世纪 50 年代以来，世界殖民体系分崩离析，独立的亚、非、拉各民族国家构成了蓬勃发展的第三世界；作为 20 世纪前半叶帝国主义特征的垄断经济和帝国主义战争已逐渐被世界各国经济紧密联系的发展趋势所代替；另一方面，20 世纪后半叶，人类经历着认识论和方法论的重大转型，即在逻辑学范式之外，现象学范式也得到了广泛应用。逻辑学范式将一切思想和叙述概括为最简约的共同形式，如正—反—合的发展过程，这个过程包罗万象，构成了具有一致性的“大文本”或“大叙述”。现象学范式与逻辑学范式不同，它研究的对象不是抽象的、概括的形式，而首先是具体的人，它强调对具体经验到的东西采取尽可能摆脱概念前提的态度，“回到直觉和回到自身的洞察”。原来的“大文本”或“大叙述”被解构了，原先处于边缘的、零碎的、隐在的以及被“大文本”或“大叙述”所掩盖的一切，释放出新的能量：虽然它也导致了某种离散和互不相关，但它所起的消解中心、解放思想、逃离权威、发挥创造力等的巨大作用，的确对世界文化的多元发展起了不可低估的作用。加以高科技传媒的飞速发展，文化的交流和传播一般来说已较难受到阻扼：这一切都为文化的多元发展创造了极好的条件。

然而，另一方面，当前文化的多元发展也受到多方面的威胁。最明显的威胁首先是顽固存在的各种文化中心论：首先是西方中心论，而某些“东方中心论”又重复着西方中心论的老路。另外，原有

---

* 原载《上海社会科学院学术季刊》，1999 年第 4 期。

利于文化多元化的文化相对主义也可能转变为封闭、排他的文化部落主义：只强调本文化的优越而忽略他文化的优点以及自身可能存在的缺失；只强调保持本文化的“纯洁”而反对和其他文化交往，甚至采取文化上的隔绝和孤立政策，结果是本文化的停滞、衰微，以致绝灭。加以世界进入信息社会，以某种语言文字为主导的跨国信息流很可能会压抑他种语言文字，从而限制人类文化的多样性发展；特别是信息的流向远非对等，而是多由发达国家流向发展中国家。随着经济信息、科技信息的流入，同时也会发生意识形态、价值观念和宗教信仰等文化的“整体移入”，以致使其他国家民族原有的文化受到压抑，失去“活性”，最后使世界文化失去其多样性而“融为一体”！历史已经证明任何“文化吞并”“文化一体化”的企图都会削弱文化的多样性，带来灾难性的结局。

经济、科技全球一体化和保持文化多元化的矛盾将是全人类在21世纪不得不面临的新现实。如何根据各民族文化的丰富资源，化解这一矛盾，使世界文化沿着健康的方向发展，是人类进入21世纪首先要考虑的问题，而异质文化之间的相互对话和沟通，以达到互相真诚理解和宽容的目的，实在是促进这一矛盾转化的关键之关键。千百年来，世界各国各民族的知识分子为达到这一目的，进行了不懈的努力，特别是在20世纪后半叶(第二次世界大战后)，由于上述经济、政治、文化、思想各方面的急速变化，这方面的研究和探讨更是蓬勃发展，硕果累累。跨文化研究(或比较文化研究)是促进异质文化间对话和沟通的最重要的一种手段，必将在21世纪文化研究界占有极其重要的地位。在这世纪末的深处，展望和迎接即将到来的新的千年，系统整理已然逝去的20世纪后半叶中国跨文化研究的成果，探讨其存在的问题，把握其跳动的脉搏，显然是面向新世纪的一项十分必要而极有意义的工作。

新中国成立初期的跨文化研究

中国自20世纪以来，已逐渐培养出一批博古通今、学贯中西、具有世界水平的一流学者，如王国维、陈寅恪、钱锺书、冯友兰、汤用彤、朱光潜、吴宓等。他们和他们的学生，特别是他们所建构的学术环境(尤其是清华大学)为中国的跨文化研究奠定了最初的基础。

在解放初期的15年里，余荫所及，还出现了相当一批很有分量的跨文化研究学术专著。其中如季羡林的《中印文化关系史论丛》、齐思和的《中国和拜占廷帝国的关系》、贺昌群的《古代西域交通与法显印度巡礼》、朱谦之的《中国古代乐律对于希腊之影响》、王光祈的《东西乐制之研究》等，都是一时难以企及的学术精品。在这一段时间里，各种报刊有关跨文化研究的讨论始终不断。如朱谦之的《十八世纪中国哲学对欧洲哲学的影响》、张铁东的《中英两国最早的接触》、何兆武的《广学会的西学与维新派》、范存忠的《〈赵氏孤儿〉杂剧在启蒙时期的英国》、朱光潜的《基督教与西方文化—— 一种重新估价的尝试》等等，都是材料翔实，立论有据，文风朴实，与同一时期大量存在的、以为“真理”在手因而盛气凌人的行文作风全然不同。

但是，这一时期最突出的文化现象还是向苏联“一边倒”，大量强制性地灌输苏俄文化。应该说，这对于帮助中国走出封建文化，培养一代新人起了一定作用；但这种强制性文化灌输的负面影响也不容低估。特别是作为苏共中央文件下达的、充满极左教条主义的日丹诺夫的三个报告更是如此。如他的《关于〈星〉与〈列宁格勒〉两杂志的报告》将文学定位于“对人们进行政治教育”，对中国文学创作和文学评论在很长时期内都成为一种独断的遏制；他的《在关于亚历山大洛夫著〈西欧哲学史〉一书的讨论会上的演辞》，提出哲学就是要“以新的、有力的意识形态武器来武装我们的知识分子、我们的干部、我们的青年”，从此，哲学研究不再有自由思想，一切马克思主义之外的西方哲学都被当作资产阶级的腐朽意识“扔进了历史的垃圾堆”；他的《在联共(布)中央召开的苏联音乐家会议席上的演辞》大反西方音乐的“形式主义”，为中国艺术的发展从根本上划定了条条框框。我国人文学科长期缺乏独创性，比较停滞，不能不说与此有关。

与此同时，从批判胡适的实用主义，清算他与西方文化思想的关系开始(1954)，中国对20世纪前半叶传入的，除“苏式”马克思主义以外的西方思想影响进行了全面扫荡。这种在文化方面的灌输和扫荡带有很强的政治强制性，既不同于本世纪初的自由介绍、自由选择，也不同于过去宗主国向殖民地进行文化灌输的旧模式，其经验教训仍是今天的跨文化研究中一个必须认真总结和深入研究的课题。

1957年“反右”运动之后，20世纪以来曾经蓬勃发展的跨文化传输和跨文化研究渐趋沉寂，大批判文章铺天盖地。但在60年代初期，也还有一些可读的文章，即便是批判文章也如此。如贺麟的《朱光潜文艺思想的哲学根源》从7个方面总结了朱光潜文艺思想的哲学基础，其学术词汇虽有某些过度“意识形态化”之嫌，然而毕竟不同于寻常之辈，在批判中却也能显示出作者的深厚学养；再如徐绪典的《论太平天国的拜上帝会与基督教的关系》，虽然囿于时见，“爱”“憎”分明，然其所述拜上帝会对基督教的曲解与改造，则充分显示了接受者的传统文化在中西文化之影响中会留下怎样深刻的印痕。

60年代，在跨文化研究方面不能不提到的是1961—1964年前后，史学界围绕世界历史的撰写问题展开的对“欧洲中心论”思想的反思与批判。周谷城先生在《历史研究》1961年第2期上发表了题为《论世界历史发展的形势》的文章，提出世界历史“既不应以欧洲为中心，更不应以亚洲为中心”，此文在史学界产生了很大的反响，西南师范学院历史系连续召开研讨会，围绕该文着重讨论了在世界历史研究中如何击破“欧洲中心论”及建立世界史新体系的问题，《文汇报》对此进行了追踪报道。吴于廑先生发表于《江汉学报》1964年第7期上的《时代与世界历史——试说不同时代关于世界历史中心的不同观点》，堪称此一讨论的总结性文章。文章开宗明义，指出一部名副其实的世界史，必须体现世界的观点，即排除地域或种族的偏见。吴先生对古代与近代各种世界历史著作进行了批判性的审视和比较，对现代世界史上“近东”“中东”“远东”等词汇的使用及以势力强弱对比为依托的撰写策略进行了深刻反思，提出新的世界史必须只有两重标准：一是它必须体现与世界历史的一致性，二是必须说明世界历史由闭塞的、非整体的达到整体性的发展。文章高屋建瓴，代表了当时的史学水平。

文学方面的跨文化研究则有钱锺书先生的《通感》(1962)、《读拉奥孔》(1962)和《论林纾的翻译》(1964)。这些论文都是在世界文艺理论的语境中，以中国诗学为本，参较他国学术，广征博引，缜密入思，具有常人难以企及的广度和深度，开创了“以中释西”、“以西释中”的“双向阐释”的先河。《论林纾的翻译》通过分析林纾译本前后两个时期的不同表现，总结出不少有关译事的珠玉之论，堪称现代译介学的典范之作。

此外，较多的是有关鲁迅对于中西文化汇通的研究。50年中，最早出现的探讨外国文学对于鲁迅创作之影响的文章，是冯雪峰发表于《新华月报》1949年第12期的《鲁迅创作的独立特色和他受俄罗斯文学的影响》。另外，值得一提的还有曹未风的《鲁迅与外国文学》、乐黛云的《“五四”以前的鲁迅思想》。它们在鲁迅研究中，自觉地以跨文化眼光来审视鲁迅作品的内容和思想特色。前者将鲁迅与外国文学的关系分为三个不同的发展阶段，宏观把握中有微观分析；后者则深入探讨了“五四”以前鲁迅先生的思想递嬗及其与外国文学的关系，具体剖析中见总体归纳。

在新时期的前夜

1977—1979年，短短3年，正是即将到来的改革开放大潮的前夕。在此期间，跨文化研究的文章迅速增加，其中不少论文在研究的领域、范围、对象等方面都具有开拓性和创造性，昭示着一个新时代的来临。如邢贲思的《哲学与宗教》(1978)、陈元晖的《严复和近代实证主义哲学》、冯天瑜的《利玛窦等耶稣会教士在华学术活动》、杨宪益的《译余偶寄——安徒生神话里的皇帝的新衣》等等。这些文章多少暗示了意识形态领域的松动迹象，但相比于数量方面的收获，质量方面显然不尽如人意。

作为跨文化研究里程碑的学术巨著是1979年出版的钱锺书先生的《管锥编》4卷。

《管锥编》最大的贡献就在于纵观古今，横察世界，从“针锋粟颗”之间，突显出互为参照的各种重要文化现象。全书围绕《周易正义》《毛诗正义》等10种中国传统文化原典，引用800多位外国学者的1000种著作，结合中外作家3000余人，阐发自己对世界各种文化现象的看法。他特别强调“打通”二字，即突破时间、地域、学科、语言等各种界限和壁垒，以新的学术视野来进行新的学术研究。他提出“人文科学的各个对象彼此系联，交互渗透，不但跨越国界，衔接时代，而且贯串着不同的学科”(《诗可以怨》)。但他认为不必用很多精力去建立什么庞大体系，以为可以用它来限制和约束客观世界，实际却无法做到。他认为应重在深邃、鲜明的个人真实体验。他的这些思想，继承了中国从具体事物出发的传统观念，又与前面谈到的现象学思维方式相关联，为后来的中国跨文化、跨学科研究和其他学术研究提供了很好的思考基础。

同年出版的还有杨绛的《春泥集》、王元化的《文心雕龙创作论》、李泽厚的《批判哲学的批判》等等。这些著作都是在多种文化对话的基础上立论，内力浑厚，绝非一二年时间便可成就，显然是孕育了相当长的时期，不仅具有独特的学术价值，而且能让人把握到一种难能可贵的冷静和洞穿历史的智慧。

综观50年来，前30年之跨文化研究，其成就显然应该更大。所以受到局限，主要是闭门锁国的直接结果；加以在学术领域过度政治化和意识形态化的情况下，跨文化研究总要“涉外”，危险更大。例如朱谦之先生的《十八世纪中国哲学对欧洲的影响》发表后，很快被批判者冠以“反马克思主义”和“反爱国主义”的帽子，徐中玉先生的《文学的民族意义、全人类意义和人民性的关系》则被视为“右派分子”向党射出的“蒙着糖衣”的“毒箭”。在这种风气中，一批学贯中西、学养深厚的学者不敢轻易涉猎跨文化研究，更谈不上作思想深层的参较辩驳了，这对于我国的跨文化研究事业，不能不说是一大损失。

80 年代：横向开拓

80 年代是一个以文化外求、横向开拓为主的时代。事实上，可以说中国大陆的整个 80 年代都是沟通中外、以他种文化为镜、反思本民族文化、以求奋进、以求新生的跨文化研究蓬勃开展的时代。

80 年代，人们首先面临的就是如何走出几千年的旧传统和数十年来形成的“新传统”，真正“面向世界，面向未来”！首开风气之先的是金观涛等人主编的数十本《走向未来》丛书。这套丛书深入浅出、比较全面地介绍了西方最新思潮，以及西方学者正在思考的问题。这一切对闭门锁国达 30 年之久的 30 岁左右的青年人来说，都是既新颖又刺激，在很大程度上激发了他们研究中国文化和西方文化的兴趣。

接着是中国第一个民办教育团体——中国文化书院举办了第一届中西比较文化函授班（两年毕业），他们编写了比较文学、比较教育学、比较心理学、比较哲学、比较史学、比较法学、比较美学、比较宗教学、比较伦理学、比较方法论、马克思主义文化学、中国文化概论、日本文化概论等 14 种教材。这个函授班盛况空前，正式参加学习的学员 1 万余人，包括新疆、西藏等边远地区。教学除通过教材和函授报进行外，还组织了电视远距离教学和多次按地区面授，最后，大部分学员写了有关比较文化的毕业论文，其中有的还发表于报章杂志。在推广和普及跨文化研究方面，这个函授班无疑留下了不可磨灭的纪念。中国文化书院还组织编定了《神州文化丛书》100 本，其中包括了《中印文化交流史》（季羡林）、《伏尔泰与孔子》（孟华）、《中国文化在朝鲜半岛》（魏常海）、《中国文化在日本》（严绍璗）、《中国文化在俄罗斯》（李明滨）、《利玛窦与徐光启》（孙尚扬）等重要跨文化研究著作。

80 年代中后期，跨文化研究越来越向理论的深度开拓。改进传统思维方式，更新知识结构的迫切需要大大促进了译介西方理论，同时又联系西方理论，反思中国的实际问题。特别是三联书店组织出版的甘阳和刘小枫等人主编的数十本《学术文库》、数十种《新知文库》、十余本《文化：中国与世界》丛刊更是为提高中国学术界的理论水平，进一步促进跨文化研究立下了不朽功勋。

事实上，正是《走向未来》丛书、中国文化书院中西比较文化班和以《文化：中国与世界》为核心的青年学术群体，以及稍后由王元化在上海创办的《新启蒙》杂志和其他一些赞成并倡导“面向世界，面向未来”的学术力量合力掀起了横向开拓，以跨文化传输与研究为主体的中国大陆的“文化热”。

所谓“文化热”的出现决非偶然，这首先是“四个现代化”提出后的一种积极反响。当时有识之士普遍感到现代化不能只限于经济和科学技术层面，更重要的是应该与文化深层的现代化相配合，其中包括价值观念、思维方式的更新，对我国新旧传统的历史反思等。为达到这一目的，不能不寻求新的参照系，因此急于介绍近世西方思想文化的进展，力求在世界语境中探讨我国现代新文化建设的路向。与此同时，人们普遍认识到被称为“十年浩劫”的“文化大革命”，其起因正是数十年来形成的极左教条主义与几千年腐朽的封建旧传统之间共谋的结果。要彻底改变现状，铲除两者盘根错节的影响，就必须横向开拓，借助外来文化的力量。于是，近世西方思潮如存在主义、现象学、分析哲学、科学哲学、新历史主义、女性主义、后殖民主义、西方马克思主义、结构主义、解构主义、阐释学，以及文学方面的各种理论在 80 年代被大量引进，人们再一次掀起了“向西方寻求真理”的热潮。

学术研究在拓展新的视野，寻求新的方法，建构新的理论。在跨文化研究领域中，比较文学首先吹响了新时期的号角。仅仅 1981 年一年间就出现了很多倡导比较文学的文章，如《什么是比较文学》(李赋宁：《外国文学》)、《钱锺书与比较文学》(张隆溪：《读书》)、《浅谈比较文学》(陆凡：《文史哲》)、《漫谈比较文学与中国现代文学研究》(乐黛云：《大学生丛刊》)、《比较研究与比较文学》(刘介民：《文艺报》)等等，倡导比较文学的文章一时如雨后春笋。比较文学作为一门长久被遗忘的、既旧且新的学科引起了学术界的广泛兴趣。

在比较文学研究的实践方面也取得了巨大的收获，80 年代初期，出现了一些重要专著与论文：如钱仲联的《佛教与中国古代文学的关系》(1980)、季羡林的《中印文化关系史论文集》(1982)、唐弢的《西方影响与民族风格——中国现代文学发展的一个轮廓》(1982)、杨周翰的《攻玉集》(1983)、金克木的《比较文化论文集》(1984)、王瑶的《中国现代文学与外国文学的关系》(1986)等。卢康华、孙景尧的《比较文学导论》(1984)则第一次使中国比较文学取得了理论与体系的形态，开始了它的学科与理论的建设阶段。另外如钱学森、刘再复的《文艺学·美学与现代科学》(1985)开创了跨学科研究的新方向，王佐良的《论契合：比较文学研究集》(1985)讨论了异质文化之间文学的契合，曾小逸编的《走向世界文学：中国现代文学与外国文学》(1985)等初步总结了“五四”以来中国文学与外国文学的关系。这一时期，比较文学很快成为“显学”，各种著作风起云涌，但也有一些在开创中难于避免的缺点。例如在中外文学关系的研究方面，“X 与 Y”(某中国作家与某外国作家)和“X 在 Y”(某外国作家在中国或某中国作家在外国）的模式逐渐形成而且泛滥。但这类文章也有颇具深度的，如戈宝权的《普希金与中国》、阿英的《易卜生作品在中国》等。但大部分由于研究方法、视角及模式较为单一，对于双方的精神、情感、气质、心理等方面的内在契合较少有深层的开掘。1987 年出版的《中国比较文学年鉴》全面追述了中国比较文学发展的历史及其在 80 年代上半叶复兴的各种资料与历程。

80 年代后期，中国大陆的比较文学研究，较前期更为活跃，也更成熟。学术专著的出版呈现出明显的加快趋势。许多出版社都纷纷把目光投向比较文学和比较文化研究领域，湖南文艺出版社率先出版了一套比较文学研究丛书，该丛书 12 本，分三辑，第一辑是《比较文学导论》《比较文学原理》等基本理论建设，第二辑是“中日”“中印”等中外文学关系，第三辑是外国学者论中国文学。与此同时，出现了北京大学比较文学丛书和河北人民出版社的比较文化丛书。一批颇有分量的比较文学专著相继出现，如乐黛云的《比较文学原理》（1987）、严绍璗的《中日古代文学关系史稿》（1987）、王晓平的《近代中国文学交流史》（1987）、郁龙余的《中印文学关系史》（1987）、陈思和的《中国新文学整体观》（1987）、刘海平的《中美文化在戏剧中交流——奥尼尔与中国》（1988）、曹顺庆的《中西比较诗学》（1988）、李达三和刘介民的《现代中西比较文学研究》（1988）、王丽娜的《中国古典小说名著在国外》（1988）、温儒敏的《新文学现实主义流变》（1988），以及陈惇和刘象愚的《比较文学概论》（1989）、饶芃子的《中西戏剧比较教程》（1989）等。比较文学研究遂成风气，贯穿了整个 80 年代的文学研究领域，并刺激了其他学科的跨文化研究的发展。

当然，比较文学研究仅仅构成 80 年代中国跨文化研究的很小的一部分。整个 80 年代，跨文化研究在各个学科都得到了广泛的开展。周谷城的《中外历史的比较研究》（1981）开风气之先，接着出现了许多有关文、史、哲、宗教、艺术等各方面的比较研究的篇章和专著。周一良的《中外文化交流史》（1987）、郎绍君的《艰难的必由之路——近代中国引入西方美术的回顾与思考》（1987）、陈平原的《在东西方文化碰撞中》（1987）、金丹元的《比较文化与艺术哲学》（1989）等等都是一时之选。

与此同时，中国人类学的研究也达到了一个新的高度，这与当时国内学术界对西方学术的重视是分不开的。当时，我国大量翻译的西方学术著作中，也包含了许多有关人类学的西方学术名著，如弗雷泽的《金枝》、列维·布留尔的《原始思维》、列维·斯特劳斯的《野性的思维》等。西方的人类学理论进入中国后，不再只限于田野调查或对实证性民族心理结构的分析，而是将西方人类学的成果运用到对我国传统文化的研究和解读中去，在我国形成了一个更加宽广的学术视野，即新兴的文化阐释学或文化人类学。1989年出版了萧兵的《中国文化的精英——太阳英雄神话比较研究》，对东西方神话中有关太阳神世系的神话进行了人类学方法的探讨，引起了强烈的反响。但作为中国文化人类学代表的《中国文化的人类学破译》8卷则主要写成于90年代。这部数百万字的丛书用现代的、世界的眼光重新诠释中国原典，使其真正成为人类共享的思想文化资源。《诗经的文化阐释》(叶舒宪)、《楚辞的文化破译》(萧兵)、《庄子的文化解析》(叶舒宪)、《老子的文化解读》(萧兵、叶舒宪)等都是追求跨文化的融会贯通，超越东西方文化的简单价值判断，竭力探寻人类共有的、具有相对普遍适应性的原型、象征模式，一方面使长期以来限于单一范围内的传统训诂——文献学研究在世界范围内重新寻找到自己的位置，另一方面又借文化人类学的普遍模式的演绎功能使传统考据学所不能彻底认知的远古文化"密码"在跨文化的比较分析和透视下得到破解。《中国文化的人类学破译》所进行的研究既发掘了自身文化的特点，又促进了不同文化之间的沟通、理解和互补、互利。它正是20世纪后50年跨文化研究结成的一个硕果。

90年代：全球化与本土化

80年代的横向开拓，对西方学术文化资源的大量引进，激起了人们的忧虑和反思。中国数千年古国文明会被覆盖淹没吗？西方学术文化资源真能解决中国的实际问题吗？再进一步考虑，在经济全球化、科技一体化的不可避免的大趋势下，如何才能保持文化的多元发展？中国传统文化能立足于世界现代文明之外而始终不变，永远保持"原汁原味"吗？如果不能，又如何使之在原有基础上适应现代需要，发展为新的中华文明？归根结底，还是讨论了100多年的古今中外的关系问题。不同的是90年代的讨论不能不在全球化和多元化的新形势下进行，因此，大部分讨论都与跨文化研究直接有关。

为回答以上问题，90年代初期出现了目标相同而表现形式不同的两种潮流。一是引进西方后现代主义的平面化、零碎化观念，冲击一体化、中心化的独断专行。他们认为今天文明所面临的是"现代主义文化的国际风格正被多元化的、平面化的具有本土色彩的后现代性所取代"(张颐武：《第三世界文化与中国文学》)，而"我们正置身于杂语喧哗中"(王一川：《从单独独白到杂语喧哗》)，这是国际大趋势，而为了"在国际化的过程中如何不失去本来文化的同一性"，"加大文化研究的力度，从理论和实践上看出相应的对策"，无疑成为

"知识界面临的一项重要任务"(王逢振:《文化交流中文化的同一性》)。他们的目标是通过对一体化、一元化的对抗达到保存多样性、独特性和自身特点的目的。

另一种潮流是1992年前后悄然兴起的"国学热"。他们的目标也是保存自身文化的特色并使之发扬光大。但他们中间的一部分人认为,要达到这一目的,只能从过去的传统文化中寻找资源,甚至认为人类文化所有的精华都已存在于我们的民族文化之中,无须外求;而外来的东西并不能解决我们自身的问题,引进也无益。这样,就必然会逐渐引向排外和封闭,不能很好地吸收已经适应了现代化、现代社会的外来文化资源。结果不是走向狭隘的民族主义,就是走向使自身文化在封闭中萎缩的文化部落主义。因此,必须把"现代对传统的超越复归"与"传统文化的现代化转化"二者结合起来。正如郑敏在其《解构思维与文化传统》一文中所说:"创新的过程必然是从传统出走,但也必然又对传统多次回归……当创新之灵出走而忘返,追随异国他乡文化而去,我们需要对它呼唤,呼唤它回归母体,将它的'新'带给母体……这正是21世纪汉文化传统创新与回归的使命。"

要完成这种创新与回归,就必须"真正把中国传统文化放在整个世界文化发展的总趋势中来考察,使中国文化的真精神和当前时代的要求接轨"(汤一介:《文化热与国学热》),也就是要在全球意识的观照下发展自身的民族文化。所谓在"全球意识观照"下,就是要关注全人类正在关注的大问题,考虑自身的民族文化对解决这些大问题能提供哪些独特有用的资源和贡献。这样,这个过程就会成为一个双向发展的过程,一方面,自身文化将有益于世界文化的发展;另一方面,自身文化在成为世界新文化的一个重要组成部分的同时也会相应地改变和更新,发扬自己的优长而得以现代化并重现辉煌。

显而易见,这是一个坚持多元化而不是趋向一体化的过程,一旦不同文化之间的差别泯没,也就不会再有"独特的资源和贡献"可言。因此,"文化交流是在开放、对话的精神指导下,达到更高形态的综合乃至融合而非走向一体化"(钱钟文:《新理性精神:文化对话的一种策略》)。也就是一方面要保持自身主体性的"不同";另一方面,又要与其他"不同"文化和谐共处,"并育而不相害"、"并行而不相悖",在相互渗透、参照中"达到新的和谐统一,产生新的事物"(乐黛云:《文化相对主义与"和而不同"原则》)。

90年代初期还有一种新趋势,就是一批资深的西方哲学教授转而研究中国哲学,将中西哲学的沟通和对话推上了一个新的台阶。他们明确提出"对于以西方哲学为专业的学者来说，就是要注意以中国为参照系解释西方哲学；对于以中国哲学为专业的学者来说，就是要注意以西方为参照系解释中国哲学。……应该与外国学者直接对话，让外国学者了解国学，同时也让国学与西方思想相互撞击、相互磨擦，以期互相吸收、互相融合”(张世英：《传统与现在》)。张世英在 90 年代初期发表的《西方哲学史上主体性原则的发展和中国哲学史上关于人的理论》(德文，发表于《维也纳年鉴》第 20 卷)、《中西哲学史上的形而上学》《萨特的“虚无”与王阳明的“人心”》《朱熹与柏拉图、黑格尔》《尼采与李贽》《海德格尔的形而上学与陶渊明的诗》，研究《“天人合一”与“主客二分”》都是他所提倡的上述主张的实绩。

出版于 1991 年的《中西人论的冲突——文化比较的一种新探求》(杨适)也是一本具有开创性的专著。正如作者在前言中所说的，该书“着重研讨中西文化、人论和中西历史中实际存在的人的状况……进而探讨中西分异的历史条件和根源，包括起源和演进的具体规律性；最后，从上述全部研讨中展望未来可能的发展，和我们可以努力的方向”。全书仔细分析了以“宗法人伦”为中心的中国人论和以“人与自然”、“灵魂与肉体”、“个人与整体”相分离为特点的西方人论。比较全面地论证了“西方文化中特重个人个性的自由发展和在此基础上建立相互关系的社会集体性，而中国文化中特重人与人之间的人伦联系的整体性和在此基础上建立个人个性”，而不是偏废一方。他认为至今“西方传统的异化自由和中国传统的异化人伦仍在彼此冲突中各显其自身的优缺点”。

另外，也有一批原来研究中国文化的学者努力于在全球化和西方的语境中来重新审视和诠释中国文化，如王元化、庞朴、汤一介等。

在这个基础上，一批新的有关跨文化研究的、有较高质量的专著陆续出版。如《文化的冲突与融合》(张岱年、汤一介编)、《从“西化”到现代化》(罗荣渠)、《多元共生的时代》(王宁)、《中西美学与文化精神》(张法)等都在不同方面对跨文化研究有着新的推动和启发。特别是一些系统出版的“以书代刊”形式的丛刊更为跨文化研究提供了广泛讨论和多元发展的园地，如 90 年代开始出版的《东西方文化评论》丛刊(刘小枫、王岳川编)，90 年代中后期出版的《国际汉学》(任继愈编)、《汉学研究》(阎纯德编)、《法国汉学》(李学勤等编)、《跨文化对话》(乐黛云等编)等等。这类丛刊都以更灵活、更及时的方式在跨文化研究方面起了不容忽视的作用。

作为跨文化研究前锋的比较文学，这一时期更是硕果累累。如曹顺庆的《中外文论比较史(上古)》《比较文学史》、朱立元的《中西古代艺术类型差异之文化探源》、童庆炳等的《中西比较诗学体系》、范伯群等的《1898—1949 中外文学比较史》、李万钧的《中西文学类型比较史》、严绍璗等的《中日文化交流史大系》十卷本、叶舒宪的《从比较文学到比较文化》、谢天振的《译介学》以及多种新编比较文学教材等都为跨文化文学研究的发展开辟了新的生长点。

90 年代，在跨文化研究方面出现的一个新现象是欧美各国对异质文化的研究也越来越感兴趣，相互直接对话的愿望逐渐形成热潮。1991 年在广州中山大学召开了"文化双向认识的策略问题"的国际会议，法国、比利时、意大利、西班牙、日本等多国学者与中国学者一起面对面地就对待跨文化研究的一些根本问题进行了讨论，提出了"文化的双向认识是一种双向的而又多次往复的诠释过程"，就"双向文化人类学"的哲学认识论导向达成了多方面的共识。这次会议的主要论文收集在 1993 年出版的《狮在华夏——文化双向认识的策略问题》(王宾、阿让·热·比松编，中山大学出版社)一书中。

1993 年在北京召开了"在寻找中西文化普遍性中的误读"国际会议。欧洲最负盛名的学者之一翁贝尔托·埃科(Umberto Eco)为大会作了题为"他们寻找独角兽"的主题发言。他指出两种不同文化的相遇，有三种不同的可能：一、文化征服：A 文化成员认为 B 文化成员非正常人类，对其文化采取教化(按 A 文化模式改造 B 文化)或毁灭(如欧洲文化对待美洲、非洲文化的方式)；二、文化掠夺：A 文化可能在政治、军事上征服 B 文化，但赞赏其智慧，对其文化成品加以霸占和掠夺；三、文化交流：埃科认为这是一种互相影响和尊重的双向流程，欧洲和中国的最初接触就是如此。埃科特别强调了两种文化接触时往往产生的"误读"现象。他认为任何人接触他种文化之前，"都有一个关于这个世界的先入为主的观念，它们来自其自身的文化传统"。例如马可·波罗到东方来寻找西方传说中的美丽动物"独角兽"，却误认为在东方，那就是丑陋的犀牛。他不可避免地从他自己的文化框架出发来理解中国和东方。埃科指出，文化接触中的这种"歪打正着"的误读却常常为异质文化中的人们带来十分珍贵的启发。例如德国科学家莱布尼茨在探求伏羲的数学意识时，却对现代逻辑发展作出了贡献。

围绕着埃科的发言，学者们展开了热烈的讨论。法国著名人文学者雅克·勒·高夫、阿兰·莱伊、著名生物学家安东尼·当香等发表了《作为总体文化中符号及界限的墙》《从文化的多样性到人类的普遍性》《中西对话：潜能的问题》等提出了相同或不同的看法；中国学者也提交了多篇高质量的论文参加讨论，如汤一介的《在有墙和无墙之间》、周星的《异文化间浪漫的误读》、孟华的

《“移花接木”的奇效——从儒学在17、18世纪欧洲的流传看误读的积极作用》、乐黛云的《文化差异与文化误读》、孙小礼的《莱布尼茨与中国的易图和汉字》、孙尚扬的《明末中西文化交流中的误读及其创造性》等。这些论文都收集在北京大学出版社出版的《独角兽与龙》(中、法文版)一书中。

紧接着，1996年在南京大学召开了“文化：中西对话中的差异与共存”国际学术讨论会，进一步研讨了跨文化研究中的对话和话语问题。会议论文收入法文版的*Culture：Diversite et Coexistence dans le dialogue Chine－Occident*。1997年5月又在北京大学召开了以“未来十年中国和欧洲最关切的问题”为题的第四次跨文化国际学术讨论会，讨论了“生物学发展与伦理”“电脑网络对人类生活的影响”等问题。

几次国际跨文化研究会议的实际成果就是中法合办的《跨文化对话》丛刊的出版，议定该丛刊将以法文和中文在两地先后发行。这些面对面的“前沿碰撞”常常在看来相去甚远的不同意见中擦出思想的火花，都是对跨文化研究的直接推动。

当然，这只是90年代跨文化研究中的一脉，事实上，90年代以来，在国内外的各种国际学术讨论会上，东西跨文化研究已经成了相当集中和突出的主题。

展望未来

然而，20世纪最后一年的世界形势使许多人原来的思路因而轰毁。看来和平发展并非唾手可得，跨文化研究也不可能毫无阻力地在和平中自然实现。从目前世界此起彼伏的局部战争来看，文化冲突(民族、宗教、权力、野心等)似乎已成为引发战争的因素之首位(西亚、非洲、中欧、俄罗斯、印度半岛、朝鲜半岛、巴尔干半岛皆不乏实例)，于是有了亨廷顿教授(Samuel Huntington)关于西方文化与非西方的文化冲突将引发世界大战的预言。亨廷顿及其所鼓吹的“文明冲突论”使人们意识到“文化交流绝不仅仅是一个纯文化问题”，其背后是结结实实的政治、经济和意识形态的对话和冲突。然而，暴力和强权越是猖獗，世界各民族之间的沟通和理解越是重要。90年代中期之后，跨文化研究作为一种文化策略日益受到重视。“是增强不同文化间相互理解和宽容而引向和平，还是因为文化隔离和冲突而导向战争，决定着21世纪人类的命运”(乐黛云：《文化相对主义与“和而不同”原则》)。跨文化研究，作为不同文化之间互相沟通和理解，避免冲突和暴力的最重要的途径之一，一定会在未来的新世纪得到空前的繁荣和发展。

多元文化发展中的问题及文学可能作出的贡献*

当今经济、科技甚至某些物质文化的发展越来越趋向全球一体化。在这种趋势下，作为文化重要组成部分的精神文化(哲学、宗教、伦理、文学、艺术等)走向如何呢？是否也将和经济、科技一样逐渐一体化，也就是说逐渐“趋同”呢？这类文化有没有可能，或者有没有必要持续多元发展？

文化多元发展的重要意义

多元文化的发展是历史的事实。三千余年来，不是一种文化，而是希腊文化传统、中国文化传统、希伯来文化传统、印度文化传统以及阿拉伯伊斯兰文化传统和非洲文化传统等多种文化始终深深地影响着当今的人类社会。

从历史来看，文化发展首先依赖于人类学习的能力以及将知识传递给下一代的能力。在这个漫长的过程中，每一代人都会为他们生活的时代增添一些新的内容，包括他们从那一时代社会所吸收和创造的东西，也包括他们接触到的外来文化的影响。这个传递的过程有纵向的继承，也有横向的开拓。前者是对主流文化的“趋同”，后者是对主流文化的“离异”；前者起整合作用，后者起开拓作用，对一门学科来说，横向开拓意味着外来的影响、对其他学科知识的利用和对原来不受重视的边缘文化的开发。这三种因素都是并时性地发生，同时改变着纵向发展的方向。

---

* 原载《中国文化研究》，2001 年第 1 期。

三种因素中，最值得重视、最复杂的是外来文化的影响。恰如英国哲学家罗素 1922 年在《中西文化比较》一文中所说：

> 不同文化之间的交流过去已被多次证明是人类文明发展的里程碑。希腊学习埃及，罗马借鉴希腊，阿拉伯参照罗马帝国，中世纪的欧洲又摹仿阿拉伯，文艺复兴时期的欧洲则仿效拜占庭帝国。

可以毫不夸大地说，欧洲文化发展到今天之所以还有强大的生命力，正是因为它能不断吸收不同文化的因素，使自己不断得到丰富和更新。同样，中国文化也是不断吸收外来文化而得到发展的。众所周知，印度佛教传入中国大大促进中国哲学、宗教、文学、艺术的发展。可以说中国文化受惠于印度佛教，同时，印度佛教又在中国得到发扬光大，其在中国的成就远远甚于印度本土。在印度佛教与中国本土文化结合的过程中，印度佛教中国化，形成了新的佛教宗派。这些新的佛教宗派不仅影响了宋明新儒学的发展，而且又传入朝鲜和日本，给那里的文化带来了巨大影响。显然，正是不同文化的差异构成了一个文化宝库，经常诱发人们的灵感而导致某种文化的革新。没有差异，没有文化的多元发展，就不可能出现今天多姿多彩的人类文化。

全球化与多元化的关系

虽然多元文化的现象从来就存在，但“多元化”的普遍被提出，本身却是全球化的结果。全球化一般是指经济体制的一体化、科学技术的标准化，特别是电讯网络的高度发达，三者不可避免地将世界各地连接成一个有机整体。全球化使某些强势文化遍及全世界，大有将其他文化全部“同化”和“吞并”之势，似乎全球化与文化的多元发展很难两全，这只是一方面；另一方面，如果没有全球化，多元化的问题显然也是不可能提出的。

首先是全球化促进了殖民体系的瓦解，造就了全球化的后殖民社会。原殖民地国家取得了合法的独立地位后，最先面临的就是从各方面确认自己的独立身份，而自己民族的独特文化，正是确认独特身份最重要的因素。二战以来，马来西亚为强调其民族统一性，坚持以马来语为国语；以色列决定将长期以来仅仅用于宗教仪式的希伯来文重新恢复为日常通用语言；一些东方领导人和学者为了强调自身文化的特殊性提出了“亚洲价值”观念等。这些都说明当今文化并未因世界经济和科技的一体化而“趋同”反而是向着多元的方向发展。后殖民主义显然为多元文化的发展奠定了基础。

同时，经济全球化和后殖民状态大大促进了各种“中心论”的解体。世界各个角落都成了联成整体的地球的组成部分。每一部分都有自己存在的合法性，过去统率一切的逻各斯中心论、“普遍规律”和宰制各个地区的“大叙述”模式都面临挑战。人们最关心的不再是没有具体实质、没有时间限制的“纯粹的理想形式”，而首先是活生生地存在、行动，感受着痛苦和愉悦的“人本身”。“人”周围的一切都不固定，都随着“人”的心情和视角的变化而变化。这对于多元文化的发展实在是一个极大的解放。正是由于这一认识论和方法论的深刻转变，对“他者”的寻求，对文化多元发展的关切等问题才被纷纷提出来。人们认识到不仅需要吸收他种文化以丰富自己，而且需要在与他种文化的比照中更深入地认识自己以求发展，这就需要扩大视野，了解与自己的生活习惯、思维定势全然不同的他种文化。

法国学者弗朗索瓦·于连(François Jullien)在他的一篇新作《为什么我们西方人研究哲学不能绕过中国?》中有一段话说得很好。他认为：

> 我们选择出发，也就是选择离开，以创造远景思维的空间。在一切异国情调的最远处，这样的迂回有条不紊。人们这样穿越中国也是为了更好地阅读希腊：尽管有认识上的断层，但由于遗传，我们与希腊思想有某种与生俱来的熟悉，所以为了了解它，也为了发现它，我们不得不暂时割断这种熟悉，构成一种外在的观点。而中国正是构成这种“外在观点”的最好参照系，因为“中国的语言外在于庞大的印欧语言体系，这种语言开拓的是书写的另一种可能性；中国文明是在与欧洲没有实际的借鉴或影响关系之下独自发展的时间最长的文明……中国是从外部正视我们的思想——由此使之脱离传统成见——的理想形象”。

最近，一些美国汉学家的著作体现了这种认识论的改变，引起了不小的轰动。如安乐哲(Roger Ames)和著名哲学家大卫·霍尔(David Hall)合作，接连出版了三本书，第一本《通过孔子而思》(*Thinking Through Confucius*)通过当代哲学的新观念对孔子思想进行再思考，再重新反观当前的西方文化；第二本《预期中国：通过中国和西方文化的叙述而思》(*Anticipating China: Thinking through the Narratives of Chinese and Western Culture*)，强调西方思维方式重在超越、秩序和永久性，中国思维方式重在实用、模糊和变化；第三本

《从汉而思：中国与西方文化中的自我，真理与超越》(*Thinking from the Han*：*Self*，*Truth and Transcendence*)则集中讨论了自我、真理和超越的问题。刚刚出版的斯蒂芬·显克曼(Stephen Shankman)所写的《赛琳和圣贤：古代希腊与中国的知识与智慧》(*The Siren and the Sage*：*Knowledge and Wisdom in Ancient Greece and China*)对希腊和中国的认知方式作了互有回应的双向阐释。这些著作大都不再用主客二分的方式把中国和西方作为独立于主体的固定对象来进行分析，而是如弗朗索瓦·于连所说："我不认为能够把书页一分为二：一边是中国，另一边是希腊……因为意义的谋略只有从内部在与个体逻辑相结合的过程中才能被理解"。也就是说，中国或西方文化都不是一成不变的，它必然根据"个体"(主体)的不同理解而呈现出不同的样态，因此，理解的过程也就是重新建构的过程。这一理论的新发展为西方的汉学研究带来了深刻的变化。

其实，这个道理早就被中国哲人所认知。宋代诗人苏东坡有一首诗写道："横看成岭侧成峰，远近高低各不同。不识庐山真面目，只缘身在此山中"，也就是要造成一种"远景思维的空间"，"构成一种外在的观点"。要真正认识自己，除了自己作为主体，要有这种"外在观点"外，还要参照其他主体(他人)从不同角度，不同文化环境认识自己。有时候自己并不觉察的东西经"他人"提醒，往往会得到意想不到的发展。在这样的认识下，各种文化都可以互为"他者"而拥有自身文化发展的合法性，这就为文化的多元发展提供了广阔的空间和可能性。

当然，最后还应提到全球化所带来的物质和文化的极大丰富也为原来贫困地区的人们创造了在发展物质文化的同时也发展了自身精神文化的条件。正是受赐于经济和科技的发达，人类的相互交往从来没有像今天这样频繁，旅游事业的开发遍及世界各个角落。一些偏僻地区、不为人知的少数民族文化正是由于旅游和传媒的开发才广为人知和得到发展的。尽管在这一过程中，不免会有形式化(仪式化)的弊病，但总会吸引更多人关注某种文化的特色和未来。

保持纯粹与互相影响的悖论

一方面是全球化(趋同)，另一方面是多元化(离异)，两者同时并存，这就存在一个悖论：要保存文化的多样性，那当然是各种文化越纯粹、越"地道"越好，但不同文化之间又不可避免地互相渗透、吸取，这种互相吸收和补充，"你中有我，我中有你"是否有悖于保存原来文化的特点和差异？这种渗透交流的结果是不是会使世界文化的差异逐渐缩小，乃至因混同而消失呢？

首先，从历史发展看，一种文化对他种文化的吸收总是通过自己的文化眼光和文化框架来进行，也就是要通过自身文化屏幕的过滤，很少全盘照搬而多半是取其所需。例如佛教传入中国，得到很大发展，但在印度曾颇为发达的佛教唯识宗由于其与中国传统思维方式相抵触，就很难得到传播和发展；又如陈寅恪指出的：由于与中国传统伦理观念不能相容，佛藏中“涉及男女性交诸要义”的部分，“纵笃信之教徒，亦复不能奉受”，“大抵噤默不置一语”，“惟有隐秘闭藏，禁止其流布”。法国象征派诗歌对30年代中国诗歌的影响亦复如是。当时，兰波、凡尔仑的诗歌被大量译介，而作为法国象征主义诗歌杰出代表的马拉梅在中国的影响却绝无仅有。这些都说明了文化接触中的一种最初的选择。

其次，一种文化对他种文化的接受也不大可能原封不动地移植。一种文化被引进后，往往不会再按原来轨道发展，而是与当地文化相结合产生出新的，甚至更加辉煌的结果。希腊文化和希伯来文化传入西欧，成为西欧文化的基石，这是一种崭新的文化，与原有的母体文化已有很多不同。印度佛教传入中国，与中国原有的文化相结合产生了中国化的佛教宗派天台、华严、禅宗等；这些中国化的佛教宗派又成为中国宋明新儒学发展的重要契机。这种文化异地发展，滋生出新文化的现象，在历史上屡屡发生。

事实上，两种文化的相互影响和吸收不是一个“同化”“合一”的过程，而是一个在不同环境中转化为新物的过程。正如中国古话所说：“和实生物，同则不继”，也就是说，只有在不同中互相促进，才能创造新物，如果全然相同，就不可能继续发展。如此在不同选择、不同条件下创造出来的新物，不再有旧物原来的“纯粹”，但它仍然是从旧物中脱颖而出，仍然具有不同于他物的独特之处，因此全球化和多元化的相互作用，其结果并不是“趋同”乃至“混一”，而是在新的基础上产生新质和新的差异。当然，这并不排斥在漫长的社会发展进程中，人们会逐渐形成某些共同的价值标准，但即使是这些为数不多的共同标准在不同的地区和民族也还有其不同的理解和不同的表现形式。

多元化进程中的一种危险：文化部落主义

但是，问题并不这样简单。有些民族由于长期被压抑，他们出于对自身的保护，就会以文化相对主义为准则，过分强调一成不变地保存自身的固有文化，结果是演变为危险的“文化孤立主义”，或称“文化部落主义”。“文化部落主义”的基础是文化相对主义。文化相对主义承认每一种文化都会产生自己的价值体系，也就是说，人们的信仰和行为准则来自特定的社会环境，任何一种行为，如信仰、风俗等都只能用它本身所从属的价值体系来评价，不可能有一个一切社会都承认的，绝对的价值标准，更不能以自己群体的价值标准来评价别的民族文化。即便是貌似公正的一些量化性调查，如关于IQ的智力调查等也都不能不带有明显的调查者自身的文化色彩和特殊文化内容。因此，文化相对主义者强调尊重不同文化的差别，尊重多种生活方式的价值，强调寻求理解，和谐相处，不去轻易评判和摧毁与自己文化不相吻合的东西，强调任何普遍假设都应经过多种文化的检验才能有效。

从这些方面来说，文化相对主义无疑产生了重要的积极作用；但是，另一方面，文化相对主义也显示了自身的矛盾和弱点。例如文化相对主义只强调本文化的优越而忽略本文化可能存在的缺失；只强调本文化的“纯洁”而反对和其他文化交往(甚至采取文化上的隔绝和孤立政策)；只强调本文化的“统一”而畏惧新的发展，以致进而压制本文化内部求新、求变的积极因素，导致一种文化孤立主义的封闭性和排他性，结果是本身文化发展的停滞。此外，完全认同文化相对主义，否认某些最基本的人类共同标准，就不能不导致对某些曾经给人类带来重大危害的负面文化现象也必须容忍的结论；例如日本军国主义和德国纳粹也曾是在某一时代、某些地区被广泛认同的一种文化现象。事实上，要完全否定人类普遍性的共同要求也是不可能的，如丰衣足食的普遍生理要求、寻求庇护所和安全感的共同需要等等；况且，人类大脑无论在哪里都具有相同的构造，并具有大体相同的能力，历史早就证明不同文化之间的相互理解、相互吸收和渗透不仅是完全可能的，而且是非常必要的。况且，即使处于同一文化中的不同群体和个人对于事物的理解也都不尽相同，因为人们对事物的认识总是与其不同的生活环境相联，忽略这种不同，只强调同一文化中的“统一”，显然与事实相悖。总之，文化相对主义为文化的多元发展提供了理论根据和新的思考层面，但从它本身的弱点所产生的文化部落主义又不能不阻碍多元文化的发展。

另外，还有一部分人总想寻求“原汁原味”、永恒不变的本民族的特殊文化。他们无视数百年来各民族文化交往、相互影响的历史，反对文化交往和沟通，要求返回并发掘“未受任何外来影响的”“以本土话语阐述的”“原汁原味”的本土文化，不加分析地提倡“越是民族的就越是世界的”这类口号。其实，这样的本土文化只能是一种假设。如果我们说的不是“已成的”，不会再变的文化

"遗迹"，如青铜器、古建筑之类，而是世世代代由不同人们的创造累积而成的不断重新解释，不断发展的"文化传统"，那它就必然蕴涵着不同时代、受着各个层面的外来影响的人们对各种文化现象的选择、保存和创造性诠释。排除这一切去寻求本源，必然不会发现什么有价值的结果。

文化孤立主义常常混迹于后殖民主义的文化身份研究，但它们之间有根本的不同。后者是在后殖民主义众声喧哗、交互影响的文化语境中，从历史出发为自身的文化特点寻求定位；文化孤立主义则是不顾历史的发展，不顾当前纵横交错的各方面因素的相互作用，只执着于在一个封闭的环境中虚构自己的"文化原貌"。其实，即便是处于同一文化内部，不同群体和个人对于事物的理解也并不相同，强求统一与不变，其结果只能是扑灭生机，带来自身文化的封闭和衰微。

多元文化进程中的另一种危险：文化霸权主义

另一方面，某种依仗自己的经济、政治、文化优势，处处强加于人，企图以自己的意识形态一统天下的"文化霸权主义"也还实际存在。科索沃一战使人更清醒地看到了这一点。这种霸权主义也不只是存在于西方，日本大东亚共荣圈的梦想者并未绝灭。甚至在中国有着深远传统的"中国中心"主义也时有暴露。这种文化霸权主义给人类带来了难以估计的灾难。

从目前世界此起彼伏的局部战争来看，文化冲突(民族、宗教、权力野心等)似乎已成为引发战争的因素之首位(西亚、非洲、中欧、俄罗斯、印度半岛皆不乏实例)，于是有了亨廷顿教授(Samuel Huntington)关于西方与非西方的文化冲突将引发世界大战的预言。文化冲突的确是未来世纪最核心的问题之一。文化冲突首先起源于文化压制。亨廷顿之所以紧张，首先是因为他从西方中心论出发，感到过去以西方为中心的文化建制正在衰落，随着殖民制度的崩溃，各民族文化正在彰显自己。不久前，他又指出：美国的流行文化和消费品席卷全世界，渗透到最边远、最抗拒的社会，在经济、意识形态、军事技术和文化方面居于压倒优势，但他并不以此为满足，他认为还必须战胜"美国存在的崇尚多样性及多文化主义的思想"。他甚至得出结论说："如果多文化盛行，如果对开明的民主制度的共识发生分歧，那么，美国就可能同苏联一道落进历史的垃圾堆!"为了维系这种"共识"，"增强人民之间的凝聚力"，就必须制造一个"假想敌"！这虽然并不代表多数西方人的意见，但亦可见要战胜各种"中心论"，走向文化的多元发展实在还有很长的路程。

不仅如此，更重要的是西方文化界许多人总是顽强地认为西方文化是最优越的，包含着最合理的行为模式和思维方式，最应普及于全世界。就比较文学学科领域来说，西方中心论就十分突出。自1886年英国学者波斯奈特(H. M. Posnett)第一次用"比较文学"命名他的专著到1986年中国比较文学学会成立，这一百年比较文学发展的历史，几乎就是以泯灭亚、非、拉各民族文化特色为己任的历史。在比较文学极为兴盛的本世纪(20世纪)20年代末，著名的法国比较文学家洛里哀(Frederic Loliee)就曾在其名著《比较文学史》中公开作出结论：

> 西方之智识上、道德上及实业上的势力，业已遍及全世界。东部亚细亚除少数山僻的区域外，业已无不开放。即使那极端守旧的地方也渐渐容纳欧洲的风气……从此民族间的差别将渐被铲除，文化将继续它的进程，而地方的特色将归消灭。各种特殊的模型，各样特殊的气质必将随文化的进步而终至绝迹。到处的居民，将不复有特异于其他人类之处；游历家将不复有殊风异俗可以访寻，一切文学上的民族的物质也都将成为历史上的东西了。……总之，各民族将不复维持他们的传统，而从前一切种姓上的差别必将消灭在一个大混合体之内——这就是今后文学的趋势。

现在看来，这样的主张自然是迹近天方夜谭，但在前半个世纪，认同这种思想的比较文学家恐怕也还不在少数；今天它也还蛰伏在许多西方学者的灵魂深处。要改变这种现象远非一朝一夕之事。意大利比较文学家——罗马知识大学的阿尔蒙多·尼兹(Armando Gnisci)教授把对西方中心论扬弃的过程称为一种"苦修"(askesis)。他在《作为非殖民化学科的比较文学》一文中指出，如果对于摆脱了西方殖民的原被殖民国家来说，比较文学学科代表一种理解、研究和实现非殖民化的方式；那么，对欧洲学者来说，它就代表着一种思考、一种从过去的殖民制度中解脱的方式。确实认为自己属于一个"后殖民世界"，在这个世界里，前殖民者应学会和前被殖民者一样生活、共存。

可见先进的西方知识分子已经觉悟到在后殖民时代抛弃习以为常的西方"中心论"是何等困难！其实，也不仅是西方中心论，其他任何以另一种中心论来代替西方中心论的企图都是有悖于历史潮流，有害于世界文化发展的。例如有人企图用某些非西方经典来代替西方经典，强加于世界，其结果并不能解决过去的文化霸权问题，而只能是过去西方中心论话语模式的不断复制。

影响世界文化多元发展的除了各种中心论之外，更严重的是科学的挑战。无庸讳言，高速发展的电脑电讯、多媒体、互联网，特别是"人类基因组计划"的实施正在极深刻地改变着人类的思维方式、生活方式和生存方式，制约着人类的思考和判断。

信息交往首先要有双方都能解码的信息代码。目前网络上通行的是英文，首先是ASCII(American Standard Code for Information Interchange)，即"美国信息交换标准代码"。虽冠以"美国"二字，但实际上已是国际标准代码。这种以某种语言为主导的跨国信息流是否会压抑他种语言文字从而限制人类文化的多样性发展呢？更严重的是信息的流向远非对等，而是多由发达国家流向发展中国家。随着经济信息、科技信息的流入，同时也会发生意识形态、价值观念和宗教信仰等文化的"整体移入"，以致使其他国家民族原有的文化受到压抑，失去"活性"，最后使世界文化失去其多样性而"融为一体"！但历史已经证明任何"文化吞并""文化融合""文化一体化"的企图都只能带来灾难性的悲剧结局。这将是下一世纪世界文化发展的重大危机，也是全人类在21世纪不得不面临的新问题。

文学可能对多元文化发展作出的贡献

在以上两种危机的钳制下，多元文化发展的前景并不乐观，但作为人文学科的一员，我们总希望能对人类较好的未来作出自己的贡献。据上分析，要削弱以致消解文化孤立主义和文化霸权主义，最根本的关键可能就是普通人们之间的宽容、沟通和理解。为达到这一目的，文学显然可以作出特殊的贡献。文学涉及人类的感情和心灵，较少功利打算，不同文化体系的文学中的共同话题总是十分丰富的，尽管人类千差万别，但从客观来看，总会有构成"人类"这一概念的许多共同之处。从文学领域来看，由于人类具有大体相同的生命形式，如男与女、老与幼、人与人、人与自然、人与命运等；又有相同的体验形式，如欢乐与痛苦、喜庆与忧伤、分离与团聚、希望与绝望、爱恨、生死等等，那么，以表现人类生命与体验为主要内容的文学就一定会有许多共同层面，如关于"死亡意识""生态环境""人类末日""乌托邦现象""遁世思想"等等。不同文化体系的人们都会根据他们不同的生活和思维方式对这些问题作出自己的回答。这些回答回响着悠久的历史传统的回声，又同时受到当代人和当代语境的取舍与诠释。通过多种不同文化体系之间的多次往返对话，这些问题就能得到我们这一时代的最圆满的解答，同时为这些问题开放更广阔的视野和前景，人们的思想感情也就由此得到了沟通与理解。文学理论就是要在这一过程中建构出新的理论，总结不同文化体系中文学创作长期积累的丰富经验。印度、希腊、阿拉伯、非洲、中国对文学问题都有自己独到的见解。文学理论要寻求文学问题的深入解决就不能在一个封闭的文化体系中寻求答案，而要在各种文化体系的对话中寻求新的解释；在这种新的解释中，各种文化体系都将作出自己独特的贡献。

从历史来看，人类总是梦想走出自身所处的狭小范围：希腊英雄为了寻找金羊毛远走他乡，中国的孙悟空也不安于在美丽的花果山为王，青埂峰下的那块“顽石”则梦想着人间的花花世界。寻求新的天地，寻求了解他人也许正是人的一种天性。这种天性决定着两种文学相遇时，可以互相认识和欣赏，也可以相互间以新的方式重新阐释。即以原来存在于一种文化中的思维方式去解读（或误读）另一种文化的文本，因而获得对该文本全新的诠释和理解，如朱光潜、宗白华等人以西方文论对中国文论的整理；刘若愚、陈世骧等人试图用中国文论对某些西方文学现象进行解释。正如树木的接枝，成长出来的是既非前者，亦非后者，而是有着新差异的新品种，也就是原有文化的新发展。这种“双向阐释”往往并非可见的“比较”，而更多表现为一种潜在的参照。不同文化体系文学的相遇就是两者同时进入了同一个文化场（Cultural Field），在这个新的状态中，两者都与原来不同而产生了新的性质，也就是说两者之间必然发生一种潜在的关系，正如中国古代哲人所说，我们谈到“龟无毛”“兔无角”，并不是说“有毛”“有角”的东西一定在场，但作出的结论却是和潜在的“有毛”“有角”的东西对比的结果。这种对比使龟和兔的特点更突出了。如果没有这种对比，“无毛”“无角”的特点就难于彰显。现实存在的与作为参照而潜在的两个方面共同构成了新的结论，推动事物的发展。这种跨文化的相互阐释和参照必将为文学理论带来重大革新。

不同文化中文学的接触也必然是一个取长补短的过程。但这决不是把对方变成和自己一样，而是促成了新的发展。这种发展可以从两方面来看：一方面是为对方文化注入了新的生命，如在日本文化与汉文化的接触中，日本诗歌大量吸取了中国诗歌的词汇、文学意象、对生活的看法以及某些表达方式，但在这一过程中，日本诗歌不是变得和中国诗歌一样，恰恰相反，日本诗歌的精巧、纤细、不尚对偶声律而重节奏、追求余韵、尊尚闲寂、幽玄等特色就在与中国诗歌的对比中得到进一步彰显和发展。另外，如美国诗人惠特曼对现代中国一代浪漫主义诗歌的影响，庞德对李白诗歌的误读都说明了同样的问题。另一方面，一种文化的文本在进入另一种文化之后也有可能得到新的生长和发展。例如鲁迅介绍易卜生时，曾经提出娜拉式的出走不仅不能使社会改良进步，连“救出自己”也是行不通的。在《娜拉走后怎样》的讲演中，他指出“自由固不是钱所能买到的，但能够为钱而卖掉。”娜拉表面上似乎是“自由选择”，“自己负责”“救出自己”了，但由于没有钱，她追求自由解放，“飘然出走”，其结局只有两种可能：一是回家，二是堕落。因此，他希望人们不要空喊妇女解放，自由平等之类，而要奋起从事“比要求高尚的参政权以及博大的妇女解放之类更烦难，更剧烈的战斗”，这就大大加深了娜拉这个形象的思想内容。与此同时，胡适、茅盾都对娜拉有自己的解读，塑造了自己的娜拉(《终身大事》和《创造》)。研究易卜生而不研究娜拉在中国的被解读，就不是对易卜生的完整研究。其他如浪漫主义、现实主义等重要文学思潮，都在印度、中国、日本有着不同的发展。未来的文学理论势必以跨文化的眼光对以上种种现象作出前无古人的新的研究。

总之，文学理论的未来很可能是建构在以上所述异质文化之间，文学互识、互证、互补的过程中。这样的文学理论将对人类不同文化的沟通作出重要贡献。

跨学科文学研究是未来文学理论的另一个支柱。20 世纪后半叶，文学的跨学科研究如文学与哲学、文学与宗教、文学与人类学、文学与心理学、文学与其他艺术等方面已有长足的进步，21 世纪还会进一步发展；由于自然科学对人类生活越来越深刻的影响，21 世纪文学的跨学科研究可能会更多地集中于人类如何面对科学的发展和科学的挑战。科学的发展为文学提供了许多前所未有的新观念。19 世纪，进化论曾全面刷新了文学理论、文学批评，以及文学创作的各个领域，20 世纪，系统论、信息论、控制论、热学第二定律以及熵的观念对文学的影响也决不亚于进化论之于 19 世纪文学。如果说 19 世纪是机械学的世纪，20 世纪是物理学的世纪，那么，21 世纪将向人类展开一个过去人类连想也不敢想的生物学世纪。由世界六国科学家联手合作的“人类基因组计划”即将完成定序，人类遗传密码将被破译，人类即可开始探究、分析生命的蓝图。这将深刻地改变现有的哲学、伦理、法律等观念，并将对社会、经济产生极其重大的影响。对于基因的排列和变异的研究，对于克隆技术关于生物甚至人的“复制”技术的实现，体外受精、“精子银行”对于传统家庭关系的冲击，以及人类在宇宙空间存在的心态所引起的种种道德伦理问题等等，这一切都对人文科学提出了新的挑战，而这些问题无一不首先显示在文学中。千奇百怪的科幻小说、科幻电影预先描写了科学脱离人文目标，异化为人所不能控制的力量时人所面临的悲惨前景……这些都还有待于未来的专文论述。跨学科的文学研究，特别是自然科学与文学研究之间的整合必将为文学理论的发展翻开全新的一页。

无庸讳言，人类正在经历一个前所未有，也很难预测其前景的新时期。在这一时期，文学理论和人文学科的其他一切领域一样，都将会经历难以想象的颠覆和重建。现在不少年轻人都在谈论文学理论的无用和即将消亡。我们之所以仍抱有一线希望，是因为我们心目中的文学理论将是建立在全新的跨文化与跨学科的基础上，它将有益于人类的相互沟通与相互理解，有益于在全球“一体化”的阴影下促进文化的多元发展，而文化的多元发展，也许是拯救人类文明的唯一途径。

文化自觉与文明共存*

一、"文化霸权主义"和"文化割据主义"可以对话吗？

文化冲突越来越严重地影响着全球人类的未来。"文化霸权主义"和由"文化割据主义"发展而来的原教旨主义的尖锐对立已经使全球处于动荡不安的全面战争的前夜。

"文化霸权主义"依仗自己的经济、政治、科技、文化优势，处处强加于人，企图以自己的意识形态一统天下。他们认为自己的文化是最优越的，具有全世界的普适性，应该统治全球。以亨廷顿为代表的西方主流文化一直认为西方自公元 1500 年以来，"开创了在世界范围内展开的现代化和工业化的进程"，对所有文明都产生了势不可挡的影响。"其结果是，所有其他文明都一直试图在财富和现代化方面赶上西方"。他认为现在，"伊斯兰复兴运动和亚洲经济发展的势头表明，其他文明是生机勃勃的"，而西方却正在"逐渐而且无规律的衰落"，这就不能不"至少潜在地对西方构成了威胁"。因此，在他看来，必须进行一次全面的"西方的复兴"，以"再次确立它作为其他文明追随和仿效的领袖的地位"①。以他为代表的这种意识形态在美国政府当前的政策中得到了充分体现，甚至变本加

* 原稿载于《社会科学》，2003 年第 7 期。

① 参见亨廷顿：《文明的冲突与世界秩序的重建》，北京，新华出版社，1998。

厉。小布什提出先发制人，也就是说他们坚持自己的文化必须一统天下，一旦这种意愿不能得逞，他们就有权发动战争，给全世界带来不幸。

另一方面，“文化割据主义”也还大量存在。持有这种观点的人认为他们自己的文化绝对优越，禁止讨论其可能存在的任何缺点；反对和其他文化交往，惟恐受到污染，采取隔绝和孤立政策；畏惧新的发展，压制不同意见，特别是扼杀本文化内部求新、求变的积极因素，以致顽固、僵化、同样趋向好战的极端，最极端者就是原教旨主义。“文化割据主义”实质上也就是一种文化霸权主义，不同处仅在于他们无力对外实施霸权，只能对内镇压一切与自己意见不同的人，并且无所不用其极，以固守自己的既得利益和旧日的一统天下。

“文化霸权主义”和“文化割据主义”的冲突无疑已给全世界带来严重的灾难，随着高科技发展所带来的日益增强的武器杀伤力及其对自然生态无可挽回的破坏，这种灾难还会越来越严重。显然，这两者的冲突已不是亨廷顿所说的文明的冲突所能概括的，这首先是经济利益的冲突（如对石油的掠夺和反掠夺）、政治利益的冲突（权力的控制和反控制），也不排除个人野心和变态心理的冲突。为了挽救人类的未来，我们听到从世界各个角落传来的呼声：要和平，不要战争；要“对话”，不要“对抗”！也有很多人天天在为此奔走，作出努力。2001 年 12 月，在法国北部城市里尔（国际歌第一次响起的地方）召开了一次“世界公民大会”，提出，“假如我们的世界继续以其现有的方式存在和发展，人类将自我毁灭，我们拒绝这一前景”。为此，大会号召，“必须深刻地改变人类的思维方式和生存方式，建设一个协力、尽责、多元的社会”。在这个会上，法国前总理米歇尔·罗卡尔（Michel Rocard）提出：策划和平要比策划战争困难得多，他认为：“必须有来自公民运动的不断加强的压力”才会出现一种“民主、和平的世界管理”。应该说，这次国际会议的确代表了当前世界有识之士的新的文化自觉，传递了他们的心声。

事实告诉我们，“文化霸权主义”和“文化割据主义”的“一小撮铁杆人物”，恐怕是很难对话，也不大可能“化干戈为玉帛”的。但是，希望就在于两者之间的极其广大的中间地带，也就是极其广大的、不同层次的反对战争，要求和平的人民以及他们对文化冲突的遏制和对文化共存的自觉。如果已经觉醒的广大人民坚决反对战争，战争也许就发动不起来。

二、什么是文化自觉及其发展现状

“文化自觉”是中国人类学、社会学教授费孝通老先生于 1997 年提出的。

我认为这是与世纪同龄的九十余岁耆宿费老，经过深思熟虑，针对中国百年来有关古今中外文化讨论的智慧的结晶。费老指出：

> 文化自觉是指生活在一定文化中的人对其文化有“自知之明”，明白它的来历，形成过程，所具的特色和它发展的趋向，不带任何“文化回归”的意思，不是要“复归”，同时也不主张“全盘西化”或“全盘他化”。自知之明是为了加强对文化转型的自主能力，取得决定适应新环境、新时代文化选择的自主地位。文化自觉是一个艰巨的过程，首先要认识自己的文化，了解所接触到的多种文化才有条件在这个正在形成中的多元文化的世界里确立自己的位置，经过自主的适应，和其他文化一起，取长补短，共同建立一个有共同认可的基本秩序和一套与各种文化能和平共处、各抒所长，连手发展的共处守则。①

这实在是解决当前“文化霸权主义”和“文化割据主义”尖锐对立的一剂良方。按照费老的说法，文化自觉至少应包括以下三个方面：第一，要自觉到自身文化的优势和弱点，懂得发扬优势，克服弱点；第二，要自觉到旧文化，即传统文化是在过去的条件下形成的，要使它有益于今天，就必须进行新的现代诠释，使其得到更新和发展；第三，要自觉到我们今天是作为全球的一员而存在，已不可能是封闭孤立的个体，因此还要审时度势，了解世界文化语境，参与世界文化的重组，使自己的文化为世界所用，成为世界文化新秩序不可或缺的重要组成部分。这才是对自己文化的全面的自觉。从这样的要求来看，也可以说“文化霸权主义”和“文化割据主义”的问题就出现在缺乏文化自觉上，他们都不能清醒地自觉到自身文化的优势和弱点，更不能自觉地使自己的文化得到更新，和其他文化一起，取长补短，和平共处、连手发展共处守则，以造福于人类的未来。

回顾历史，中国前贤一直是沿着文化自觉的方向朝前走的。如早在1907年，鲁迅就曾呼吁：“洞达世界之大势，权衡校量，去其偏颇，得其神明，施之中国，翕合无间。外之既不利于世界之思潮，内之仍弗失固有之血脉，取今复古，别立新宗，人生意义，致之深邃，则国人之自觉至，个性张，沙聚之

① 《费孝通文集》第14卷，197页。

邦，由是转为人国”①。陈寅恪也说“一方面吸收外来之学说，一方面不忘本来民族之地位”。总之是吸收西方新文化而不失故我文化之认同，这一点较为普遍，但“各抒所长，连手发展”等却是只有在全球化的语境中才能提出的，这应该说是费孝通教授针对当前世界问题的一大创见。

从第三世界的情况来看，要真正做到这一点很不容易。有些民族由于长期被压抑，他们的文化被歧视、被掠夺，甚至处于灭绝的边缘。他们出于对自身文化的保护，宁愿与外界隔绝，于是过分强调一成不变地保存自身的“固有文化”，形成“文化封闭主义”，或称“文化割据主义”。走极端者遂演变为危险的“原教旨主义”。他们认为自身的文化是唯一正确的。强调任何一种行为都绝对只能用它本身所从属的文化价值体系来评价。为了维持这种唯一的标准，他们经常借清除所谓“精神污染”以排斥一切外来影响。他们只强调本文化的“纯洁”而反对和其他文化交往，采取文化上的隔绝和孤立政策；他们只强调本文化的“优越”而忽略其可能存在的缺失；只强调本文化的“统一”而畏惧新的发展，以致进而压制本文化内部求新、求变的积极因素，这种对自己文化的不自觉导致了文化割据主义。

文化割据主义否认任何最基本的人类共同准则，不承认任何可能存在的最低限度的普适性，如丰衣足食的普遍生理要求、寻求庇护所和安全感的共同精神需要，保护人类得以共存的地球生态等等，更严重的是他们不承认最低限度的普适性，就会认为日本军国主义和德国纳粹的反人类和反社会也是合理的，因为它们也曾是在某一时代、某些地区被“广泛”认同的文化现象。这样，就会形成对人类文化发展有极大危害的容忍新纳粹之类逆流的危险状况。事实上，要完全否定人类某些普遍性的共同要求也是不可能的，历史早就证明不同文化之间的相互理解、相互吸收和渗透不仅完全可能，而且是非常必要的。

在中国，文化割据主义从未成为主流，但也还有一部分人总想寻找“原汁原味”、永恒不变的本民族的“特殊文化”。他们无视数千年来各民族文化交往、相互影响的历史，反对文化交往和沟通，要求返回并发掘“未受任何外来影响的”“以本土话语阐述的”“原汁原味”的本土文化，不加分析地提倡“越是民族的就越是世界的”“21世纪是中国人的世纪”这类口号。其实，这样的本土文化只能是一种假设。如果我们说的不是“已成的”、不会再变的文化“遗迹”，而是世

---

① 鲁迅：《文化偏至论》，《鲁迅文集全编》第一册，293页，北京，国际文化出版公司，1995。

世代代由不同人们的创造累积而成的不断被重新解释，不断发展的“文化传统”，那它就必然蕴涵着不同时代、受着各个层面，也包含受外来影响的人们对各种文化现象的选择、保存和创造性诠释。排除这一切去寻求“本土话语”和“原汁原味”，也许可以为博物馆增添更多的展品，但对现实生活必然不会发现什么有价值的结果。当然，由于中国历史上长久以来总是以“中央大国”自居，某种大文化心态也并非不存在。有些人总认为中国文化优越，可以覆盖他种文化。特别是在那种胜利发展时刻，认为“中国中心”应取代“西方中心”，中国将成为世界文化霸主的思想就会浮现出来。但目睹文化霸权主义给人类带来的灾难，大部分人会认识到重复“西方中心”主义的老路是行不通的。

再从文化自觉的角度来看西方，应该说西方开始有这种自觉是更早的。西方文化之所以能不断更新，持续发展，正是因为有了不同程度的文化自觉。早在20世纪初叶，德国哲学家斯宾格勒(Osward Spengler)写出《西方的没落》一书就是这种文化自觉的表现。当代法国思想家埃德加·莫兰(Edgar Morin)更是提出人们需要同西方帝国主义斗争才能采纳西方的价值。90年代的全球化表现在“统治—解放”的双重过程中，并给这一过程带来了新的特征。西方的有识之士总是不断审视自己的缺陷和危机，不断回到原点，重新再出发，因而总能保持蓬勃的生机。

在全球化的浪潮中，也是西方的有识之士首先以开放的胸怀面对世界文化的多元，可以举一个有趣的例子：数百年前，意大利人马可波罗来到中国时，他热衷于寻找的，是欧洲的独角兽(Unicorn)；他根本不能接受中国文化中就是没有独角兽这一事实！当他遍寻不得之后，他只好宣布犀牛就是中国的独角兽，不过是丑陋的独角兽！直到1993年，另一位意大利的子孙恩伯特·埃柯(Umberto Eco)教授来到北京大学，他声称他和他的祖先不同，他来到中国不是为了寻找独角兽，而是为了寻找和了解中国的龙。他坚持文化应是多元的，不能用一个普适的统一标准来要求，西方有西方的独角兽，东方有东方的龙，不能强求一律。这对西方人的心态来说，的确是一个了不起的进步。

然而，要让地位一向优越、对他种文明知之甚少的西方人像恩伯特·埃柯教授那样认同多元文化，平等对待异质的其他民族文化也不是一件容易的事。不少西方人不了解，也不愿意了解他种民族的文明，而是固执地、也许并不带恶意地认为自己的文化就是比其他文化优越、具有广泛的普适性，应该改变和统率其他民族的文化，应使之普及于全世界。要改变这种现象远非一朝一夕可以做到。意大利一位研究跨文化现象的学者——罗马知识大学的阿尔蒙多·尼兹(Armando Gnisci)教授特别指出，要改变这种“西方中心”思想，必需通过一个他称为“苦修”(askesis)的过程。他在《作为非殖民化学科的比较文学》一文中说：

> 如果对于摆脱了西方殖民的国家来说，比较文学学科代表一种理解、研究和实现非殖民化的方式；那么，对于我们所有欧洲学者来说，它却代表着一种思考、一种自我批评及学习的形式，或者说是从我们自身的殖民中解脱的方式。这并非虚言，条件是我们确实认为自己属于一个“后殖民世界”，在这个世界里，前殖民者应学会和前被殖民者一样生活、共存。我说的“学科”与西方学院体制的专业领域毫无关系，相反，它关系到一种自我批评以及对自己和他人的教育、改造。这是一种苦修(askesis)。①

由此看来，这首先是一个心态问题，首先要克服一种殖民心态。也就是说对自己的文化和他人的文化要有一种自觉，尤其是对于自己的文化要有足够的自觉。

近年来由于现象学和互动认识的发展，西方先进的知识分子不仅重视从其他文化吸取有益的营养，而且进一步深入探索“他者”的意义，从“他者”立场出发，反观自身，求得对自身更全面、更深入的体认。早在1996年，在南京召开的一次题为“文化：中西对话中的差异与共存”的国际学术讨论会上，欧洲跨文化研究院主席阿兰·李比雄(Alain Le Pichon)在他的主题报告“欧洲何时从白日梦中警醒?”中，就曾引证哲学家胡赛尔在《地球不转》一文中所说的，尽管爆发过哥白尼式的革命，西方社会在摆脱那种根深蒂固的本土意识时仍表现得和以往一样无能，也许更加无能也未可知。在胡赛尔看来，这种本土意识使西方人认为：“世界是以我们的视觉对其观察的那一点开始，并止于我们视线消失的地平线那儿。”李比雄强调指出：

> 重登世界舞台，中国并不像西方在昏昏欲睡中想的那样，是一个幽灵或一个前来强夺它繁荣强盛的居心叵测的人，而是如故事中所描写的那样，这个夜访者，前来把欧洲从梦境中解放出来，向它展示用迥异的语言

---

① 阿尔蒙多·尼兹：《作为非殖民化学科的比较文学》，《中国比较文学通讯》1996年第1期，5页。

文字新开辟的别样洞天。路德维格·维特根斯坦出于对真实进行逻辑探索的需要，提到了这一点。①

法国学者弗朗索瓦·于连(François Jullien)在他的一篇新作《为什么我们西方人研究哲学不能绕过中国?》中也有一段话说得很好。他说：

> 我们选择出发，也就是选择离开，以创造远景思维的空间。在一切异国情调的最远处，这样的迂回有条不紊。人们这样穿越中国也是为了更好地阅读希腊：尽管有认识上的断层，但由于遗传，我们与希腊思想有某种与生俱来的熟悉，所以为了了解它，也为了发现它，我们不得不割断这种熟悉，构成一种外在的观点。②

其实，这个道理早就被中国哲人所认识。宋代著名诗人苏东坡有一首诗写道："横看成岭侧成峰，远近高低各不同。不识庐山真面目，只缘身在此山中"，也就是要造成一种"远景思维的空间"，"构成一种外在的观点"。要真正认识自己，除了自己作为主体，还要有这种"外在的观点"，包括参照其他主体(他人)，从不同角度、不同文化环境对自己的看法。有时候，自己长期并不觉察的东西，经"他人"提醒往往会得到意想不到的认识和发展。弗朗索瓦·于连认为对西方来说，中国，作为一个最适合的"他者"，日益为广大理论家所关注。因为"中国的语言外在于庞大的印欧语言体系，这种语言开拓的是书写的另一种可能性；中国文明是在与欧洲没有实际的借鉴或影响关系之下独自发展的、时间最长的文明……中国是从外部正视我们的思想——由此使之脱离传统成见——的理想形象"③。

和弗朗索瓦·于连有类似观点的学者还不在少数，许多相近的出版物几乎形成一个不小的高潮。在美国，著名汉学家安乐哲(Roger Ames)和著名哲学家大卫·霍尔(David Hall)合作写成的三本书陆续出版，引起了不小的轰动。

---

① 见《文化：中西对话中的差异与共存》，南京，南京大学出版社，1996。

② 弗朗索瓦·于连：《为什么我们西方人研究哲学不能绕过中国?》，《跨文化对话》第5辑，上海，上海文化出版社，2000。

③ 弗朗索瓦·于连：《迂回与进入》，杜小真译，北京，生活·读书·新知三联书店，1998。

第一本《通过孔子而思》(*Thinking Through Confucius*)通过当代哲学的新观念对孔子思想进行再思考；第二本《预期中国：通过中国和西方文化的叙述而思》(*Anticipating China*：*Thinking through the narratives of Chinese and Western Culture*)，强调西方思维方式重在超越、秩序和永久性，中国思维方式重在实用、模糊和变化；第三本《从汉而思：中国与西方文化中的自我，真理与超越》(*Thinking from the Han*：*Self*，*Truth and Transcendence*)则集中讨论了自我、真理和超越的问题。2000年出版的斯蒂芬·显克曼(Stephen Shankman)所写的《赛琳①和圣贤：古代希腊与中国的知识与智慧》(*The Siren and the Sage*：*Knowledge and Wisdom in Ancient Greece and China*)对希腊和中国的认识方式作了互有回应的双向阐释，2002年，他又新编了《古代中国与希腊：通过比较而思》(*Early China/Ancient Greece*：*Thinking through Comparisons*)汇集了近两年来以互动认知方式从源头上研究古中国和古希腊传统文化的著名篇章。

正是在这个基础上，只重视普适性，认为只有自己的文化才适用于普天下的思想正在逐渐为强调差别的思潮所代替。上面提到的意大利著名思想家和作家翁贝尔托·埃科在1999年纪念波格尼亚大学成立900周年大会的主题讲演中提出，欧洲大陆第三个千年目标就是“差别共存与相互尊重”。他认为人们发现差别越多，能够承认和尊重的差别越多，就越能更好地相聚在一种互相理解的氛围之中。如果真能如此，人类庶几还有希望从战争的毁灭中得救。

三、在文化自觉的基础上参与建构世界文化新秩序

如上所述，无论从外部还是从内部来看，无论从必要性还是可能性来看，现在都是中国文化为世界作出贡献的大好时机。但必须认识到，我们并不是去出席一个准备就绪、只等着迎接我们的筵席。记得1998年，我曾在波士顿参加了一个世界哲学家大会，我以“和实生物，同则不断”为题作了一个发言，并以《左传》所举炒菜必有多种调料合成为例。讨论时，著名汉学家本杰明·施华兹(Benjamin Schwartz)提出一个问题：他说，那么，谁来掌勺？谁来当这个厨师？他提出的是权力问题。他的话提醒了我，我一直在想。其实，全球化决不是一个中性的、大家都可以同等参与的大餐桌，在这个既成的餐桌上，早就按某种“主权者”的意愿，从内容到形式，到游戏规则细节都已安排就绪；要参

① 赛琳：希腊神话中人面鸟身的女神，智慧的象征。

加，你就乖乖地对号入座。这个“主权者”早已超越民族国界，在全球发号施令。这就是我们面对的全球化。

怎么办？推翻这餐桌，终止这筵席吗？不和他们玩，新建一个独立的自己的餐桌吗？不吃不喝，“不食周粟”吗？或者听候安排，融入人家的游戏，乖乖入座吗？恐怕都不行。

我想我们应该以我们最好的东西，用我们自己的方式进入这桌筵席，我们希望得到的是接纳和赞赏，是让人们真正感到我们提供的东西对他们有用，能解决现存问题，补充他们的不足。果真如此，在筵席的建构中就会出现我们的声音，有了我们的参与。如何才能得到赞赏和接纳？首先就是要善于理解别人，主动赞赏和接纳别人的优秀成果，使自己的传统现代化建构新的、能为他人所理解的话语。反之，如果我们封闭自己，惟恐进入“失语状态”，永远用想象中的“原汁原味”的自己的话语(其实这样的话语并不存在)来自说自话，那就不会有对话，结果是既排除了别人对自己的了解，也排除了自己的进步。没有对传统的现代诠释，没有在对话中进行新的话语建构，就不能被别人理解，也就无法进入“游戏”。然而，为了制止“文化霸权主义”和“文化割据主义”的危险冲突，必须动员生活在不同文化中的全人类的智慧来面对当前的危机。特别是让具有悠久传统的中国文化积极参与到世界多元文化的新的建构之中，这的确是我们今天最迫切的当务之急！

钱穆先生辞世前的最后一篇文章，题目就是“中国文化对人类未来可有之贡献”，这是他晚年一直在思考的问题。在“文化霸权主义”与“文化割据主义”对峙的情况下，在这样一个全人类面临的大变局面前，中国传统文化资源能作出什么贡献呢？这当然是一个大问题，决非用一蹴而就的方式可以解决的，可能需要几代人的共同努力，但我们必须在最广泛的基础上认真进行。这里，我只能举出一些我所感到的、初露端倪的例子，说明一种可能性。

1. 中国传统文化一向重视差别。很早就认为“不同”是事物发展的根本。所谓“和实生物，同则不继”，因为，“以他平他谓之和，故能丰长而物归之。若以同裨同，尽乃弃矣”。“以他平他”，是以相异和相关为前提的，相异的事物相互协调并进，就能发展；“以同裨同”，则是以相同的事物叠加，其结果只能是窒息生机。中国传统文化的最高理想是“万物并育不相害，道并行而不相悖”。“万物并育”和“道并行”是“不同”；“不相害”“不相悖”则是“和”。这种思想为多元文化共处提供了不尽的思想源泉。

2. 中国道家认为天地万物并不是事先安排好的，更不是上帝创造的。一切事物的意义并非一成不变，也不一定有预定答案，而是形成于千变万化的互动关系之中；这就是老子所谓“道之为物，惟恍惟惚”，“惚兮恍兮，其中有象”；“恍兮惚兮，其中有物”。“物”和“象”都是尚未成形的、尚在混沌之中的某种可能性，它尚不存在。但确实具有，是一种“不存在而有”。一旦时机成熟，“时劫一会”，或由于人们的努力，就会在不确定的无穷可能性里，有一种可能性由于种种机缘，变成了现实。新事物就是这样产生的。因此，最重要的不是固定的、先行的立场、观点、计划，而是当下的、即时的、能有效解决问题的方法。方法是随机的、当下的，而立场、观点、规划则不可避免地总是固定和滞后的，需要根据当下的情况而不断修正。邓小平同志反对无休止地空谈“左”和“右”等立场、观点，而是在新的情况下力排众议，提出“摸着石头过河”的原则来解决从未经历过的当下的问题。这就是对上述传统的中国智慧进行了现代诠释，加以应用，从而石破惊天，根本改变了中国社会长期停滞不前的局面。这种智慧对于缓解当前的文化冲突不是提供了很多可资借鉴的思考方式吗？

3. 中国“和为贵”的哲学反对“冤冤相报，无有已时”的复仇思想。“复仇”基于不变的立场、观点，特别是立场。立场和观点是既成的，不因情况的变化而变化，如果错了，就只有错到极端。如上所述，在越来越复杂的形势下，一切事物的意义并非一成不变，也不一定有预定答案，而是形成于千变万化的互动关系中；这样，世代复仇也就成了一个伪命题。复仇是一种以过去为出发点的思维模式，是为过去而牺牲现在。过去已有不少人为与自己毫不相干的前辈的仇恨作出无谓的牺牲；特别是当这种复仇并无明显的正义与非正义的界限的时候。中外许多作品都曾以这种貌似正义，其实极不正义的现象作为自己的主题。莎士比亚的名著《罗密欧与朱丽叶》就深刻揭露了这种仇恨的非正义性，作者对无辜的牺牲者表达了深厚的同情。中国的小说戏剧当然也不乏复仇的例子，特别是“子报父仇”的主题，但也有“一笑泯恩仇”“相忘于江湖”“冤仇宜解不宜结”等传统。鲁迅的《故事新编·铸剑》写一个少年为从未见过面的父亲复仇的故事。最后是复仇者、被复仇的国王和指导复仇的人，三个头颅在沸腾的铁鼎中，上下腾跃，咬成一团，终于同样变为白色的骷髅，以致分不出哪一个是国王的遗骨，只好把三个头颅合葬在一起，名之曰：“三王冢”。这里显然蕴涵着鲁迅对“子报父仇”的深刻的反讽。

4. 数百年来无论是西方还是在西方影响下的东方，不管是人文科学还是社会科学，进化论的影响都十分深远，人们竭尽全力往前飞奔，总以为未来会比现在好。对自然资源，榨干了还要再榨，人的生活，享受了还要再享受，人类趋向未来的速度快了还要再快……这已经成为许多人的思维方式和生活模式。至于未来是什么，新是不是一定比旧好？万众所趋的目的何在？人们究竟奔向何方？除了作为个体的人必然趋向的坟墓而外，没有任何真正具有确定性的回答可以被提供出来！中国古训所强调的却与此截然不同，从老子的《道德经》开始，就强调“反者道之动”，认为万物的运动都有一种复归的倾向，都要回到运动的原点，在新的认识和新的经验的基础上，重新再出发，从而上升到更高的境界。既然万物都在不断回归和再出发，而不是向某个方向“飞奔”，也就没有匆忙的必要，中国道家强调“听其自然”，强调“万物静观皆自得”，强调“无为”，强调协同发展，但同时它又反对停滞不变，作为中国文化古远根源的《易》的核心就是发展变易。最近出土的郭店竹简还提道“易，所以会天道人道者也”。也就是讲求人与自然的协同发展。这对于今天应特别强调的“可持续发展”，对于制止当今社会的“盲目狂奔”难道不是很好的参照和缓冲吗？

5. 西方文化长期以来习惯于“主客二分”的思维方式，重视以主体为一方的对客体的认识。人们总是相信自己从客体抽象出来的“规律”，将之崇奉为放之四海而皆准的普适性，他们崇尚抽象的规律性远远超过关心事物的特殊性和具体性。由此出发，现存集中的权力系统只能通过普适化、均一化、互相隔离的分类方法来管理世界，这就损坏了事物的复杂性，也就损坏了真正有创意的自由发展。这种对不可改变的规律性、普适性的崇尚发展到极端，就是文化霸权的理论基础。

其实，随着主体视角和参照系的改变，客观世界也呈现着不同的面貌。甚至主体对本身的新的认识也要依靠从“他者”的重新认识和互动来把握。70年代以来，中国推翻了“两个凡是”锁定的僵死的“规律性”和“普适性”，坚持“实践是检验真理的唯一标准”，邓小平同志提倡“白猫黑猫，抓住耗子就是好猫”，这都是纠正了过分强调固定规律性和普适性的西方思维模式，而运用了中国传统智慧对人的主观能动性，即与客观世界合二而一的随机性的强调。正如朱熹所说：“天即人，人即天。人之始生，得之于天；既生此人，则天又在人矣。”“天”要由“人”来彰显。只有通过自由创造、具有充分随机应变的自主性而又与“天”相通的“人”，“天”的活泼的气象才能得以体现。近来，一些西方学者也大都不再用主客二分的方式来思考问题了。特别是一些汉学家已经不再把中国和西方作为独立于主体的固定对象来进行分析，如弗朗索瓦·于连所说：“我不认为能够把书页一分为二：一边是中国，另一边是希腊……因为意义的谋略只有从内部在与个体逻辑相结合的过程中才能被理解"①。也就是说，中国或西方文化都不是一成不变的，它必然根据"个体"(主体)的不同理解而呈现出不同的样态，因此，理解的过程也就是重新建构的过程。

6. 中国文化一向认为，人，只能镶嵌在与他人的关系中才能生存。一个人的权利只有在其他人能负责保证这些权利得以实现的条件下才能实现。因此在他索取自身权利的同时必须负起保证他人权利得以实现的责任。儒家设计的社会规范从来是双向的，如"君义臣忠""父慈子孝""兄友弟恭"等等。孟子说："君之视臣如手足，则臣视君如腹心……君之视臣如土芥，则臣视君如寇雠。"这对于西方近世已发展到极端的对个人至上、自由至上的泛滥不也是一种有益的借鉴吗?

当然，以上不过是一些举例性的散漫的随想，无非想说明现在的确是非常需要全面文化自觉的时候！我们应以当今的需要为基础对我国极其丰富的文化遗产进行清理，我们需要通过现代诠释使我们的文化宝库为现代所用，并得到发展，更需要对世界文化发展有清醒的评估和理解，让沉睡多年的中国智慧在解决迫在眉睫的文化冲突所带来的人类灾难中焕发出无与伦比的灿烂光辉。这就是我们今天提出文化自觉的最根本的期待和原因。

---

① 见《文化：中西对话中的差异与共存》，南京，南京大学出版社，1996。

世界文化语境中的学衡派*

一、学衡派源流

代表“五四”新文化运动另一潮流的《学衡》杂志，从一开始就打出“昌明国粹，融化新知”的旗帜，并触目地印在《学衡》杂志的封面上，一直坚持到最后，这决不是偶然的。

创办《学衡》杂志的理想可以一直追溯到1915年在清华大学成立的“天人学会”。1911年汤用彤和吴宓考入北京清华学校。当时清华的学制、教科书、教师都大力模仿美国。这使当时的学生一方面能直接受到西方文化的熏染，一方面也激发了继承和发扬中国文化的宏愿。据吴宓回忆，1911年至1913年，清华学校曾把“国文较好，爱读国学书籍”的七八名学生选出，特开一班，由学问渊博、名望很高的姚芒父、饶麓樵等国学大师专门讲授中国文化。当时参加这个班的除吴宓、汤用彤外，还有闻一多、刘朴等人。1915年，吴宓在2月16日的日记中谈到要编辑出版一种杂志，造成一种学说，“发挥国有文化，沟通东西事理，以熔铸风俗，改进道德，引导社会”。1915年冬，成立了以汤用彤、吴宓所在的清华丙辰级同学为核心的“天人学会”，会员前后共三十余人。吴宓在1916年4月3日给好友吴芳吉的信中说：“……会之大旨：除共事牺牲，益国益群外，则欲融合新旧，撷精立极，造成一种学说，以影响社

* 原载《中国现代文学研究丛刊》，2005年第3期。

会，改良群治。”①可见创办《学衡》杂志的理想早有酝酿。

《学衡》杂志正式创刊于1922年1月，按月出版，至1926年底出到60期，1927年停刊1年，1928年1月复刊，改为双月刊，至1929年底出至72期，1930年再度停刊1年，1931年1月复刊，此后时断时续直到1933年终刊。该刊11年来一以贯之，皆由吴宓担任总编辑，皆在中华书局出版，团结了相当一批固定的学人作者，也团结了一批相当固定的读者，这种一贯性和稳定性在“五四”以来众多的期刊中实属罕见。长期以来，为《学衡》撰稿者不下百人，但真正有影响，足可称为灵魂和核心的则是吴宓(1894—1978)、梅光迪(1890—1945)、胡先骕(1894—1968)、汤用彤(1893—1964)、柳诒徵(1880—1956)、陈寅恪等。吴宓1917年从清华学校赴美留学，1921年获哈佛大学文学硕士学位，回国后，应梅光迪之邀，任教于南京的东南大学；梅光迪21岁以庚款赴美，1919年获哈佛大学硕士学位，1920年返国，1921年出任东南大学西洋文学系主任；胡先骕原是植物学家，曾在美国加州大学伯克利分校就学，回国后又赴哈佛大学进修人文学科；汤用彤1918年赴美，1922年获哈佛大学哲学硕士学位，同年回国后任东南大学哲学系教授，柳诒徵为历史学家，曾在江阴南菁书院、南京钟山书院受业，后曾游学日本，陈寅恪最早面世的文章《与妹书》就载于《学衡》杂志第20期(1923年8月)。围绕这一核心，经常在《学衡》发表文章的还有王国维(20篇)，东南大学的景昌权(23篇)和缪凤林(24篇)，留美学生张荫麟(14篇)和郭斌龢(8篇)，留法学生李思纯(3篇)，也有国学保存会会员林损(12篇)等。

二、学衡派会通中西的主张

学衡派的宗旨是：“论究学术，阐述真理，昌明国粹，融化新知，以中正之眼光，行批评之职事，无偏无党，无激无随。”

在“昌明国粹”方面，他们的理由有三：第一，新旧乃相对而言，并无绝对界限，没有旧，就没有新。第二，人文科学与自然科学不同，不能完全以进化论为依据。不一定“新”的就比“旧”的好，也不一定现在就胜于过去。第三，历史有“变”有“常”，“常”就是经过多次考验，在人类经验中积累起来的真理。这种真理不但万古常新，而且具有普遍的世界意义。

---

① 吴宓：《空轩诗话》，《吴宓诗及其诗话》，210、211页，西安，陕西人民出版社，1992。

早在1917年，梅光迪就读于美国哈佛大学时，就曾关于这个问题和胡适进行过辩论。胡适从进化论出发，认为人类的历史就是弃旧图新的历史，梅光迪却认为历史应是人类求不变价值的纪录。他说："我们今天所要的是世界性观念，能够不仅与任一时代的精神相合，而且与一切时代的精神相合。我们必须理解，拥有通过时间考验的一切真善美的东西，然后才能应付当前与未来的生活。这样一来，历史便成为活的力量。也只有这样，我们才有希望达到某种肯定的标准，用以衡量人类的价值标准，判断真伪与辨别基本的与暂时性的东西。"①吴宓也强调"只有找出中华民族文化传统中普遍有效和亘古常存的东西，才能重建我们民族的自尊"。② 可见《学衡》与国粹派已有显著不同：国粹派强调"保存国粹"，重点在"保存"。《学衡》强调的却是"发展"，是"阐求真理"；方法也不是固守旧物，而是批评和融化新知，以致突破一国局限，追求了解和拥有世界一切真善美的东西，那就更不是国粹派所能企及的了。

"融化新知"，主要是指吸收西方的新思想、新方法、新知识。学衡派"引介西学"的热情，不亚于激进派。他们十分强调吸收西方文化的重要性，如梅光迪所说："吾人生处今世，与西方文化接，凡先民所未尝闻见，皆争奇斗妍于吾前。彼土圣哲所惨澹经营，求之数千年而始得者，吾人乃坐享其成。故今日之机缘实吾有史以来所罕睹。"③学衡派对于西学的融化吸收，与当时的一般鼓吹西化者有两点明显的不同：

其一是特别强调应对西方学说进行比较全面系统的研究，然后慎重择取。《学衡》创刊第1期，梅光迪就在他的论文《评提倡新文化者》中指出："国人倡言改革，已数十年，始则以欧西之越我，仅在工商制造也，继则慕其政治法制今且兼其教育、哲理、文学、美术矣"，而教育、哲理等"源于其历史民性者尤深且远"，若无广博精粹之研究，就会"知之甚浅，所取尤谬"。这样的"欧化"，只能是"厚诬欧化"，"行其伪学"。他不能容忍某些人"独取流行作品，遗真正名著于不顾，至于摭拾剿袭，互为模拟，尤其取巧惯习，西洋学术之厄运，未

① 梅光迪：《我们这一代的任务》，《中国学生》月刊，第12卷第3期。

② 吴宓：《中国的新与旧》，《中国学生》月刊，第16卷第3期。

③ 梅光迪：《现今西洋人文主义》，《国故新知论》，34页，北京，中国广播电视出版社，1995。

有甚于在今日中国者”。[①]《学衡》同人大多认为要引介西学就必须穷其本源，察其流变。吴宓一再强调希腊罗马古典文化和基督教乃西洋文化的两大源泉，为研究西洋文化所万不可忽略。两者之间，吴宓又特别强调前者。他认为：“物质、功利绝非彼土(西方)文明之真谛，西洋文化之精华，惟在希腊文章哲理艺术。”[②]由于这种体认，《学衡》杂志不仅大力鼓吹学习希腊文、拉丁文，而且用很大篇幅翻译介绍古典名著，如柏拉图五大语录，亚里士多德伦理学都曾在《学衡》杂志上翻译连载。

其二是特别强调引进西学须与中国文化传统相契合，必须适用于中国之需要，“或以其为中国向所缺乏，可截长补短者，或以其能救中国之弊，而为革新改进之助者”[③]。要达到这一目的，就不能“窥时俯仰”，“惟新是骛”，他们鄙弃所谓“顺应世界潮流”的说法，认为真正“豪杰之士”倒是“每喜逆流而行”，而平民主义之真谛并非“降低少数学者之程度，以求合于多数”，而是“提高多数之程度，使共同享高尚文化”。[④] 他们认为真正属于真善美的东西必然“超越东西界限，而含有普遍永久的性质”。因此，对于西方文化正如对于东方文化一样，必须摒除那些“根据于西洋特殊之历史、民性、风俗、习尚，成为解决一时一地之问题而发”的部分，而寻求具有普遍性、永久性的“真正的”西方文化。这种西方文化不仅不违背中国传统文化，而且会促进后者的发扬光大。正是在这意义上，胡先骕提出“欲以欧西文化之眼光，将吾国旧学重新估值”。[⑤]以此为基础再引进中国缺乏的和能救中国之弊而有助于改革的西方思潮。[⑥]

学衡派针对时弊指出了文化研究中的三种不良倾向：第一种是“诽薄国学者”，他们以为“国学事事可攻，须扫除一切，抹煞一切”，更有甚者，“不但为学术之破坏，且对于古人加以轻谩薄骂，若以仇死人为进道之因，谈学术必须

① 梅光迪：《论今日吾国学术界之需要》，《国故新知论》，141 页，北京，中国广播电视出版社，1995。

② 吴宓：《沃姆中国教育谈》，《学衡》，1923 年第 23 期。

③ 梅光迪：《现今西洋人文主义》，《国故新知论》，35 页，北京，中国广播电视出版社，1995。

④ 梅光迪：《论今日吾国学术界之需要》，《国故新知论》，138—140 页，北京，中国广播电视出版社，1995。

⑤ 胡先骕：《论批评家之责任》，《国故新知论》，283 页，北京，中国广播电视出版社，1995。

⑥ 意在从远距离观察，才能发现在封闭环境中难以看到的特点，并非削足适履。

尚意气也者”。第二种是“输入欧化者”，他们的缺点是对西方文化未作全面系统之研究，常以一得之见，以偏概全。例如“于哲理则膜拜杜威、尼采之流；于戏剧则拥戴易卜生、肖伯纳诸家”，似乎柏拉图尽是陈言，而莎士比亚已成绝响。第三种是“主张保守旧文化者”，他们有的胡乱比附，藉外族为护符，有的“以为欧美文运将终，科学破产，实为‘可怜’”，有的甚至“间闻二三数西人称美亚洲文化，或且集团体研究，不问其持论是否深得东方精神，研究者之旨意何在，遂欣然相告，谓欧美文化迅即败坏，亚洲文化将取而代之”。汤用彤指出这三种人的共同缺点就是“浅”和“隘”。“浅”就是“论不探源”，只看表面现象而不分析其源流。“隘”就是知识狭窄，以偏概全。由于“浅”“隘”，就会“是非颠倒”，“真理埋没”，对内则“旧学毁弃”，对外亦只能“取其一偏，失其大体”。结果是“在言者固以一己主张而有去取，在听者依一面之辞而不免盲从”①，以致文化之研究不能不流于固陋。汤用彤强调指出：“文化之研究乃真理之讨论”，必须对于中外文化之材料“广搜精求”，“精考事实，平情立言”，才能达到探求真理的目的。

三、世界文化语境中的学衡派

19世纪以来，保守主义、自由主义、激进主义作为一个不可分离的整体出现在西方，这种分野一直持续到今天。从长远历史发展来看，保守主义意味着维护历史形成的、代表着连续性和稳定性的事物；保守主义者认为长期延续成长、积淀下来的人类的理性和智慧远胜于个人在存在瞬间的偶然创造，因此不相信未经试验的革新。他们主张在原有基础上渐进和改良，不承认断裂、跃进和突变。事实上，保守主义、自由主义、激进主义三者往往在同一框架中运作，试图从不同途径解决同一问题，它们在同一层面上构成的张力和冲突正是推动历史前进的重要契机。

20世纪初勃兴于中国的新文化运动，与世界文化思潮紧相交织，成为20世纪世界文化对话的一个重要组成部分，自然也出现了保守主义、自由主义、激进主义这样的三位一体。以李大钊、陈独秀为代表的激进派尊崇马克思，以胡适等为代表的自由派找到了杜威、罗素，以《学衡》杂志为代表的现代保守主义者则服膺新人文主义宗师白璧德。他们思考和企图解决的问题大体相同（如

---

① 汤用彤：《评近人之文化研究》，《国故新知论》，100页，北京，中国广播电视出版社，1995。

何对待传统，如何引介西方，如何建设新文化等），而又都同样带着中国文化启蒙运动的特色。这些特色大体表现为：第一，带有强烈的民族主义热情，振兴民族，救亡图存成为压倒一切的动机。激进派的否定传统、保守派的固守传统都是首先出于这一考虑。第二，中国的文化启蒙与西方的启蒙运动不同，后者首先肯定个人的价值，强调要有健全的个人，才有健全的社会；前者却首先要求社会变革，先要有合理的社会，才会有个人的作为。“五四”时期，激进派强调革命，胡适等人主张“好人政府”，鲁迅等人呼吁“改造国民性”，保守派要求“重建国魂”，都不是首先以个人为本位。第三，中国的文化启蒙在很大程度上是在国际帝国主义的压迫下产生的，相对来说并非内部酝酿成熟的产物，因此缺乏内在的思想准备。“五四”当时，无论激进派、自由派、保守派都不曾产生足以代表自己民族，并可独立自成体系，无愧于世界启蒙大师的伟大人物。第四，中国启蒙运动发生在第一次世界大战引起的西方衰敝时期，西方文明的矛盾和弱点已有所暴露，中国的激进派、自由派和保守派都向西方寻求真理，但都想绕开这些矛盾和弱点。激进派反对资本主义，自由派提倡“整理国故”，保守派倡导“昌明国粹，融化新知”都与这一意向有关。

实际上三派共同构成了 20 世纪初期的中国文化启蒙。过去我们对以《学衡》杂志为代表的中国现代保守主义研究得很不够，往往因他们和激进派与自由派的一些争论，把他们置于文化启蒙运动之外，甚至把他们作为对立面而加以抹煞，这是不符合历史事实的。其实，《学衡》核心人物大多出身名门，又都曾留学国外，对西方文化有较深认识，回国后又大都在大学任职，出生年份则大体在 1890 年前后。从家庭出身、年龄结构、求学经历、社会地位等方面来分析，以《学衡》为中心的这批知识分子和“五四”新文化运动领导人李大钊、陈独秀、胡适、鲁迅等都相去不远。他们在同一层面上考虑问题，这并不奇怪，但何以又选择了不同的途径呢？

原因恐怕不能简单归结为接触面不同，因而所受影响不同。有人认为如果吴宓、汤用彤、梅光迪等人不是就读于哈佛，不受白璧德的影响，就不会形成学衡派的思想。其实，事实并不如此，学衡派的思想早在其前身“天人学会”之时就已见端倪，到了美国，恰恰是白璧德的思想吸引了他们，使他们原有的思想得到了进一步发挥。例如，梅光迪原就读于芝加哥西北大学，在所读的众多书籍中，恰是读了白璧德的《现代法国批评大家》一书后，大为叹服，遂入哈佛大学，以白璧德为师；吴宓原来也是在维金尼亚大学就读，因慕白璧德，受梅光迪之邀，转入哈佛；汤用彤原在汉姆林大学学哲学，后来转入哈佛大学，专修佛教与梵文、巴利文，这显然也是受了白璧德的吸引，因为白璧德一向重视并钻研佛教，又精通梵文、巴利文，并一向强调中国人应特别重视研究印度文明。由此可见，首先并不是白璧德塑造了《学衡》诸人的思想，而是某些已初步形成的想法使他们主动选择了白璧德。

白璧德所倡导的新人文主义是20世纪现代保守主义的核心。白璧德首先强调人文主义（humanism）与人道主义（humanitarianism）根本不同，后者指“表同情于全人类”，“以泛爱人类代替一切道德”；前者则强调人之所以为人的规范和德性，强调使人不同于禽兽的自觉的“一身德业之完善”，反对放任自然，如希腊的盖留斯（Aulus Gellius）早就界定：“Humanitas（人文）一字被人谬用以指泛爱，即希腊人所谓博爱（philanthropy）。实则此字含有规训与纪律之义，非可以泛指群众，仅少数入选者可以当之。”①白璧德的主张实际是对于科学与民主潮流的一种反拨。他认为16世纪以来，培根创始的科学主义发展为视人为物，泯没人性，急功近利的功利主义；18世纪卢梭提倡的泛情主义演变为放纵不羁的浪漫主义和不加选择的人道主义。这两种倾向的蔓延扩张使人类愈来愈失去自制能力和精神中心，只知追求物欲而无暇顾及内心道德修养。长此以往“人类将自真正文明，下堕于机械的野蛮”，白璧德认为当时已到了“人文主义与功利及感情主义正将决最后之胜负”的时机②，而这场决战将影响人类发展的全局。

为战胜“科学主义”导致的功利物欲，新人文主义强调人类社会除“物质之律”外，更重要的是“人事之律”。20世纪以来，“人事之律受科学物质之凌逼”，使人类沦为物的奴隶，丧失真正的人性，“今欲使之返本为人，则当复昌明‘人事之律’，此20世纪应尽之天职”。这种“人事之律”为人类长期历史经验和智慧锤炼积淀而成，是一种超越的人性的表征。白璧德认为人类须常以超越日常生活之上之完善之观念自律。苟一日无此，则将由理智之城下堕于纵性任欲之野蛮生活。

为抵制不加规范、任性纵欲的卢梭式的感情主义，新人文主义强调实行“人文教育，即教人以所以为人之道”，这种教育“不必复古，而当求真正之新；

---

① 徐震堮：《白璧德释人文主义》，《国故新知论》，22页，北京，中国广播电视出版社，1995。

② 白璧德：《中西人文教育说》，《国故新知论》，48页，北京，中国广播电视出版社，1995。

不必谨守成说，恪遵前例，但当同吾说之是否合乎经验及事实。不必强立宗教，以为统一归纳之术，但当使凡人皆知为人之正道；仍当行个人主义，但当纠正之，改良之，使其完美无疵”。① 白璧德将人生境界分为神性、人性、兽性三等，神性高不可攀，兽性放纵本能，沉溺于物欲。人性则是每一个人经过努力都可以达到的，但若放弃教育和规范，听任自然，人性就会沦为兽性。因此最重要的是用“一切时代共通的智慧”来丰富自己，鼓舞向善的意志而对自我进行“克制”，以便从一个“较低的自我”达到一个“较高的自我”以保持并提高人性。

由于白璧德用以规范人性的是全人类共同创造的普遍性永久价值，因此，能从世界文化会通的高度来讨论传统问题。他认为，中国文化传统与西方文化传统“在人文方面，尤能互为表里，形成我们可谓之集成的智慧的东西”。他指出孔子的“克己复礼为仁”和自亚里士多德及其他希腊哲人以降的西方人文主义者是一致的，凡能接受人文主义的纪律的，必趋于孔子所谓的“君子”或亚里士多德所谓的“甚沉毅之人”。他又认为“本来之佛教，比之中国通行之大乘佛教实较合于近日精确批评之精神。中国学生亟宜学习巴利文，以求知中国佛教之往史，且可望发明佛教中尚有何精义可为今日社会之纲维，就其实在影响于人生行为者论之，佛教之正宗与基督教，若合符节焉”。他主张在中国学府“应把论语与亚里士多德的伦理学合并讲授”；在西方学府“也应该有学者，最好是中国学者来教授中国历史与道德哲学”，这正是“促进东西方知识界领袖间的了解的重要手段”。他甚至希望能促成一个“人文国际”，以便在西方创始一个人文主义运动，而在中国开展一个“以扬弃儒家思想里千百年来累积的学院与形式主义的因素为特质”的“新儒家运动”。②

应该说《学衡》诸人是很自觉地将新人文主义理论运用于中国实际的，梅光迪明确指出：“在许多基本观念及见解上，美国的人文主义运动乃是中国人文主义运动的思想源泉及动力。”又说：“(白璧德的著作)对我来说是一个崭新的世界，更是一个被赋予新意义的旧世界。”③吴宓也说：受教于白璧德及穆尔先

① 吴宓：《白璧德中西人文教育说·吴宓附识》，《国故新知论》，40页，北京，中国广播电视出版社，1995。

② 本段引文皆出自白璧德：《中西人文教育说》，胡先骕译文见《学衡》第3期。

③ 《梅光迪文录》，见侯健编著：《从文学革命到革命文学》，75页，台北，台湾学生书局，1974。

生，亦可云："曾间接承继西洋之道统而吸收其中心精神。宓持此所得之区区以归，故更能了解中国文化之优点与孔子之崇高中正。"①正是由于吴宓、梅光迪等人吸收了这些新的因素，以中国文化作为参与世界文化对话的一个方面，他们与激进派和自由派的论辩也就与过去的传统保守主义不同，而带有了现代的、国际的性质。

从这一点出发，《学衡》诸人和当时许多文化研究者看法不同，他们不是从狭隘的民族自尊自大出发，单纯强调中国文化如何灿烂辉煌，因为这里并无客观标准，任何民族都可以对自己的文化作出如此评价；他们不是片面地对中国传统文化进行价值评判，认定优劣，随意取舍，而是科学地分析了历史的延续性，断定一切新事物都不可能凭空产生，无源无流，兀然自现。他们提出研究文化学术，必不能忽略"其义之所本及其变迁之迹"，因为"历史变迁，常具继续性，文化学术虽异代不同，然其因革推移，悉由渐进"，必"取汲于前代前人之学说，渐靡而然，固非骤溃而至"。② 在渐进的过程中，为什么会有重大的"因革推移"呢？学衡派主要学者之一汤用彤指出："研究时代学术之不同，虽当注意其变迁之迹，而尤应识其所以变迁之理由。"他认为变迁的一般理由有二："一则受之'时风'，二则谓其治学之眼光、之方法"，而以后者尤为重要。因为"新学术之兴起，虽因于时风环境，然无新眼光、新方法，则亦只有支离片段之言论，而不能有组织完备之新学。故学术新时代之托始，恒依赖新方法之发现"。③ 文化发展的重大转折，必然由于新眼光、新方法的形成。这些新眼光、新方法，有的由于本身文化发展或"时风"环境孕育而生，有的则受到外来文化的影响。获得新眼光、新方法就是"融化新知"。在汤用彤看来，"融化新知"从来就是推动文化发展之关键。

原有文化如何才能取得新知识、新方法呢？学衡派也有独到的见解。他们既反对当时盛行的"演化说"，即认为"人类思想和其他文化上的事件一样，自有其独立发展演进……完全和外来的文化思想无关"；也不同意另一些人所主张的"播化说"，即"认为一个民族或国家的文化思想都是自外边传播演化而来，

---

① 吴宓：《空轩诗话》，《吴宓诗及其诗话》，250 页，西安，陕西人民出版社，1992。

② 汤用彤：《言意之辨》，《汤用彤学术论文集》，214 页，北京，中华书局，1983。

③ 同上。

外来思想可以完全改变本来文化的特性与方向”。汤用彤认为“演化说”和“播化说”都是片面的。他强调外来文化与本地文化接触，其结果必然是双方都发生改变。“不但本有文化发生变化，就是外来文化也发生变化”。因为外来文化要对本地文化发生影响，就必然找到与本地文化相合的地方，就必须为适应本地文化而有所改变。例如印度佛教传到中国，经过了很大改变，成了中国佛教。在这个过程中，印度佛教与中国文化相适应的能得到继续发展，不适应的则往往昙花一现。他说：“天台、华严二宗是中国自己的创造，故势力较大；法相宗是印度地道货色，虽然有伟大的玄奘法师在上，也不能流行很长久。”可见“一个国家民族的文化思想实在有他的特性，外来文化思想必须有所改变，合乎另一文化性质，乃能发生作用”。①

因此，外来思想的输入往往要经历三个阶段：其一，“因为看见表面的相同而调和”。这里所讲的“调和”，并非折衷，而是一种“认同”，即两种文化思想的“某些相同或相合”。其二，“因为看见不同而冲突”。外来思想逐渐深入，社会已把这个外来分子看作一严重事件。只有经历这一因为看到不同而冲突、而排斥、而改造的过程，“外来文化才能在另一文化中发生深厚的根据，才能长久发生作用”。② 其三，“因再发见真实的相合而调和”。在这一阶段内，“外来文化思想已被吸收，加入本有文化血脉中了……不但本有文化发生变化，就是外来文化也发生变化”。③ 例如佛教传入中国已失却其一部分本来面目而成为中国佛教，而中国文化也因汲取了佛教文化而成为与过去不同的、新的中国文化。两种文化接触时所发生的这种双向选择和改变就是“融化新知”的必经过程。

总而言之，学衡派在继承传统问题上以反对进化论，与激进派和自由派相对峙，同时以强调变化和发展超越了旧保守主义；在引介西学方面则以全面考察，取我所需和抛弃长期纠缠不清的“体用”框架而独树一帜。学衡派选择了这样一条现代保守主义之路并不是偶然的，首先这和当时的世界文化形势有关。第一次世界大战造成了西方社会普遍的沮丧和衰落。斯宾格勒的《西方的衰落》一书(1918 年第 1 卷出版)宣布了欧洲中心论的破灭，引起了人们对非欧文化

---

① 汤用彤：《文化思想的冲突与调和》，《汤用彤学术论文集》，190 页，北京，中华书局，1983。

② 同上。

③ 同上。

的广泛兴趣，人们开始感到中国传统文化对世界具有了新的意义，梁启超的《欧游心影录》进一步加强了这种印象。《学衡》主将之一柳诒徵提出了“中学西被”的问题。他认为“交通的进步渐合世界若一国”。由于西方人感到吸取他种文化的需求，而中国人也认识到提高国际地位“除金钱、武力外，尚有文化一途”，中国文化的“西被”已提到日程上来。① 当然这并不是说“间闻二三数西人称美亚洲文化，或且集团体研究，不问其持论是否深得东方精神，研究者之旨意何在，遂欣然相告，谓欧美文化迅即败坏，亚洲文化将取而代之”。② 但中国文化毕竟已成为世界文化的一个组成部分，这在一定程度上激起中外人士进一步深入研究中国文化的意愿则是事实。

另一方面，《学衡》杂志出现于五四新文化运动高潮将近三年之后。在检讨和反省的过程中，人们开始感到文化发展总是渐变的，正如吴宓所说：“举凡典章文物，理论学术，均就已有者层层改变递嬗而为新，未有无因而立者。”③ 这就需要用新的建树来替代过时的、应淘汰的旧物，而这个过程又有赖于较长时间的新旧并存，以供比较、试验、选择。猛然宣布对某种文化的禁止，往往会造成梅光迪所说的“以暴易暴”，并不一定能达到建设新文化的目的。因此，学衡派不同意自由派的“弃旧图新”，更不同意激进派的“破旧立新”，而认同于以“存旧立新”，“推陈出新”或“层层递嬗而为新”的新人文主义。

另外，学衡派诸人与政治保守派不同，他们是真正的文化保守主义者，他们绝不维护社会现状，也不想托古改制，而以文化启蒙为改造社会的唯一途径，这使他们和风云突变的政治运动保持了一段“知识分子的距离”，他们以追求绝对真理为己任，鄙弃“顺应时代潮流”，反对“窥时俯仰”，“与世浮沉”。当激进派投入革命，自由派鼓吹“好人政府”时，学衡派诸公却始终坚持在文化教育岗位上，正是对于人文教育的看重与执著使他们汇入了世界新人文主义的潮流。

---

① 柳诒徵：《中国文化西被之商榷》，《国故新知论》，417 页，北京，中国广播电视出版社，1995。

② 汤用彤：《评近人之文化研究》，《国故新知论》，98 页，北京，中国广播电视出版社，1995。

③ 吴宓：《论新文化运动》，《国故新知论》，80 页，北京，中国广播电视出版社，1995。

文学：面对重构人类精神世界的重任*

一、人类面临的时空巨变

人类生活正经历着前所未有的巨大转折。这和过去从狩猎转向农耕，从农耕转向机械生产，都是完全不可比拟的。首先是软件和计算机革命以及全球互联网、移动通信革新。在这样的情况下，人与人之间的关系大大超越了过去所受的时空束缚；特别是新一代人在一定程度上脱离了继往开来的代际传承，他们在网络的交互影响中自我成长。我们如果不懂得我们的下一代，也就会对我们的未来深感迷茫。

另一方面，由于生物工程技术的开发和应用，人甚至对他的血肉之躯的存在前景也感到迷惘困顿。生命本是宇宙大化千百万年的亘古造化，但是，现在可以通过转基因、干细胞、克隆、体外受精等人为的手段复制、改变、优选。人存在的意义、人性的自我定义都受到了根本的挑战，也就是说所有关于意义的领域都将面临冲击。还有纳米技术，最终使人类能够按照自己的意愿操纵单个原子和分子，开辟了人类认识世界的新层次。

以上这一切大变动，加上 20 世纪的苦难历程(两次世界大战、绝灭人性的法西斯集中营、“古拉格群岛”等等)使得人类精神不得不发生空前的大变革！这一人类历史上空前的大变动要求我们重新定义人类状况，反思我们需要建造怎样一个世界，特别是人类的精

---

* 原载《文艺研究》，2007 年第 6 期。

神世界，需要建立怎样的世界观和人生观来应对这一崭新的、影响全球的复杂局面。

二、欧美一些学者的文化自觉

早在20世纪初，斯宾格勒在《西方的没落》一书中就已相当全面地开始了对西方文化的反思和批判。临近21世纪，这种反思和批判达到了更深刻的程度。法国著名思想家埃德加·莫兰(Edgar Morin)指出：西方文明的福祉正好包藏了它的祸根，它的个人主义包含了自我中心的闭锁与孤独；它的盲目的经济发展给人类带来了道德和心理的迟钝，造成各领域的隔绝，限制了人们的智慧能力，使人们在复杂问题面前束手无策，对根本的和全局的问题视而不见；科学技术促进了社会进步，同时也带来了对环境、文化的破坏，造成了新的不平等，以新式奴役取代了旧式奴役，特别是城市的污染和科学的盲目，给人们带来了紧张与危害，将人们引向核灭亡与生态死亡①。波兰社会学家齐格蒙特·鲍曼在《现代性与大屠杀》一书中更是强调在西方，高度文明与高度野蛮其实是相通和难以区分的……现代性是现代文明的结果，而现代文明的高度发展超越了人所能调控的范围，导向高度的野蛮，等等。

为了突破危机，西方知识分子的先觉者思考从三个方面来突破现状，以寻求文化的未来发展。首先是返回自身文化的源头，审视历史，重新认识自己，寻找新的出发点。要达到这个目的，就必须有一个新的参照系，即新的“他者”，以便作为参照，重新反观自己的文化，找到新的诠释。法国学者弗朗索瓦·于连(François Jullien)写了一篇专论《为什么我们西方人研究哲学不能绕过中国?》的著名文章②，他认为，要全面认识自己，必须离开封闭的自我，从外在的不同角度来考察。在他看来，“穿越中国也是为了更好地阅读希腊”。他认为：“我们对希腊思想已有某种与生俱来的熟悉，为了了解它，也为了发现它，我们不得不暂时割断这种熟悉，构成一种外在的观点”，而中国正是构成这种“外在观点”的最好参照系，因为“中国的语言外在于庞大的印欧语言体系，这种语言开拓的是书写的另一种可能性；中国文明是在与欧洲没有实际的借鉴或影响关系之下独自发展的、时间最长的文明……中国是从外部正视我们的思

① 埃德加·莫兰：《超越全球化发展：社会世界还是帝国世界?》，见《迎接新的文化转型时期》，202、566页，上海，上海文化出版社，2006。

② 同上。

想——由此使之脱离传统成见——的理想形象。”①他强调指出：“我选择从一个如此遥远的视点出发，并不是为异国情调所驱使，也不是为所谓比较之乐所诱惑，而只是想寻回一点儿理论迂回的余地，借一个新的起点，把自己从种种因为身在其中而无从辨析的理论纷争之中解放出来。”②

其次，不仅是作为参照，还要从非西方文化中吸收新的内容。2004 年罗蒂访问复旦大学哲学系时说：“我隔了二十年再次来到上海，中国的变化简直可以用奇迹来形容。这个奇迹不是改变了我的思考，而是进一步印证和强化了我已有的看法，那就是中国是未来世界的希望。”③在北京大学比较文学与比较文化研究所举办的“多元之美”国际学术讨论会上，法国比较文学大师巴柔(Daniel-Henri Pageaux)特别提出：“于连对于希腊文化与中国文化的研究是一个很好的例子，它正好印证了我已经讲过的经由他者的‘迂回’所体现出来的好处。”他还强调说：“从这次研讨会的提纲中，我看到‘和谐’(‘和实生物，同则不继’)概念的重要性……中国的‘和而不同’原则定将成为重要的伦理资源，使我们能在第三个千年实现差别共存与相互尊重。”④一些美国汉学家的著作也体现了这种认识论的改变，如安乐哲(Roger Ames)和大卫·霍尔(David Hall)合作的《通过孔子而思》、斯蒂芬·显克曼编撰的《早期中国与古代希腊——通过比较而思》等。

另外，改变殖民心态，自省过去的西方中心论，理顺自己对非西方文化排斥、轻视的心理，这一点也很重要。意大利罗马大学的尼兹认为克服西方中心论的过程是一种困难的“苦修”过程，他把比较文学这一学科称为“非殖民化学科”。在《作为非殖民化学科的比较文学》一文中，他说：“如果对于摆脱了西方殖民的国家来说，比较文学学科代表一种理解、研究和实现非殖民化的方式；那么，对于我们所有欧洲学者来说，它却代表着一种思考、一种自我批评及学习的形式，或者说是从我们自身的殖民意识中解脱的方式……它关系到一种自

① 弗朗索瓦·于连：《迂回与进入》，杜小真译，前言，3 页，北京，生活·读书·新知三联书店，1998。

② 弗朗索瓦·于连：《道德奠基：孟子与启蒙哲人的对话》，宋刚译，北京，北京大学出版社，2002。

③ 载《文汇读书周报》2004 年 7 月 27 日。

④ 巴柔：《文化还是文化间性：从形象学到媒介》，2001 年 4 月“多元之美”大会文献。

我批评以及对自己和他人的教育、改造。这是一种苦修(askesis)!”①没有这种自省的“苦修”，总是以殖民心态傲视他人，多元文化的共存也是不可能的。

三、“美国梦”与“欧洲梦”

在这个基础上，2006 年美国学者 J. 里夫金写了一本畅销学术书《欧洲梦》②。他提出对当前以贪欲和聚敛为核心的文明必须进行深入的反思和批判，必须重建一个基于生活质量而非个人无限财富聚敛的、可持续的文明，以物质为基础的现代发展观本身即将受到修正。可持续性的全球经济之目标应该是：通过将人类的生产和消费与自然界的能力联系在一起，通过废品利用和资源的重新补充，不断再生产出高质量的生活。在这样的生活中，重要的并非个人的物质积累，而是自我修养；并非聚敛财富，而是精神的提升；并非拓宽疆土，而是拓宽人类的同情。他认为人类需要一个完全不同于过去的新的精神世界，需要全新的世界观和人生观。

里夫金用“美国梦”和“欧洲梦”来概括这种变革。“美国梦”和“欧洲梦”并不是指地缘的区别，也不是指国家的不同，而是指不同时空中存在的思维方式与生存方式。所谓“美国梦”主要是指每一个人都拥有“不受限制的机遇”来追求和积累财富。私有财产被看作通向个人自由的通行证，一个人拥有的财产越多，个人就愈加自由独立。个人聚敛巨大财富的成功被当作唯一的或主要的成功标准。在“美国梦”的笼罩下，人们过度消费，纵容每一种欲望，浪费地球的丰饶。但是很明显，只要坚持个人利益最大化原则，“美国梦”就不可能是一个普遍有效的梦，因为不存在一个社会空间足以让每个人都获得所想象的成功，因此，从逻辑上说，“美国梦”永远只能是“某些人”的梦而不可能是“所有人”的梦，这样的梦对于某些人来说是好梦，对于某些人就是噩梦。可以说，“美国梦”是一个把自己从世界分离出去的梦，一个分裂世界的梦。

“欧洲梦”与此不同。在里夫金看来，“欧洲梦”是一种新的历史观，根据这种历史观，以物质增殖和无限消费为基础的“现代发展观”本身将受到质疑。

---

① 阿尔蒙多·尼兹：《作为非殖民化学科的比较文学》，《中国比较文学通讯》1996 年第 1 期，5 页。

② Jeremy Rifkin, *The European Dream— How Europe's Vision of the Future Is Quietly Eclipsing the American Dream*, Penguin Group. 杰里米·里夫金：《欧洲梦》，杨治宜译，重庆，重庆出版社，2006。

"欧洲梦"是一个基于"生活质量"而非个人无限财富聚敛的"可持续性的文明"。所谓"生活质量"就是"实际生活条件"以及"公民个人的主观幸福感"，如健康、快乐、社会关系、自然环境的质量等。有"生活质量"的生活，是指一种普遍富裕、拥有社会安全而有"品位"的生活，它建立在以高水平的物质生产为基础的福利社会之上，因而免除了人们的后顾之忧，保证了人们的生活安全；同时也保证人们有充分的自由、时间和条件去追求各种丰富的精神生活，而不只是追求财富。从"欧洲梦"来说，获得自由，意味着能够进入到与他人之间无数种彼此依赖的关系之中。一个人有途径进入越多的共同体，就有越多的选择权，也就有越多的自由。作为"欧洲梦"两大支柱的文化多元主义和全球生态意识将人性从物质主义的牢笼中解放出来，成就新的人性。总之，欧洲梦追求的不是拼命扩大财富而是去提高精神水平，不是追求扩大权力范围而是去扩大人类互相理解。"欧洲梦"被认为是"第二次启蒙"，它要用新的"精神主义"(idealism)去纠正第一次启蒙所错误提倡的"物质主义"以及无限制的进步论(直线的、急速的、无限的求新)和绝对化了的个人主义。

在里夫金看来，"美国梦"和"欧洲梦"作为两个不同的历史阶段，其经济基础也有所不同。前者以市场经济为主体，利益的提高是通过每一个人不顾一切地追求自身利益来实现的；后者以网络经济为主体，在网络经济的范围内，要求每一个人为另一方作出贡献，强调"互利、双赢"，实现更广泛的共同体的利益最大化，从而也提高个人的福利。推而论之，市场基于对一己私利的追求，网络追求较大范围的共同利益；市场基于不信任，网络基于一定程度的信任；市场通过和其他人在敌对性的市场框架里竞争以确保财产，网络则认为成功来源于共享的关系，而非孤立奋斗。总之，市场是竞争性的，网络在一定范围内是合作性的。基于这样的不同，社会政治文化也有相应的变化，在资本主义市场经济时代，斗争主要围绕着占有、分配资本及保护私人财产权利展开；自由被定义为不依靠他人，只要有足够的财产，就可以为所欲为。而在全球化的网络时代，合作是多元性的，更多围绕着保存自己的文化身份以及在彼此依靠的世界里获得权利而展开；文化身份建立起将个人从外部世界区分开来的边界，同时又能够用以维护个人进入周边全球洪流的权利，获得自由就意味着更深地陷入与他人之间彼此依赖的关系网络之中，这种关系越包容、越深入，一个人就越有可能实现自己的雄心。要想被包容进关系网就需要找到路径，有越多的路径，就越能进入到更多的关系之中，从而也体验着越多的自由。

"美国梦"和"欧洲梦"各有其不同的理论基础和不同的历史原因。"美国梦"

以洛克关于保护私有财产即保护个人自由权利的第一基础为核心，这一理论在美国深得人心；而“欧洲梦”则以康德的人权思想作为哲学基础，康德的永久和平理论在今天已进一步成为欧洲的政治理想。如果说“欧洲梦”和“美国梦”都把个人的绝对性看作是至高无上的原则，那么“欧洲梦”更重视的是精神个人主义，而“美国梦”推崇的是物质个人主义。这一差异虽然还不足以形成在“政治现代性”方面的重大差别，但却决定了非常不同的日常生活风格和情趣，及对环境的不同看法。从历史原因方面来说，两次世界大战可以说是西方经验的一个分水岭，欧洲和美国由此获得完全不同的体会。欧洲体会到了疯狂的现代化发展所导致的毁灭之痛，从而在一定程度上，走向和平主义、理性对话与合作策略；而美国则体会到了光荣与梦想、成功与辉煌、领导与主宰，从而强化了霸权主义、单边主义和竞争策略。尽管战后美国也出现了一些消极思潮，但与美国取得的惊人的物质和政治成功相比，却显然缺乏社会影响力。

里夫金用“美国梦”和“欧洲梦”来概括 20 世纪末、21 世纪初发生的人类生活巨变，及其所带来的一系列思维方式与生存方式的嬗变，确实很能启发思考。他所描述的“美国梦”是一种存在已久的历史状态，对于社会进步曾起过巨大的推动作用，至今仍然具有极大的影响，但“欧洲梦”却是正在发生而且不可能不发生的历史趋势。正如里夫金所说，“美国梦”不仅不能创造真正的好生活，而且只能带来昂贵的坏生活(昂贵生活不等于有质量的生活)。现在世界上大多数人都意识到了美国式的现代化道路是世界资源以及世界人民所无法承担的，是世界消费不起的，美国本身就已经在对世界的过度剥削中预支得太多。美国的单边主义将会越来越困难，越来越成为一个危险又缺乏效率的策略，甚至也不是对美国自己有利的策略，因为全球化正在形成全球性的利益“共轭”现象，单边的利益最大化变得不切实际，除了引起反抗和冲突，没有更多的积极意义。世界买不起“美国梦”，而且对于世界来说，“美国梦”未必是好梦，从这一点看，“美国梦”确实是“过时了”。

当然，在我们看来，“欧洲梦”其实也是一个地区保护主义的梦，一个保护既得利益的策略，同样不是一个可以普遍化的世界梦想。“欧洲梦”一方面是为了保护欧洲品质而试图抵挡同样发达的美国的“坏的”生活方式和价值观，另一方面又是为了保护欧洲福利制度而试图抵制发展中国家的对他们不利的所谓“坏的”竞争方式。例如，不能公平地对待移民等。因此，如何真正实现多元文化共生的梦想，如何促进人与人之间的对话和理解，以及改变陈旧的世界观、人生观和价值观以适应世界的急遽变化就是当前亟需解决的问题。

里夫金很重视在未来世界文化建构中中国的地位。他不是研究中国的专家，但他认同理查德·尼斯贝特(Richard E. Nisbett)在《思想的地理学》(*The Geography of Thought*)中所说的亚洲民族和国家或许比西方人更适合创造网络治理、跨国空间和全球意识。他引用汉学家、哲学家亨利·罗斯蒙特(Henry Rosemount)的话说，在儒家思想里，没有"我"能够孤立存在或被抽象地思考；"我"是根据和其他具体个人的关系而扮演的各种角色的总和；而道家认为整体存在于相反力量之间的关系中，它们共同互相完善。里夫金也同意尼斯贝特所说的，对关系的持续关注使亚洲人对感情更加敏感，如果说美国家长用一种"尔我对立"的思维方式，教育孩子从侵占、攫取和财产关系的角度进行思考，那么传统的亚洲家长则更注重感情和社会关系。他们帮助孩子与他人互动，协调自己的行为。同样，里夫金认为由于整体化的倾向，亚洲人从来就强调人与自然的和谐。如果说西方启蒙主义科学的基础是"重塑"自然，以符合人类面貌，那么东方的方式则是抛弃人类可以操纵环境的想法，而重在根据环境的需要调整自身。里夫金承认中国传统思想更加关注的是和谐、完整和万物的相互影响而非只注意孤立的现象，因而与"欧洲梦"更为接近①。

难能可贵的是，一反过去西方中心主义的常态，里夫金在展望未来社会时，始终将中国置于其视野的重要部位。他认为贯穿在今天的两大精神潮流就是：1. 在一个日益物质化的世界里，寻找某种更高的个人使命的渴望。2. 在一个逐渐疏离、冷淡的社会里，寻找某种共同体意识的需求，这也是欧洲和中国的有识之士所共同追求的。在他看来，欧洲和中国都梦想着一个崭新的时代，在这个时代，每个人的权利都获得尊重，文化的差异受到欢迎，每个人都在地球可维持的范围内享受着高质量的生活(不是奢侈生活)，而人类能够生活在安定与和谐之中。为了共存于一个日益联系紧密的世界，人类需要不断开发新的理念，在这点上，中国和欧洲会找到更多、更深层的共通之处。

世界正在急遽变化，这种变化是"指数型"的，也就是说变化的速度会由很慢变得越来越快。从秦汉到民初，社会的变化并不大，而进入 20 世纪以后，其变化越来越目不暇接、光怪陆离。所有指数型的物理过程都以引向系统的崩溃而告结束。如果说这一推断基本无误，那么，人类应如何来面向这一日益加速的社会进程，又如何来应对世纪之交的人生巨变？既然西方启蒙主义科学的

① 参见杰里米·里夫金《欧洲梦》，杨治宜译，326—328 页，重庆，重庆出版社，2006。

“重塑”自然，以符合人类面貌的做法被证明是失败的，那么采取东方的方式，抛弃人类可以操纵自然的想法，而重在根据环境的需要调整自身，也许不失为可行之道。要做到这一点，首先就是改变人生观、世界观，重构人类的精神世界。

四、文学，如何面对？

探讨如何真正实现多元文化共生的梦想，如何促进人与人之间的对话和理解，如何改变陈旧的世界观、人生观和价值观，展望人类全新的未来，铸造人类新的精神世界……这一切本来就是文学的题中应有之义。在促进东西方文化自觉，形成新的未来，建构文化多元共生的蓝图中，在“人类心灵内在性的巨大提升”的进程中，文学无疑占有一席重要地位。无论是从保存民族文化特点，建构多元共存的全球化，加强不同文化之间的对话，或者是从西方文学研究与中国文学研究发展到现阶段的实际需要来看，文学研究都面临着新的挑战和机遇。

事实上，21世纪人类所面临的重大挑战，就是在自然、人类、个人、群体和国家之间，出现了前所未有的极其怪异而又残酷的关系。埃德加·莫兰认为，人类已经没有别的选择，只有清醒地意识到全球人类命运的一致性和不可分割性(包括已经被割裂的各门学科的一致性和不可分割性)，才能和平幸福地共同生存下去。要达到这个目的就必须推广和鼓励容忍和宽容，理解人类的复杂性，扩大个人的开放性，树立地球文化的观念，认清民主制的多种可能性，实行民主平等对话，培养地球公民意识和道德，等等①。

在实现这一理想、实行平等对话、培养地球公民意识和道德的过程中，无论是提升人类精神，拓宽人类同情，对人性的提升，对自然的敬畏，对他人的关切，等等，这一切都是所有文学的根本内容和任务所在，文学无疑对此起着无可取代的特殊作用。优秀的文学从来就不能没有对人类共同问题的探索。今天人类面临的，仍然是历史上多次遭遇的共同问题，如生死爱欲问题，即个人身心内外的和谐生存的问题；权力关系与身份认同问题，即人与人之间的和谐共处问题；人和外在环境的关系问题，即人与自然之间的和谐共存问题。追求这些方面的“和谐”是古今中外人类文化的共同目标，也是文学研究的共同基础。异质文化之间的跨文化文学研究之所以可能，就因为异质文化之间的对

---

① 参见高宣扬《莫兰对现代知识和教育的反思》，载《跨文化对话》2006年第19期。

话、交流和理解通过文学更易于实现。因为文学的根基是“情”，凡人都有七情（喜、怒、哀、惧、爱、恶、欲——《礼记》）六欲（生、死、耳、目、口、鼻之欲——《吕氏春秋·高诱注》），文学涉及人类的感情和心灵，较少功利打算，不同文化体系的文学中的共同话题总是十分丰富的，诸如关于“死亡意识”“人生启悟”“生态环境”“人类末日”“乌托邦想象”“遁世思想”等等。不同文化体系的人们都会根据他们不同的生活和思维方式对这些问题作出自己的回答。这些回答回响着悠久的历史传统的回声，又同时受到当代人和当代语境的取舍与诠释。

任何伟大的艺术作品总是体现着人类经验的某些共同方面，而使读者产生共鸣，同时又是作者本人的个人经验、个人想象与个人言说。伟大作品被创造出来，不管作者是否愿意，总是从自身文化出发，带有不可避免的自身文化的色彩；在被解读时，读者一方面带有自身的文化先见，另一方面又因人们对共同经验的感知和理解而突破了不同文化之间的隔阂，产生了新的阐释。这就是多种不同文化体系之间文学的“互识”“互补”和“互证”。“互识”是对不同文化间文学的相互认识、理解和欣赏；“互补”是以他人之所长补自身之不足，同时，以一种文化为参照系去解读另一种文化的文本，从而获得对该文本新的诠释、理解和补充；“互证”则是在互相参证中找到共同问题，证实其共同性，或反证其相异性，以达到进一步的理解和沟通。通过多种不同文化体系之间文学的互识、互证、互补和多次往返对话，人类共同关切的问题就能得到我们这一时代的比较圆满的解答，同时为这些问题开放更广阔的讨论的视野和前景，人们的思想感情也就由此得到了沟通和理解。虽然文学从来就在这些方面起着作用，但人类面临的今天的世界大变局给文学提出了新的内容，将文学提升为维护多元文化共生的、新人文精神的主要承载者，成为造就新的人生观和世界观的最佳途径；特别是通过网络提供的方便，文学使最迅速、最自由、最随意的精神和心灵交往与共鸣成为可能，文学因而被赋予了前所未有的新的重要性和独特性，并被提升到空前的高度而具有更重大的意义。

面对世界的大变局，文学研究的发展本身也进入了一个崭新的转型时期。在资本主义初兴时期，人们曾经对自由贸易带来的个性解放和精神独立充满期待，以为在一定程度上脱离笨重体力劳动和贫困后，可以得到解放和独立的空间；与此同时发生的，是热情奔放的浪漫主义思潮的勃兴。但是，与原来的期待相反，人类却陷入了一个史无前例的贫富两极急遽分化的世界，无休止地追求发展已成为存在本身的意义，而无穷尽地聚敛财富，满足贪欲成了生活的目的，大部分人则为了谋生，被捆绑在无望的单调机械劳作之中；金钱对人性的束缚代替了早期资本主义对人性解放的许诺。作为人类最敏感的神经，文学工作者不能不面对这些问题。

最先接触并反映这些现象的是现代主义。现代主义者对欧洲启蒙时代建构起来的宏大叙事(包括物质进步、线性发展不可逆转、客观现实可以认知、完善的人性可以追求、人类生活可以更加完善等)之种种“现代性”许诺无法实现，不得不满怀伤感、绝望、惶惑与怀旧，这成了现代主义文学的主要内容。20世纪60年代盛行起来的后现代主义观念与此不同，这种统摄性的宏大叙事被认为没有纳入对人类的生存状况的多视角、多方面的思考，而总是试图创造出人类行为统一化前景的乌托邦幻象，试图将人性禁锢在现代主义者思考方式的“惟一正道”上。60年代一辈人所反抗的正是这些包罗万象的宏大蓝图，以及限定人们如何生活和行动的乌托邦观念。后现代主义认为：观察世界并非只有一种视角，而是有许多种，每一个个体的生活和思想都是一种叙述方式，都有其正确性，每一种理想都各具价值。而网络的威力又大大加强了后现代主义的思维方式和行为方式。后现代主义者投身于一场扫荡现代性意识形态基础的斗争。他们所实行的现代解构运动曾经使一切权威和强制性的一致性思维都黯然失色，同时也使一切都零碎化、浮面化，最终只留下了思想碎片，以及一个众声喧哗的、支离破碎的世界。其中，每个人的故事都同样具有说服力，同样可靠，同样值得认可。后现代主义者夷平了现代性的壁垒，但却没有给人们留下未来生活的蓝图。在一个没有边界的、混乱无序、分崩离析的世界上，人们成了存在主义的流浪部族，漫游在绝望的寻觅中，模糊渴望着某种值得依恋、值得信仰的东西，却又不明白那是什么。尽管人类精神解除了旧有思想范畴的束缚，但每个人却不得不被迫孤独地寻觅自己的道路。事实上，后现代主义虽然企图粉碎一切权威，但并未提出什么新的蓝图，也并未策划过一个新的时代，它只不过是对现代性的种种缺陷的分析、揭露并彻底粉碎了现代主义的宏大叙事。可以说，无论是现代主义还是后现代主义都在期待着一个新的转型。

五、中国文学研究的处境

中国文学研究一方面不能脱离以上这一潮流，另一方面仍有自己特殊的发展过程，其最特殊之处就在于它的主流从一开始就是在中西文化和文学的“互识”“互补”和“互证”的过程中发展起来的。有人认为过去一百年，中国传统文论已经断裂，现代中国文论处于“失语”状态。其实，事实远非如此。早在20

世纪之初，王国维就指出："中西二学，盛则俱盛，衰则俱衰，风气既开，互相推助。且居今日之世，讲今日之学，未有西学不兴，而中学能兴者；亦未有中学不兴，而西学能兴者"；鲁迅在1907年也提出"首在审己，亦必知人，比较既周，爰生自觉"；吴宓等则举起了"昌明国粹，融化新知"的旗帜；茅盾讨论了20世纪初期的多种西方文学思潮，进行了扬弃；郭沫若进一步强调了他的"诗的觉醒"是在英文诗的启悟下，重读古诗而完成的；陈寅恪总结说："其真能于思想上自成系统，有所创获者，必须一方面吸收输入外来之学说，一方面不忘本来民族之地位。此二种相反而适相成之态度，乃道教之真精神，新儒家之旧途径，而二千年吾民族与他民族思想接触史之所昭示者也"①。中国所有对现代文论卓有建树的名家如朱光潜、宗白华、钱锺书、梁实秋等无不以他们的一生成就证实了以上这一结论。遗憾的是一百年来，我们沿着这条事实上的发展主线进行的研究和总结还非常不够，能在古今中外的坐标上，将时间和空间很好地结合在一起来研究阐发的著作还不多。

但是，如上所述，经由多种文学思潮的演化，特别是经过现代主义和后现代主义的发展，经过百年来中国文学在古今中外文化激烈冲撞中的推进，中国文学研究积累了丰富的经验，今天的中国文学研究将在这个基础上参照世界文化当前语境，回归原点再出发。正如列维·斯特劳斯所说：一种纯粹和整体的知识不能从特定的政治现实以及时代状况中获得，而只能借助于追本溯源，回到"尚未损害，尚未败坏的自然"。中国文学研究也是如此，恰如作家格非从他自身的创作实践所总结的，"整个中国近现代的文学固然可以看成是向外学习的过程，同时也是一个更为隐秘的回溯性过程，也就是说，对整个传统的再确认过程"②。一方面是空间性坐标，即在西方数百年才完成的"机械文明"和"信息文明"两个文明阶段同时传入的双重挤压下，与世界的情愿和不情愿的交往；另一方面是时间性的坐标，也就是格非所说的那个更隐秘的、向传统回归的过程。中国文学发展的百年历史亟需在这个纵的和横的坐标上来进行总结。

总之，在形成全球性的文化多元格局中，文学是各民族文化多元共存互相对话、沟通、理解的一个十分重要的环节，同时，这个进程又将给文学研究各个领域的发展和更新带来新的契机，从而根本改变当前文学研究的格局。从中

---

① 陈寅恪：《冯友兰中国哲学史下册审查报告》，《金明馆丛稿二编》，252页，上海，上海古籍出版社，1980。

② 格非：《汉语写作的两个传统》，载《文汇报》2005年12月3日。

国百年文学研究的发展来说，目前正需要一个总的清算，一种全新的认知，也就是一个新的文学本身的转型，以适应新形势的要求。我们有理由期待跨文化文学研究在文学理论、文学批评、文学史等研究领域，从而也在文学创作中爆发出新的能量，共同创建出无愧于时代和民族的新文学，在当前世界的大变局中，担当起显现新兴人类的新世界观和新人生观、重新铸造人类精神世界的伟大重任。

美国梦·欧洲梦·中国梦*

人类正面临着前所未有的时空巨变。这和过去从狩猎转向农耕、从农耕转向机械生产、从机械生产转向初期信息时代，都是完全不可比拟的。首先，软件和计算机革命、全球互联网、移动通信革新使一般大众成了可以对他人自由发表意见的真正意义上的主人。在这样的情况下，新一代人在一定程度上脱离了继往开来的代际传承，他们在网络的交互影响中自我成长，不懂得我们的下一代，也就不能完全知道我们的未来。其次，由于生物工程技术的开发和应用，如转基因、干细胞、克隆等使人类甚至对他的血肉之躯的存在前景也迷惘困顿。生命本是宇宙大化千百万年的亘古造化，但是，现在有可能通过人为的手段复制、改写、优选。纳米技术最终使人类能够按照自己的意愿在十亿分之一米尺度的空间内，研究和利用电子、原子和分子运动的规律和特性，实现对整个微观世界的有效控制。这些革命性的新知识、新技术贯穿到人类生活的每一细枝末节，导致了人类看待时间和空间的方式都有了基本变革。

加上20世纪的苦难经验，两次世界大战、反犹太法西斯集中营、“古拉格群岛”、“文化大革命”等残酷经验，以及现代性的两个主要特征：“经济增长万能”和“个人绝对自由”受到质疑。这些人类历史上空前的大变动都要求我们重新定义人类状况，重新考虑人类的生存意义和生存方式，反思我们需要塑造怎样一个世界，需要建立怎样的世界观和人生观来应对这一崭新的、影响全球的复杂

* 原载《社会科学》，2007年第9期。

局面。

J. 里夫金企图用“美国梦”和“欧洲梦”两个概念来说明这种复杂局面。他所说的“美国梦”和“欧洲梦”并不是指地缘的区别，而是指两个截然不同的历史阶段，是指不同时空中、不同的思维方式与生存方式①。

所谓“美国梦”主要是指每一个人都拥有不受限制的机遇来追求财富、积累财富。它包括以下四方面内容：

1. 在“美国梦”的追求中，私有财产被看作通向个人自由的通行证。一个人拥有的财产越多，就越能具备自主权和流动性，越不依靠别人或受惠于他人，也越不臣服于环境；财富愈多，个人就愈加自由独立。

2. 财富带来排他性，排他性带来安全，财产是自我和他者之间的边界，个人聚敛巨大财富的成功被当作唯一的或主要的成功标准。财富愈多，愈是与众不同，愈有社会地位，就愈安全。

3. 在美国梦的笼罩下，人们不惜一切代价追求自主，过度消费，纵容每种欲望，浪费地球的丰饶。社会鼓励不受限制的经济增长，强者受奖赏，弱者被边缘化。美国人把自己看作是上帝的选民，因此有资格获得一份超出公道份额的地球财富。如今，美国人消费了多达 1/3 的世界能源，还有数额惊人的其他地球资源，尽管他们的人数只占世界人口总数的不到 5%。如果中国每个人都达到美国今天中产阶级的生活水平，那就要有 7 个现在的地球来提供资源！

4. 在美国社会，一切主要都围绕着占有、分配资本及保护私人财产权利展开，民权、政治权利和社会权利都以各自的方式被设计为使财产利益增值。作为国家，美国要保护自身利益，组建了有史以来最强大的军事机器，以获取并保卫自己想要并相信是分内应得的东西。

总之，“美国梦”就是以“最大自由去挣最多的钱”。“美国梦”曾经在很大程度上是全世界共同的梦，它创造了前所未有的巨大财富，带来了无可比拟的物质进步，目前仍然是最有影响力的梦，以致很少有人想到自己的梦或者别的什么梦。“美国梦”代表着最大化的个人自由、最先进的物质进步和最丰富尤其是最平等的成功机会。从哲学角度看，美国梦的精神原则是自由主义、个人主义、平民主义、实用主义、竞争主义和征服主义，集中起来就是说，人人都能够通过自己的努力而获得个人成功，即发财。

---

① 参见杰里米·里夫金《欧洲梦》，杨治宜译，重庆，重庆出版社，2006。

但是，很显然，只要坚持个人利益最大化原则，美国梦就不可能是个普遍有效的梦，因为不存在一个社会空间足以让每个人都获得成功，“人人成功”是所有不可能的事情中最不可能的事情，除非对“成功”的内涵有完全不同的解释。因此，在逻辑上说，美国梦永远只能是“某些人”的梦而不可能是“所有人”的梦，这样的梦对于某些人来说是好梦，同时对于某些人就是恶梦。于是，美国梦的深层意义就是一个粉碎他人梦想而成就自己梦想的梦。美国梦无条件地肯定了个人自由和个人成功，于是，一切妨害个人自由的事或人就都是敌对方，甚至所有与美国不同的社会和文化都被看作是对自由的潜在威胁，都被先验地定义为美国的敌人。但是铁的事实是，只有当人们都出让某些自由、而且出让足够多的自由，才可能形成合作协调的友好关系，才能在事实上获得更多的好处，假如夸张自由的绝对性，就不可能发展友善意识。所以胡适说：“宽容比自由更重要。”只强调自由的梦必定具有与他者为敌的基本意识。美国声称美国对于本土人民是个自由“乐园”，对于世界上不自由的人民是个“方舟”；对于自由世界是个榜样，对于其他别样的世界则是拯救者。当美国为自身构造了这样的政治神学，就把自己塑造成试图统治世界的新帝国。它把美国与“世界其他地方”绝对区分开来，把美国的存在使命化，它在为自己编造拯救世界的政治神学使命的同时也把自己变成世界的敌人。从本质上说，美国梦不是一个为世界准备的梦，而是一个为美国自己谋幸福的梦，一个把自己从世界分离出去的梦，一个分裂世界的梦。

什么是“欧洲梦”呢？

在J. 里夫金看来，“欧洲梦”是一种新的历史观，根据这种历史观，以物质为基础的“现代发展观”本身即将受到修正。这是一个基于“生活质量”而非个人无限财富聚敛的“可持续性的文明”。所谓“生活质量”就是“实际生活条件”以及“公民个人的主观幸福感”，如健康、社会关系、自然环境的质量等。可持续性的全球经济之目标则是：将人类的生产和消费与自然界的能力联系在一起，通过废品利用和资源的重新补充，不断再生产出高质量的生活。在这样一个可持续的、保持稳定的经济的状态下，重要的并非个人的物质积累，而是自我修养；并非聚敛物质财富，而是精神的提升；并非拓宽疆土，而是拓宽人类的同情(empathy)。总之，有“生活质量”的生活，大概是指一种普遍富裕、拥有社会安全而有“品味”的生活，它建立在以高水平的物质生产为基础的福利社会之上，因而免除了人们的衣食住行的后顾之忧，保证了人们的生活安全；同时也保证人们有充分的自由、时间和条件去追求各种丰富的精神生活。作为欧洲梦两大支柱的文化多元主义和全球生态意识将人性从物质主义的牢笼中解放出来，成就新的人性。

从欧洲梦来说，获得自由，意味着能够进入到与他人之间无数种彼此依赖的关系之中。一个人有途径进入越多的共同体，就有越多的选择权，关系带来包容性，包容性带来安全。欧洲梦强调的是共同体中的互相依赖而不是个体的绝对独立自主；强调文化多样性而不是相似性；强调生活质量而不是财富积累；强调可持续发展而不是无限制的物质增长；强调投入与享受并行而不是疯狂的苦干；强调普遍人权和自然权利而不是私有产权；强调全球合作而不是单边主义的权力滥用，总之，欧洲梦追求的不是拼命扩大财富而是去提高精神水平，不是追求扩大权力范围而是去扩大人类互相理解。欧洲梦被认为几乎是"第二次启蒙"，它要用新的"精神主义"(idealism)去纠正第一次启蒙所错误提倡的"物质主义"以及无限制的进步论(直线的、急速的、无限的求新)和绝对化了的个人主义。

具体说来，欧洲梦与美国梦有以下几点显著的不同：

1. 市场经济和网络经济的不同

为了进一步探讨以上两种不同的历史状态，以及它所产生的不同的思维方式与生存方式，J. 里夫金分析了作为两个阶段经济基础的市场经济和网络经济的不同。他认为在市场经济的范围内，共同利益的提高是通过每一个人追求自身利益的结果来实现；网络经济则是通过每一个人为他人作出贡献，实现更广泛的共同体的利益最大化，从而也提高个人的福利，这就是现在经常提到的"互利、双赢"。推而论之，市场基于对一己私利的追求，网络追求较大范围的共同利益；市场基于不信任，网络基于一定的信任；市场是保持距离的交易，网络保持较亲密的关系；市场通过和其他人在敌对性的市场框架里竞争以确保财产，网络则是通过归属(belonging)而非通过所有物(belongings)来确保财产，对网络经济来说，最重要的是路径(能进入某些关系)和归属，成功来源于共享的关系，而非孤立奋斗。总之，市场是竞争性的，网络有竞争，但也有一定的合作性。

2. 社会政治文化的不同

基于这样的不同，社会政治文化也起了相应的变化。按照 J. 里夫金的说法，在资本主义市场经济时代，斗争主要围绕着占有、分配资本及保护私人财产权利展开；民权、政治权利和社会权利都以各自的方式被设计为使财产利益增值，自由被定义为不依靠他人，只要有足够的财产，就可以为所欲为。而在全球化的网络时代，斗争是多元性的，更多围绕着保存文化身份以及在彼此依靠的世界里获得权利而展开；文化身份建立起将个人从外部世界区分开来的边界，同时又能够用以维护个人进入周边全球洪流的权利，获得自由就意味着更深地陷入与他人之间彼此依赖的关系网之中，这种关系越包容、越深入，一个人就越有可能实现自己的雄心。要想被包容进关系网就需要找到路径，有越多的路径，就越能进入到更多的关系之中，从而也体验着越多的自由。

3. 不同的理论基础

“美国梦”和“欧洲梦”有不同的理论基础。“美国梦”以洛克关于保护私有财产才是保护个人自由权利的第一基础为核心，这一理论在美国深得人心；而“欧洲梦”则以康德的人权思想作为哲学基础，而康德的永久和平理论在今天又进一步成为欧洲的政治理论基础。如果说欧洲和美国都把个人的绝对性看作是至高无上的原则，那么欧洲更重视的是精神个人主义，而美国推崇的是物质个人主义。这一差异虽然还不足以形成在“政治现代性”方面的重大差别，但却决定了非常不同的日常生活风格和情趣，并及于关于环境的看法。

4. 不同的历史原因

“美国梦”和“欧洲梦”的不同还有其历史原因。二次大战可以说是西方经验的一个分水岭，欧洲和美国由此获得完全不同的体验。欧洲体会到了疯狂的现代化发展所导致的毁灭之痛，从而走向和平主义、对话理性和合作策略，而美国体会了光荣与梦想、成功与辉煌、领导与主宰，从而强化了霸权主义、单边主义和竞争策略。可以说，欧洲从二战得到各种负面的经验，从而开始了对现代性的深刻反思，形成了后现代思潮。美国则从二战得到各种正面的经验，于是决心把现代性推向顶峰。尽管战后美国也出现了一些消极思潮，但与美国取得的惊人的物质和政治成功相比，却显然缺乏社会影响力。

J. 里夫金用“美国梦”和“欧洲梦”来概括20世纪末21世纪初发生的人类生活巨变，及其所带来的一系列思维方式与生存方式的嬗变，确实很能启发思考，虽然他所描述的“美国梦”是一种存在已久的历史状态，而欧洲梦却仍是一种想象中的或正在发生的历史趋势。J. 里夫金说这是一个“新的历史框架”，欧洲梦“终结了一种历史，但它又预告了另一种历史”。

总的说来，他相信美国梦不仅不能创造真正的好生活，而且只能带来昂贵的坏生活(昂贵生活不等于有质量的生活)。现在世界上大多数的人都意识到了，美国式的现代化道路是世界资源以及世界人民所无法承担的，是世界消费不起的，美国本身就已经在对世界的过度剥削中预支了太多。J. 里夫金认为美国的单边主义将会越来越困难，越来越成为一个危险又缺乏效率的策略，甚至也不是对美国自己有利的策略，因为全球化的过程同时也是个多中心化的过程，虽然很可能没有谁能够彻底动摇美国的领导地位，但全球化正在形成全球性的利益“共轭”现象，单边的利益最大化变得不切实际，除了引起反抗和冲突，没有更多的积极意义。世界买不起美国梦，而且对于世界来说，美国梦未必是好梦，从这一点看，美国梦确实是“过时了”。

在我们看来，欧洲梦其实也是一个地区保护主义的梦，一个保护既得利益的策略，同样不是一个可以普遍化的世界梦想。欧洲梦一方面保护欧洲品质而试图抵挡同样发达的美国的“坏的”生活方式和价值观；另一方面又是为了保护欧洲福利制度和既得利益而试图抵制发展中国家的“坏的”竞争方式以及不公平地对待移民问题。

事实上，移民问题是对“欧洲梦”的根本考验。首先是欧洲不能没有移民，研究者们得出结论：欧洲将必须每年招募一百多万移民，才能相当于欧洲女性平均生育一个以上的孩子。仅仅是德国就必须在未来的30年里每年迎来50万年轻移民(这个数字相当于德国生育率的两倍)，才能避免人口数量的巨大滑坡。不同文化体系之间人们的通婚提出了更复杂的问题。如果说在1960年的德国，只有1.3％的新生婴儿有外国父亲或母亲，那么，1994年，却有18.4％的新生婴儿都有外国父亲、母亲或双亲，这种趋势今后还会有增无减。J. 里夫金认为，不同文化的婚姻虽然开启了不同文化间新的沟通渠道，弥合了某些文化鸿沟，但另一方面也加深了德国文化的衰亡感，并导致对外国人更加充满敌意的文化压制和报复。欧洲人发现自己在某种程度上处在一个左右为难的位置：要是未来数十年内没有移民洪流涌入，欧洲人将会老化，欧洲的经济将会衰退；但另一方面，移民潮又将威胁、甚至压垮已经十分紧张的政府福利预算和人们自身的文化认同感。J. 里夫金也不得不提出以下的问题：倘若移民们世代保持的原有文化的独特思维方式和生活方式不再存在，这些“异族”将如何生存？倘若移民不是靠对其所在国的忠忱和共同的意识形态，他们又靠什么与所在国的人们联合在一起？正在诞生的欧洲梦之成败很大程度上有赖于当代欧洲人如何处理移民问题，以及他们如何真正实现多元文化共生的梦想。但移民问题能否向人们期待的方向发展却仍然是“未定之天”！

如果说美国梦和欧洲梦各代表着一个历史阶段，那么中国梦是不是有可能代表一个新的历史时期呢？

J. 里夫金很重视在未来世界建构中中国的地位。他不是研究中国的专家，但他认同理查德·尼斯贝特在《思想的地理学》(*The Geography of Thought*)中所说的亚洲民族和国家或许比西方人更适合创造网络治理、跨国空间和全球意识。他引用汉学家，也是哲学家亨利·罗斯蒙特(Henry Rosemount)的话说，在儒家思想里，没有"我"能够孤立存在，或被抽象地思考；"我"是根据和其他具体个人的关系而扮演的各种角色的总和；而道家认为整体存在于相反力量之间的关系中，它们共同互相完善。J. 里夫金也同意尼斯贝特所说的，对关系的持续关注使亚洲人对感情更加敏感，如果说美国家长用一种"尔我对立"的思维方式，教育孩子从侵占、攫取和财产关系的角度进行思考，那么传统的亚洲家长则更注重感情和社会关系，他们帮助孩子与他人互动，协调自己的行为。同样，J. 里夫金认为由于整体化的倾向，亚洲人从来就强调人与自然的和谐。如果说西方启蒙主义科学的基础是重塑自然，以符合人类面貌，那么东方的方式则是抛弃人类可以操纵环境的想法，而重在根据环境的需要调整自身。总之，J. 里夫金承认中国传统思想更加关注的是和谐、完整和万物的相互影响，而非只注意孤立的现象。

不仅如此，他还进一步探讨了中国的现状。他认为，为了解决贫穷问题，邓小平把中国百年来的现代化梦想重新调整回到物质现代化的方向，作出"发展才是硬道理""让一部分人先富起来"的战略转变；当贫穷问题初步缓解，问题又集中表现为贫富差距的悬殊，现代化的进一步发展就不能不是"和谐社会"的提出。J. 里夫金认为，从这二十余年来的进程，可以看出中国现代化的梦想是对西方经验的综合性重新创作，既借鉴了美国式的竞争，又试图借鉴欧洲式的平等，似乎是想把美国梦的一部分和欧洲梦的一部分结合起来。他期待拥有悠久历史文化的中国能为人类的世界梦想带来积极贡献，并对整个人类的未来产生深远影响。

其实，中国是一个多梦的国家。在中国传统文化中，最早的中国梦是老子的"无为梦"和孔子的"大同梦"。老子说："小国寡民，使有什佰之器而不用，使人重死而不远徙。虽有舟舆，无所乘之；虽有甲兵，无所陈之。使民复结绳而用之。甘其食，美其服，安其居，乐其俗，邻国相望，鸡犬之声相闻，民至老死，不相往来。"①孔子说："大道之行也，天下为公。选贤与能(不传世)，讲信修睦，故人不独亲其亲，不独子其子，使老有所终，壮有所用，幼有所长，矜寡孤独废疾者，皆有所养。男有分，女有归。货(财货)，恶其弃于地

① 《道德经》，第80章。

也，不必藏于己；力，恶其不出于身也，不必为己。是故，谋闭而不兴，盗窃乱贼而不作，故外户而不闭，是谓大同（同，和也，平也）。”①这是一个和平（人与自然和世界的关系）、和睦（人与人之间的关系）、和谐（个人身心内外的关系）的梦，“和”是中国传统思想的核心。

然而，无论是老子的“无为梦”还是孔子的“大同梦”都未能造福于现代中国，以致中国日益贫弱。它必然被另一个百余年来的“强国梦”，即现代化之梦所代替。中国在构思“中国式的现代化之梦”时，往往希望能够综合世界各种现代化模式的优点，而且还特别希望能够综合中西文化的优点，避开纯粹西方资本主义的弊端。如果说西方（包括日本）现代化的条件是殖民地掠夺和绵延不绝的战争，那么中国的现代化必须在这两者之外去寻求。

中国社会科学院哲学研究所的赵汀阳教授对于中国的现代化之梦提出了一些很有意义的看法②，他认为，为了追求这个现代化的强国梦，毛泽东以非凡的想象力构思了一个“最新最美”的纯洁之梦。毛泽东想象的理想社会是一个与所有以往社会模式“彻底决裂”的社会，是一个既不中，也不西的绝对新社会，因此，他提出“一张白纸”最适合于画“最新最美的图画”，“一穷二白”正是新的中国梦的起点。他认为一种全新的社会操作能够形成全新的经验，从而发展出全新的生活方式。“新社会”应该是扫除了一切社会都难以避免的所有丑恶现象的纯洁社会，毛泽东真的惊人地做到了这一点。解放初期全国在一定程度上消灭了黄、赌、毒，以及其他肮脏犯罪，新的社会秩序逐步建立，有的地方甚至达到夜不闭户、路不拾遗的境地。“新社会”在抛弃旧模式、欢迎新经验、探索新制度等方面，都是对“新”和“不断的新”有着无比的热情。毛泽东的纯洁梦想至今还鼓舞着中国老百姓和许多第三世界人民。

我们很难想象如果一直沿着《新民主主义论》和《论联合政府》的方向前行，这个纯洁之梦是否还会有发展的机缘，但是，由于种种原因，上世纪（20世纪）70年代末期的中国社会已濒于崩溃的边缘，邓小平不得不把中国现代化的梦想重新调整回到物质现代化的方向上来，提出了“发展是硬道理”。这一战略转变首先表现为“让一部分人先富起来”，使得国家经济有了极大发展，贫穷问题有了初步缓解。但问题又变成贫富差距的加深和三农问题。于是，现代化发

---

① 《礼记·礼运》。

② 参见赵汀阳《美国梦，欧洲梦和中国梦》，《跨文化对话》第18辑，南京，江苏人民出版社，2006。

展的梦想就进一步表现为追求均衡的“可持续发展”与“和谐社会”。其中可以看出中国现代化梦想对西方经验的综合性重新建构，既借鉴了美国式的物质竞争，又试图借鉴欧洲式的追求生活质量与平等，想把美国梦的一部分和欧洲梦的一部分结合起来，同时与中国几千年来的“和谐梦想”联系在一起。

总之，中国梦的核心是要建立一个既不同于西方也不同于中国古代的现代化的新中国，这是一个具有“新中国精神”的新中国。英国的撒切尔夫人曾经断言，中国不大可能成为一个世界强国，因为中国没有足以影响世界的、独立的思想体系。赵汀阳教授认为：“如果中国的知识体系不能参与世界的知识体系的建构，而因此产生新的世界普遍知识体系，不能成为知识生产大国，那么，即使有了巨大的经济规模，即使是个物质生产大国，还将仍然是个小国。”赵汀阳教授分析说，我们现在能够用来思考各种事情的概念体系、话语体系和知识体系基本上都是西方所定义的，尤其是那些决定性的概念，比如人权、民主、自由、公正、真理等等，主要是西方所定义的意义和所指，而这些西方所定义的概念本身就存在着许多难点，尤其不完全适合中国经验。新中国精神应该意味着我们必须以中国的方式为中国想象一个社会理念、一种生活理念、一套价值观，而且还需要想象一种中国关于世界的理念，因为中国必须成为一个为世界负起责任的大国。假如中国没有能够发展出一套概念体系、话语体系和知识体系，就不能以新的中国精神参与不断发展的世界文化的重新建构，这就是说，我们不可以仅仅满足于有地方特色的中国文化，更不能封闭于古代社会产生的传统文化之内，而必须对它重新诠释，寻求它在全球文化中所能作出的贡献。如果不具有世界性(world-ness)，中国梦就只能是一种自我玩赏。我十分认同他的观点。

根据他的思考，中国梦需要认真考虑这样几个问题：“(1)什么样的思想/知识体系能够有效地思考当代世界的根本问题？显然，如果没有强大的思想能力，就不可能创造社会所需要的各种大观念，也就不可能有强大的文化和社会。这一点是中国很久以来比较忽视的；(2)什么样的社会制度能够使有德之人愿意生活在这个社会中？这要求有一个关于公正社会的设计。这是非常困难的设计，目前所知道的社会都达不到公正社会的标准，都或者是对经济人和小人有利或者是对庸人和弱者有利，还从来没有一种对有德之人最有利的社会设计；(3)什么样的生活方式能够使人永远觉得生活有意义？这要求一个社会必须有利于发展高水平的精神生活，显然，物质生活的魅力是单调、简单和贫乏的，没有一个社会能够仅仅依靠高水平的物质生活去长期维持人们的生活意义和兴趣，人终究要过的是精神生活，只有精神生活才具有无限丰富发展的空间。这些问题是人类社会的根本问题，而目前世界上的各种梦想都还不能够很好地解决这些问题。”①历史证明，中国文化是一个具有强大思想能力的文化，中国文化对于精神生活的追求和将道德置于崇高地位，自古就有深远的传统。中国文化保留着极其巨大的空间，可以展开人与自然的和解，调节理性思维与精神信仰、物质追求与审美情趣、自然科学与人文关怀之间的裂断。如果这些中国文化固有的文化基因与现代诠释相结合，面向当代多元文化的世界，那么，代表一个新的历史阶段的新的中国梦一定会出现，并造福于全球。

如上所述，《欧洲梦》一书提出了许多富于前瞻性的深刻问题，正因为是前瞻，还尚未经过事实的检验，许多问题还不是定论，甚至也还不是目前所能提出方案加以解决的。但这本书高瞻远瞩，指出了问题的严重性和思考方向。更为难能可贵的是，一反过去西方中心主义的常态，J. 里夫金在展望未来社会时，始终将中国置于其视野的重要部位。他认为在许多方面，欧洲和中国都正在并肩作战。例如欧洲正在努力强调安全稳定的社会架构和重视独立企业精神的市场体制两者间寻找平衡；而在这两种体制之间达到平衡也恰恰是中国正在追求的目标，相似的努力也正在成为中国全国范围内热切讨论的话题。他认为贯穿在今天的两大精神潮流：一是在一个日益物质化的世界里，寻找某种更高的个人使命的渴望；二是在一个逐渐疏离、冷淡的社会里，寻找某种共同体意识的需求，J. 里夫金认为这也是欧洲和中国的有识之士所共同追求的。在他看来，欧洲和中国都梦想着一个崭新的时代，在这个时代，每个人的权利都获得尊重，文化的差异受到欢迎，每个人都在地球可维持的范围内享受着高质量的生活(不是奢侈生活)，而人类能够生活在安定与和谐之中。J. 里夫金认为，为了共存于一个日益联系紧密的世界，人类需要不断开发新的理念，在这点上，中国和欧洲会找到更多、更深层的共通之处。现在，随着美国梦在 21 世纪渐渐褪去其昔日的眩目光彩，世界正将它的目光投向了欧盟和中国。在 J. 里夫金看来，尽管断言欧洲梦和觉醒中的中国梦结果会是怎样，还为时尚早，但预言正在出现的欧洲梦和中国梦会对整个人类的未来产生深远影响则绝非言过其实！

J. 里夫金在《欧洲梦》出版时致中国读者的一封信中说：“当我们垂垂老

① 赵汀阳：《美国梦，欧洲梦和中国梦》，《跨文化对话》第 18 辑，161 页，南京，江苏人民出版社，2006。

矣，回首一生之际，我们会清楚地意识到，生命中重要的时刻是那些与物质积累没有什么关联，却和我们对同胞的热爱，我们作为个体与人类的关联，与我们所居住的星球的关联息息相关的时刻！正在展开的欧洲梦试图开启一扇大门，通向有关生命意义本身的更重大的问题。作为生存于此世的人类，什么才是我们存在于21世纪真正的意义和目的?”这也正是今天我们每一个人应该向自己提出，并确实找到回答的问题。

差别与对话*

跨文化学成立的背景是中西文化两个文明圈的第三次撞击，前两次均以一方覆盖另一方而告失败。改革开放以来的第三次中西相遇与此不同，相遇的双方都比较重视互为他者，建立一种平行、借鉴、互动、镜子的关系。一旦任何一方逾越这一界限，试图把镜子变成自己，用自己的文明标准强加于他者，就会出现大冲突，甚至带来恐怖与灾难。因此，核心问题都集中在自我身份与他者所代表的不同特性之间的关系上，也就是主体在与他者相互认知的过程中如何既保持各自的主体性，又建立一种借鉴、互动、镜子的关系。倘若这一关系不能协调，第三次中西相遇便很难避免前两次相遇的命运。有两大因素是避免冲突的关键：一是在尊重各文化特殊性的前提下进行平等的跨文化对话，二是使跨文化对话具有真正的跨度和多元性，如加入非洲、拉丁美洲、亚洲、大洋洲等过去不被重视的不同文化。倘若人类文明真有某种普遍性，它应该来自丰富的特殊性。任何意欲归化他者或拒绝他者的心态和做法只能剥夺其特殊性，也就是摧毁其普遍性。只有发现、发扬自己的特殊性，充分尊重与自己不同的相异性，达到真正的互识、互补和互证，才能达到跨文化对话所追求的人类文化多元共存的目的。

一、差别何以重要?

中国传统文化一向以差异为认识事物的出发点，所谓“物之不

* 原载《中国比较文学》，2008 年第 1 期。

齐，物之情也”。法国作家谢阁兰(Victor Segalen，1878—1919)认为：“多样性美学”原意为承认美在于差异，只有在差异感中才能产生美感。法国比较文学家达尼埃尔-亨利·巴柔(Daniel-Henri Pageaux)说：“中国的‘和而不同’原则定将成为重要的伦理资源，使我们能在第三个千年(从耶稣诞生算起)实现差别共存与相互尊重。”意大利思想家翁贝尔托·埃科(Umberto Eco)也提出，人们发现的差别越多，能够承认和尊重的差别越多，就能生活得更好。为什么“差别共存与相互尊重”会突出地成为21世纪的一个主旋律呢？大约可以分析为以下四方面的原因：

第一，是全球化促进了殖民体系的瓦解。原殖民地国家取得了合法的独立地位后，最先面临的就是从各方面确认自己的独立身份；而本民族的独特文化，正是确认独特身份最重要的因素。如二战以后，马来西亚为强调其民族统一性，坚持以马来语为国语；以色列决定将长期以来仅仅用于宗教仪式的希伯来文重新恢复为日常通用语言；一些东方领导人和学者为了强调自身文化的特殊性提出了“亚洲价值”观念等。这些都说明当今文化并未因世界经济和科技的一体化而“趋同”，恰恰相反，经济全球化和后殖民状态大大促进了各种“中心论”的解体。世界各个角落都成了连成整体的地球的一个不可分割的组成部分。每一部分都有自己存在的合法性，过去统率一切的逻各斯中心论、“普遍规律”和宰制各个地区的“大叙述”模式都面临挑战。后殖民时代显然为多元文化的发展奠定了基础。

第二，20世纪以来，人类正经历着认识论和方法论的重大转型，即从逻辑学范式过渡到现象学范式。逻辑学范式通过“浓缩”，将具体内容抽空，概括为最简约的共同形式，最后归结为形而上的逻各斯或黑格尔的绝对精神。许多这样的叙述结构结合成一个“大叙述”或“大文本”，体现着一定的规律、本质和必然性。现象学范式研究的对象不是抽象的形式，而首先是具体的“身体”，随着身体的心情和视角的变化而变化。因此，现象学研究的空间是一个不断因主体的激情、欲望、意志和位置的变动而变动的开放的空间。过去，认知决定于公式、定义、区分和推论，它叙述的是一个可信赖的主体，现在也要去“认识”一个相对确定的客体，从而将它定义、划分、归类到我们已有的认识论的框架之中。互动认知的思维方式强调主体和他者在认知过程中都有所改变并带来新的进展。它与逻各斯中心的主体原则相对，强调了“他者原则”；与确定性“普适原则”相对，强调了不确定的“互动原则”。总之，没有差别就没有他者；同时，对“主体”的深入认识又必须依靠从“他者”视角的观察和反思，而不是封闭的自以为是。

第三，由于两次世界大战和20世纪人类所遭受的种种巨大精神创伤，人类的文化自觉普遍提高。到了21世纪，这种自觉达到了更深刻的程度。法国思想家埃德加·莫兰(Edgar Morin)反观西方文明时指出："西方文明的福祉正好包藏了它的祸根：它的个人主义包含了自我中心的闭锁与孤独；它的盲目的经济发展给人类带来了道德和心理的迟钝，造成各领域的隔绝，限制了人们的智慧能力，使人们在复杂问题面前束手无策，对根本的和全局的问题视而不见；科学技术促进了社会进步，同时也带来了对环境、文化的破坏，造成了新的不平等，以新式奴役取代了老式奴役，特别是城市的污染和科学的盲目，给人们带来了紧张与危害，将人们引向核灭亡与生态的死亡。"①波兰社会学家齐格蒙特·鲍曼在《现代性与大屠杀》一书中更是强调，在西方，高度文明与高度野蛮其实是相通的和难以区分的。现代性是现代文明的结果，而现代文明的高度发展超越了人所能调控的范围，导向高度的野蛮。在这个基础上，西方学者提出人类需要的不是一个单边意识形态统治的帝国世界，而是一个多极均势的"社会世界"，就是以承认差别为基础的全球的多元共存。

第四，全球化所带来的物质和文化的极大丰富，为原来贫困落后地区的人们创造了在发展物质文化的同时，发展自身精神文化的条件。正是受赐于经济和科技的发达，人类的相互交往从来没有像今天这样频繁，旅游事业的开发遍及世界各个角落。尽管在这一过程中，不免会有各种"商业化"的弊病，但总会吸引更多人关注某种过去鲜为人知的文化的特色和未来。

二、差别共存并非互不相干

中国古代提出的"和而不同"的精髓首先是强调一种动态的发展，"以他平他谓之和，故能丰长而物归之"。"和"讲的是事物之间的平等竞争，并非静止不动。差别共存的状态也不仅是静态的、被动的、互不相干的"共同存在"而已。"以他平他"是什么意思呢？"平"，古代与辨、辩通假，意谓辨别、品评。唐代称宰相为"平章"，就是指对事物辨别、品评，并加以抑扬的人。因此，"以他平他"就是不同事物在突显和消长中，互相比评，互相超越而达到新的境界。用今天的话来说，这就是一种互识，互动、互为主观的发展之道，也就是

① 埃德加·莫兰：《超越全球化发展：社会世界还是帝国世界?》，见《迎接新的文化转型时期》，202页，上海，上海文化出版社，2006。

通过差异的对话而得到发展。

“以他平他”，能使物“丰长”的对话不是“各说各话”，而是一种能产生新的理解和认识，从而带来新发展的“生成性对话”。构成“生成性对话”的首要条件是对话者各有其主体性。所谓主体性，就是费孝通先生强调指出的文化自觉。费先生说：“生活在一定文化中的人对其文化要有‘自知之明’，明白它的来历，形成过程，所具的特色和它发展的趋向……自知之明是为了加强对文化转型的自主能力，取得决定适应新环境、新时代文化选择的自主地位。文化自觉是一个艰巨的过程，首先要认识自己的文化，(同时)了解所接触到的多种文化才有条件在这个正在形成中的多元文化的世界里确立自己的位置。经过自主的适应，和其他文化一起，取长补短，共同建立一个有共同认可的基本秩序和一套与各种文化能和平共处、各抒所长、联手发展的共处守则。”①由此可见，对话的目的不是“融为一体”，以致由“不同”变为“同”，而是要在共同的理解下，进一步发挥各自的特长，也就是协调各种“不同”，达到新的和谐统一，使各个不同事物都能获取新质，得到新的发展，形成不同的新事物。因此，中国传统文化的最高理想不是万物合为一体，而是“协同万邦”，是“万物并育而不相害，道并行而不相悖”。“万物并育”和“道并行”是“不同”；“不相害”“不相悖”则是“和”。要做到这一点，没有主体的自觉是不可能的。

同理，作为第三个千年的目标的“差别共存”，也不是各种差异消极被动地“共存”，而是通过各方面的积极对话，求得共同发展。因此，自 1998 年，伊朗总统哈塔米正式向联合国提出把公元 2001 年定为人类的“文明对话年”，并在联合国大会表决一致通过后，在北京(2001)、印度(2003)、越南(2004)都召开过这样的“文明对话会”，在不同程度上促进了不同文化之间的共识。作为联合国文明对话领导小组成员的杜维明先生曾指出：“文明对话不只是西方霸权为宰制世界而运用的策略，而更多是伊斯兰文明对西方的霸权所提出的单边主义和文明冲突的回应。”②对话当然不能解决所有问题，但对话总比冲突和对抗好，更重要的是，也许目前，仍然只有对话才是避免屠杀和战争的首要途径。

---

① 费孝通：《费孝通文集》第 14 卷，197 页，北京，群言出版社，1999。

② 蔡德麟、景海峰主编：《文明对话》，68 页，北京，清华大学出版社，2006。

三、对话的悖论

有了对话的自觉，还要有对话的善意和胸襟。在对话的过程中常常遇到四种难解的悖论。一是普遍与特殊的悖论，二是保持纯粹与互相影响的悖论，三是他者与自我的悖论，四是沟通话语的可解与不可解的悖论。

普遍与特殊的悖论，首先表现为后殖民时代一部分人对狭隘民族主义的坚持。他们认为，一切被指为“普遍”的东西多是独断的、僵化的，并有强加于人的暴力倾向；他们反对任何结构性的制约，认为不存在中心，也没有所谓普遍性，只有互不关联的特殊性。他们认同后现代主义的“无深度概念”，消解一切现象与本质、必然与偶然、普遍与特殊、能指与所指之间的联系(所谓能指的漂浮)，使一切事物成为既无时间连续性，又无空间相关性的孤立个体，他们都只强调差别而忽视联系。文化孤立主义与文化相对主义就是为保持既有差异，而反对相互影响交流，压制发展和更新的代表①。“一般与个别”“普遍与特殊”是传统文化长期讨论的命题。早在希腊时代，亚里士多德在他的《形而上学》中就已经深入讨论过这个命题，并指出个别和一般不可分割；黑格尔更是对此做了精辟的论证和发展。然而在当前的特殊情况下，两者却发生了深刻的断裂。这种断裂严重影响了各方面的和谐，使社会难以发展。重新沟通和弥合这种断裂，回返普遍与特殊的正常关系是发展多元文化，保护文化生态，缓解文化冲突的重要环节。

在对话过程中，如何既保持纯粹，又能接受有益的相互影响？这也是一个悖论。要保存文化的多样性，那当然是各种文化越纯粹、越“地道”越好，但不同文化之间又不可避免地互相渗透、吸取，这种互相吸收和补充，“你中有我，我中有你”是否有悖于保存原来文化的特点和差异呢？这种渗透交流的结果是不是会使世界文化的差异逐渐缩小，乃至因混同而消失呢？

其实，从历史发展来看，一种文化对他种文化的吸收总是通过自己的文化眼光和文化框架来进行，也就是要通过自身文化屏幕的过滤，很少会全盘照搬，而多半是取其所需。例如佛教传入中国，得到很大发展，但在印度曾颇为发达的佛教唯识宗由于其与中国传统思维方式抵触过大，就很难得到传播和发

---

① 参阅拙著《多元文化发展中的问题及其前景》《文化相对主义与比较文学》《中西诗学对话中的话语问题》，见《跨文化之桥》，5—15、35—55、81—90页，北京，北京大学出版社，2002。

展；又如陈寅恪所指出的：由于与中国传统伦理观念不能相容，佛藏中“涉及男女性交诸要义”的部分，“纵笃信之教徒，亦复不能奉受”，“大抵噤默不置一语”，“惟有隐秘闭藏，禁止其流布”①。法国象征派诗歌对 30 年代中国诗歌的影响亦复如是。当时，兰波、凡尔仑的诗歌被大量译介，而作为法国象征主义诗歌杰出代表的马拉美在中国的影响却绝无仅有。这些都说明了本土文化在文化接触中的一种最初的选择。

同时，一种文化对他种文化的接受也不大可能原封不动地移植。一种文化被引进后，往往不会再按原来轨道发展，而是与当地文化相结合产生出新的，甚至更加辉煌的结果。希腊文化和希伯来文化传入西欧，成为西欧文化的基石，这是一种崭新的文化，与原有的母体文化已有很多不同。印度佛教传入中国，与中国原有的文化相结合产生了中国化的佛教宗派天台、华严、禅宗等；这些中国化的佛教宗派又成为中国宋明新儒学发展的重要契机。这种文化异地发展，滋生出新文化的现象，在历史上屡屡发生。

况且，两种文化的相互影响和吸收不是一个“同化”“合一”的过程，而是一个在不同环境中转化为新物的过程。在不同选择、不同条件相互作用下创造出来的新物，不再有旧物原来的“纯粹”，但它仍然是从旧的“纯粹”中脱颖而出的新的“纯粹”，仍然具有不同于他物的独特之处。因此全球化和多元化的相互作用，其结果并不是“趋同”乃至“混一”，而是在新的基础上产生新质和新的差异。当然，这并不排斥在漫长的社会发展进程中，人们会逐渐形成某些共同的价值标准，但即使是这样的共同标准在不同的地区和民族也还有其不同的理解和不同的表现形式，在普遍性中体现着原有的特殊。

对话中的他者与自我，的确是一个十分复杂的问题。首先，我们从自我出发，总想同化对方，说服他同意我的方案，接受我的想法。这样做的结果只能是牺牲对方的特色而趋同。对话的结果不是产生“使物丰长”而发展的新的“和”，而是“以同裨同，尽乃弃矣”的那个“同”。因此勒维纳斯特别强调应该从他者出发，关注他者最不清楚，甚至最不可能理解的那一面。这样的他者时常变换，“在相接的岔路中顺应你自身的欲望，而顺理成章地推向你思索当中的局限”。勒维纳斯认为：“与我相遇的是处处超越我能够从他那里得到观念的他人，是不会封闭于任何知识之中的他人。”②因为“他者是我所‘不是’，不是因为他的性格、外貌和心理，而仅仅因为他的相异性本身。正是由于这种相异

① 陈寅恪：《寒柳堂集》，155 页，上海，上海古籍出版社，1980。

② 勒维纳斯(E. Levinas)：《整体与无限》，参阅《跨文化对话》第 7 辑，29 页。

性，我与他人的关系不像通常所认为的那样是一种'融合'，而是一种'面对面'的关系"①。然而，只强调相异性，就很难达到理解和沟通的目的，不强调相异性，又会发生混同融合等情形。这种他者与自我的悖论正是产生"生成性对话"的最有意义，也最困难之处。

不同文化的对话还有个话语问题。对话的首要条件是要有双方都能理解和接受，可以达成沟通的话语。然而，长期以来，发达世界习惯于西方中心的思维方式和行为模式，要以平等的心态去理解他种文化的陌生的话语，并不是一件轻而易举的事；而第三世界所面临的是发达世界早已长期构筑完成的一整套概念体系，也就是一套遍及于政治、经济、文化各个领域的长期占统治地位并被广泛运用的话语。事实上，这套话语经过数百年积累，汇集了千百万智者对于人类各种问题的思考，不应该，也不可能放弃；然而，危险的是，如果第三世界只用这套话语构成的模式去诠释和截取本土文化，那么，大量最具本土特色和独创性的、活的文化就会因不能符合这套模式而被排斥在外。由于这种矛盾，某些人就主张去"发掘"一种绝对属于本土的、未经任何"污染"的话语，但他们最后会发现这种话语根本就不存在，因为文化总是在与其他文化的相互作用中发展的；况且，即便有这样的完全"本土"的话语，它也不能为对方所理解而达到沟通的目的。这个难解的话语悖论也是对话中至关重要的问题②。

以上悖论都很难得到解决，但注意到这样的悖论至少可以有助于对话质量的提高。

四、结论

跨文化研究的目标是尊重差异存在的历史传统与社会合理性，通过多种不同文化体系之间的多次往返对话，增进人们的沟通与理解，把我们从目前单向度的、贫乏而偏颇的文化霸权主义和文化孤立主义的意识形态中解放出来，使人们从文化差异中所得到的不是偏见、仇恨和冲突，而是互识、互证、互补和相互欣赏。跨文化学对于成就这样一个全人类所期待的文化多元的新的全球化，具有不可忽视的重大责任和意义。

---

① 勒维纳斯(E. Levinas)：《时间与他人》，参阅杜小真著《勒维纳斯》，香港，三联书店，1994。

② 参阅拙著《中西诗学对话中的话语问题》，《跨文化之桥》，80—90页，北京，北京大学出版社，2002。

中国文化与世界文化的重构*

人类生活正经历着前所未有的巨大转折。软件和计算机革命、全球互联网、移动通信革新……在这样的情况下，人与人之间的关系大大超越了过去所受的时空束缚；另一方面，由于生物工程技术的开发和应用，人甚至对自身肉体的存在前景也迷惘困顿。加之对20世纪人类苦难历程的回忆，足以令人反思我们需要塑造怎样一个世界，需要建立怎样的世界观和人生观，来应对这一崭新的、影响全球的复杂局面。

一、西方对当前文化危机的认识

近世以来，西方文化始终处于强势地位，西方今天的文化自觉首先表现在审视自己文化发展中的弱点和危机。早在20世纪初，斯宾格勒在《西方的没落——世界历史的透视》一书中已相当全面地开始了对西方文化的反思和批判，到了21世纪，这种反思和批判达到了更深的程度。例如，法国著名思想家埃德加·莫兰(Edgar Morin)指出，西方文明的福祉正好包藏了它的祸根：它的个人主义包含了自我中心的闭锁与孤独；它的盲目的经济发展给人类带来了道德和心理的迟钝，造成各领域的隔绝，限制了人们的智慧能力，使人们在复杂问题面前束手无策，对根本的和全局的问题视而不见；科学技术促进了社会进步，同时也带来了对环境、文化的破坏，造成了新的不平等，以新式奴役取代了老式奴役，特别是城市

* 原载《文史哲》，2008年第3期。

的污染和科学的盲目，给人们带来了紧张与危害，将人们引向核灭亡与生态死亡①。波兰社会学家齐格蒙特·鲍曼在《现代性与大屠杀》一书中更是强调，在西方，高度文明与高度野蛮其实是相通的和难以区分的；现代性是现代文明的结果，而现代文明的高度发展超越了人所能调控的范围，导向高度的野蛮！

总之，许多先进的西方知识分子提出人类需要的不是一个单极统治的帝国世界，而是一个多极均势的“社会世界”，一个文明开化、多元发展的联盟。要达到这个目的，人类精神需要发生一次“人类心灵内在性的巨大提升”，它表达的是对另一个全球化的期待，这就是全球的多极均衡，多元共存，也就是一个“基于生活质量而非个人无限财富积累的可持续性的文明”。

为了突破危机，追求“人类心灵内在性的巨大提升”，西方的思考者大致从三方面来突破现状，以寻求文化的未来发展。首先是返回自身文化的源头，审视历史，重新认识自己，寻找新的出发点。要达到这个目的，就必须有一个新的参照系，即新的“他者”，以便作为参照，重新反观自己的文化，找到新的诠释。法国学者弗朗索瓦·于连(François Jullien)在著名专论《为什么我们西方人研究哲学不能绕过中国?》②中认为，要全面认识自己，必须离开封闭的自我，从外在的不同角度来考察。他认为，“穿越中国也是为了更好地阅读希腊”，“我们对希腊思想已有某种与生俱来的熟悉，为了了解它，也为了发现它，我们不得不暂时割断这种熟悉，构成一种外在的观点”，而中国正是构成这种“外在观点”的最好参照系，因为“中国的语言外在于庞大的印欧语言体系，这种语言开拓的是书写的另一种可能性；中国文明是在与欧洲没有实际的借鉴或影响关系之下独自发展的、时间最长的文明……中国是从外部正视我们的思想——由此使之脱离传统成见——的理想形象”③。他强调：“我选择从一个如此遥远的视点出发，并不是为异国情调所驱使，也不是为所谓比较之乐所诱惑，而只是想寻回一点儿理论迂回的余地，借一个新的起点，把自己从种种因

① 埃德加·莫兰：《超越全球化发展：社会世界还是帝国世界?》，见《迎接新的文化转型时期》，202页，上海，上海文化出版社，2006。

② 乐黛云编：《迎接新的文化转型时期》，566页，上海，上海文化出版社，2006。

③ 弗朗索瓦·于连：《迂回与进入》，杜小真译，前言，3页，北京，生活·读书·新知三联书店，1998。

为身在其中而无从辨析的理论纷争之中解放出来。”①

第二，不仅是作为参照，还要从非西方文化中吸收新的内容。2004 年理查德·罗蒂访问复旦大学哲学系时说：“我隔了 20 年再次来到上海，中国的变化简直可以用奇迹来形容。这个奇迹不是改变了我的思考，而是进一步印证和强化了我已有的看法，那就是中国是未来世界的希望。”②在北京大学比较文学与比较文化研究所举办的“多元之美”国际学术讨论会上，法国比较文学大师巴柔(Daniel-Henri Pageaux)教授特别提出：“弗朗索瓦·于连对于希腊文化与中国文化的研究是一个很好的例子，它正好印证了我已经讲过的经由他者的‘迂回’所体现出来的好处。”他还强调说：“从这次研讨会的提纲中，我看到‘和谐’概念的重要性……中国的‘和而不同’原则定将成为重要的伦理资源，使我们能在第三个千年实现差别共存与相互尊重。”③一些美国汉学家的著作也体现了这种认识论的改变，如安乐哲(Roger Ames)和大卫·霍尔(David Hall)合作的《通过孔子而思》(*Thinking Through Confucius*)、斯蒂芬·显克曼编撰的《早期中国与古代希腊——通过比较而思》等。

另外，改变殖民心态，自省过去的西方中心论，理顺自己对非西方文化排斥、轻视的心理，这一点也很重要，意大利罗马大学的尼兹教授认为克服西方中心论的过程是一种困难的“苦修”过程。他把比较文学这一学科称为“非殖民化学科”。在《作为非殖民化学科的比较文学》一文中，他说：“如果对于摆脱了西方殖民的国家来说，比较文学学科代表一种理解、研究和实现非殖民化的方式；那么，对于我们所有欧洲学者来说，它却代表着一种思考、一种自我批评及学习的形式，或者说是从我们自身的殖民意识中解脱的方式。……它关系到一种自我批评以及对自己和他人的教育、改造。这是一种苦修(askesis)!”④没有这种自省的“苦修”，总是以殖民心态傲视他人，多元文化的共存也是不可能的。西方的这种文化自觉与自省使全球文化的多元共存成为可能。

---

① 弗朗索瓦·于连：《道德奠基：孟子与启蒙哲人的对话》，宋刚译，6 页，北京，北京大学出版社，2002。

② 见《文汇周报》2004 年 7 月 27 日。

③ 巴柔(Daniel-Henri Pageaux)：《文化还是文化间性：从形象学到媒介》，2001 年 4 月“多元之美”大会文献。

④ 阿尔蒙多·尼兹：《作为非殖民化学科的比较文学》，《中国比较文学通讯》1996 年第 1 期。

二、中国需要真诚的文化自觉

中国人长久以来，强盛时以“大国心态”傲视他族文化；贫弱时，或自卑投降或演变成阿 Q 的“精神胜利法”。因此，费孝通先生认为中国的文化自觉首先是要对自己的文化有自知之明，因为文化自觉的根本目的是为了加强文化转型的自主能力，取得适应新环境、新时代文化选择的自主地位。费孝通先生指出最重要的是要充分认识自己的历史和传统，认识一种文化得以延续的根和种子。例如中国人重视世代之间的联系，崇敬祖先，重视养育出色的孩子；中国人相信“和能生物，同则不继”，相信不同的东西可以凝合在一起，形成“多元一体”；中国人推崇“设身处地，推己及人”的行为准则；反对以力压人，倡导以德服人等等。这些并不是虚拟的东西，而是切切实实发生在中国老百姓日常生活里的真情实事，是从中国悠久的文化中培养出来的精髓。但是，一种文化只有种子还不行，它还需要发展，需要开花结果。传统失去了创造，也是要死灭的，只有不断创造，才能赋予传统以生命。所谓“创造”就是不断“以发展的观点，结合过去同现在的条件和要求，向未来的文化展开一个新的起点”①；文化自觉应包含过去、现在和未来的方向，也就是说从传统和创造的结合中去看待未来。这样的文化自觉就不是回到过去，而必须面对现实，展望未来。

此外，今天的文化自觉还要求特别关注当前的外在环境，这是过去任何时代都不曾面对的。全球化的现实需要有一些共同遵守的行为秩序和文化准则，只有同情地理解多种文化，才有可能在这个正在形成的多元文化的世界里确立自己的位置，并在此语境下反观自己，找到民族文化的自我，知道在这一新的语境中，中华文化存在的意义，了解中华文化在世界文化中处于何种地位，能为世界的未来发展作出什么样的贡献。90 高龄的费孝通先生总结自己的一生说，文化自觉是一个知识分子应该履行的时代赋予的责任，而自己要过的“最后一重山”，“就是要把这一代知识分子带进‘文化自觉’这个大题目里去”②。

三、中国传统文化对化解文化冲突可能作出的贡献

文化自觉，最重要的就是改变过去一味封闭地崇尚“国粹”，转而从当前世

---

① 费孝通：《文化的传统与创造》，《论文化与文化自觉》，310 页，北京，群言出版社，2005。

② 方李莉：《费孝通晚年思想录》，9—10 页，长沙，岳麓书社，2005。

界文化发展的需要出发，来审视我国丰富的文化资源，特别是研究在当前的文化冲突中，中国文化究竟能作出何种贡献，同时，也在与“他者”的对话中对自己重新再认识。这当然是一个漫长的过程，而且会有很多不同的看法。我认为以下几点是中国文化所固有，而又可以作为当前世界文化重构之参照的几个重要方面：

1. 不确定性与“在混沌中生成”的宇宙观

中国道家哲学强调一切事物的意义并非一成不变，也不一定有预定的答案。答案和意义形成于千变万化的互动关系和不确定的无穷可能性之中。由于某种机缘，多种可能性中的一种变成了现实。这就是老子说的“有物混成”(郭店竹简作“有状混成”)。一切事物都是从这个无形无象的“混沌”之中产生的，这就是“有生于无”。“有”的最后结局又是“复归于无物”。“无物”是“无状之状，无物之象”，这“无物”“无状”并不是真的无物、无状，因为“道之为物，惟恍惟惚。惚兮恍兮，其中有象；恍兮惚兮，其中有物”。这“象”和“物”都存在于“无”中，都还不是“实有”，它只是一种在酝酿中的无形无象的、不确定的、尚未成型的某种可能性，它尚不存在而又确实有，是一种“不存在而有”。这就是“天下万物生于有，有生于无”的道理。

从中国的宇宙观出发，最重要的就不是拘泥于人们以为是“已定的”，其实仍在不断变化的“确定性”，而是去研究当下的、即时的、能有效解决问题的、从现实当中涌现出来的各种可能性。这也许正是“摸着石头过河”的哲理之所在。只有“摸着石头”，向“未知”进发，才能创造新路，一切都已固定的，只能是老路。既然一切事物的意义并非一成不变，也不一定有预定的答案，而是形成于千变万化的互动关系和不确定的无穷可能性之中，那么，基于不变的立场和观点的世代复仇就不一定有一成不变的合理性和合法性。因此，中国“和为贵”的哲学反对“冤冤相报，无有已时”，提倡“仇必和而解”，“一笑泯恩仇”。从鲁迅的小说《铸剑》中可以看到对“世代复仇”的反讽，在金庸的一些小说中也能看到复仇与和解的双重变奏。

其实，随着主体视角和参照系的改变，客观世界也呈现着不同的面貌。甚至主体对本身的新的认识也要依靠从“他者”的重新认识和互动来把握。20 世纪 70 年代末以来，中国推翻了由“两个凡是”锁定的僵死的“规律性”和“普适性”，坚持“实践是检验真理的唯一标准”，就是纠正了过分强调固定的规律性和普适性的西方思维模式，而运用了中国传统智慧对人的主观能动性的强调。正如朱熹所说：“天即人，人即天。人之始生，得之于天；既生此人，则天又在人矣。”“天”要由“人”来彰显。只有通过自由创造、具有充分随机应变的自主性而又与“天”相通的“人”，“天”的活泼泼的气象才能得以体现。

上述《道德经》中论述的“惚恍”和“不存在而有”的宇宙观与当今的混沌科学思想有许多相通之处。《混沌七鉴——来自易学的永恒智慧》一书的作者指出：“《易经》对我们特别有启示。混沌的科学思想源于研究人员对气象学、电路、湍流等复杂物理系统的研究。……很明显，《易经》的作者和注疏者曾长期深入思考过自然界和人类活动中的秩序和无序间的关系，他们最终将这种关系称为‘太极’。”又说：“欧洲、美国、中国的社会正处在一个巨变的时代，正如过去《易经》的作者和注疏者那样，此时此刻人们正试图洞察个体与集体的关系，寻求永恒变易中的稳定。我们的时代是一个来自方方面面的思想和感知产生出巨大能量的时代。当代世界的社会状况类似于物理系统中的非平衡态。新的相对稳定和意外结构有时会突然产生。或许，当未来社会朝我们未曾指望的方向发展时，混沌科学会帮助我们理解所发生的一切。”①持有这种观点，就可以找到化解文化冲突的思想基础。

2. 与西方不同的多种思维方式

(1)执两用中，一分为三。西方文化长期以来习惯于“主客二分”的思维方式，如罗素所说，笛卡儿体系提出来精神界和物质界两个平行而彼此独立的世界，研究其中之一能够不牵涉另一个。他们重视以主体为一方的对客体的切割、分类而加以认识。人们总是相信自己从客体抽象出来的“规律”，并将之崇奉为放之四海而皆准的普适性，他们崇尚抽象的规律性远远超过关心事物的特殊性和具体性。由此出发，现存集中的权力系统只能通过普适化、均一化、互相隔离的分类方法来管理世界，这就损坏了事物广泛联系的复杂性，也就损坏了真正有创意的自由发展。不可改变的规律性、普适性发展到极端，就是文化霸权的理论基础。

中国的思维方式却与此全然不同。首先是“一分为三”的原理和由此而产生的中庸之道。中国传统文化一开始就提出了“一分为三”的原则。作为中国文化支柱之一的八卦，每一卦都是由三画组成的，由三而演化，至于无穷。所以说

---

①　约翰·布里格斯、戴维·皮特：《混沌七鉴——来自易学的永恒智慧》，陈忠等译，中文版序，上海，上海科技教育出版社，2003。

"太极元气，函三而一"①。《史记·律书》提出："数始于一，终于十，成于三。"为什么说"成于三"？当两种原不相干的事物相遇，而构成"场域"，就产生了新的、不同于原来二者的第三个东西，这就是老子所说的："道生一，一生二，二生三，三生万物。"《易经·系辞传》明确提出："易之为书，广大悉备，有天道焉，有地道焉，有人道焉。"所以《礼记·中庸》强调："可以赞天地之化育，则可以与天地参矣。"只有天、地是不够的，必须有第三因素"人"来"赞天地之化育"，才能成其为世界，这就是天、地、人。《中庸》的真精神也就是要从"过"和"不及"的两端，找到一个中道，即所谓"执两用中"。这个"中"并不是两项旧物的"折中"，而是从"两端"构成的场域中产生出来的那个新的"三"。《汉书·何武传》中说："(何武)疾朋党。问文吏必于儒者，问儒者必于文吏，以相参验。"这就是执文吏和儒者两端，而得到一个既非"文吏"，亦非"儒者"的第三个新的意见。因此，人们在认识事物时，首先要"执其两端"，然后，"求其中道"。这就是儒家的最高理想："极高明而道中庸。"这一智慧的结晶应该贡献于全人类的。

(2)五行相生相克。五行思想是中国认识论和方法论的另一个系统，最早见于《尚书·洪范》，后来的《左传》《国语》等多有论述。意谓世界万物皆由五种元素及其所构成的关系所组成。这五种元素是木、火、土、金、水，它既代表颜色——青、赤、黄、白、黑，又代表人体——肝、心、脾、肺、肾；也代表方向——东、南、中、西、北；时令——春、夏、长夏、秋、冬等等。五种元素既相生又相克，循环往复，无有已时。从多种元素相生相克，广泛联系出发，就必然重视事物的多样性，重视差别和相互关系，其结果必然是崇尚多元，尊重自然。

(3)"反者道之动"。数百年来无论是西方还是在西方影响下的东方，不管是人文科学还是社会科学，进化论的影响都十分深远。人们竭尽全力往前飞奔，对自然资源榨干了还要再榨，人的生活享受了还要再享受，人类趋向未来的速度快了还要再快，……这已经成为许多人的思维方式和生活模式。至于未来是什么，"新"是不是一定比"旧"好？人们究竟奔向何方？中国古训所强调的与此截然不同。从老子的《道德经》开始，就强调"反者道之动"，道的萌动，总是从回归开始，万物的运动都有一种复归的倾向，都要回到运动的原点，在新

① 刘歆：《三统历谱》，见《汉书·律历志上》。并参阅庞朴：《一分为三》，北京，中共中央党校出版社，1996。

的认识和新的经验的基础上，重新再出发，从而上升到更高的境界，也就是战国竹简中所说的“反辅”：“太乙生水，水反辅太乙，是以成地，天地复相辅也，是以成神明……。”可见“回归”“反辅”是事物发展的根本条件。中国哲学不重视以时间为主体的线性发展，而更重视向原点的复归，这就是“反本开新”。既然万物都在不断“回归”“反辅”和再出发，而不是向某个方向盲目“飞奔”，也就没有匆忙的必要。中国文化强调“听其自然”，强调“万物静观皆自得”，强调“无为”，强调协同发展，但同时它又反对停滞不变，作为中国文化古远根源的《易》的核心就是发展变易。这对于“可持续发展”，对于抑止当今社会的盲目狂奔正是很好的参照和缓冲。其实，每当历史转折关头，人们总习惯于回归自己的文化源头，去寻找新的途径。西方文化的发展也往往要回顾和重新参照古希腊和希伯来。目前，在西方，回到原点，重新再出发，也已成为一种趋势。如果人们改变了“直线狂奔”，盲目奋进争夺的思维定势，习惯于回头看看，文化冲突也可能会得到很大缓解。

(4)“负”的思维方式。如老子讲的“三十辐共一毂，当其无有，车之用。埏埴以为器，当其无有，器之用。凿户牖以为室，当其无有，室之用”(《老子·第十一章》)。车轮、器皿、房间，有用之处，都不是其实体，而是非实体的空间。又如中国画，有所谓“烘云托月”之法，画月亮，不是画月亮本身，而是画周围的云彩，中间那个空白的、没有画的地方才是月亮。这些都是强调要给人以空间，“有容乃大”，强调包容、宽厚。

3. 人与社会的关系

西方对个人权利、自由意志的强调已发展到极端，但人只能镶嵌在与他人的关系中才能生存。一个人的权利只有在其他人能负责保证这些权利得以实现的条件下才能实现。因此在他索取自身权利的同时必须负起保证他人权利得以实现的责任。儒家思想既不像自由主义模式那样，将社会作为实现个人目标的一种手段，也不像集体主义那样将个人作为实现某种社会理想的手段。儒家认为，作为人类社群的“民”是天下国家的根本。“民为邦本，本固邦宁”(《尚书·五子之歌》)，“天视自我民视，天听自我民听”(《尚书·泰誓》)，孔子既是精简政府职能的倡导者，又是建立自治的人类社群的积极支持者。他说：“为政以德，譬如北辰，居其所而众星共之。”(《论语·为政》)又说：“听讼，吾犹人也。必也使无讼乎。”(《礼记·大学》)孔子理想的社会是一个政府少折腾，百姓无官司的社会。儒家的这些主张也许可以修正西方民主的弊端，有助于创造一种新型的、兼顾身心的、更合理的民主，也可以化解以一种意识形态一统天下，强加于人而爆发的文化冲突。

总之，在全球化的今天，如果我们追求的是一个均衡发展的多元文化的世界，我们就应该有更深刻的文化自觉，同时对世界各地的文化更加了解，对于他种文化对中国文化的描述，也要更加了解。这对于在全球化时代欣赏其他文化，与之共存并交互作用，十分重要。只有充分把握自己文化的特点，对之加以现代思想的创造性诠释，并增强对他种文化的理解和宽容，才能促成各民族文化的多元共存，相互对话沟通，形成全球性的文化多元格局。

第三辑

文化评论、现代文学研究及其他

中国女性意识的觉醒*

女性意识应包括三个不同的层面：第一是社会层面，从社会阶级结构看女性所受的压迫及其反抗压迫的觉醒；第二是自然层面，从女性生理特点研究女性自我，如周期、生育、受孕等特殊经验；第三是文化层面，以男性为参照，了解女性在精神文化方面的独特处境，从女性角度探讨以男性为中心的主流文化之外的女性所创造的"边缘文化"，及其所包含的非主流的世界观、感受方式和叙事方法。

中国现代女性意识的觉醒在其最初阶段主要表现为对男权的反叛，首先是对父权和夫权的反叛。她们纷纷从父亲或丈夫的家庭逃离，"我是我自己的，他们谁也没有干涉我的权利"（鲁迅《伤逝》），成了她们反叛的光荣旗帜。然而，什么是"我自己"呢？作为一个空洞的"我自己"并没有确定的内涵，甚至没有足以形成这种内涵的语言。逃离的女性已不再是原来意义上的女儿、妻子、母亲，那么，她们是什么呢？"五四"的新女性们只能从一个家庭浮现，又在另一个家庭沉没，回归于原来的角色。"五四"时期的小说大都反映了这一情形。

直到（20 世纪）三十年代，情况才有所变化。大都市的发展为逃离家庭的新女性提供了新的可能。她们可以拒绝家庭，投身社会，逃避寄生的命运。然而，等待她们的，也无非是成为都市文化市场橱窗中的高档商品。只有把自己异化为色相市场上的商品才能

* 原载《文学自由谈》，1991 年第 3 期。

活下去。女性如果不走这条路，那就只有恋爱、结婚，建立新家庭。这时，男女之间为反封建家庭而形成的共谋关系如胡适的《终身大事》所描述的已经瓦解，一旦结婚，“男子主外，女子主内”的结构模式又变得坚不可摧。无权参与丈夫生活主流(“外”)的妻子为了维护家庭，防止丈夫有“外遇”，不得不用尽心机。在凌淑华的《女人》、白薇的《悲剧生涯》等作品中，“五四”时期曾经作为神圣的“拯救”偶像的“爱情”已经让位给抛弃与反抛弃、出卖与反出卖、背叛与反背叛的无休止的两性之战。

八十年代，中国社会已经历了巨大变化。在社会上，妇女已不再是色相商品，她们可以找到正当的职业。“夫妻之战”也不再是家庭生活的主流。然而，女作家笔下的女性生活的两难处境却依然存在，甚至更加尖锐。张辛欣的《我们这个年纪的梦》、王安忆的《锦绣谷之恋》和《弟兄们》、张洁的《方舟》，分别从不同方面揭露了女性自我在这种两难处境中的挣扎。

家庭生活对女性“自我”的吞没，如《锦绣谷之恋》所描写的，主要在于男女都缺乏创造和更新的勇气，甚至连“弃下它，走出去”的勇气也没有。该作“汇集了人生的一切滋味，浓缩了人生的一切体验”，但是，如果不想陷入更深刻、更痛苦的矛盾，如《荒山之恋》中的男女主人公，那就只能任其转瞬即逝。

逃离家庭，做一个无家的自由女人怎样？在张洁的《方舟》中，一位女记者，一位女导演，一位女翻译抛下了她们的男人，生活在一起，建立了一个只有女性的孤舟。她们首先得经过那“一场身败名裂，死去活来的搏斗”——离婚，她们必得担负起男人和女人的两重工作，她们必得忍受各种闲言碎语和男人对“离婚女人”特有的淫邪的眼光。更重要的是“女人和男人不一样，她总要爱点什么，好象她们生来就是为爱点什么而活着。或爱丈夫，或爱孩子……否则她们的生命便好像失去了意义”。不幸的是为了“跳出角色”，为了自由的自我，她们甚至不得不以扼杀这样的“生命的意义”为代价！在作者看来，即使是付出如此昂贵的代价，逃离无爱的家庭也是值得的。这就是为什么她以“方舟”为这部作品的篇名，并特别注明：“方舟并骛，俯仰极乐”(《后汉书·班固传》)，而不全用西方“诺亚方舟”的典故。

王安忆在她的近作《弟兄们》中，也写了三个离开男性的女人。作品一开篇就尖锐地提出了女性自我所面临的两难处境：“分明是两个人却要合为一体，合为一体却又各行其事!”这无解的悖论真如作者所说，就是“生命的核心”，“宇宙的黑洞”!

三位艺术学院的女生都曾有过复杂的经历：插队落户、结婚、返城、考进大学。她们疯狂地享受着学校生活的自由，以补偿过去的长期囚禁。和她们三十年代的前驱者一样(如卢隐《海滨故人》、丁玲《在暑假中》的主人公们)，她们可以在“彻夜不眠的夜晚，打开心扉，把最隐秘的心思说出来”。和三十年代女性不同的是她们已不再有对婚姻、对男性的幻想，不再有纱幕和神秘，有的是按照各自的经验赤裸裸地直面男性，并对他们详加探究。如果说她们的三十年代前驱对男性的理解还是朦胧的、揣测的，那么八十年代的女性却对男人采取了实证的、总结的态度。作者不无揶揄地描写三位女性为突出自我，把自己命名为男性的“老大、老二、老三”，而将她们的丈夫称呼为“老大家的”“老二家的”，以示其所属。她们从假期回来，总要一起取笑各自的男人，讲述自己的胜利。她们虽曾苦苦挣扎，仍想维持过去的友谊，但终于觉悟到再热烈的友谊，再自由的自我都无法厕身于夫妻之间、母子之间。最先“觉悟”的是“只要夫妻和睦快乐”的老三，她最先认识到“完全彻底的自我是不可能实现的，说说开心而已”。“实际上吞没自我的也不是男人，我们不应把矛头指向男人，说起来男人和女人都是受害者”。也许这正是作者作过一系列分析后得出的关于自我与家庭的一种见解？一种对男女互补的未来社会的暗示？

人们常以《红楼梦》中贾母的形象为例，来证明中国女性的权威。其实贾母们所体现的并非女权而是男权，是父亲意愿的体现者和执行者。“五四”女作家开始重构了母亲的形象，她们笔下的母亲往往并无权威，而是历经忧患，饱受欺凌，无限慈爱的普通女人。她们并不想左右子女的命运，而是在弱者的联盟中和女儿结成了一种心理的“母女同体”的关系。

这样的慈母形象，直到四十年代才被张爱玲的小说所彻底解构。

如果说“五四”女作家笔下母亲形象的核心是爱，四十年代张爱玲笔下母亲形象的核心是权，那么，八十年代表现于残雪作品中母亲形象的核心则是无名的怨恨。残雪以她独特的方式，在《苍老的浮云》中把这种怨恨写到了极致。作品中的母亲因为女儿未能有一个更好前途而成了一个卖糖果的营业员而“恨透了她”(当然这只是表面原因)。她逢人就诅咒女儿是一条毒蛇，发誓“要搅得她永世不得安宁”。女儿也恨透了母亲。残雪用她特有的荒诞幻觉和阴森笔触，把曾经被神圣化的母女关系写得令人毛骨悚然。

中国是一个讲究“百善孝为先”的国家，即使是作恶多端的母亲，也能得到儿女的谅解和帮助。儿女对于母亲的感恩和依恋之心总是很深的，神圣母亲的形象很难破除。多少年来，母亲总是按照自己的形象塑造女儿，让她们安于母亲为她安排的角色，女儿只能属于母亲而不能属于“自己”。这对于女性自我的成熟是极大的压抑。无论是通过爱，还是通过惩罚和复仇，神圣母亲的神话都是一种维护旧秩序的退步的力量。

“五四”时期出现了大量关于爱情的小说，但“性”仍然是一大禁忌。在“五四”女作家的心目中，情爱与性爱截然分离，只有不含肉欲的爱情才是纯洁高尚的。冯沅君的《隔绝》写一位女学生和一位有妇之夫热烈相爱，他们共同旅行独处十余天，“除拥抱密谈外，没有丝毫其他关系”。作者把这种情形解释为具有强烈欲望的男人为他所爱的女性压制自己，作出牺牲，因此是高尚的。而女人即使在热爱的情人面前，也应无丝毫情欲，才是纯洁。性的关系在任何情况下对于女人来说都是一种“失身”，这正是男权中心社会对女人的性禁制，中国传统强调“发乎情而止乎礼义，不及于乱”。如果女性触犯了这条禁令，“始乱终弃”就是她应得的惩罚，而男人则可以不负任何责任。对于性爱的恐怖几乎成为中国女性潜意识中最深沉的梦魇。

八十年代后期，王安忆的几部作品对女性与性的问题进行了新的探索，表现了对男性中心的性观念的颠覆。首先是颠覆了男性主动、女性被动，男性索取、女性给予的模式。

王安忆认为，在性的方面，女性可以和男性一样，采取主动，可以索取，可以享乐，可以追求，直到要求所爱的男子和自己一齐去死。这对于男权社会强加于女性的性禁制无疑是一种革命性的颠覆。

综上所述，关于作为女性归宿的“安乐家庭”的揭露，关于母亲形象和母女关系的透视，对男性中心性意识的颠覆都标志着中国女性意识觉醒的进程。女性意识觉醒之所以重要不仅因为妇女占人类总人口的一半，更重要的是因为人类过去的精神文化都是以对女性的压制为基础，建构于将女性囚禁于“内室”的体制之上。如今，消解这种压制和囚禁，从女性观点来重估并纠正这一切，就有可能在新的男女互补的基础上来重建人类崭新的文明。

和谐社会与文化自觉*

我们正面临一个重大的社会转型时期，和谐社会是当今人类的普遍追求。过去大规模的社会转型都是通过战争(包括宗教战争)、暴力革命、血腥镇压来完成的，这给人类带来极大的苦难；在科学高度发展、权力空前集中的今天，再沿着这条道路走下去，人类的前途只有毁灭。正如莱切尔·卡逊所指出的：今天，人类正处在走向毁灭或者美好生存的“十字路口”！

一、西方对和谐社会的追求

从西方来看，早在20世纪初奥斯瓦尔德·斯宾格勒在《西方的没落——世界历史的透视》一书中已相当全面地开始了对西方文化的反思和批判，对文化的反思和批判就是一种文化自觉。到了21世纪，这种自觉达到了更加深刻的程度。例如，法国著名思想家、高等社会科学院研究员埃德加·莫兰(Edgar Morin)指出，西方文明的福祉正好包藏了它的祸根：它的个人主义包含了自我中心的闭锁与孤独；它的盲目的经济发展给人类带来了道德和心理的迟钝，造成各领域的隔绝，限制了人们的智慧能力，使人们在复杂问题面前束手无策，对根本的和全局的问题视而不见；科学技术促进了社会进步，同时也带来了对环境、文化的破坏，造成了新的不平等，以新式奴役取代了老式奴役，特别是城市的污染和科学的盲目，给

* 原载《广东社会科学》，2006年第6期。

人们带来了紧张与危害，将人们引向核灭亡与生态的死亡①。

波兰社会学家齐格蒙特·鲍曼在《现代性与大屠杀》②一书中更是强调在西方，高度文明与高度野蛮其实是相通的和难以区分的……现代性是现代文明的结果，而现代文明的高度发展超越了人所能调控的范围，导向高度的野蛮。

在这个基础上，西方学者提出人类需要的是一个文明开化、多元发展、多极均势的"社会世界"，这是对另一种全球化的期待。从这种认识出发，他们一方面回归自身文化的源头，寻求重新再出发的途径；另一方面广泛吸收非西方文化的积极因素，并以之作为"他者"，通过反思，从不同视角更新对自己的认识。

新出版的 J. 里夫金的《欧洲梦——欧洲梦是如何悄悄地使美国梦黯然失色的》③一书提出：我们正处在后现代与正在浮现的全球时代交叉的十字路口，处在衔接这两个时代之间断层的中间地带。他认为 20 世纪和 21 世纪之交，随着经济全球化和帝国霸权的出现，世界已显示出对另一个全球化的期待，这就是文化的全球化——建设一个全球多极均衡，多元共生的世界。J. 里夫金所谓的"美国梦"是指每一个人都拥有不受限制的机遇来追求财富，而较少关注更广阔的人类福祉；"欧洲梦"则是强调生活质量、可持续性、安定与和谐。在里夫金看来，"欧洲梦"是一种新的历史观，根据这种历史观，在一个基于生活质量而非个人无限财富聚敛的可持续性文明里，以物质为基础的现代发展观即将受到修正。可持续性的全球经济之目标应该是：通过将人类的生产和消费与自然界的能力联系在一起，通过废品利用和资源的重新补充，不断再生产出高质量的生活。在这样一个可持续的、保持稳定的经济的状态下，重要的并非个人的物质积累，而是自我修养；并非聚敛物质财富，而是精神的提升；并非拓宽疆土，而是拓宽人类的同情(empathy)。作为"欧洲梦"两大支柱的文化多元主义和全球生态意识在各方面都是现代思想的解毒剂，它承认每个人的经历和愿望都具有同等的价值，并将人性从物质主义的牢笼中解放出来，而地球本身最

① 埃德加·莫兰：《超越全球化与发展：社会世界还是帝国世界?》，见《迎接新的文化转型时期》，202 页，上海，上海文化出版社，2006。

② 鲍曼：《现代性与大屠杀》，杨渝东、史建华译，南京，译林出版社，2002。

③ Jeremy Rifkin：*The European Dream — How Europe's Vision of the Future Is Quietly Eclipsing The American Dream*，Tarcher/Penguin，USA，2004.

值得关怀，这就是可以将力量凝聚起来的未来的蓝图。当然，在我们看来，这一切远非欧洲的现实，而只不过是一些不满现状的美国人对于欧洲想象的乌托邦，但它却代表着一种新的思想和路向，一种追求和谐社会的理想。这种思想和路向与我国最近提出的科学发展观，从“以物为本”转化为“以人为本”正好相合。

二、和谐精神是中国传统文化的核心价值

中国传统文化的核心就是强调人与自然的和谐，人与人之间的和谐，以及个人身心内外的和谐。人与自然的和谐，也就是我们常说的“天人合一”。“天人合一”是指天和人是一个相互关联的统一体。《易经》认为“天道”“地道”“人道”，三者的道理是统一的，都是乾坤的表现。“易，一物而合三才，天(地)人一也，阴阳其气，刚柔其形，仁义其性”(张载)。既然是相互关联的统一体，“天”和“人”就有一个相通的、共同的道理，所以说“知天所为，知人所为，然后知道”。知“道”就是“知天命”。孔子说：“天何言哉？四时行焉，百物生焉”(《论语·阳货》)，“天”的道理要由“人”来彰显。如朱熹所说：“人之始生，得之于天；即生此人，则天又在人矣。”也就是说“人”对“天”有一种内在的责任，人不仅要“知天命”，还要“畏天命”，要对“天”有所敬畏，按照“天命”行事。例如“天”有“盎然生物之心”，人就要体证“天道”，也有“温然爱人利物之心”(朱熹)。总之，“天人一体”，“人”得“天”之精髓而为“人”，“天心”“人心”实为一心。“人”有其实现“天道”的责任，人生之价值就在于成就“天命”，故“天”“人”关系实为一内在关系。这样一种思维路径，不仅可以使我们走出“天人二分”(天人对立)的困境，而且也为人类走向和谐的人生境界开辟了道路。

人与人之间的和谐，即人与社会之间的和谐也很重要。当今人类社会所存在的“人与人之间的矛盾”不仅涉及“自己与他人”“人与社会群体”，而且也涉及“国家与国家”“民族与民族”“地域与地域”之间的种种冲突。儒家的“仁学”对于缓解冲突，造就“和谐社会”具有重要意义。孔子“仁学”的出发点，首先是亲亲、爱人，并推己及人。《郭店楚简·性自命出》中说：“道始于情”。也就是说人与人的关系是由情感出发的，“亲而笃之，爱也；爱父，其继之爱人，仁也。”，“孝之放，爱天下之民。”“仁学”要由“亲亲”扩大到“仁民”。要“推己及人”，做到“老吾老，以及人之老；幼吾幼，以及人之幼”，才叫作“仁”。“推己及人”并不容易，必须把“己所不欲，勿施于人”“己欲立而立人，己欲达而达人”的“忠恕之道”作为实现“仁”的准则。

其次是克己复礼。把“仁”推广到社会(全人类社会)，就是孔子说的：“克己复礼曰仁，一日克己复礼，天下归仁焉。”“克己”(克服私欲)和“复礼”(复兴礼制)不是平行的两个方面，费孝通先生解释说：“克己才能复礼，复礼是进入社会，成为一个社会人的必要条件。”一个人进入社会，必须要遵守一定的社会规范(礼)；一个国家要进入世界，也必须遵守世界的最基本的“公约”。这就是说，要克服自己的私欲，以使做人行事能符合礼仪制度规范。“仁”(爱人)，是人所具有的内在品德(“性生仁”)；“礼”是规范人的行为所必须的外在的礼仪制度，也包括含有强制性的权力、上下等级、尊卑贵贱等统治模式。“礼”的严苛可以用“乐”来“协调”，这就是“礼交动乎上，乐交应乎下，和之至也”(《春秋繁露》)。总之，“礼”的作用是以共同的规范和秩序来调节人与人之间的关系，使之和谐相处，所以说“礼之用，和为贵”。

“仁”和“礼”的根本价值取向都是“和”。“天地之气，莫大于和”(《淮南子》)；“夫和实生物，同则不继。以他平他谓之和，故能丰长而物归之；若以同裨同，尽乃弃之。故先王以土与金、木、水、火杂，以成百物。”(《国语·郑语》)以相同的事物叠加，不能得到发展，只能窒息生机。中国传统文化的最高理想是“万物并育而不相害，道并行而不相悖”。(《中庸》)“万物并育”和“道并行”是“不同”；“不相害”“不相悖”则是“和”。这种思想为多元文化共处提供了取之不尽的思想源泉。

人和自然的和谐，人与人之间的和谐，归根结底，都要靠个人身心内外的和谐来实现。孔子说：“德之不修，学之不讲，闻义而不能徙，知不善而不能改，是吾忧也。”孔子认为做人首先要“修德”(修养道德)，要有关怀人类社会福祉的胸襟；“讲学”(讲究学问)，不但要求自己提高智慧，而且要负起对社会进行人文教化的责任；“改过”，要能勇于改正错误，才可有助于社会的和谐；“向善”，是说人生在世，应日日向着善的方向努力，以致达到“止于至善”的境地。“修德”“讲学”“改过”“向善”是孔子提倡的做人的道理，也是使人自我身心内外和谐的路径。孟子说：“存其心，养其性，所以事天也。寿夭不惑，修身以俟之，所以立命也。”如果一个人能修养他的善性，以实现天道的要求，就能达到自我身心内外的和谐。

三、文化自觉是构建和谐社会的根本途径

目前，无论是在西方还是东方，和谐社会都还只是一个尚未实现的梦想，一个前进的方向。在构建和谐社会的蓝图中，文化自觉是至为关键的一环。特

别是现在，世界面临两大思潮。一种思潮认为世界秩序必须建立在美国军事力量无可匹敌的基础上，也就是要依靠美国的强大力量来统治世界，并在这个基础上，听任他们占领全球资源，覆盖多元文化，推广单一的意识形态；另一种思潮是世界大多数人的所思所想。他们看到事实已证明美国的单边统治不但不可能成功，而且会激起更大的反抗和更多的死亡。因此必须寻求另一种全球化，即一种多极均衡、文化多元共生、各民族和谐共处的全球化，也就是中国当前提出的建设“和平世界”“和睦邻邦”“和谐社会”的主张。

建设“和平世界”“和睦邻邦”“和谐社会”，其核心是一个文化自觉问题。没有文化自觉，就谈不上不同文化的多元共生，就没有“和谐社会”。什么是文化自觉呢？文化自觉指的是深刻认识自身文化历史传统的最根本的种子或基因，并为这个基因的发展创造新的条件，同时将这个文化传播于世界，参与全球新文化的创建；没有文化自觉就不会有多元文化的共生，也不会有世界社会的和谐。事实已多次证明，任何想要依靠霸权覆盖或绝灭他种文化的企图都不但不可能成功，而且会激起更大的反抗。只有各民族充分的文化自觉，才能共同建立一个和平共处，各抒所长，共同发展的世界。我国著名社会学家费孝通先生指出：“文化的生和死不同于生物的生和死，它有它自己的规律，它有它自己的基因，也就是它的种子……种子就是生命的基础，没有了这种能延续下去的种子，生命也就不存在了。文化也是一样，如果要是脱离了基础，脱离了历史和传统，也就发展不起来了。因此，历史和传统就是我们文化延续下去的根和种子。”主动自觉地维护一种文化的历史和传统，使之得以延续并发扬光大，这是文化自觉的第一层意思。

要延续并发扬光大，只有种子还不行，还要创造条件，让种子开花、结果。传统和创造的结合是一个十分重要的问题，“因为传统失去了创造是要死的，只有不断创造，才能赋予传统以生命”。文化自觉应包含过去、现在和未来的方向，这样的文化自觉就不是回到过去，而必须面对现实。费孝通认为我们所面对的现实最重要的特点就是“机械文明”和“信息文明”这两个在西方分阶段发展的文明，在我们这里，却重叠在一起了。我们必须从他们当时的变化来知道我们将要遇到的变化。因此，不能照搬西方经验，还应该走自己的路。传统和创造的结合是一个十分重要的问题。

除此之外，我们还要特别关注当前的外在环境，这是过去任何时代都不曾面对的。全球化的现实，需要有一些共同遵守的行为秩序和文化准则，我们不能对这些秩序和准则置若罔闻，而应该自觉地精通掌握它，并在此语境下反观自己，找到民族文化的自我，知道在当前新的语境中，中华文化存在的意义，了解中华文化可能为世界的未来发展作出什么贡献。这是文化自觉的第三层含义。

总之，认知、理解和诠释自己的民族文化历史，联系现实，尊重并吸收他种文化的经验和长处，与他种文化共同建构新的文化语境，这就是我们所说的文化自觉。换句话说，文化自觉提出了一个坐标：纵轴是从传统和创造的结合中去展开未来，找到新的起点，这是一个时间轴；横轴是在当前的语境下找到民族文化的自我定位，确定其存在的意义和对世界可能作出的贡献，这是一个空间轴。任何民族文化都可以在这个坐标上找到自己的定位。显然，只有具备这样的文化自觉，才有可能建设多元共处共生的全球的和谐社会。如果用这个坐标来衡量，我们在文化自觉方面还存在很多问题。

首先是传统和现代的创造结合很不够，也就谈不上以新的观点去展开未来。文化自觉并不是"文化复归"，但是，目前这种完全"复归"的倾向很严重，一部分人寻求的不是对文化的"自知之明"，而是一种势头很猛的夸张的复旧，甚至认为中国一百多年的近代史都错了，走的都是所谓"文化歧出"，"以夷变夏"的路。这种倒退复古，明显排外的取向当然不是提倡文化自觉的本意。其次是不加质疑地追随西方现代化的取向，对西方理论不加反思地接受，把本土资源作为论证西方理论、实现西方社会思想的工具，无视西方学者已经深刻揭示的现代化危机。此类更深层、更难解决的问题正在引起更多人们的重视，成为进一步推动文化自觉的核心内容。再者，文化自觉的根本目的是"加强文化转型的自主能力，取得适应新环境、新时代文化选择的自主地位"，以建立"和平世界""和睦邻邦""和谐社会"。只有理解多种文化，才有条件在这个已经在形成中的多元文化的世界里确立自己的位置，经过自主的适应，和其他文化一起取长补短，共同建立一个有共同认可的基本秩序和一套各种文化能和平共处、各抒所长、联手发展的世界共同体。唯我独尊，蔑视他族文化的"大国心态"是做到这一点的最大障碍。当国家贫弱时，它会演变成阿Q的"精神胜利法"，当国家逐渐强盛时，它就滋生为企图覆盖他族文化的东方中心主义。历史已经证明西方中心主义是行不通的，东方中心主义重蹈西方中心主义的覆辙，也不会有好的结果。只有在世界民族文化之林中，找到我们民族文化的自我，找到在新的语境中，中华文化存在的意义，及其对世界的未来可能作出的贡献，才有可能向"和平世界""和睦邻邦""和谐社会"的目标迈进。

四、文化自觉与人类未来

如果说当前中国的文化自觉，始于百余年来，中国传统文化作为弱势文化，备受压抑之后，因而带有强烈的文化复兴的愿望；那么西方的文化自觉则是在数百年来作为强势文化，充分发展之后，势必更强调审视自己文化发展中暴露出来的弱点和问题。这种不同是几个世纪以来，东西方文化不同的处境使然。以德、法为代表的西方对自身文化的反思使他们对非西方文化采取了和过去迥然不同的态度。

西方学者经过深刻的审视，提出人类需要的是一个“社会世界”，即一个文明开化、多元发展的联盟。要达到这个目的，人类精神需要发生一次“人类心灵内在性的巨大提升”，这就是全球的多极均衡、多元共存的另一种全球化，也就是一个“基于生活质量而非个人无限财富积累”的可持续性的文明。这与中国传统文化坚持的“和能生物，同则不继”“少则得，多则惑”的精神是相一致的，中国的和平发展期待在这样的语境中通过沟通、互补、协调、合作，也就是有些学者总结的4C精神(Communication，Complementary，Coordination，Cooperation，即沟通、互补、协调、合作)和全世界一起，开创一个和过去完全不同的未来。

中国传统文化的一些特点及其对世界可能的贡献*

一、我们面临的复杂局面

人类生活正经历着前所未有的巨大转折，这和过去从狩猎转向农耕，从农耕转向机械生产，从机械生产转向初期信息时代，都是完全不同的。首先是软件和计算机革命、全球互联网的发展以及移动通信的革新(如海选、群发集会、博客，一般大众可以向任何人发言，在某种意义上成了自己意愿的主人)。在这样的情况下，人与人之间的关系大大超越了过去所受的时空束缚，特别是新一代人的成长脱离了继往开来的代际传承，他们在网络的交互影响中长大，自我成长。我们不懂得我们的下一代，也就会对我们的未来深感迷茫。其次，由于生物工程技术的开发和应用，人甚至对自己的血肉之躯的存在前景也变得迷惘困顿。生命本是宇宙大化千百万年的亘古造化，但是，现在可以通过转基因、干细胞、克隆、体外受精等人为的手段加以复制、改变、优选。人存在的意义、人性的自我定义都受到了根本的挑战，也就是说，所有关于意义的领域都将面临冲击。此外，纳米技术①最终使人类能够按照自己的意愿操纵

* 原载《浙江大学学报》(人文社会科学版)，2007 年第 4 期。

① 所谓纳米技术就是在十亿分之一米尺度的空间内，研究和利用电子、原子及分子运动的规律与特性，实现对整个微观世界的有效控制。纳米电子器件的工作速度是硅器件的1000倍，功耗低，信息存储量大。纳米电子在一张不足巴掌大的5英寸光盘上，至少可以存储30个北京图书馆的全部藏书。

单个原子和分子，开辟了人类认识世界的新层次。这些新发现和革命性的新技术贯穿到人类生活的每一细枝末节，迫使我们在时间意识和空间意识上都发生根本变化。在这样的物质基础上发展起来的帝国霸权主义与恐怖主义的战争给人类和地球的生存带来了严重威胁。更重要的是，新的一代和他们的下一代正在成长，他们对世界的感知和自我观念都将与我们迥然不同。任何想用过去的陈规来阻遏他们前进的企图都是徒劳的！

以上这一切大变动，加上20世纪的苦难历程（两次世界大战、绝灭人性的法西斯集中营等等），使得人类精神不得不发生空前的大变革。这一人类历史上空前的大变动要求我们重新定义人类状况，反思我们需要塑造一个怎样的世界，需要建立怎样的世界观和人生观来应对这一崭新的、影响全球的复杂局面。

二、西方对当前文化危机的认识

近世以来，西方文化始终处于强势文化的地位，西方今天的文化自觉首先表现在审视自己文化发展中的弱点和危机上。早在20世纪初，奥斯瓦尔德·斯宾格勒（Oswald Spengler）在《西方的没落——世界历史的透视》一书中已相当全面地开始了对西方文化的反思和批判，到了21世纪，这种反思和批判达到了更为深刻的程度。例如，法国著名思想家、高等社会科学院研究员埃德加·莫兰（Edgar Morin）指出，西方文明的福祉正好包藏了它的祸根：它的个人主义包含了自我中心的闭锁与孤独；它的盲目的经济发展给人类带来了道德和心理的迟钝，造成各领域的隔绝，限制了人们的智慧能力，使人们在复杂问题面前束手无策，对根本和全局的问题视而不见；科学技术促进了社会进步，同时也带来了对环境、文化的破坏，造成了新的不平等，以新式奴役取代了老式奴役，特别是城市的污染和科学的盲目，给人们带来了紧张与危害，将人们引向核灭亡与生态死亡。波兰社会学家齐格蒙特·鲍曼在《现代性与大屠杀》一书中更是强调，西方高度文明与高度野蛮其实是相通的和难以区分的；现代性是现代文明的结果，而现代文明的高度发展超越了人所能调控的范围，导向高度的野蛮。

总之，许多先进的西方知识分子提出，人类需要的不是一个单极统治的帝国世界，而是一个多极均势的“社会世界”，一个文明开化、多元发展的联盟。要达到这个目的，人类精神需要发生一次“人类心灵内在性的巨大提升”，它表达的是一种全球化的期待，这就是全球的多极均衡、多元共存，也就是一个

“基于生活质量而非个人无限财富积累的可持续性的文明”。

为了突破危机，追求“人类心灵内在性的巨大提升”，西方的思考者大致从三个方面来突破现状，以寻求文化的未来发展。首先是返回自身文化的源头，审视历史，重新认识自己，寻找新的出发点。要达到这个目的，就必须有一个新的参照系，即新的“他者”，以便作为参照，重新反观自己的文化，找到新的诠释。法国学者弗朗索瓦·于连(François Jullien)写了一篇题为《为什么我们西方人研究哲学不能绕过中国?》的著名文章。他说，要全面认识自己，必须离开封闭的自我，从外在的不同角度来考察。在他看来，“穿越中国也是为了更好地阅读希腊”。他认为：“我们对希腊思想已有某种与生俱来的熟悉，为了了解它，也为了发现它，我们不得不暂时割断这种熟悉，构成一种外在的观点。”而中国正是构成这种“外在观点”的最好参照系，因为“中国的语言外在于庞大的印欧语言体系，这种语言开拓的是书写的另一种可能性；中国文明是在与欧洲没有实际的借鉴或影响关系之下独自发展的、时间最长的文明……中国是从外部正视我们的思想——由此使之脱离传统成见——的理想形象”。他强调指出：“我选择从一个如此遥远的视点出发，并不是为异国情调所驱使，也不是为所谓比较之乐所诱惑，而只是想寻回一点儿理论迂回的余地，借一个新的起点，把自己从种种因为身在其中而无从辨析的理论纷争之中解放出来。”

其次，不仅将非西方文化作为参照，还要从中吸收新的内容。2004 年理查德·罗蒂访问复旦大学哲学系时说：“我隔了 20 年再次来到上海，中国的变化简直可以用奇迹来形容。这个奇迹不是改变了我的思考，而是进一步印证和强化了我已有的看法，那就是中国是未来世界的希望。”在北京大学比较文学与比较文化研究所举办的“多元之美国际学术讨论会”上，法国比较文学大师巴柔(Daniel-Henri Pageaux)教授特别提出：“弗朗索瓦·于连对于希腊文化与中国文化的研究是一个很好的例子，它正好印证了我已经讲过的经由他者的‘迂回’所体现出来的好处”。他还强调说：“从这次研讨会的提纲中，我看到‘和谐’(‘和实生物，同则不继’)概念的重要性……中国的‘和而不同’原则定将成为重要的伦理资源，使我们能在第三个千年实现差别共存与相互尊重。”一些美国汉学家的著作也体现了这种认识论的改变，如安乐哲(Roger Ames)和大卫·霍尔(David Hall)合著的《通过孔子而思》、斯蒂芬·显克曼编撰的《早期中国与古代希腊——通过比较而思》等。

再次，改变殖民心态，自省过去的西方中心论，理顺自己对非西方文化排斥、轻视的心理。这一点也很重要。罗马大学的尼兹教授认为，克服西方中心论的过程是一种困难的“苦修”过程。他把比较文学这一学科称为“非殖民化学科”。他在《作为非殖民化学科的比较文学》一文中指出：“如果对于摆脱了西方殖民的国家来说，比较文学学科代表一种理解、研究和实现非殖民化的方式；那么，对于我们所有欧洲学者来说，它却代表着一种思考、一种自我批评及学习的形式，或者说是从我们自身的殖民意识中解脱的方式……它关系到一种自我批评以及对自己和他人的教育、改造。这是一种苦修(askesis)!”没有这种自省的“苦修”，总是以殖民心态傲视他人，多元文化的共存也是不可能的。

西方的这种文化自觉与自省使全球文化的多元共存成为可能。

三、中国需要直诚的文化自觉

中国人长久以来，强盛时以“大国心态”傲视他族文化；贫弱时，或自卑投降，或演变成阿Q的“精神胜利法”。因此，费孝通先生认为中国的文化自觉首先是要对自己的文化有自知之明，因为文化自觉的根本目的是为了“加强文化转型的自主能力，取得适应新环境、新时代文化选择的自主地位”。费孝通先生指出，最重要的是要充分认识自己的历史和传统，认识一种文化得以延续的根和种子。例如中国人重视世代之间的联系，崇敬祖先，重视养育出色的孩子；中国人相信“和能生物，同则不继”，相信不同的东西可以凝合在一起，形成“多元一体”；中国人推崇“设身处地，推己及人”的行为准则，反对以力压人，倡导以德服人，等等。这些并不是虚拟的东西，而是切切实实发生在中国老百姓日常生活里的真情实事，是从中国悠久的文化中培养出来的精髓。

但是，一种文化只有种子还不行，它还需要发展，需要开花结果。传统失去了创造，是要死灭的，只有不断创造，才能赋予传统以生命。所谓“创造”就是不断“以发展的观点，结合过去同现在的条件和要求，向未来的文化展开一个新的起点”。文化自觉应包含过去、现在和未来的方向，也就是说从传统和创造的结合中去看待未来。这样的文化自觉就不是回到过去，而必须面对现实，展望未来。此外，今天的文化自觉还要求特别关注当前的外在环境，这是过去任何时代都不曾面对的。全球化的现实需要有一些共同遵守的行为秩序和文化准则，只有同情和理解多种文化，才有可能在这个正在形成的多元文化的世界里确立自己的位置，并在此语境下反观自己，找到民族文化的自我。我们需要知道，在这一新的语境中，中华文化存在的意义，了解中华文化在世界文化中处于何种地位，能为世界的未来发展作出什么样的贡献。90高龄的费孝通先生总结自己的一生时说，文化自觉是一个知识分子应该履行的时代赋予的责任，而他要过的“最后一重山”，“就是要把这一代知识分子带进‘文化自觉’这个大题目里去”。

四、中国传统文化对化解文化冲突可能作出的贡献

文化自觉在当前来说，最重要的就是改变过去一味封闭地崇尚“国粹”，而致力于从当前世界文化发展的需要出发，来审视我国丰富的文化资源，特别是研究在当前的文化冲突中，中国文化究竟能作出何种贡献，同时，在与“他者”的对话中对自己重新再认识。这当然是一个漫长的过程，而且会有很多不同的看法。笔者认为，以下几点是中国文化所固有而又可以作为当前世界文化重构之参照的重要方面：

（一）不确定性与“在混沌中生成”的宇宙观

中国道家哲学强调一切事物的意义并非“一成不变”，不一定有预定的答案。答案和意义形成于千变万化的互动关系和不确定的无穷可能性之中。由于某种机缘，多种可能性中的一种变成了现实，这就是老子所说的“有物混成”（郭店竹简作“有状混成”）。一切事物都是从这个无形无象的“混沌”之中产生的，这就是“有生于无”。“有”的最后结局又是“复归于无物”。“无物”是“无状之状，无物之象”，这“无物”“无状”并不是真的无物、无状。老子云：“道之为物，惟恍惟惚。惚兮恍兮，其中有象；恍兮惚兮，其中有物。”这“象”和“物”都存在于“无”中，都还不是“实有”，它只是一种在酝酿中的无形无象的、不确定的、尚未成形的可能性，它尚不存在而又确实有，是一种“不存在而有”。这就是“天下万物生于有，有生于无”的道理。

从中国的宇宙观出发，最重要的就是不拘泥于人们以为是“已定的”，其实仍在不断变化的“确定性”，而是去研究当下的、即时的、能有效解决问题的、从现实当中涌现出来的各种可能性。这也许正是“摸着石头过河”的哲理之所在。只有“摸着石头”，向“未知”进发，才能创造新路——一切都已固定的，只能是老路。既然一切事物的意义并非一成不变，也不一定有预定的答案，而是形成于千变万化的互动关系和不确定的无穷可能性之中，那么，基于不变的立场和观点的世代复仇就不一定有一成不变的合理性和合法性。因此，中国“和为贵”的哲学反对“冤冤相报，无有已时”，提倡“仇必和而解”“一笑泯恩仇”。从鲁迅的小说《铸剑》中可以看到对“世代复仇”的反讽，在金庸的一些小说中也能看到复仇与和解的双重变奏。

其实，随着主体视角和参照系的改变，客观世界也呈现着不同的面貌。甚

至主体对本身的新的认识也要依靠对“他者”的重新认识和互动来把握。20 世纪 70 年代末期以来，中国改变了由“两个凡是”锁定的僵死的“规律性”和“普适性”，坚持“实践是检验真理的唯一标准”，就是纠正了过分强调固定的规律性和普适性的西方思维模式，而运用了中国传统智慧对人的主观能动性的强调。正如朱熹所说：“天即人，人即天。人之始生，得之于天；既生此人，则天又在人矣。”“天”要由“人”来彰显。只有通过具有充分随机应变的自主性而又与“天”相通的“人”的自由创造，“天”的活泼泼的气象才能得以体现。

前述《道德经》中论述的“惚恍”和“不存在而有”的宇宙观，与当今的混沌科学思想有许多相通之处。《混沌七鉴——来自易学的永恒智慧》一书的作者指出：“《易经》对我们特别有启示。混沌的科学思想源于研究人员对气象学、电路、湍流等复杂物理系统的研究。很明显，《易经》的作者和注疏者曾长期深入思考过自然界和人类活动中的秩序和无序间的关系，他们最终将这种关系称为‘太极’。”作者又说：“欧洲、美国、中国的社会正处在一个巨变的时代，正如过去《易经》的作者和注疏者那样，此时此刻人们正试图洞察个体与集体的关系，寻求永恒变易中的稳定。我们的时代是一个来自方方面面的思想和感知产生出巨大能量的时代。当代世界的社会状况类似于物理系统中的非平衡态。新的相对稳定和意外结构有时会突然产生。或许，当未来社会朝我们未曾指望的方向发展时，混沌科学会帮助我们理解所发生的一切。”持有这种观点，就可以找到化解文化冲突的思想基础。

(二)与西方不同的多种思维方式

1. 执两用中，一分为三。西方文化长期以来习惯于“主客二分”的思维方式，如罗素所说，笛卡儿体系提出精神界和物质界是两个平行而彼此独立的世界，研究其中之一能够不牵涉另一个。他们重视以主体为一方对客体进行切割、分类而加以认识。人们总是相信自己从客体抽象出来的“规律”，并将之崇奉为放之四海而皆准的普适性；他们崇尚抽象的规律性远远超过关心事物的特殊性和具体性。由此出发，现存集中的权力系统只能通过普适化、均一化、互相隔离的分类方法来管理世界，这就损坏了事物广泛联系的复杂性，也损坏了真正有创意的自由发展。不可改变的规律性、普适性发展到极端，就是文化霸权的理论基础。

中国的思维方式与此全然不同。首先是“一分为三”的原理和由此而产生的中庸之道。中国传统文化一开始就提出了“一分为三”的原则。作为中国文化支柱之一的八卦，每一卦都是由三画组成的，由三而深化，至于无穷。所以说

“太极元气，函三而一”①。《史记·律书》提出：“数始于一，终于十，成于三。”为什么说“成于三”？当两种原不相干的事物相遇，而构成“场域”，就产生了新的、不同于原来两者的第三个东西，这就是老子说的“道生一，一生二，二生三，三生万物”。《易经·系辞传》明确提出：“易之为书，广大悉备，有天道焉，有地道焉，有人道焉。”《礼记·中庸》强调：“可以赞天地之化育，则可以与天地参矣。”只有天、地是不够的，必须有第三因素“人”来“赞天地之化育”，才能成其为世界，这就是天、地、人。《中庸》的真精神也就是要从“过”和“不及”的两端，找到一个中道，即所谓“执两用中”。这个“中”并不是两项旧物的“折中”，而是从“两端”构成的场域中产生出来的那个新的“三”。《汉书·何武传》中说：“（何武）疾朋党。问文吏必于儒者，问儒者必于文吏，以相参验。”这就是执文吏和儒者两端，而得到一个既非“文吏”，亦非“儒者”的第三个新的意见。因此，人们在认识事物时，首先要“执其两端”，然后“求其中道”。这就是儒家的最高理想：“极高明而道中庸”。这一智慧的结晶也许能救助日益趋向暴力、恐怖、极端的世界。

2. 五行相生相克。五行思想是中国认识论和方法论的另一个系统，最早见于《尚书·洪范》，后来的《左传》《国语》等多有论述，意谓世界万物皆由五种元素及其构成的关系所组成。这五种元素是：木、火、土、金、水，它既代表颜色——青、赤、黄、白、黑，又代表人体——肝、心、脾、肺、肾，也代表方向——东、南、中、西、北，时令——春、夏、长夏、秋、冬，等等。五种元素既相生（水生木，木生火，火生土，土生金，金生水），又相克（水克火，火克金，金克木，木克土，土克水），循环往复，无有已时。从多种元素相生相克、广泛联系出发，就必然重视事物的多样性，重视差别和相互关系，其结果必然是崇尚多元、尊重自然。

3.“反者道之动”。数百年来，无论是西方还是在西方影响下的东方，不管是人文科学还是社会科学，进化论的影响都十分深远。人们竭尽全力往前飞奔，对自然资源榨干了还要再榨，人的生活享受到不要再享受，人类走向未来的速度快了还要再快……这已经成为许多人的思维方式和生活模式。至于未来是什么？“新”是不是一定比“旧”好？万众所趋的目的地何在？人们究竟奔向何方？除了作为个体的人必然走向坟墓以外，没有任何真正具有确定性的回答可

---

① 参见刘歆《三统历谱》，见《汉书·律历专上》。具体论述可参庞朴教授专著《一分为三论》，上海，古籍出版社，2003。

以被提供出来。而中国古训所强调的与此截然不同，从老子的《道德经》开始，就强调“反者道之动”：道的萌动，总是从回归开始，万物的运动都有一种复归的倾向，都要回到运动的原点，在新的认识和新的经验的基础上，重新再出发，从而上升到更高的境界，也就是战国竹简所说的“反辅”：“太乙生水，水反辅太乙，是以成地，天地复相辅也，是以成神明……”可见“回归”“反辅”是事物发展的根本条件。中国哲学不重视以时间为主体的线性发展，而更重视向原点的复归和重新再出发，这就是“反本开新”。既然万物都在不断“回归”“反辅”和再出发，而不是向某个方向盲目“飞奔”，也就没有匆忙的必要。中国文化强调“听其自然”，强调“万物静观皆自得”，强调“无为”，强调协同发展，但同时它又反对停滞不变，作为中国文化远古根源的《易》的核心就是发展变易。这对于“可持续发展”，对于制止当今社会的盲目狂奔正是很好的参照和缓冲。其实，每当历史转折关头，人们总习惯于回归自己的文化源头，去寻找新的途径。欧洲文化的发展往往也要回顾和重新参照古希腊和希伯来。目前在西方，回到原点，重新再出发，也已成为一种趋势。如果人们改变了“直线狂奔”、盲目奋进争夺的思维定式，习惯于回头看看，文化冲突就可能得到很大的缓解。

4.“负”的思维方式。老子云：“三十辐共一毂，当其无有，车之用。埏埴以为器，当其无有，器之用。凿户牖以为室，当其无有，室之用。”车轮、器皿、房间的有用之处，都不是其实体，而是非实体的空间。又如中国画中，画月亮不是画其本身，而是画周围的云彩，中间那个空白的、没有画的地方才是月亮。这些都是强调要给人以空间，强调“有容乃大”，强调包容、宽厚。

五、人与社会的关系

西方对个人权利、自由意志的强调已发展到极端，但人只能镶嵌在与他人的关系中才能生存。一个人的权利只有在其他人能负责保证这些权利得以实现的条件下才能实现。因此，在他索取自身权利的同时，必须负起保证他人权利得以实现的责任。一如戴震所说：“欲遂其生，亦遂人之生，仁也。”儒家思想既不像自由主义模式那样，将社会作为实现个人目标的一种手段，也不像集体主义那样，将个人作为实现某种社会理想的手段。儒家认为，作为人类社群的“民”是天下国家的根本，“民为邦本，本固邦宁”，“天视自我民视，天听自我民听”。孔子既是精简政府职能的倡导者，又是建立自治的人类社群的积极支持者。他说：“为政以德，譬如北辰，居其所而众星拱之。”又说：“听讼，吾犹人也。必也使无讼乎。”孔子理想中的社会是一个政府少折腾、百姓无官司的社会。儒家的这些主张也许可以修正西方民主的弊端，有助于创造一种新型的、兼顾身心的、更合理的民主，也可以化解以一种意识形态一统天下、强加于人因而爆发的文化冲突。

总之，在全球化的今天，如果我们追求的是一个均衡发展的多元文化的世界，我们就应该有更深刻的文化自觉，同时对世界各地的文化更加了解，关于他种文化对中国文化的描述，也要更加了解。这对于在全球化时代欣赏其他文化、与之共存并交互作用，是十分重要的。只有充分把握自己文化的特点，对之加以现代思想的创造性诠释，并增强对他种文化的理解和宽容，才能促成各民族文化的多元共存，开展对话沟通，并形成全球性的文化多元格局。

21 世纪的新人文精神*

一、问题的提出

人类生活正经历着前所未有的时空巨变：互联网、移动通信、电脑储存技术大大缩短了人类的时空距离；生命科学加深了人类对人性和未来所感到的迷茫；纳米技术使人类有可能面对从未知晓的微观世界。这一切给人类生活的各方面带来了极其深远的大变动。这种变动决不亚于人类所曾经历过的从渔猎到农耕或从农耕到机械生产所引起的社会大变动。目前，正在世界范围内进行着的经济革命使市场规律之类非人格化的机械法则对人的控制力越来越大，多数人对社会的影响力越来越小；数字革命所缔造的网络空间，标志着一个陌生新大陆的出现，人类的大部分活动正在向其转移，成为其重要的组成部分；遗传学革命使人对自己的血肉之躯也可以通过转基因、干细胞、克隆、体外受精等人为手段复制、改变、优选。总之，人存在的意义、人性的自我定义都受到了根本的挑战，也就是说，所有过去有关“意义”“常规”的领域都将全面受到冲击。

另一方面，现代社会经过数百年发展，创造出空前的进步和财富，但其弱点也充分暴露。现代性的主要特征。如“经济增长万能”“个人绝对自由”和“人类中心主义”“科学主义”等负面影响如今正受到广泛质疑。

首先是“经济增长万能”。事实上，无限制的经济增长不仅不是

---

* 原载《学术月刊》，2008 年第 1 期。

“万能”的。而且给人类带来了空前的危害。经济增长意味着产品增长和利润增长。这些产品如果是军工产品，增长的结果就是发动战争；如果是一般产品，那就得鼓吹高消费。“消者消灭，费者耗费”，消费也就是使有用的物资变为无用，现在，每天有大量有用之物毫无意义地变为无用，人们把聚敛巨大物质财富当作人生的最重要目的，而忽略了其他精神价值。其实，这样的人并不一定真正幸福。美国财富世界第一，但美国人自认为幸福者所占的比例(所谓幸福指标)却只位居世界第16位。美国人口占世界人口不到5%，却消费了多达三分之一的世界能源，人们过度消费，纵容各种欲望，浪费了地球的丰饶。

个人绝对自由所带来的社会危害尤其严重，如法国著名思想家、高等社会科学院研究员埃德加·莫兰所指出的，西方文明的个人主义包含了自我中心的闭锁与孤独，给人类带来了道德和心理的迟钝，造成各领域的隔绝，限制了人们的智慧能力，使人们孤立无援，在复杂问题面前束手无策。①

盲目的“人类中心主义”使我们赖以为生的地球几乎已到达难以挽回的危机边缘。这是数百年来西方现代文明发展的直接恶果。西方启蒙主义科学的基础是“征服自然”“重塑自然”，以符合人类的需要，以致造成今天的种种环境灾难。中国的传统文化很少认同人类可以操纵环境的想法，倒是强调“天人合一”，重在根据环境的需要调整自身。但是，经过百年现代化进程，代价同样是对自然环境极其严重的破坏。今天，中国作为经济发展最快的国家之一，地球上污染最严重的城市竟然大都在中国，使得如何立即实现全面的生态保护成为当前“持续发展”的第一要义。

作为现代性核心观念之一的“科学主义”，强调只有合乎理性的科学认知方式才是唯一合理的认知方式。其实认知方式应该是多种多样的，宗教、音乐、艺术、诗歌等都能产生智慧，构成我们的知识。长期以来，中国文化传统以“情”为核心②，通过“顿悟”的方法，铸造了无数智者的精神世界，但这一切都被冠以“不科学”或“伪科学”的名号而被排斥在认知范围之外，中医的理论和实践在中国的遭遇就是一个最好的例证。

由上述科技发展带来的时空巨变，数百年现代化进程所产生的严重问题，

---

① 埃德加·莫兰：《超越全球化与发展：社会世界还是帝国世界?》，见《迎接新的文化转型时期》，203页，上海，上海文化出版社，2006。

② 见郭店楚简《性自命出》篇：“道始于情，情生于性”，“性自命出”，“命自天降”。

加之20世纪两次世界大战给人类留下的惨痛记忆以及反犹太法西斯集中营、“古拉格群岛”等意识形态灾难的残酷教训，都要求我们重新思考人类在21世纪需要建立一个怎样的新世界，特别是人类的精神世界；要以怎样的新的世界观和人生观来应对这一崭新的、影响全球的复杂局面；重新定义人类状况，重新考虑人类的生存意义和生存方式。

二、21世纪人类的反思与文化自觉

上述严重情况不能不引起人们的反思。20世纪末，西方出现了两种截然相反的思潮。一种是新的“帝国论”，认为“帝国”是“超越国界、超越多国协商的唯一的主权”，只有新的“帝国”才能使世界连成一气，管理全世界并带来和平。进入21世纪，“帝国论”进一步发展为新的霸权理论，强调输出美国式民主和价值观，认为国际体系并非建立在均势而是建立在美国军事力量的无可匹敌的超强地位的基础上，必须防止在欧洲、东亚和中东出现威胁其领导地位的地区性强国，必须阻止新的大国竞争者出现，必须积极推动美国军队和战争的转型，控制网络空间和太空的主导权，以便“在全球推行自由民主原则”。他们的新帝国大战略就是先发制人，以假想敌为攻击对象，重新确定“主权”的含义，提倡主权有限论，轻视和改写国际准则，提倡所谓“后民族时代”的到来。

“新帝国理论”在世界各地都受到了强烈的抵制，特别是在欧洲。埃德加·莫兰认为，20世纪90年代的全球化在推动技术经济全球化的同时，促进了另一个全球化：人道主义的和民主的全球化。虽然这还是未完成的、不充分的、脆弱的，但它给受压迫的人们带来了解放意识，进而在全球绝大部分地区引发了非殖民化。他特别指出，这种文化的全球化并没有使文化同质化，反而激励了各民族文化在其内部的独创性表达，因而重新创造出新的多样化。①

2003年5月31日，欧洲各大报刊发表了哈贝马斯与德里达联合署名的文章《论欧洲的复兴》。他们分析了欧洲的特点，认为欧洲经历过两次世界大战，几个大国如德、法、荷、西、葡等都经历过帝国权力的顶峰，必然会从帝国灭亡的经历中有所领悟。他们指出，欧洲人对市场的调节能力保持深刻的怀疑态度，而更相信国家的组织能力和控制能力；欧洲人对技术进步也不是那么盲目乐观，而更倾向于从社会团结出发的制度规范，尊重个人人格的完整，并主张

① 埃德加·莫兰：《超越全球化与发展：社会世界还是帝国世界?》，见《迎接新的文化转型时期》，上海，上海文化出版社，2006。

在控制与减少军事暴力的基础上加强联合国作用，建立一种有效的“世界内政”。对欧洲来说，帝国统治和殖民历史一去不返，欧洲的政权也就得到一个反思的距离。这可能会有利于他们抛弃欧洲中心论，加快实现康德对“世界内政”的美好期待。

2006年，美国学者J. 里夫金写了《欧洲梦》①，提出对于当前以贪欲和聚敛为核心的文明(“美国梦”)必须进行深入地反思和批判，必须重建一个基于生活质量而非个人无限财富聚敛的、可持续的文明。以物质为基础的现代发展观本身即将受到修正。可持续性的全球经济之目标应该是：通过将人类的生产、消费与自然界的能力联系在一起，通过废品利用和资源的重新补充，不断再生产出高质量的生活。在这样的生活中，重要的并非个人的物质积累，而是自我修养；并非聚敛财富，而是精神的提升；并非拓宽疆土，而是拓宽人类的同情(empathy)。他认为，人类需要一个完全不同于过去的新的精神世界，需要全新的世界观和人生观。

在对自身的文化危机进行反思的过程中，西方出现了强调互动认知和重新认识东方的趋向。如法国当代思想家、法兰西院士让-弗朗索瓦·勒维尔所说：“经历了许多世纪的互相无知之后，在最近二十年里，佛教与西方思想的那些主要潮流之间的一场真正的对话已经开始建立。……佛教道路的目的与所有那些巨大的精神传统一样，都是要**帮助我们成为更好的人类存在者**。科学既没有达到这一目的的意图，也没有达到这个目的的手段。”②为此，许多学者试图从西方与非西方文化的汇通中寻求新的未来。

他们以非西方文化，特别是中国文化作为参照系，企图返回自身文化的源头，重新反观自己的文化，找到新的诠释，寻找新的出发点。法国学者弗朗索瓦·于连(François Jullien)写了一篇《为什么我们西方人研究哲学不能绕过中国?》的著名文章③。他认为，要全面认识自己，必须离开封闭的自我，从外在的不同角度来考察。在他看来，“穿越中国也是为了更好地阅读希腊”，“我们

---

① Jeremy Rifkin：*The European Dream—How Europe's Vision of the Future Is Quietly Eclipsing the American Dream*, Publibed by Penguin Group. 中文版，杨治宜译，重庆，重庆出版社，2006。

② 让-弗朗索瓦·勒维尔、马蒂厄·里卡尔：《和尚与哲学家：佛教与西方思想的对话》，307页，南京，江苏人民出版社，2000。

③ 见《迎接新的文化转型时期》，566页。

对希腊思想已有某种与生俱来的熟悉，为了了解它，也为了发现它，我们不得不暂时割断这种熟悉，构成一种外在的观点”，而中国正是构成这种“外在观点”的最好参照系，因为“中国的语言外在于庞大的印欧语言体系，这种语言开拓的是书写的另一种可能性；中国文明是在与欧洲没有实际的借鉴或影响关系之下独自发展的、时间最长的文明……中国是从外部正视我们的思想——由此使之脱离传统成见——的理想形象”①。

不仅要把非西方文化作为参照，还要从非西方文化中吸收新的内容。法国比较文学大师巴柔(Daniel-Henri Pageaux)教授特别提出：“弗朗索瓦·于连对于希腊文化与中国文化的研究是一个很好的例子，它正好印证了我已经讲过的经由他者的‘迂回’所体现出来的好处。”他强调：“从这次研讨会的提纲中，我看到‘和谐’(‘和实生物，同则不继’)概念的重要性……中国的‘和而不同’原则定将成为重要的伦理资源，使我们能在第三个千年实现差别共存与相互尊重。”②一些美国汉学家的著作也体现了这种认识论的改变，如安乐哲(Roger Ames)和大卫·霍尔(David Hall)合作的《通过孔子而思》、斯蒂芬·显克曼编撰的《早期中国与古代希腊——通过比较而思》等。

另外，改变殖民心态，自省过去的西方中心论，理顺自己对非西方文化排斥、轻视的心理，这一点也很重要。意大利罗马大学的尼兹教授认为，克服西方中心论的过程是一种困难的“苦修”过程。他把比较文学这一学科称为“非殖民化学科”。在《作为非殖民化学科的比较文学》一文中，他说：“如果对于摆脱了西方殖民的国家来说，比较文学学科代表一种理解、研究和实现非殖民化的方式；那么，对于我们所有欧洲学者来说，它却代表着一种思考、一种自我批评及学习的形式，或者说是从我们自身的殖民意识中解脱的方式。……它关系到一种自我批评以及对自己和他人的教育、改造。这是一种苦修(askesis)！”③没有这种自省的“苦修”，总是以殖民心态傲视他人，多元文化的共存也是不可能的。

如果说西方文化数百年来处于强势地位，其文化自觉在今天多元文化发展

---

① 弗朗索瓦·于连：《迂回与进入》，杜小真译，前言，3页，北京，生活·读书·新知三联书店，1998。

② 巴柔(Daniel-Henri Pageaux)：《文化还是文化间性：从形象学到媒介》，2001年4月“多元之美”大会文献。

③ 阿尔蒙多·尼兹：《作为非殖民化学科的比较文学》，《中国比较文学通讯》1996年第1期。

的大趋势下，更多地倾向于审视自己的危机和弱点，那么，中国文化近百年来，作为一种弱势文化，不断受到西方文化的轻视和压抑，当代中国的文化自觉就不能不首先与民族文化复兴的愿望结合在一起。正如费孝通所说，文化自觉首先是对自己的文化要有自知之明，也就是要充分认识自己的历史和传统，这是一种文化延续下去的根和种子。但是，一种文化只有种子还不行，它需要发展，需要开花结果。传统失去了创造，是要死灭的，只有不断创造，才能赋予传统以生命。所谓"创造"，就是不断"以发展的观点，结合过去同现在的条件和要求，向未来的文化展开一个新的起点"，同时还要求特别关注当前的外在环境。全球化的现实需要有一些共同遵守的行为秩序和文化准则，我们不能对这些秩序和准则置若罔闻，而应该精通并掌握之，并在此语境下反观自己，找到民族文化的自我，知道在这一新的语境中，中华文化存在的意义，了解中华文化在世界文化中处于何种地位，并能为世界的未来发展作出什么贡献。总之，首先要认识自己的文化，同时理解所接触到的多种文化，才有条件在这个正在形成中的多元文化的世界里确立自己的位置，经过自主的适应，和其他文化一起，取长补短，共同建立一个共同认可的基本秩序和一套能与各种文化和平共处、各抒所长、联手发展的条件。①

长久以来，关于这方面的研究往往受制于盲目的爱国主义和"大国心态"，现在已有很多中国学者特别重视在新的世界语境中重新来诠释中国文化。改变过去一味封闭地崇尚"国粹"，而致力于从当前世界文化发展的需要出发，来审视我国极其丰富的文化资源；特别是研究在当前的文化冲突中，中国文化究竟能作出何种贡献，同时，也在与"他者"的对话中对自己重新再认识。然而，我们对西方、对中国都还缺少系统的、全面深刻的反思。本民族文化复兴的强烈愿望往往被扭曲为封闭排外的文化"复归"。一部分人寻求的不是对自身文化的"自知之明"，而是一种势头很猛的夸张的复旧。这显然是与今天的时代潮流相悖逆的。

其实，文化复兴的根本要义是要建构现代的"新中国精神"。它要求我们以中国的方式，为中国想象一个社会理念，一种生活理念，一套价值观，而且还需要想象一种中国关于世界的理念，因为中国必须成为一个为世界负起责任的大国。假如中国没有能够发展出一套概念体系、话语体系和知识体系，就不能以新的中国精神参与不断发展的世界文化的重新建构。这就是说，我们决不能

① 费孝通：《论文化与文化自觉》，526 页，北京，群言出版社，2005。

仅仅满足于有地方特色的中国文化，更不能封闭于古代社会产生的传统文化之内，而必须对它重新诠释，寻求它在全球文化中所能作出的贡献。“如果中国的知识体系不能参与世界知识体系的建构，并从而产生新的世界普遍知识体系，不能成为知识生产大国，那么，即使有了巨大的经济规模，即使是个物质生产大国，也还将仍然是个小国。”①事实上，21世纪新人文精神只有在世界不同知识体系和文化精神的互动、互识和互补中才能得到建构和发展。

三、关于21世纪新人文精神的几点思考

什么是人文精神？从历史来看，15、16世纪，欧洲启蒙主义所提倡的人文精神或人文主义，是指对人性、人的尊严和人的价值的重视，以及强调如何提高人的地位，了解人的本质，其重点大部分是落在保证个人的自由发展，以与中世纪神学统治对人的压抑相抗衡。在资本主义初兴时期，人们曾经对自由贸易带来的个性解放和精神独立充满期待，以为在一定程度上脱离笨重体力劳动和贫困后，人类可以得到解放和独立的空间；与此同时发生的，是热情奔放的浪漫主义思潮的勃兴。但是，与原来的期待相反，人类却陷入了一个史无前例的贫富两极急遽分化的世界，无休止地追求发展成为存在本身的唯一意义，无穷尽地聚敛财富、满足贪欲成了生活的目的，大部分人则为了谋生，被捆绑在无望的单调机械的劳作之中；金钱对人性的束缚代替了早期资本主义对人性解放的许诺。启蒙运动所保证的个人自由发展蜕变为对物质财富的疯狂追求。过度的物化造成了人的异化。也就是对人性的窒息与泯没。

中国对于“人文”的提出，最早见于《周易》：“观乎天文以察时变，观乎人文以化成天下。”（文，纹理，迹象，规律）这里的人文强调的是如何将人类社会“化育”（化解培育）为一个与天地相协调的“天下”，达到这一目的的途径不是个人的自由发展，而是对人性“坏”的方面加以限制和约束。如孟子所说，“人之异于禽兽者几希”，自然人性中包含着许多兽性。因此说：“刚柔交错，天文也；文明以止，人文也。”人文的目的是止于其所当止，以维持社会的和谐与安宁。

到了20世纪20年代，西方一些学者已经看到启蒙主义带来的危机。美国学者欧文·白璧德参照中国的人文精神提出：人若真正是人，便不能循着一般的“我”来自由扩张活动，而要以自律的功夫使这一般的“我”认识“轻重、本

① 赵汀阳：《美国梦，欧洲梦和中国梦》，载《跨文化对话》，第18辑，161页。

末”。他认为：“孔子是优于许多西方人文主义者的优秀的人文主义者。”孔子提出的“克己复礼为仁”“中庸”“自律”等实际上已成为他所提倡的新人文主义的基本支柱，他正是以此为基础来反对以培根为代表的超乎伦理的客观科学主义，也反对以卢梭为代表的率性而为、不受道德规范的极端个人主义。但是，白璧德的理论未能阻止西方精神世界的物化发展和人性的继续泯没。

什么是21世纪的新人文精神？本质主义式的答案是没有的，但可以从以下一些方面来进行思考。

首先，这是一种新的历史观。根据这种历史观，以物质增殖、破坏生态和无限消费为基础的“现代发展观”本身即将受到修正。新人文精神超越人类中心主义，高扬生态意识。它认为，人种不过是众多物种中的一种，不比别的物种好，也不更坏。它在整个生态系统中有自己的位置，只有当它有助于这个生态系统时，才会有自己的价值。著名生态学家托马斯·柏励认为人是天地之心①。心系大自然，为天地操心是人的天职。这正如朱熹所说：“天即人，人即天。人之始生，得之于天；既生此人，则天又在人矣。”“天”要由“人”来彰显。只有通过自由创造、具有充分随机应变的自主性而又与“天”相通的“人”，“天”的活泼泼的气象才能得以体现。如果说，过去西方启蒙主义科学的基础是“重塑”自然，以符合人类面貌，那么，东方的方式则是抛弃人类可以操纵环境的想法，而重在根据环境的需要调整自身。东西方互补的生态思想和科学发展观是21世纪新人文精神的重要组成部分。

新人文精神强调基于“生活质量”而非个人无限财富聚敛的“可持续性文明”。所谓“生活质量”就是“实际生活条件”以及“公民个人的主观幸福感”，如健康、和谐的社会关系，绿色自然环境等。在这个基础上形成的“可持续性文明”，强调普遍人权和自然权利而不只是私有产权；强调全球合作而不是单边主义的权力滥用；强调共同体中的互相依赖而不只是个体的绝对独立自主；在这样的共同体中，获得自由，不是个人为所欲为，而是能够进入与他人之间无数种彼此依赖的关系之中；进入的共同体越多，选择权也就越大，也就有越多的自由。在这样的共同体中，当个人用自己的“自由”削弱社会共同体的时候，其结果也一定削弱自身。在儒家思想里，没有“我”能够孤立存在，或被抽象地思考，“我”是根据和其他具体个人的关系而扮演的各种角色的总和；而道家认为，整体存在于相反力量之间的关系中，它们共同互相完善。总之，新人文精

① 参阅托马斯·柏励(Thomas Berry)的《地球梦》和《生态纪》。

神拒绝抽象自由观，而走向有责任的深度自由，将责任和义务观念引入自由的概念之中，揭示出自由与义务的内在联系。新人文精神所追求的不是扩大权力范围而是扩大人类的互相理解，它努力纠正第一次启蒙所错误提倡的“物质主义”以及无限制的进步论(直线的、急速的、无限的求新)和绝对化了的个人主义，目标是将人性从物质主义的牢笼中解放出来，成就新的人性。

从物质主义的牢笼中解放出来，最重要的途径是超越工具理性，呼唤审美智慧。工具理性曾为人类带来巨大的进步和财富，但同时也使人们难以摆脱以功利为目的的行为动机。审美智慧是一种建立在有机联系观念基础上，以真善美、知情意的和谐统一为指归的整合性思维。在这里，科学思维、理性思维、感性思维、宗教思维、艺术思维得以互相补充和丰富。受二元对立思维方式的影响，现代理性是以排斥感性、情感价值和美为前提的。而审美智慧则强调和谐思维。中国传统文化从来以“情”“和谐”、崇尚自然之美为核心，必然在全球化语境中开发出不同于西方的全新的思想体系。

如果说，18 世纪的启蒙以“解放自我”、追求世界普遍性为中心，那么，21 世纪新人文精神所提倡的，则是尊重他者，尊重差别，提倡多元文化互补，特别是东西方文化互补。第一次启蒙思想经过数百年现代主义的发展，到了 20 世纪 60 年代，后现代解构运动使一切现代性多年塑造的权威和强制性的一致性思维都黯然失色，同时也使一切都离散化、零碎化、浮面化，最终只留下了现代性的思想碎片，以及一个众声喧哗、支离破碎的世界。人们在一个没有边界、混乱无序、分崩离析的世界上，成了存在主义的流浪部族，漫游在绝望中。正如里夫金在《欧洲梦》中所说，贯穿在今天的两大精神潮流，一是在一个日益物质化的世界里，寻找某种更高的个人使命的渴望；二是在一个逐渐疏离、冷淡的社会里，寻找某种共同意识的需求。他认为，这是欧洲和中国的有识之士所共同追求的。为了共存于一个日益联系紧密的世界，人类需要不断开发新的理念，在这点上，中国和欧洲会找到更多、更深层的共通之处，这共通之处就是 21 世纪的新人文精神的重塑。

综上所述，从自然环境、科学发展、社会需求等各方面来看，人类都面临着一个巨大的转折。要平安度过这个转折，首先就要改变人类现有的人生观、世界观，重构人类的精神世界。中国文化是一个具有强大思想能力的文化，从来就有追求精神生活、将道德置于崇高地位的深远传统。中国文化保留着极其巨大的空间，可以展开人与自然的和解，调节理性思维与精神信仰、物质追求与审美情趣、自然科学与人文关怀之间的裂断。这些中国文化固有的文化基因与现代诠释相结合，面向当代多元文化的世界，将会创造出新的概念体系、话语体系和知识体系，与其他文化一起，共同建构 21 世纪的新人文精神，开辟一个崭新的人类历史新阶段。

茅盾早期思想研究*

（一九一七— 一九二六年）

茅盾自一九一七年用雁冰的笔名发表第一篇论文《学生与社会》以来，写了大量有关文艺、社会政治和科学的论文，仅在一九一七到一九二六的十年间，他就用德鸿的本名和雁冰、郎损、玄珠、玄瑛、佩韦、明心、希真、冰、玄、真等笔名写了论文三百六十余篇（二百多条海外文坛消息和大量译作不包括在内），其中二百三十余篇是有关文艺的文章，其余则是讨论妇女、青年、劳动组织等社会政治问题和介绍外国哲学思想与科学知识的论文。总结研究茅盾这一阶段的思想，对于了解“五四”时期的思想史，特别是新文学发展史具有重要意义。

茅盾的社会活动和写作活动开始于十月革命之后，他没有留过学，较少受到欧美二十世纪初叶流行思潮的影响。一九一九年，他刚二十三岁，他的思想是在“五四”精神的酝酿、勃兴和发展中直接孕育和形成起来的。这决定了他很快就被俄国革命和马克思主义所吸引。早在一九一九年，茅盾就鲜明地指出：“今俄之 Bolshevism（布尔什维主义）已弥漫于东欧，且将及于西欧，世界潮流澎湃动荡……”，“二十世纪后数十年之局面决将受其影响，听其支配”①。一九二一年，他在上海作为第一批马列主义小组的成员参加了中国共产党②。一九二二年，他在纪念“五四”的一次讲演中回顾自己的

---

* 原载《中国现代文学研究丛刊》，1979 年第 1 期。

① 《托尔斯泰与今日之俄罗斯》，载《学生杂志》第六卷第四—六期。

② 参阅张国焘：《我的回忆》第二篇第一章《陈独秀的最初策划》。

思想发展说："我也是混在思想变动这个漩涡里的一分子，起先因找不到一个归宿，可以拿来安慰我心灵，所以也同样感到了很深的烦闷，但近来我已找到了一个路子，把我的终极希望都放在彼上面，所以一切的烦闷都烟消云灭了。这是什么路子呢？就是我确信了一个马克思底社会主义。"①

当然，决不能因此就说青年茅盾当时就已经是一个马克思主义者了，但上述事实至少可以说明一种倾向。正是这种倾向决定了茅盾这一时期思想发展的主要特点。

一

五四运动是伟大的思想解放运动，在这个大变动时期，统治了几千年的封建教条顷刻瓦解，西方的各种思潮纷至沓来。面对新旧势力的激烈搏斗，每个人都必须表明态度，作出抉择。当时不少人还受着形式主义的束缚，对于旧有文化或外来事物缺乏批判精神，往往认为好就是绝对的好，一切皆好；坏就是绝对的坏，一切皆坏。只有少数先驱者突破了这种局限，能够以批判的眼光，根据中国社会现实的需要，对中国固有的和外国传来的东西加以检验、扬弃和改造。茅盾就是这些先驱者中间的一个。

茅盾对一切外国和古代的思想学说都采取了一种批判的，为我所用的态度，他明确提出："前人学说有缺点自是意中事，不算前人不体面，后人倘然不能把他的缺点寻出，把他的优点显出或者更发扬之，那才是后人的不体面呢。"只要我们不把古人当"偶像"，不把古人的话当作"天经地义"，"能怀疑，能批评"，那么"古人的书都有一读的价值，古人的学说都有一研究的必要"②，而新的东西也正是在这个寻出缺点和发扬优点的过程中创建出来的。从这种认识出发，他对外国传入的种种"新"思潮总是采取批判改造的态度，从来不认为是绝对的好，一切都好。

一九二〇年《学生杂志》分四次连载了茅盾所写的长篇学术论文《尼采的学说》，这篇文章很能说明茅盾这种批判精神的实际运用。

尼采在中国曾经有过很大影响，五四时期的杰出人物如鲁迅曾多次谈到过他，郭沫若翻译了他的代表作《查拉图斯特拉如是说》（一九二三年在《创造周报》多期连载）。青年茅盾也不例外，他对尼采作了相当深入的研究。茅盾从总

---

① 《五四运动与青年底思想》，载《觉悟》一九二二年五月十一日。

② 《尼采的学说》，载《学生杂志》第七卷第一——四期。

体上否定了尼采的思想体系，在《尼采的学说》中，他一开始就指出尼采“有很多自相矛盾的地方”，他的学说“驳杂不醇”，“读尼采的著作应该处处留心，时常用批评的眼光去看他”。茅盾尖锐地批判了尼采的社会二元论，指出他在“社会组织习惯方面……极端的保存信赖”，“从这方面看去，尼采诚然是人类中的恶魔，最恐怖的人物”，是“错谬”，是“简直无理”，“以致发生了根本的误会”，但茅盾却从尼采的个别论断中得到启发，根据中国社会斗争的实际加以改造和发展，有时甚至引发出与尼采原意恰恰相反的结论。

例如茅盾认为“尼采最大的——也就是最好的见识，是要把哲学上一切学说，社会上一切信条，一切人生观道德从新称量过，从新把他们的价值估定……扫荡一切古来传习的信条，把自来所认为绝对真理的根本动摇”。在五四时期提倡新道德，反对旧道德的伟大运动中，茅盾认为“这一点可以借重来做摧毁历史传统的畸形的桎梏的旧道德的利器，从新估定价值，创造一种新道德出来”。他认为尼采指出统治者(强者、主者)道德和被统治者(弱者、奴者)道德的根本对立，看到“狮子以为善，羚羊便以为恶”，这种观察“多少厉害”！“多少有力”！但是他随即指出尼采“对于道德的批评是很不错的，他下在道德趋势的断语却错了”，这个“道德趋势”就是强者道德崇高伟大，理应压服弱者。茅盾得出的结论完全相反，他认为中国长久以来“君主以压力施于上，强人民以服从”，强使人民“不识不知，顺帝之则”①，造成了千百年来的奴隶道德，目前的急务就是要彻底摧毁这种旧道德，让人民觉醒起来创造新道德。

茅盾在“人总是要跨过前人”的这一点上同意了尼采的超人说，但他所理解的超人只是：“从前达尔文说，人是由动物进化来的，现在尼采说将来的人也要从现代人进化而去”，“超人和现在人比，犹之现在人和猿比”。因此他说：“尼采的超人哲学就大体看去，不去讨论细节目是不错的”。他特别赞赏尼采“不应该屈膝在环境之前，改变自己的物质的构造去适应环境以求生存”的观点，因为他同意“人类现在所有的四周的条件都是不对的，如果只讲‘适者生存’，那么，在寄生虫的社会里，一定是最肥的、最圆滑的、最柔弱的是最适宜的，最能生存。人类的生活倘然也依了这个例，便是瞎了眼的挣扎”。因此，人要进步，要“达到超人”，“只有一个法子，那就是把这些条件的全体来变更了”。这种精神与“五四”彻底推翻旧社会，建立新社会的精神是完全一致的。但是对于尼采超人说中的社会进化论观点，茅盾却给予了严厉的批判。他说：

① 《学生与社会》，载《学生杂志》第四卷第十二期。

“但是我们要明白，人类固是求进步，但进步不一定从竞争——强吞弱——得来”，以为“强者求到超人，须得牺牲愚者弱者，这便是大错特错了”。因此对于尼采的超人说，茅盾的结论是：“倘若细论它的节目，便见得尼采是崇拜强权，惨酷无人道。”作为弱国一员的有识见者，是决不可能赞同任何社会达尔文主义的观点的。

茅盾又认为尼采说“人类生活中最强的意志是向权力，不是求生”，这“实在有些意思”。但是茅盾心目中的“向权力的意志”根本不同于尼采所说，如垒金字塔，用大多数平凡人民来打底，而自己成为塔尖上最高的一块石头。茅盾说：“唯其人类是有这‘向权力的意志’所以不愿做奴隶来苟活，要不怕强权去奋斗，要求解放，要求自决都是从这里出发，倘然只是求生，则猪和狗的生活一样，也是求生的生活。”这里，茅盾已离开“向权力的意志”的唯心主义内涵，而相反地，把它作为被压迫民族和人民求解放的意志来理解和运用了。

由此可见，茅盾从总体来说并不赞成尼采的思想体系，尤其不赞成这一思想体系为之服务的根本社会目的。他只是把尼采的一些思想材料拿过来加以改造，使之服务于中国社会的实际需要，经过改造后的这些思想材料与尼采原来的用意往往背道而驰。茅盾的态度正是他自己所说的“尽管挑了些合用的来用，把不合用的丢了，甚至忘却也不妨”。

对于其他外国思潮，茅盾也都是采取同样批判吸收，为我所用的态度。就拿茅盾很为推重并从他受到很大影响的法国文艺批评家泰纳来说，茅盾也从来没有全盘接受过他的论点。早在1922年，他详细介绍了泰纳的批评方法，认为泰纳根据“作家所属人种、作家所处时代的社会现象、政治现象及个人环境，和作家所处时代及所居社会内的主要思潮”这样的“三段方式”来进行文学批评，原是“正当而且精密的”，特别是对于校正中国文艺批评中“痴人说梦式的全然主观的批评论和谨奉古代典型而不敢动这二点而言”，更是“有益的方法”。但是，他同时也指出这样的批评方法没有注意到作家的主观条件，用他自己的话来说就是“竟完全忽略了作家个性的重要与天才的直觉力……忘记了有时候大作家亦能影响时代。结果，他堕入了自己的偏见的网里，他的批评虽说是科学的，实在近于独断了”①。因此在写《文学与人生》谈到这个问题时，茅盾在讲了“人种”“时代”“环境”三要素之后，又加了第四个因素——作家的人格，指出：“革命的人，一定做革命的文学”。

① 《文艺批评杂说》，载《文学旬刊》第五一期。

即使是对于新兴的苏联文学，茅盾也不是盲目歌颂的。他一方面肯定十月革命成功后，“无产阶级登上政治舞台，突然发展了潜伏的伟大之创造力，对于人类文化克尽其新贡献”，一方面也研究了这一新兴文学存在的问题。他首先指出“题材的范围太狭小，只偏于一方面——劳动者生活及农民憎恨反革命的军队，实在太单调”，无产阶级要建设“全新”的人类生活，它的文学就必须“以全社会及全自然界的现象为汲取题材之泉源”。他又指出新兴的苏联文学“还有一点毛病，就是误以刺戟和煽动作为艺术的全目的”。他认为这“只是艺术所有目的之一，不是全体”。另外，他认为苏联一些作品也过于着重写对反动阶级成员个人的仇恨了，以致没有充分写出一个阶级对另一个阶级的斗争：“一个资本家，也许竟是个品性高贵的好人，但他既为他一阶级的代表，并且他的行动和思想是被他的社会地位所决定的，则无产阶级为了反对资产阶级的缘故，不能不反对这个代表人”①。并不是说茅盾这些意见都完全正确，但从这里可以看到茅盾决不对任何事物盲目崇拜，一切都要经过自己的检验和吸收。

以上这样的例子还可以举出很多。例如对于举世闻名的拜伦，茅盾说：“中国现在正需要拜伦那样富有反抗精神的、震雷暴风般的文学，以挽救垂死的人心，但是同时又最忌那狂纵的，自私的，偏于肉欲的拜伦式的生活。我们现在所纪念的，只是那富于反抗精神的，攻击旧习惯道德的，从军革命的拜伦。”②一九二四年，印度著名诗人泰戈尔来华访问，引起了截然相反的两种态度——欢迎和反对。茅盾的态度是：“我们决不欢迎高唱东方文化的泰戈尔，也不欢迎创造了诗的灵的乐园，让我们的青年到里面去陶醉去暝想去慰安的泰戈尔；我们所欢迎的是实行农民运动（虽然他的农民运动的方法是我们所反对的），高唱‘跟随着光明’的泰戈尔”，希望泰戈尔“本其反对西方帝国主义的精神，本其爱国主义精神，痛砭中国一部分人底洋奴性”，让青年们回到现实社会来切实地奋斗③。

西方的学者往往喜欢把中国的五四新文化说成是西方文化的“反响”，是西方文化在中国的“表现”，美国的费正清博士一九五四年就曾专门写过一本书来

① 《论无产阶级艺术》，载《文学周报》第一七二、一七三、一七五、一九六期。

② 《拜伦百年纪念》，载《小说月报》第十五卷第四期。

③ 《对于泰戈尔的希望》，载《觉悟》一九二四年四月十四日。

说明这一点①。中国也有人把五四新文化说成是西方文化的“移植”。这是完全不符合五四新文化运动的实际情况的。毋庸讳言，西方新思潮对五四新文化运动起了不可估量的巨大作用，它触发并引导了整个运动的勃兴。正如茅盾所描述的：“民族的文艺的新生常常是靠了一种外来的文艺思潮的提倡”②，但这“新生”的，毕竟是自己“民族的文艺”，这是任何“移植”“反响”所不能代替的。近年来一些西方学者也已逐渐注意到这个问题。例如一九七八年八月《亚洲研究》杂志上的一篇文章，就论证了五四时期的新文学作家们虽曾企图“用外国文学理论去改造中国文学”，但“他们对于世界思潮的热忱深深受到中国特殊条件的影响”③。提出这种比较符合实际的看法，是外国学者研究中国现代文学逐步深入的表现。

从五四新文化运动主要活动家之一茅盾的态度来分析，我们可以清楚地看到西方文化传入的一切，都要经过中国社会实际需要的检验和扬弃。都要加以改造使之成为对自己有用的东西。这个检验、扬弃、改造的过程也就是使外来思想民族化的过程。

同样，对于中国旧有的东西，茅盾也从来不认为是绝对的坏，一切皆坏。他认为旧时代有新的东西，新时代也有旧的东西。早在一九二〇年，他就明确提出：“我们该拿‘进化’二字来注释‘新’字，不该拿时代来注释。所谓新旧，在性质，不在形式。”④在同一篇文章中，他举出蒋贻恭的蚕诗（“辛勤得茧不盈筐，灯下缫丝恨更长。着处不知来处苦，但贪身上绣衣裳。”）和范希文的《鲈鱼》（“江上往来人，尽爱鲈鱼美。君看一叶舟，出没风波里。”），认为这些同情劳动人民疾苦的作品都是“何等有意思，也都可以算是新文学”。总之，“‘美’、‘好’是真实，真实的价值不因时代而改变，旧文学也含有‘美’、‘好’的，不可一概抹煞”⑤。茅盾认为五四新文学运动的一大成功就是把旧文学中有价值的，“美”“好”的东西提到应有的地位，“从中国旧文学把词曲歌谣、白话小说升作

---

① Feirbank：*China's Response to the west*，1954.

② 《自然主义与中国现代小说》，载《小说月报》第十三卷第七期。

③ Vera Schwarez：*How Literary Rebells Became Cultural Revolutionaries*，Journal of Asian Stadies，78. 8.

④ 《新旧文学平议之评议》，载《小说月报》第十一卷第一期。

⑤ 《小说新潮栏宣言》，载《小说月报》第十一卷第一期。

文学正宗”①。他的结论是必须研究中国旧文学，以便“提出它的特质和西洋文学的特质结合，另创一种自有的新文学”②。

二

茅盾想要创造的新文学，内容是人民大众的，方法则是现实主义。他的文学思想在这个基础上不断发展变化，随着一九二五年革命高潮的到来而到达一个更明确、更成熟的新阶段。

茅盾的写作活动一开始就着眼于“平民”，他这时所理解的平民就是他一九一八年所写的《履人传》《缝工传》中所说的“非生于高贵之家，传乎儒者之口”的“穷巷牛衣之子”，也就是区别于“达官显宦，贵族阶级”的普通老百姓。在这两篇文章中，他介绍了欧美曾经当过鞋匠、裁缝而终于取得重大成就，名垂青史的人物，鼓励平凡“卑贱”的劳动者以他们为榜样开创一番事业。一九二〇年，茅盾在《俄国近代文学杂谭》中指出：“英国文学家如狄更司未尝不曾描写下流社会的苦况，但我们看了，显然觉得这是上流人代下流人写的”；俄国文学家则不同，如托尔斯泰、屠格涅夫，特别是高尔基，他们的作品使“压在最下层的悲声透上来”，“看了他们的著作如同亲听了污泥里人说的话一般”。可见茅盾所说的“平民”是指包括被压在社会最底层的“下流人”在内的广大人民。因此，当我们读到他一九一八年写的“转衰为兴，实恃民气之不堕”③，一九二〇年写的新文学是“为平民的，非为一般特殊阶级的人的”④。还有许多文章谈到平民、平民文学时，不能把“平民”仅仅理解为知识分子、小资产阶级。在茅盾心目中，“平民”的确包括了“下流社会”最下层的“污泥里人”在内，而且主要是指这些被压迫、被损害的普通人民。

当然，茅盾也曾多次谈到过“欲使文学更能表现当代全体人类的生活，更能宣泄当代全体人类的感情，更能声诉当代全体人类的苦痛与期望，更能代替全体人类向不可知的运命作奋抗与呼吁”⑤等类的话，似乎是在鼓吹普遍的人性和文学的“全人类性”，但是，仔细分析一下，就可以看到茅盾并不是在准确

① 《进一步，退两步》，载《文学周报》第一二二期。

② 《小说新潮栏宣言》，载《小说月报》第十一卷第一期。

③ 《缝工传》，载《学生杂志》第五卷第九、十期。

④ 《新旧文学平议之评议》，载《小说月报》第十一卷第一期。

⑤ 《新文学研究者的责任与努力》，载《小说月报》第十二卷第二期。

的概念上来运用“全体人类”这类说法，他所着重强调的仍然更多是被压迫人民。例如就在写这段话的同一年，茅盾主持的《小说月报》出版了“被损害民族的文学”专号，在专号的引言中，茅盾说：“在榨床里榨过，留下来的人性，方是真正可宝贵的人性，不带强者色彩的人性。他们中被损害而向下的灵魂感动我们，因为我们自己亦悲伤我们同是不合理的传统思想与制度的牺牲者；他们中被损害而仍旧向上的灵魂更感动我们，因为由此我们更确信人性的砂砾里有精金，更确信前途的黑暗背后就是光明”。这里，他所关注的显然不是“全人类性”，“普遍的人性”，而是被损害与被压迫者的“人性”，因为它最能引起被损害被压迫的中国人民的共鸣。

一九二二年七月，茅盾进一步提出新文学家应该“注意社会问题，同情于第四阶级，爱被损害与被侮辱者”①。一九二三年十二月，他提出新文学应当能够“担当唤醒民众而给他们力量的重大责任”②。一九二四年八月，他大声疾呼：“一切不同派别的文学者联合起来……一致鼓吹无产阶级为自己而战。”③一九二五年五月，他严肃地批判了他一向很推崇的罗曼·罗兰，指出罗曼·罗兰提倡的“民众艺术”，“究其极，不过是有产阶级智识界的一种乌托邦思想而已”，无非是“徒有美名”。茅盾说：“在我们这世界里，‘全民众’将成为一个怎样可笑的名词！我们看见的是此一阶级和彼一阶级。何尝有不分阶级的全民众?”因此，茅盾提议抛弃“欠妥的”，“不明了的”，“乌托邦式”的“民众艺术”的口号，而换上一个“头角峥嵘，须眉毕露的名儿——这便是无产阶级艺术”④!

由于茅盾一开始就着眼于人民大众，因此他一向认为文学应真实地反映人民的生活。他认为五四新文学与旧文学的根本不同点之一，就是旧文学的写作方法是“但凭想当然，不求实地观察”⑤。旧文学者“抛弃真实的人生不去观察”，只“主观的向壁虚造”，他们缺乏“观察人生，入其堂奥”的“思想力”，于是，“只知把圣经贤传上朽腐的格言，作为全篇‘柱意’，凭空去想象出些人来附会他‘因文以见道’的大作，或本着他们吟风弄月，文人风流的素态，……写

① 《自然主义与中国现代小说》，载《小说月报》第十三卷第七期。

② 《大转变时期何时来呢》，载《文学周报》第一〇三期。

③ 《欧战十年纪念》，载《文学周报》第一三三期。

④ 《论无产阶级艺术》，载《文学周报》第一七二、一七三、一七五、一九六期。

⑤ 《一年来的感想与明年的年划》，载《小说月报》第十二卷第十二期。

了些佯啼假笑的不自然的恶札”①！新文学与此相反，努力求真。茅盾说：“这几年来的新文学运动都是向这个‘假’上攻击而努力于求真的方面，现在已差不多成一个普遍的记号”②，“新文学的写实主义于材料上最注重精密严肃，描写一定要忠实。”③他一方面认为文学要忠实地反映现实，另一方面又认为：“文学是描写人生。犹不能无理想做个骨子”④，文学是时代、社会的反映，就“或隐或显，必然含有对于当时时代罪恶反抗的意思和对于未来光明的信仰”⑤。这种看法显然与西方流行的自然主义思潮并不相同。那么，为什么过去有不少人认为茅盾是自然主义的无条件的鼓吹者，是“只问病源，不开药方”的文学的倡导人呢？其实，这是很大的误会。茅盾确实提倡过自然主义，但这时在他的思想中，自然主义与现实主义并没有很明确的界限。有时他甚至是在同一个概念上来运用这两个词的，即使有差别也只是程度不同而已。他说：“文学上的写实主义与自然主义实为一物”，其区别仅在于“写实派作者观察现实，而且努力要把他所得的印象转达出来，并不用理性去解释，或用想象去补饰，自然派就不过把这手段来推之于极端罢了”⑥。因此他认为莫泊桑、契诃夫都是自然派大师。茅盾提倡自然主义，主要是由于他认为中国旧文学极大的弊端就是观察不深入，描写不真实——“想当然”。这一弊病甚至波及于新文学。一九二一年他就说“中国国内创作到近来比起前两年来，愈加‘理想’些了，若不乘此把自然主义狠狠的提倡一番，怕新文学又要回原路呢”⑦。为要“校正”这一弊病，“不论自然主义的文学有多少缺点”，介绍到中国也是“利多害少”⑧。另一方面，茅盾提倡自然主义还因为他当时认为“文学上某种主义一方面是指出一时期的共同趋势，一方面是指出文艺进化上的一个段落”⑨，“我国还停留在‘写实’以前”，所以“应该先从写实派自然派介绍起”⑩。但是，自然主义一开始就

① 《自然主义与中国现代小说》，载《小说月报》第十三卷第七期。
② 《什么是文学》，载张若英编《新文学运动史资料》。
③ 《文学与人生》，载张若英编《新文学运动史资料》。
④ 《文学上的古典主义浪漫主义和写实主义》，载《学生杂志》第七卷第九期。
⑤ 《创作的前途》，载《小说月报》第十二卷第七期。
⑥ 《通讯》，载《小说月报》第十三卷第六期。
⑦ 《最后一页》，载《小说月报》第十二卷第八期。
⑧ 《一年来的感想与明年的年划》，载《小说月报》第十二卷第十二期。
⑨ 《通讯》，载《小说月报》第十三卷第二期。
⑩ 《小说新潮栏宣言》，载《小说月报》第十一卷第一期。

和茅盾认为新文学应该“指导人生”的思想相冲突。实际上，他从来不曾认为“只问病源，不开药方”的作品是理想的作品。早在一九一九年，他就比较了易卜生和托尔斯泰的不同，指出：“伊柏生言社会之恶，独破其假面具而已，而托尔斯泰则确立其救济之法。”①不久，在《脑威写实主义前驱般生》一文中，他又再次强调：“易卜生的社会问题剧本的唯一使命是揭开社会黑幕，指出根原给我们看，却毫不谈到一个补救的办法，是‘只开脉案，不开药方子’，般生可就不然，他于补救方法一面，也略讲一点。”茅盾对于揭露社会黑暗的易卜生的作品曾给予很高评价，但他同时认为如果能提出一些改造社会的“补救方法”则更有益。从这一点出发，他早就指出了自然主义的缺陷：“自然派作品里的主人公大都是意志薄弱不能反抗环境而终为环境压碎的人。”②“自然派只用分析的方法去观察人生，表现人生，以致见的都是罪恶，其结果是使人失望悲闷……而在社会黑暗特甚，思想锢弊特甚，一般青年未曾彻底了解新思想意义的中国提倡自然文学，盛行自然文学，其害更甚。我敢推想它的遗害是颓丧精神和唯我精神的盛行。”③因此茅盾在介绍自然主义时十分小心谨慎，一开始就是把自然主义的社会观和他的写作方法严格区分开来，多次强调自己提倡的只是后者。一九二二年，他写了《曹拉主义的危险性》，明确指出：“我们若说自然主义有注意的价值，当然是说自然主义的科学的描写方法一点有注意的价值。至于曹拉的偏见是什么，毫不相干。（如果我们要大赞扬曹拉的人生观，大吹大擂介绍他的小说，那自然又当别论）”。但茅盾从来没有这样做过，相反，他总是小心地指出：“我们要自然主义来，并不一定就是处处照他，从自然派所含的人生观而言，诚或不宜于中国青年人，但我们现在所注意的，并不是人生观的自然主义而是文学的自然主义，我们所要采取的是自然派技术的长处。”④这“技术的长处”就是“科学的描写法，见什么写什么，不想在丑恶的东西上面加套子”。茅盾认为这一“自然主义的真精神”“终该被敬视……它是文学者的 ABC，走远路人的一双腿”⑤。可见茅盾所取于自然主义的，无非是“如实地描写现实”，这和我们现在所理解的自然主义这一概念是并不完全相同的。

---

① 《托尔斯泰与今日之俄罗斯》，载《学生杂志》第六卷第四—六期。

② 《霍甫德曼的自然主义作品》，载《小说月报》第十三卷第六期。

③ 《为新文学研究者进一解》，载《改造》第三卷第一期。

④ 《自然主义的怀疑与解答》，载《小说月报》第十三卷第六期。

⑤ 《曹拉主义的危险性》，载《文学旬刊》第五〇期。

然而，即使这样，茅盾在提倡自然主义的过程中也还是经常怀疑动摇，不很自信。从他自己的文学主张来看，勿宁说他往往更接近于有理想，能指引人向上的，以罗曼·罗兰为代表的所谓新浪漫主义。一九二〇年，他明确地说："写实文学的缺点，使人灰心，使人失望……新浪漫主义的声势日盛，他们的确有可以指人到正路，使人不失望的能力，我们定然要走这路的。"①茅盾常常一方面提倡自然主义，一方面指出自然主义的缺点，同时表明自己也"尝怀疑，几乎不敢自信"②，甚至说："能帮助新思潮的文学应是新浪漫的文学，能引我们到正确人生观的文学该是新浪漫的文学，不是自然主义的文学，所以今后的新文学运动该是新浪漫主义的文学。"③一九二三年，他更加充满热情地宣称："我相信文学是批评人生的，文学是要指出现人生的缺点，并提出一个补救此缺憾的理想的。所以……我尤爱读Jean-Christophe（约翰·克利斯朵夫），因为作者教我们以处恶境而不悲观，历万苦而不馁的真勇气。"并指出这样的作品是"对症良药"，可以"提起国内青年的精神"。当然，茅盾并不曾详细讨论新浪漫主义的内容及其理想，也没有认真分析这些理想是否真正对中国社会有益。以上材料只是说明茅盾提倡自然主义常是"三心二意"，动摇不定的。我们现在所理解的那样的自然主义从来没有成为茅盾文艺思想的主流。

当然，在写作方法上，茅盾的思想也经历着一个发展过程。如果说一九二一年前后他更多地强调了文学"表现人生"，应该"没有一毫私心，不存一些主观"④，并宣称自己"迷信'文学者社会之反影'"⑤，"譬如人生是个杯子，文学就是杯子在镜子里的影子"⑥，表现出多少受到自然主义文艺思潮的影响；那么，一九二五年以后，他就有了完全不同的看法。一九二六年，在《告有志研究文学者》中，他指出："文学中所表现的当代人生实在是经过作者个人与社会的意识所拣选淘汰而认为合式的"。因此，他呼吁作家和批评家都要"确定站在一阶级的立点上，为本阶级的利益而立论"⑦。并坚定地指出："文学决不可仅

---

① 《我们现在可以提倡表象主义的文学么?》，载《小说月报》第十一卷第二期。

② 《自然主义的怀疑与解答》，载《小说月报》第十三卷第六期。

③ 《为新文学研究者进一解》，载《改造》第三卷第一期。

④ 《文学与人的关系及中国古来对于文学者身份的误认》，载《小说月报》第十二卷第一期。

⑤ 《通讯》，载《小说月报》第十三卷第六期。

⑥ 《文学与人生》，见张若英编《新文学运动史资料》。

⑦ 《论无产阶级艺术》，载《文学周报》第一七二、一七三、一七五、一九六期。

仅是一面镜子，应该是一个指南针。”①

三

茅盾的批判精神和进步文艺观点使他在新文学的发展中作出了不可磨灭的贡献。他反击阻碍新文学发展的逆流；指出新文学发展中带有倾向性的问题，提出有益的建议；非常及时而又满腔热忱地评论新出现的作家作品，推动新文学运动不断向前发展。

茅盾反击文化逆流的斗争是有着显著特点的。他首先把文化逆流与政治逆流结合起来考察，指出他们的目的是要全面否定新文化运动。一九二四年，他针对“学衡”派的谬论和反动当局的鼓吹尊孔读经，写了一篇题为《文学界的反动运动》的文章，指出“一支反动运动”是“反对白话，主张文言”，“另一支”则是标榜“六经以外无文”，主张文学的意义要到“经”里面去找求。他认为这是一种全面的倒退。因为“新文学运动第一成功的是‘说什么，写什么’，现在的反动派却令小学生读文言、做文言了”。“第二成功是把词曲歌谣、白话小说升作文学正宗，请经、史、子另寻靠山，自立门户……现在反动派又提出‘六经以外无文’的旧招数，叫人到经书里寻求文章的正宗了。”“第三事是介绍西洋文艺思潮，研究西洋文艺作品，但是反动派却不问牛头不对马嘴，借了‘整理国故’的光，大言西洋人的文艺思想乃中国古书里所固有。”②这种企图全面扼杀新文学的反动运动又是以政治压迫为后盾的。茅盾指出：“以上两种运动现在已经到了最高潮，正象政治上的反动已经到了最高潮一样。”③在另一篇《四面八方反对白话声》中，他从各地反动统治当局的压制行动揭露了反动派从政治上对新文化运动的反扑。他呼吁为了应付这一严重局面，“文艺界必须成立一个扑灭反动势力的联合战线”④。

第二，茅盾是把反动复古运动的猖獗与五四新文化运动统一战线的分化，右翼的向后转联系起来考察的。他指出，“在白话文的势力尚未十分巩固的时候，忽然做白话文的朋友自己谦逊起来，自己先怀疑白话文是否能独立负担发表意见、抒写情绪的重任，甚至怀疑到白话文要做通是否先要文言文有根基!”

---

① 《文学者的新使命》，载《文学周报》第一九〇期。

② 《进一步，退两步》，载《文学周报》第一二二期。

③ 《文学界的反动运动》，载《文学周报》第一二一期。

④ 《进一步，退两步》，载《文学周报》第一二二期。

“在白话文尚未在广遍的社会里取得深切的信仰，建立不拔的根基时，忽然多数做白话的朋友跟了几个专家的脚跟，埋头在故纸堆中做他们所谓‘整理国故’，结果是上比专家不足，国故并未能因多数人‘趋时’的整理而有了头绪，社会上却引起了‘乱翻古书’的流行病。”①他认为文言文和古书当然是要总结、整理，但那是以后的事。他和鲁迅站在一条战线上，提出“我们做白话的遇着言不尽意的时候应该就民众的日常用语中找求解决的方法，不应该到文言中找求”②；“我们必须十分顽固，发誓不看古书”③！他认为正是“做白话的朋友”的倒退才“促成这一年来旧势力反攻的局面，暴发为反动运动”④。

第三，在反击文化逆流时，茅盾对文学本身的问题更为关注，在斗争过程中提倡和捍卫了现实主义。早在一九二〇年《学衡》杂志尚未创刊之时，茅盾就在《东方杂志》上和后来“学衡派”的主将之一胡先骕，就现实主义问题展开了论争。当时，胡先骕在《解放与改造》杂志二卷十五期发表了长篇论文《欧美新文学最近之趋势》，认为现实主义有许多缺点，在西方已趋衰落，并特别指出写实文学“专写下级社会罪恶”，“使人不得艺术之美感”。茅盾立即写了《〈欧美新文学最近之趋势〉书后》为现实主义辩护，论证了它不可磨灭的功绩，并驳斥说：“文学既为表现人生，岂仅当表现贵族阶级之华贵生活而弃去最大多数之平民阶级之卑贱生活乎?”一九二一年，茅盾主编《小说月报》之后，更是持续地宣传文学的现实主义，对以鸳鸯蝴蝶派为代表的反现实主义逆流进行了沉重打击。多次批判他们把文艺当作“消遣品”“游戏之事”“载道之器”“侔利的商品”，只顾迎合社会心理而“主观向壁虚造”，“在枯肠里乱索”并且出之以“记帐式”的叙述方法⑤。值得注意的是当时一些复古派为了抹煞新文学的成绩，竟把鸳鸯蝴蝶派的作品作为现实主义的代表来加以批判，引起了混乱。如“学衡派”干将之一吴宓就曾写过一篇题为《写实小说之流弊》的文章（载《中华新报》一九二二年十月二十二日），荒谬地把写实小说分为三派：“一则翻译之俄国短篇小说”，“二则上海风行之各种《黑幕大观》及《广陵潮》、《留东外史》之类”，“三则为少年人最爱读之各种小杂志，如《礼拜六》、《快活》、《星期》、《半月》、《紫萝

① 《进一步，退两步》，载《文学周报》第一二二期。

② 《杂感》，载《文学周报》第一〇九期。

③ 《进一步，退两步》，载《文学周报》第一二二期。

④ 同上。

⑤ 《自然主义与中国现代小说》，载《小说月报》第十三卷第七期。

兰》、《红杂志》之类”。攻击说，凡写实小说都是“劣下之作”，“以不健全之人生观示人，养成抑郁沉闷之心境，颓废堕落之行事”，在写作方法上则以“抄袭实境为能事”。这种谬论激起了茅盾的极大愤慨。吴宓文章发表一周后，他就写了批判文章《写实小说之流弊?》，副标题是：《请教吴宓君，黑幕派与礼拜六派是什么东西?》有力地驳斥了吴宓对俄国写实小说的诬陷，他指出写实派作品“第一义是把人生看得非常严肃；第二义是对于作品的描写非常认真；第三义是不受宗教上伦理上哲学上任何训条之约束”；在写作方法上，“实地观察并不是定取实事做小说材料的意思”，他以果戈理、屠格涅夫、托尔斯泰、陀思妥耶夫斯基的作品为例，捍卫了俄国文学的现实主义传统。指出吴宓的“最大谬点”就是“以坊间‘新小说’上的作品比西洋写实小说而把俄国写实小说混提在一处”。他质问说：“吴君难道不见《礼拜六》、《星期》、《半月》里的小说常把人生的任何活动都作为笑谑的资料么？不见他们的‘马车直达虎丘’等等的描写么？不见他们称赞张天师的符法，拥护孔圣人的礼教，崇拜社会上特权阶级的心理么?”吴宓把这类作品和现实主义联系在一起显然是荒谬的，目的无非是贬低新文学运动中影响巨大的俄国文学和其他现实主义作品。茅盾对这一谬论迎头痛击，揭露了鸳鸯蝴蝶派，也捍卫了现实主义。

茅盾一方面反击阻碍新文学发展的各种逆流，一方面注视着新文学发展中存在的问题。

他认为新文学最严重的问题就是反映的生活面太窄，作家们“对于农村和城市劳动者的生活很疏远，对于全般的社会现象不注意”①，“只管把题材的范围自拘于‘公园相遇，遂生爱情’这类狭小圈子里。”②茅盾一九二一年曾根据当年四、五、六月发表的一百二十多篇作品作了一个统计，其中：描写农民生活的八篇，城市劳动者生活的三篇，家庭生活的九篇，学校生活的五篇，一般社会生活的二十篇；描写男女恋爱的却在七十篇以上，而这七十多篇作品又多是千篇一律的公式化的爱情故事③。他认为这种状况必须改变。他号召作家们去写生活中的重大问题和重大事件，要求他们在写作前“先须准备一个条件——就是的确已经从现实人生中看见了一些含有重大意义的事”④。他认为像“五

① 《评四五六月的创作》，载《小说月报》第十二卷第八期。

② 《杂感》，载《文学旬刊》第七六期。

③ 《评四五六月的创作》，载《小说月报》第十二卷第八期。

④ 《通讯》，载《小说月报》第十三卷第五期。

四”这样“永久令人于回忆时鼓舞兴慨”的伟大运动必须在新文学中得到反映，“极盼有‘五四’的《依利亚德》《奥德赛》出现”①。他希望新文学作品能把“新旧思想不同的要点及其冲突的根本原因用极警人的文字赤裸裸地描写出来”，他指出：一方面描写“中国式普通老百姓”“勇敢进取分子”和“中间派”这“三条对角线的现象”，“一方面又隐隐指出未来的希望，把新理想新信仰灌到人心中，这便是当今创作家的最大职务”②。

新文学创作的另一重要问题是概念化，千人一面，“许多人物都只是一个模型里的产品”③，“描写学校生活的小说这个人物是穿着学生的制服，拿着书本和笔砚，而在描写无产阶级生活的小说里这个人物是穿着工人装，拿着工作的器械罢了”④。相当多的新文学作品“内容单薄，内容欠浓厚，欠复杂，用意太简单，太表面”⑤。产生这些缺点的根本原因就是：“现在做小说的人大概是青年，他们的家庭生活，学校生活大概是相仿佛的，他们四面的思想的空气也是相仿佛的，环境既然相似，作品安能不趋于一途而成为单调？”⑥“勉强描写素不熟悉的人生，随你手段怎样高强……总要露出不真实的马脚来。”⑦因此，他认为作品要求真，求忠实，作家就必然要深入社会。“未曾在第四阶级社会内有过经验，象高尔基之做过饼师，陀思妥耶夫斯基之流过西伯利亚，印象既然不深，描写如何能真？”⑧因此，茅盾说：“我对于现今创作坛的条陈是：‘到民间去’！‘到民间去经验’！”⑨不但要到民间去实际经验，而且还要懂得“伦理学、心理学(社会心理学)、社会学”⑩，以便更深刻地了解社会，只有作家真正具有深刻的思想才可能在选取一段人生来描写时，“目的不在此段人生而在另一内在的根本问题”，如屠格涅夫“写青年恋爱不是只写恋爱，是写青年的政

① 《杂感》，载《文学旬刊》第七四期。
② 《创作的前途》，载《小说月报》第十二卷第七期。
③ 《新文学研究者的责任与努力》，载《小说月报》第十二卷第二期。
④ 《文学家的环境》，载《小说月报》第十三卷第十一期。
⑤ 《自然主义与中国现代小说》，载《小说月报》第十三卷第七期。
⑥ 《文学家的环境》，载《小说月报》第十三卷第十一期。
⑦ 《自然主义与中国现代小说》，载《小说月报》第十三卷第七期。
⑧ 《社会背景与创作》，载《小说月报》第十二卷第七期。
⑨ 《评四五六月的创作》，载《小说月报》第十二卷第八期。
⑩ 《现代文学家的责任是什么》，载《东方杂志》第十七卷第一期。

治思想和人生观"①。

茅盾也清楚地看到在当时的政治条件下，要克服以上两个根本弱点是不大可能的。因为"有暇写的人偏偏缺乏实际的经历，而有实际的经历的人偏没有功夫写"，因此，"在无产阶级(工农)不能执笔做小说以前，我们将没有合意的无产阶级小说可读"②。对于五四新文学不能为广大工农群众所接受的情形，茅盾是深感忧虑的。他多次指出新文学和普通民众缺乏联系，"文学自文学，民众自民众"③，"中国目下果然缺乏作者而尤缺乏读者，中国的作者界就是读者界"④。但是由于他错误地把这种情形归因于"民众的鉴赏力太低"，而又"不能降低文学的品格以就之"，他始终找不到解决这一问题的途径，只好渺茫地鼓励人们："这种现象是不会长的"，"我们现在只知努力，有灯就点，不计光之远近，眼前有路就走，不问路之短长"⑤。

对于当时出现的新文学作品，茅盾总是及时作出评价，树立好的榜样，推广有益的经验，指出应该改进的缺点。当时出现的重要作家如鲁迅、周作人、朱自清、叶绍钧、冰心、郁达夫、田汉、张资平等无一不受到茅盾的关注，可以说茅盾是"五四"新文学的第一个评论家。

茅盾是第一个对鲁迅小说作出极高评价的人。在《故乡》刚刚发表的一九二一年，他就说"我最佩服的是鲁迅的《故乡》"，并指出其"中心思想是悲哀那人与人中间的不了解，隔膜，造成这不了解的原因，是历史遗传的阶级观念"⑥。《阿Q正传》还只发表到第四章，茅盾就指出这"实是一部杰作"！它所创造的典型可以和世界第一流作品所创造的典型(如冈察诺夫的奥勃罗莫夫)比美。"阿Q这人要在现社会上实指出来是办不到的，但是我读这篇小说的时候，总觉得阿Q这个人很面熟"。他批评了那些把《阿Q正传》视为讽刺小说的意见，认为那实在是"未为至论"⑦。《呐喊》出版不久，茅盾就写了长篇书评《读〈呐喊〉》。这是全面评论《呐喊》的第一篇文章。这篇文章一开始就高度评价了鲁迅

① 《自然主义与中国现代小说》，载《小说月报》第十三卷第七期。

② 《现成的希望》，载《文学周报》第一六四期。

③ 《通讯》，载《小说月报》第十三卷第八期。

④ 《文学界的反动运动》，载《文学周报》第一二一期。

⑤ 《通讯》，载《小说月报》第十三卷第八期。

⑥ 《评四五六月的创作》，载《小说月报》第十二卷第八期。

⑦ 《通讯》，载《小说月报》第十三卷第二期。

在《狂人日记》中所表现的"离经叛道的思想"和对"传统的旧礼教"的"最刻薄的攻击"，预计它必因此遭到国粹派的"恶骂"。他热烈歌颂《狂人日记》的出现使"犹如久处黑暗的人们骤然看见了耀眼的阳光"。这篇文章最早反映了《阿Q正传》深广的社会影响，他指出："现在差不多没有一个爱好文艺的青年口里不曾说过阿Q这两个字"，"我们不断地在社会各方面遇见'阿Q相'的人物，常常疑惑自己身中免不了带着一些'阿Q相'的分子"，看来'阿Q相'未必全然是中国民族所特具，似乎也是人类的普遍特点的一种"。在一九二三年写的《大转变时期何时来呢》一文中，茅盾首次用了"阿Q式的精神胜利法"这个概念来抨击某些社会现象。在《读〈呐喊〉》中，茅盾还高度评价了《呐喊》的艺术形式，他正确指出："《呐喊》里的十多篇小说几乎一篇有一篇新形式，而这些新形式又莫不给青年作者以极大的影响，必然有多数人跟上去试验。"茅盾的结论是："除了欣赏惊叹而外，我们对于鲁迅的作品还有什么可说呢！"

茅盾也是第一个对郭沫若诗歌作出高度评价的人。一九二一年五月，郭沫若《女神之再生》刚刚发表，他就在《文学旬刊》第二期《文学界消息》中指出："这是一篇诗体的剧本，用了古代的传说来描写现代思想的价值与其缺陷。委实不是肤浅之作。近来国内很有些人谈什么艺术，然而了解艺术的人，实在很少。对于郭君此篇，我不能不佩服为'空谷足音'。"

除此而外，茅盾还对许多作家提出过一分为二的评论，这正是他三十年代写《冰心论》《落花生论》《徐志摩论》等作家论的先声。这些评论有些在今天看来也还是颇精到的。例如他指出郁达夫的《沉沦》"主人翁的性格描写得很真，始终如一，其间也约略表示主人翁心理状态的发展，在这点上我承认作者是成功的，但是作者自叙中所说的'灵肉冲突'却描写得失败了"①。当一些卫道者攻击郁达夫的小说"不道德"，"于青年思想上很有妨碍时"，他挺身而出，赞扬了郁达夫作品的主流②。田汉的剧作刚露头角，他就指出"《咖啡店一夜》颇非佯啼假笑之类的作品"，《灵光》"伶俐有趣"，但前者不免用"法国颓废派青年的悲哀"来代替了"国内一般青年的悲哀心境"，后者"描写灾民苦况没有深刻的悲哀的印象"，总之，从早期作品看来，"田君于想象方面尽管力丰思足，而于观察现实方面尚欠些功夫"③。茅盾还曾因张资平在《上帝的儿女们》中肯"费笔墨为

---

① 《通讯》，载《小说月报》第十三卷第二期。

② 《〈创造〉给我的印象》，载《文学旬刊》第三七—三九期。

③ 《春季创作漫评》，载《小说月报》第十二卷第四期。

这一个平常的不幸的女子鸣不平”而“表示敬意”，并赞赏“书中人物的说话各依着身份”，又说“《约檀河之水》很使我感动”，但茅盾也最早提出张氏作品“急就粗制”，“情节太直，太简，太无曲折”的倾向①。

茅盾还评论过冰心的小说“明白婉约，处处表现女性艺术家的特点”，“散文富于诗趣”，虽“想超脱现实而仍不逃避现实，并不闭起眼睛来否认现实”②。朱自清的诗真实反映了被压迫的知识分子的痛苦心情，“他的话就是我想说的话”③，他所描述的悲哀“是不灭的”④。叶绍钧写的虽是“灰色的人生，但他提出的现象和问题是值得研究的”。“题材尽管平淡”，仍“无碍其为艺术品”；汪静之的作品虽然“描写粗率”，但仍是“真情绪的热烈流露，比无病呻吟，摇头作态的东西至少要好十倍”⑤。茅盾的这些批评意见非常及时地指出了青年作家存在的缺点，大大地鼓舞了他们前进的信心。今天看来茅盾当时提出的很多问题还有借鉴的价值，他对许多作家所作的评价也仍然是值得参考的。

批判的，发展的，不断趋近于马克思主义，这就是五四时期茅盾思想的主要特征。过去曾有人认为进化论是茅盾这一时期思想的主流。茅盾的确也曾多次讲到“文学的进化”，“心理的进化”。他赞赏过泰纳“以进化论的原则直接应用于文学批评”，也谈到过“文学进化论确乎有些意思”。但是，他所说的“进化”显然只是指一般的发展变化而言，作为进化论理论核心的生存竞争，优胜劣败，弱肉强食，适者生存等观点在五四时期已远不如辛亥革命前后盛行，这些观点也从来没有在茅盾的思想中占过主导地位。在茅盾思想中占主导地位的是不断根据中国社会斗争的实际需要，广泛接触、批判吸收外国思潮，不断改造和发展自己的思想，最后达到马克思主义。如果不是孤立静止地看问题，那么，这种不可避免地日益接近马克思主义的趋势就是五四时期最鲜明最突出的社会主义因素。

茅盾的文艺思想则处处体现着文艺服务于人民革命这一时代要求。他所倡导的文艺理论的核心，就是文学“应担当唤醒民众而给他们力量的重大责任”。因此，好的作品在忠实反映现实的同时必然包含对于未来光明的信仰。他从来

---

① 《〈创造〉给我的印象》，载《文学旬刊》，第三七—三九期。

② 《读〈小说月报〉第三卷第六号》，载《文学旬刊》第四〇期。

③ 《通讯》，载《小说月报》第十三卷第十二期。

④ 同上书，第十三卷第六期。

⑤ 同上。

不认为反映现实本身就是目的，他这一时期文艺思想的主流不是自然主义，也不是西方批判现实主义所能概括的。它和鲁迅的文艺思想相一致，是中国社会和时代的产物，如果一定要加上一个名目，那么，革命现实主义也许与实际情况较为切近。

一九一七— 一九二六年，这是茅盾文艺思想发展的最初十年。这是一个很好的开始。当然，正和中国革命道路本身的曲折复杂一样，这个好的开始并没有能使茅盾避免下一阶段思想上的重大反复。然而，在这十年中，他却以可贵的热情，活跃的思想，辛勤的劳动，为中国现代文学的发展作出了不可磨灭的贡献，给我们留下了一份值得认真总结的宝贵财富。

尼采与中国现代文学*

一

二十世纪初叶，由于一系列政治、经济、文化变动的原因，西方各种思潮大量涌入停滞落后的中国，其规模之大而纷乱，影响之深而复杂，在世界文化史上也是少见的。这一时期以中国为中心的东西方文化的相互影响和渗透已成为近来世界学者研究文化思想发展史的重点之一。自一九五四年美国哈佛大学出版了费正清的《中国对西方的回响》之后，从事这类研究的专论和专著日益增多。举其要者，如 A. R. 戴维斯的《中国进入世界文学》(1967 年)；普鲁塞克的《中国文学革命过程中传统东方文学与现代西方文学的对立》(1964 年)；波利叶·麦克杜戈的《西方文艺理论对现代中国的影响导论》(1971 年)等。1974 年在美国马萨诸塞州召开的"五四时期的中国现代文学"国际讨论会又提出了多篇有关西方文学潮流、俄国文学和日本文学对中国现代文学影响的专论(见 1977 年哈佛大学出版的会议论文集《五四时期的中国现代文学》)。可惜我们在这方面的研究开展得还很不够，即使有过一些研究也往往或多或少受到形而上学的束缚。不能像真正的马克思主义者那样，破除一切政治、哲学，乃至个人的偏见，正确对待全部人类创造的精神财富。而马克思和列宁早已在这方面作出了很好的榜样。例如当政治上无疑是反动的复辟主义者黑格尔被有些人看作是"一条死狗"的时候，马克

---

* 原载《北京大学学报》(哲学社会科学版)，1980 年第 3 期。

思却宣称："我要公开承认我是这位大思想家的学生。"①列宁也曾指出："至于在反动分子(历史学家和哲学家)的学说中包含有关于政治事件更替的规律性和阶级斗争的深刻思想，这一点马克思总是明确地毫不含糊地指出的。"②但是我们长期以来未能很好地坚持这一思想。一些思想家、艺术家的客观成就往往由于政治上的原因而被一笔勾销；他们所曾产生的客观影响也被一概抹煞，甚至把好影响说成是坏影响，或者把这种影响归结为受影响者个人思想的弱点和错误，而不去分析产生这种影响的社会原因。尤其当同一个思想家或艺术家在某个历史阶段起过好的作用，在另一历史阶段又起着坏作用时，情况更其如此。这就妨碍我们全面认识历史的本来面目和对客观存在过的历史现象作出正确评价。本文想就德国思想家尼采与中国现代文学的关系，对这类问题作一些初步探讨。

尼采(1844—1900)的思想和著作主要形成于十九世纪七八十年代，这是自由资本主义开始转变为垄断资本主义，巴黎公社革命运动虽遭失败却产生了重大影响，马克思主义正广泛胜利传播的时期。尼采一方面想要挽救资本主义的没落，一方面力图抵制社会主义的发展，他的思想可以概括为"重新估价一切"、超人学说和权力意志论。他深刻地揭露了资本主义社会的虚伪和罪恶，鲜明地提出"上帝已经死了"，必须彻底粉碎过去的一切偶像和传统，重新估定价值。他的超人学说认为由于社会的压迫和分工的琐细，人已经被歪曲变形，支离破碎。因此必须超越这样的凡人(包括超越自身内部的平庸)，成为健康的完整的新的人类，即超人。而能到达这种境界的只是极少数天才，广大群众不过是他们役使的工具。因此任何群众思想的觉悟和力量的发展都只能是超人成长的障碍和威胁。尼采还提出最坚强最高尚的生命意志不在微不足道的生存挣扎，而在战斗意志、权力意志。他认为这种趋向权力的冲动是唯一的基本冲动，由此而产生的思想行为都合理而伟大。尼采最后死于疯狂，他的著作中到处都是缺乏逻辑论证，但却深邃而独特，能够使人信服的比喻和象征；还有许多潜意识的难解的表述，也不乏狂人的梦呓。他的学说丰富而纷乱，充满着复杂的矛盾，也包含着不少有价值的东西。早在三十多年前，艾思奇同志就曾指出"尼采的理想主义曾是对于没落时代寄生的资产阶级、庸俗腐化的物质主义的暴露"，尼采的极端个人主义也"曾是对那假多数的名义来操纵社会生活的资

① 《马克思恩格斯选集》第 2 卷，218 页。

② 《列宁全集》第 20 卷，197 页、第 18 卷，154 页。

产阶级的虚伪民主的抗议”。① 这些有价值的东西正是尼采在“五四”前后的中国产生很大影响的根据。

尼采最初是作为文学家被介绍到中国的。他在中国文艺界的影响远比在哲学界深广而早。1904 年王国维最初介绍尼采时，首先强调了他的“以旷世之文才鼓吹其学说”，指出尼采学说的目的是要“破坏旧文化而创造新文化”，为“弛其负担”（指旧传统负担）而“图一切价值之颠覆”，并“肆其叛逆而不惮”，赞扬他“以极强烈之意志而辅以极伟大之知力”，“其高掌远蹠于精神界，固秦皇汉武之所北面而成吉思汗拿破仑之所望而却步者也”②。稍后，鲁迅在他写于日本的几篇文章中多次称道尼采是“个人主义之至雄杰者”，是“思虑学术志行”都“博大渊邃，勇猛坚贞，纵忤时人不惧”的“才士”。1915 年，陈独秀在《新青年》发刊辞《敬告青年》的第一条中就引用了尼采关于奴隶道德和贵族道德的论述，以为反抗封建统治的武器，强调指出：“忠孝节义，奴隶之道德也，轻刑薄赋，奴隶之幸福也，称颂功德，奴隶之文章也，拜爵赐第，奴隶之光荣也，丰碑高墓，奴隶之纪念物也。”因为这一切都是“是非荣辱，听命他人，不以自身为本位，个人独立平等之人格消灭无存，其一切善恶行为势不能诉之自身意志而课以功过，谓之奴隶”。1917 年元旦，蔡元培在政学会欢迎会的演说中提到“迨至尼塞（德国之大文学家——原注），复发明强存弱亡之理……弱者恐不能保存亦积极进行，以与强者相抵抗，如此世界始能日趋进化”③。1918 年 2 月，陈独秀在《人生真义》中又再次强调尼采主张“尊重个人的意志，发挥个人天才，成功一个大艺术家，大事业家，叫做寻常人以上的超人，才算是人生目的，什么仁义道德都是骗人的说话”④。显然，“五四”以前，尼采已相当广泛地为人所知，他作为一个大文学家被介绍到中国，他的思想的传播为“五四”反封建的民主革命的大潮作了积极准备。

五四运动后，尼采的作品在文艺界更加广泛地传播开来。就在“五四”游行示威发生的当月，傅斯年就在《新潮》杂志上号召：“我们须提着灯笼沿街寻超

---

① 艾思奇：《鲁迅先生早期对于哲学的贡献》，见《鲁迅研究丛刊》第一辑，31 页，鲁迅文化出版社出版。

② 王国维：《叔本华与尼采》，见《静庵文集》。

③ 载《新青年》第二卷第五期。

④ 同上书，第四卷第二期。

人，拿着棍子沿街打魔鬼”，赞扬尼采是一个“极端破坏偶象家”①。同年9月，田汉在《少年中国》上详细介绍了尼采早期的著作《悲剧之发生》，特别强调“人生越苦恼，所以我等越要有强固的意志”去进行战斗②。紧接着沈雁冰在《解放与改造》杂志上发表了尼采名著《查拉图斯特拉如是说》中最富于批判性的两章《新偶像》和《市场之蝇》的译稿，并在序言中盛赞“尼采是大文豪，他的笔是锋快的。骇人的话，常见的。就他的《查拉图斯特拉如是说》看，又算是文学中少有的书”③。1920年初，他又写了全面介绍评论尼采思想的长篇专著《尼采的学说》在《学生杂志》第七卷分四期连载。同年8月，《民铎》杂志出版了尼采专号，全面介绍尼采，驳斥了尼采是欧战罪魁的说法。9月，《新潮》第二卷第五期发表了鲁迅翻译的《查拉图斯特拉如是说》序言④，并附有鲁迅对序言各节的解释，指出“尼采的文章既太好，本书又用箴言集成，外观上常见矛盾，所以不容易理解”。这一时期，鲁迅多处引用尼采的文章，或联系尼采的思想来分析问题，他所取于尼采的，与1907年前后相比，已有显著不同。这时，郭沫若对尼采也是醉心的。他曾因上海一家外国书店竟然没有尼采的《看哪！这人》，而大骂这家书店是“破纸篓”！⑤ 1923年，他翻译了《查拉图斯特拉如是说》第一部全部和第二部一部分，在《创造周报》分三十九期连载。“起初每礼拜译一篇，译的相当有趣”，后来因感到“反响寂寥”而中断，但是后来当他偶然到江苏吴县东南一个偏僻小镇去参加一个小学教师的婚礼时，新娘的第一句话却是：“我喜欢尼采的《查拉图斯特拉如是说》，为什么不把他译完呢?”可见反响并非寂寥，所以郭沫若说：“早晓得还有良才夫人那样表着同情的人，我真是不应该把那项工作中止了。”⑥

1925年以后，由于革命形势的蓬勃发展，广大工农群众和很多知识分子都已找到了适合中国社会的革命道路，纷纷投身于反帝反封建的革命洪流，尼采的影响遂逐渐减弱以致消亡，正如郭沫若所说，“那时(1926年)，尼采老早

① 傅斯年：《随感录》，载《新潮》第1卷第5期。

② 见《少年中国》第1卷第3期。

③ 见《解放与改造》第1卷第6、7期。

④ 在此之前，鲁迅曾用文言译过这篇序言的主要部分，见《〈察罗堵斯德罗如是说〉译藁》第一册，现存北京图书馆。

⑤ 《沫若文集》第7卷，399页。

⑥ 同上书，261、262页。

离开我的意识中心了”①。这时，中国革命的道路和方向都已十分明朗，再停留于呼唤“我们需要动的力，狂呼的力，冲撞的力，攻击的力，反抗的力，杀的力”，② 就再也不能像“五四”初期那样起到激励人心的作用了。因此，1925—1926 年间以高长虹、向培良为核心的狂飙社，他们以“尼采声”为其“进军的鼓角”，“教人们准备着‘超人’的出现”，并常“拟尼采样的彼此都不能解的格言式的文章”，③ 反响却真是空虚而寂寥了。然而，他们所取于尼采的仍是扫荡一切旧的传统束缚，为争取作一个强者而打倒一切障碍，这使他们从本质上不同于在四十年代初期鼓吹尼采思想的“战国策派”。最后，1930 年，郁达夫在对旧势力的愤懑和因革命失败而产生的感伤颓丧之中翻译了尼采的情书七封，题名《超人的一面》，赞赏了尼采的“洁身自好”，“孤独倔强”。④ 在一片白色恐怖的氛围里，尼采仍以一个傲世独立的反抗者形象出现于读者面前。

但是，到了四十年代，由于整个世界和中国政治形势的变化，尼采却以完全不同的面貌在中国产生了全然不同的作用。1940 年前后，正值世界法西斯和国民党蒋介石反共反人民都极为猖狂之时，尼采学说也已被纳粹分子利用改造，以作为他们法西斯思想理论的基础。这时，在中国文坛上出现了所谓战国策派。他们奉尼采为当代“最前进的，最革命的，最富于理想的政治思想家”，他的著作是“生命力饱涨的象征”，是“生命的顶峰”，“创造的纯火”。⑤ 在他们主办的《战国策》半月刊和《战国》周刊上陆续发表了《尼采的思想》《尼采的政治思想》《论英雄崇拜》《再论英雄崇拜》《德国民族的性格和思想》《狂飙文学》《民族文学运动》《力》《力人》等等；此外还出版了《从叔本华到尼采》《文学批评的新动向》《时代之波》等专著或专集，大力宣扬尼采思想，“尝试着运用尼采的这些思想来建立战国派的文艺理论”⑥，俨然掀起了一阵尼采热潮。尼采对他们来说，是只能顶礼膜拜的绝对偶像，也是维护反动统治，鼓吹战争，镇压群众的有力武器。

从以上简括的叙述，可以看到尼采对中国现代文学确实有一定影响，这种

① 《沫若文集》第 7 卷，261、262 页。

② 向培良：《水平线下》，见《狂飙》不定期刊第 1 期。

③ 鲁迅：《〈新文学大系〉小说二集序》。

④ 郁达夫：《超人的一面》，见《断残集》。

⑤ 林同济：《从叔本华到尼采序》。

⑥ 欧阳凡海：《什么是战国派的文艺》，载《群众》1943 年 4 月号。

影响随时代和政治需要的不同而变化。辛亥革命前，人们从尼采找到的是具有伟大意志和智力的“才士”，希冀雄杰的个人可以拯救中国的危亡。“五四”前后，人们心目中的尼采是一个摧毁一切旧传统的光辉的偶像破坏者，他帮助人们向几千年来的封建统治挑战，激励弱者自强不息(虽然这并非尼采本意)。1927年后，由于革命形势的发展，进步思想界已经很少提到尼采。到了四十年代，为适应国民党法西斯统治的政治需要，尼采又在国统区一部分知识分子中广为传播，这时对于尼采思想的介绍无论是目的、方法，还是社会效果都与“五四”时期截然不同。可见一种外来思想能不能在本国产生影响，产生什么样的影响，其决定因素首先是这个国家内在的时代和政治的需要，全盘照搬或无条件移植都是不大可能的。下面将通过对几个文艺界代表人物与尼采关系的分析，进一步探讨这种影响发生和发展的具体情形。

二

鲁迅与尼采思想上的联系是显而易见的。把鲁迅贸然概括为“托尼学说，魏晋文章”，尊为“中国的尼采”固然不对，但无视这种联系，或把这种联系说成是出于鲁迅的错误或弱点或不幸，认为尼采对鲁迅只能有消极或反动影响，甚至把鲁迅与尼采分明一致的地方也说成是对尼采的批判，这也并不符合历史事实。

早在1939年，唐弢就曾说过：“我想，鲁迅是由嵇康的愤世，尼采的超人，配合着进化论，进而至于阶级革命论的。”①1946年，郭沫若在《鲁迅与王国维》一文中也曾提出：“两位都曾醉心于尼采”，并强调：“不可忽视地，两位都曾经历过一段浪漫主义的时期，王国维喜欢德国浪漫派的哲学和文艺，鲁迅也喜欢尼采，尼采根本就是一位浪漫派。”他们都曾正确地把鲁迅和尼采思想上的联系看作鲁迅思想发展某一阶段的重要特点。

尼采对鲁迅思想上的影响在“五四”前和“五四”后是不完全相同的。“五四”以前，中国先进的知识分子纷纷向西方寻求救国救民的真理，他们中间的先进人物不能不看到西方资本主义文明的日趋没落。正如列宁所指出：中国战斗的民主主义思想体系，首先是与“使中国避免走资本主义道路、即防止资本主义的愿望结合在一起的”②。鲁迅在日本留学时期，“尼采思想，乃至意志哲学，

① 唐弢：《鲁迅的杂感》，载《鲁迅风》创刊号。

② 《列宁全集》第20卷，197页、第18卷，154页。

在日本学术界正磅礴着"①。尼采对于资本主义文明庸俗颓靡的批判和对于"创新"的执着的追求很快就吸引了鲁迅的注意。但是，当时的鲁迅并不是把尼采的思想作为一个完整的体系来研究和接受的，也不一定深入研究过尼采思想产生的时代背景和社会作用，他只是"为我所用"地择取尼采思想中引起自己共鸣符合自己意愿的部分，按自己的理解加以应用。尼采的许多著作，特别是后期的《权力意志论》等可以肯定鲁迅并没有完全看过。

鲁迅这一时期的社会政治思想集中表现在《文化偏至论》中。这篇文章的主要内容就是指出吸取西方的物质文明是可以的，但如果把那些"已陈旧于殊方"的"迁流偏至之物"，"举而纳之中国"，"馨香顶礼"，则非常危险。鲁迅认为西方十九世纪文明中"至伪至偏"的东西就是"物质"和"众数"。前者指的是"人惟客观之物质世界是趋，而主观之内面精神乃舍置不之一省"，不少人失去了心灵的光辉，被物质欲望所蒙蔽，因此"诈伪罪恶，乘之而萌"，以致"社会憔悴，进步以停"；后者指的是"同是者是，独是者非"，"以多数临天下而暴独特者"，无视个人的独创和个性，这样"夷隆实陷"（削高填平）的结果必然是"伧俗横行"，"全体以沦于凡庸"。鲁迅认为十九世纪末叶，西方思想界所以发生了很大变动就是因为当时的"大士哲人"要"矫十九世纪文明"的"通弊"，"于是浡焉兴作，会为大潮，以反动破坏充其精神，以获新生为其希望，专向旧有之文明而加之掊击扫荡焉"。在这些"大士哲人"中，鲁迅谈得最多的就是"深思遐瞩，见近世文明之伪与偏"的尼采。鲁迅在文章中引用了尼采名著《查拉图斯特拉如是说》中的话："反而观乎今之世，文明之邦国矣，斑斓之社会矣，特其为社会矣，无确固之崇信，众庶之于知识也，无作始之性质，邦国如是，岂能淹留？""无确固之崇信"就是只重物质而没有精神上的坚定信仰；"无作始之性质"就是不少人随波逐流，无独创精神。尼采的这段话正是鲁迅把十九世纪文明通弊概括为"物质"和"众数"的由来。

如何来扫荡这些通弊呢？鲁迅提出的主张是"掊物质而张灵明，任个人而排众数"。"张灵明"就是强调发扬人们内在的主观精神和坚强的意志力，能够"勇猛奋斗"，"虽屡踣屡僵，终得现其理想"。鲁迅回顾了这种主张发生发展的历史过程，最后归结为："尼佉、伊勃生诸人皆据其所信，力抗时俗，示主观之极致"，而最高理想则在尼采所希求的"意力绝世，几近神明之超人"和易卜生所塑造的"多力善斗，即忤万众不慑的强者"。"任个人"就是反对无视个人特

① 郭沫若：《鲁迅与王国维》，见《沫若文集》第12卷，535页。

点，提倡发扬个性和个人的独创精神。鲁迅追溯了十九世纪以来个性主义发展的源流，从极端个人主义的斯蒂纳到叔本华、契开迦尔、易卜生，最后仍是归结到尼采："若夫尼佉，斯个人主义之至雄杰者矣。"

由此可见，鲁迅"掊物质张灵明，任个人排众数"的思想显然正是以尼采思想为其根据，同时又是以尼采思想为其归宿的。值得注意的是鲁迅接受尼采思想是把它作为一种武器，意在挽救垂危的祖国。他所面临的问题首先是怎样使自己和同胞从帝国主义、封建主义的压迫下解脱出来；而尼采却是处于一个向垄断的帝国主义过渡的资本主义强国，他所面临的问题首先是怎样遏制日益兴起的群众革命运动。这就使鲁迅虽然接过尼采的口号，运用尼采的某些思想形式，但目的与内容都与尼采不同。例如鲁迅提倡"尊个性"，目的是突破当时"万喙同鸣，鸣又不揆诸心"的庸众纷扰的局面，要使人们各有独立思考的能力和自己的创见，做到"人各有己"，"人各有己而群之大觉近矣"(《破恶声论》)。他提倡"张精神"，也是期望"古国胜民"具有百折不回之意志力，然后能在"狂风怒浪之间"，"以辟生路"。鲁迅认为真正能做到尊个性而张精神的人并不多，"所属望只一二士立之为极，俾众观瞻"(《破恶声论》)。但群众可以向他们学习，根本目的仍在"群之大觉"。鲁迅明确提出救国之道，"首在立人，人立而后凡事举，若其道术，乃必尊个性而张精神"。只有"国人之自觉至，个性张"，"沙聚之邦"才能"由是转为人国"。"人国既建，乃始雄厉无前，屹然独见于天下"。这就是青年鲁迅的最高理想。可见鲁迅虽然接受了尼采的超人学说，和尼采一样认为"惟超人出，世乃太平，尚不能然，则在英哲"，"与其抑英哲以就凡庸，曷若置众人而希英哲？"但鲁迅心目中的超人和英哲显然正是少数先觉者，他们的任务就在于广泛唤起群众的自觉和心声。这和尼采力图巩固极少数人对绝大多数人的统治的理想显然有着本质的区别，然而不可否认鲁迅"尊个性而张精神"的思想确实来自十九世纪末叶的新理想主义和唯意志论，尤其是来自尼采。且不论这些思想在彼时彼地影响如何，在此时此地对鲁迅本人来说确是产生了积极进步的影响，使他得以突破"竞言武事"的洋务派和专事制造商估立宪国会的改良派的扰攘，看到救国之根本在于唤起人民之自觉，而投身于改造国民思想的伟业。当马克思主义在中国广泛传播以前，鲁迅这样的思想和言行使他足以厕身于最先进的思想家的行列。

五四运动前后，曾经历了辛亥革命并受到十月革命鼓舞的鲁迅在思想上有了很大进展，他不曾斩断与尼采思想上的联系，但他所取于尼采的，已不同于前一阶段。

首先，配合着彻底反帝反封建的时代需要，鲁迅特别强调了尼采彻底破坏旧传统的反抗精神。他把尼采和易卜生、托尔斯泰一起称为“近来偶像破坏的大人物”(《随感录四十六》)，赞扬他们“不单是破坏，而且是扫除，是大呼猛进，将碍手碍脚的旧轨道不论整条或碎片一扫而空”(《再论雷峰塔的倒掉》)。而“旧像愈摧破，人类便愈进步”。

其次，鲁迅看到中国传统积习太深，即使小小改革也不免付出重大牺牲，“凡中国人说一句话做一件事，倘与传来的积习有若干抵触”，便“免不了标新立异的罪名，不许说话，或者竟成了大逆不道，为天地所不容”，甚至“可以夷到九族”。因此他认为在中国立志做一个改革者、“偶象”破坏者，就必须像尼采那样不怕孤立。不仅“决不理会偶象保护者的嘲骂”，而且也“不理会偶象保护者的恭维”。他特别引了尼采名著《查拉图斯特拉如是说》中《市场之蝇》的一段话儆醒人们：“他们又拏着称赞，围住你嗡嗡的叫，他们的称赞是厚脸皮，他们要接近你的皮肤和你的血。”①(后来鲁迅在杂文《这个与那个》中又进一步发挥了这样的思想)鲁迅热烈祝愿中国的青年们“都只是向上走，不必理会这冷笑和暗箭”，要像尼采所说的海，“能容下你们的大侮蔑”。② 鲁迅在《译了〈工人绥惠略夫〉之后》，说绥惠略夫“确乎显出尼采式的强者的色采来”，这“强者的色采”就是“用了力量和意志的全副，终身战争，就是用了炸弹和手枪，反抗而且沦灭”。鲁迅在《野草》中塑造的一些形象，如“有许多伤，流了许多血”，明知前途并非野百合、野蔷薇，仍不顾饥渴困顿，“昂着头奋然走去”的“过客”，在“无物之阵”中大步前行，只见“一式的点头，各种的旗帜，各样的外套”，“但他举起了投枪”，“终于在无物之阵中老衰寿终”，他还举起了投枪的孤独的“这样的战士”，都带着这种尼采式的强者的色采，都是鲁迅认为在中国的特定条件下特别需要强韧的意志力这一思想的形象再现。

另外，鲁迅在这一时期对尼采采取了比前一时期更鲜明的批判态度。如果说 1907 年鲁迅所瞩望的还是“惟超人出，世乃太平”，那么到了 1919 年，他已经感到尼采的超人“太觉渺茫”。但鲁迅决非全面否定尼采的超人学说，他这段话的着重点显然是“确信将来总有犹为高尚犹近园满的人类出现”，鲁迅所不同于尼采的是认为不必等候那“炬火”，而应该“能做事的做事，能发声的发声，有一分热，发一分光，就令萤火一般，也可以在黑暗里发一点光”(《随感录第

① 《随感录第四十六》。

② 《随感录第四十一》。

四十一》)。鲁迅已经批判了自己在前一阶段所接受的尼采的“置众人而希英哲”的思想，认为最现实、最有希望的还是每一个人都能贡献自己即便是微薄的力量。如果说前一阶段，鲁迅和尼采在一致的思想下已存在着目的和内容的不同，那么在“五四”时期的社会条件下这种分歧有了新的发展，鲁迅进一步突破了尼采。但这并不是说鲁迅已经抛弃尼采，远非如此，他自己甚至把这种充分发挥个人能力和意志，有一分热，发一分光的思想也认为是尼采的思想延续。1930 年，当他回顾自己和《语丝》的关系时曾说：“我的彷徨并不要许多时，因为那时还有一点读过尼采的 Zarathustra(查拉图斯特拉)的余波，从我这里只要能挤出——虽然不过是挤出——文章来，就挤了去罢，从我这里只要能做出一点‘炸药’来，就拿去做了吧。”(《我和语丝的始终》)这里所说的“余波”显然指的就是“能做事的做事，能发声的发声，有一分热，发一分光”的精神。不仅如此，在鲁迅这一时期的某些作品，特别是《野草》中，无论是意境、构思、形象，往往都若隐若现地闪烁着尼采的《查拉图斯特拉如是说》的影子。把两个人的作品作一些外在的比附是没有什么意义的，但是当我们读到鲁迅所塑造的那个“终于彷徨于明暗之间……将在不知道时候的时候独自运行”的“影”的形象时(《野草・影的告别》)，尼采笔下的另一个“细瘦、黧黑、空廓、凋敝”，有过“很坏的白天”，要“注意更坏的夜晚”的“影”，(《查拉图斯特拉如是说》第六十九《影子》)就会浮现在我们眼前；当我们读到鲁迅说的“难道连身外的青春也都逝去，世上的青年也多衰老了么？……然而青年们很平安”时，又不由得想起了尼采说的“那些青年的心都已经苍老了，甚至没有老，只是倦怠平庸懦弱”。(《查拉图斯特拉如是说》第五十二《叛教者》)尽管这些作品的内容和思想都不尽相同，但这种艺术表现上的微妙联系确是真实可感的。

鲁迅和尼采的彻底决裂是在三十年代以后。1929 年在《致〈近代美术史潮论〉的读者诸君》中，他还把尼采和歌德、马克思并提，称他们为伟大人物，1930 年，在《硬译及文学的阶级性》一文中，他又因尼采的著作只有半部中文译本而深感遗憾。但是到 1934 年，鲁迅写《拿来主义》时，他对尼采的态度就有了非常明显的改变。他说：“尼采就自诩过他是太阳，光照无穷，只是给予，不想取得。然而尼采究竟不是太阳，他发了疯。”与“五四”时期相比，这段话所表现的对尼采的思想感情和立场态度显然都有了根本的不同。第二年，在《〈新文学大系〉小说二集序》中，鲁迅又进一步分析了这个问题，指出尼采的超人哲学只有两条出路：一条是发狂和死，另一条是“收缩为虚无主义者……成为沙宁之徒，只好以一无所信为名，无所不为为实了”。鲁迅在这篇文章中不仅批判了尼采的思想，同时也批判了那种“彼此都不能解”的“格言式”的文章。这表明了鲁迅和尼采思想上的彻底决裂。但这并不排斥鲁迅有时也还采用尼采的某些思想形式来说明问题。例如 1933 年在《由聋而哑》中，鲁迅就运用尼采的“末人”这个概念来说明“用粃谷来养青年，是决不会壮大的，将来的成就且要更渺小，那模样可看尼采所描写的‘末人’”。他大声疾呼，指责反动派正是“要掩住青年的耳朵，使之由聋而哑，枯涸渺小，成为末人”。

由此可见，早期鲁迅曾以尼采的新理想主义（新神思宗）和唯意志论（意力说）为理想，但他的目的在于使中国避免资本主义的缺陷，改造国民精神，提倡奋发自强以挽救祖国。“五四”时期，他把尼采“重新估定一切价值”的学说作为彻底反帝反封建的一种武器，以尼采“超人”的精神鼓励人们为改革旧弊，要不理嘲骂，不听恭维，不怕孤立。三十年代开始，鲁迅批判了尼采的脱离现实，脱离人民，但仍然肯定尼采对资本主义社会现象某些精到而深邃的观察。鲁迅早就指出尼采学说本身充满着矛盾①，鲁迅正是把尼采学说中某些有用部分加以吸收改造来充实和阐明自己的观点的。从当时的历史环境和鲁迅思想发展本身的规律来看，尼采对鲁迅思想影响的主要方面应该说是积极的。

三

茅盾和郭沫若接触尼采比鲁迅更晚一些。

1917 年茅盾在他的第一篇论文《学生与社会》中以尼采思想为武器反对旧道德，提倡新道德时，只有二十一岁。他比较系统地研究过尼采著作，也参阅了不少评价尼采的书。他对尼采的看法比较全面，批判态度也更加鲜明。他的长篇专论《尼采的学说》可以说代表了当时中国研究尼采的最高水平。全文分《引言》、《尼采传略及著作》、《尼采的道德论（上、下）》、《进化论者的尼采》、《社会学者的尼采》和《结论》共七部分。茅盾评论尼采的出发点首先是批判的，在《引言》中，他就指出尼采的学说常常自相矛盾，而且他“难得有机会在平民队里……平民的能力和情形他全然不明白，他只是一个人在屋子里想”，又加以“他是大文豪，文字是极动人的”，因此，“我们读尼采的著作应该处处留心，常用批评的眼光去看他，切不可被他犀利骇人的文字所动”，对于他的学说，“只要挑些合用的来用，把不合用的丢了，甚至忘却也不妨”。因为“前人学说有缺点自是意中事，不算前人不体面，后人倘不能把他的缺点寻出，把他的优

① 鲁迅：《察拉图斯忒拉的序言·后记》，见《新潮》第 2 卷第 5 期。

点显出或更发扬之，那才是后人的不体面呢!”茅盾正是本着这样的精神来研究尼采的。

茅盾认为“尼采最大也是最好的见识”就是“把哲学上一切学说，社会上一切信条，一切人生观、道德观从新称量过，从新把它们的价值估定……扫荡一切古来传习的信条，把向来所认为绝对真理的根本动摇”。这显然是和“五四”彻底反帝反封建的时代精神相吻合。茅盾认为“这一点可以借来做摧毁历史传统的畸形的桎梏的旧道德的利器，重新估定价值，创造一种新道德出来”。他认为尼采指出强者、主者的道德和弱者、奴者之间的道德观念的根本对立，看到“狮子以为善，羚羊便以为恶”，“这种观察，多少厉害，多少有力!”但他随即指出尼采“对于道德的批评是很不错的，他下在道德趋势的断语却错了”。这个“道德趋势”就是强者道德崇高伟大，理应压服弱者。茅盾得出的结论恰恰相反，他认为中国长久以来，“君主以压力施于上，强人民以服从”，强使人民“不识不知，顺帝之则”①，造成了千百年来的奴隶道德，目前的急务就是要彻底摧毁这种旧道德，让人民觉醒起来创造新道德，成为强者。

茅盾和鲁迅一样，是从“人总是要跨过前人”这个意义上接受尼采的超人理想的。他认为“超人哲学就大体看去，不去讨论细节是不错的”。因为“他所称的超人是进步的人——超人和现在人比，犹之现在人和猿比……从前达尔文说‘人是由动物进化来的’，现在尼采说将来的人也要从现代人进化而去”。从这个立足点出发，茅盾所取于尼采的超人哲学的，首先是它横扫社会上种种颓象暮气，积极造就高瞻远瞩、英勇善战的新型的人。茅盾强调尼采时代的“精神病象”；“一般人只知苟安醉梦，人渐渐要变成一种极驯的家畜了”。他痛心于当时一般民众“苟且偷活”，对“苛政暴刑”辗转趋避而不能崛起抗暴，深感“民族气质的衰颓已到极点”，期望尼采的超人学说将有助于改造颓靡的国民性。茅盾指出尼采所称扬的“战”，“不是甲国侵掠乙国的战，不是军国主义的战，他是指勇敢有为的气象和昏沉黑暗的势力战”。因此他赞赏尼采“不应该屈膝在环境之前，改变自己的物质构造去适应环境，以求生存”的说法，他认为如尼采所说，“人类现在所有的四周的条件都是不对的，如果只讲‘适者生存’，那么，寄生虫的社会里，一定是最肥的，最园滑的，最柔弱的是最适宜的，最能生存。人类的生活倘然也依了这个例，便是瞎了眼的挣扎”，人类要进步，要“达到超人”，“只有一个法子，那就是把这些条件的全体来变更了”。这与“五

① 《学生与社会》，载《学生杂志》第 4 卷第 12 期。

四”时期彻底推翻旧社会，建立新社会的精神是完全一致的。但是，对于尼采所谓“庸愚多，贤智少，若欲平等，便是退化”，“应得有贤智阶级在上为治者，庸愚者为被治者”的社会观，茅盾始终持明确的批判态度，他指出：“人类固是求进步，但进步不一定从竞争——强吞弱——得来”，以为“强者求到超人，须得牺牲弱者，这便是大错特错了”。因此对于尼采的超人说，茅盾的结论是：“倘若细论他的节目，便见得尼采是崇拜强权，惨酷无人道。”作为弱国一员的有识见者是决不可能赞同任何社会达尔文主义的观点的。

茅盾对于尼采权力意志说的理解也是别有天地的。他认为尼采说“人类生活中最强的意志是向权力，不是求生”，这“实在有些意思”，因为“唯其人类是有这‘向权力的意志’，所以不愿做奴隶来苟活，要不怕强权去奋斗。要求解放，要求自决都是从这里出发，倘然只是求生，则猪和狗的生活一样也是求生的生活”。如果说三十年代的法西斯学者把尼采的权力意志论概括为：“我愿成为其他民族的主宰者”，强调有权力者对于较低级的人们，“亦象我们对待蚊虫一样，击毙它，并无任何良心的悲悯”①。那么二十年代初茅盾对权力意志论的理解却完全相反，他是把权力意志当作被压迫民族和人民反强权、求解放、求自决的意志来理解和运用的。他同时批判了尼采“不可不把大多数平凡的人民来打底”，以造就那金字塔尖上最高的一块石头，“人类运命中最悲观的事莫过于不能把地上的权力同时给予第一人”一类思想，指出“在现在德漠克拉西的呼声中这种话当然是不能存在的了”。

“五四”时期，青年茅盾一贯强调“不把古人当偶像”，不把古人的话“当作天经地义，要能怀疑，能批评”，才能在这个基础上创造新的东西。他的《尼采的学说》正是实现他这一主张的完整范例。由于这种鲜明的批判态度，尼采对于茅盾的影响也是积极有益的。

郭沫若对于尼采也很有研究并相当称赏。

早在1919年郭沫若就在他的名著《匪徒颂》中，把尼采称为“倡导超人哲学的疯癫，欺神灭象”的“学说革命的匪徒”，为他三呼万岁。1923年他译《查拉图斯特拉如是说》时，曾企图对尼采的思想作一个有系统的概括，并声称：“我译尼采就是我对于他的一种解释。”他称这部名著为“只为杰出伟大高迈之士而说”的“心血和雅言的著作”，准备译完后再来总结自己“在尼采思想中跋涉的经

① 斯皮迪曼(Spetman)：《尼采的主宰观》。

历”。① 同时他对尼采又是批判的，他指出必须“要有批评的眼光，于可能的限度之内否定原作，然后原书的生命才能成为自己的生命，作者的心血才能成为自己的心血，一切都要凭自力，不可依赖他人”②。

郭沫若除了把尼采的思想特点归结为“反抗宗教思想”“反抗藩篱个性的既成道德”，“以个人为本位而力求积极发展”，号召像尼采那样“秉着个动的进取的同时是超然物外的坚决精神一直向真理猛进”③外，更强调发扬尼采所提倡的内心的创造精神，这一点他和田汉是完全一致的。田汉早在《说尼采的〈悲剧之发生〉》中就指出“人生越苦恼，所以我等越要有强固的意志”，只有在与“生之苦恼”顽强战斗的过程中，才能充分发挥人类内在的“美与力”，这便是创造。《创造》季刊第二卷第一期扉页以大号字排印着尼采的话：“兄弟，请谐你的爱情和你的创造走向孤独罢，公道要隔些时才能跛行而随你。”(《查拉图斯特拉如是说·创造者之路》)这正符合于初期创造社反抗旧传统，蔑视旧束缚，只追求内心思想的独创表现的精神。郭沫若在《创造周报》第一期翻译的尼采的《查拉图斯特拉如是说》第一章《三种的变形》中讲到人类多少年来不能不被“汝当”所压制，这种“你应当如何如何”的重负使人的精神成了骆驼，排除了出自个人内心要求的“我要”的位置。要改变这种情况，首先要把创造新价值的权力拿在手中。要夺取这种权力，就不得不变为精神的“狮子”。但勇猛的狮子并不是创造本身，为了创造，狮子还要变为小儿，因为“小儿是无嫌猜，是无怀，是新的肇始，是游戏，是自转的车轮，是最初的运动，是一个神圣的肯定。是的，兄弟们哟，对于创造的游戏，一个神圣的肯定是必要的，于是精神得自主其意志……”④“五四”时期的郭沫若对于这种不受约束，纯属内在心灵，无目的的创造性的“我要”是很推崇的。这种推崇在他本时期的文艺论著中经常可见。例如在《中国文化之传统精神》中谈到如何做人时，他说：“我们要不怀什么目的去做一切的事，人类的精神为种种的目的所扰乱了，人世苦由这种种的‘为’而发生，我们要无所为而为一切，我们要如赤子，为活动本身而活动。”⑤这里，

---

① 《雅言与自力》，见《沫若文集》第10卷，73、74页。

② 同上。

③ 郭沫若：《论中德文化书》，见《创造周报》第5号，与《沫若文集》第10卷所载有出入。

④ 尼采：《查拉图斯特拉如是说·三种的变形》，郭沫若译文。

⑤ 郭沫若：《中国文化之传统精神》，载《创造周报》第2号。

我们可以清楚地看到尼采“汝当”和“我要”的思想形式在郭沫若思想中所显示的轨迹。当然，由于时代和社会的不同，郭沫若的内心要求和创造精神与尼采有着很不相同的内容，那不是气焰逼人的为控制“群氓”，征服世界而高扬的心声，却是被压迫民族被压迫人民力图自强，为生存而奋战的呼唤。

总之，尼采在“五四”时期中国文艺界，确实有着不可磨灭的影响。所以产生这种影响从外在的原因来说固然是由于尼采思想在全世界，特别是日本的广泛流行，但更重要的是内在的原因，那就是：首先，尼采彻底否定一切旧传统，重新估定一切价值的思想与中国彻底反帝反封建的历史要求正相吻合；其次，正如郁达夫所分析：“尼采诸先觉为欲救精神的失坠，物欲的蔽人，无不在振臂狂呼，痛说西洋各国的皮相文明的可鄙。”①这又和中国有识之士反对帝国主义，力图使中国避免资本主义道路弊害的愿望结合在一起；最后，“五四”新文学本萌发于唤起人民自觉，改造国民精神以挽救民族危亡的历史要求，尼采提出的强烈的意志力，真实而奔放的创造性，顽强不屈的奋斗精神，如果先撇开其目的动机不谈，那么，对于改造半封建半殖民地颓靡、虚伪、妥协、因袭的社会风气，这确实是一股有效的推进力。因此，尼采这一时期在中国影响的广泛决不是偶然的，这种影响的历史作用也是积极的而不是相反。这一点不容抹煞，也勿须回避。当然，随着中国革命的深入，革命的方向和道路日益明确，人们对于尼采的热情也就渐趋冷淡。郭沫若说得好，“《查拉图斯特拉》结果没有译下去，我事实上是拒绝了它。中国革命运动逐步高涨，把我向上看的眼睛拉到向下看，使我和尼采发生了很大的距离，鲁迅曾译此书的序言而没有译出全书，恐怕也出于同一理由。”②这段话正确地概括了当时的实际情形。

四

四十年代初期，当尼采学说被法西斯理论家加以修改发展，成为法西斯理论的重要组成部分时，中国也相应昙花一现地出现了一阵“尼采热”。当时，国民党奉行消极抗日，积极反共的政策，逐步法西斯化；而共产党所领导的敌后斗争正如火如荼。一些反对共产党，支持国民党的右翼知识分子急于建立一套有利于国民党统治的思想理论体系，以便和正在广泛传播的马克思主义相抗衡。尼采学说中最危险、最反动的部分就成了他们的依据。

---

① 郁达夫：《静的文艺作品》，见《闲书》，137 页。

② 郭沫若：《〈雅言与自力〉附记》，见《沫若文集》第 10 卷，75 页，1958。

1940 年，陈铨、林同济、雷海宗等人创办了《战国策》半月刊，1941 年又在重庆《大公报》开辟《战国》周刊。他们多方面宣传尼采，把他的学说运用到政治、社会、道德、文艺等各方面，其中积极致力于以尼采思想为指导，企图在国统区掀起一个文艺新潮的，是陈铨。

陈铨的专著《从叔本华到尼采》被称为“中国唯一阐明意志哲学的书”。① 这本书不仅介绍了尼采思想的发展过程，而且讨论了《尼采的政治思想》《尼采的道德观念》《尼采的无神论》《尼采心目中的女性》等专题。他的第二部专著《文学批评的新动向》②则力图以尼采思想来解决文艺问题，全书以德国狂飙运动为“异邦的借镜”，以意志哲学为“伟大的将来”，分析了《民族运动与文学运动》《盛世文学与末世文学》《中国文学对于世界的贡献》《叔本华与红楼梦》《尼采与红楼梦》等重要问题，最后得出结论：“人类的自我已经发现了，世界已经转变了；天才、意志、力量是一切问题的中心……我们再不要任何‘外在’的规律来束缚我们自己，我们要根据‘内在’的活动，去打开宇宙人生的新局面。”③这就是战国派心目中文学的新动向。欧阳凡海同志早就指出“尼采是战国派的真正堡垒”，陈铨等人是“尝试着运用尼采的思想来建立战国派的文艺理论”④的。这完全符合当时的实际情形。

但是，由于时代和社会条件的不同，这一时期尼采在中国的影响以及人们谈论尼采的着重点与“五四”时期也大不相同了。

首先，“五四”时期的批判精神已荡然无存，陈铨等人对尼采充满了绝对的英雄崇拜。他们认为是否崇信尼采，本身就是“作奴隶还是作主人”，“作猴子还是作人类”的分水岭，“因为尼采的著作根本不是替奴隶、猴子写的”。⑤ 他们宣扬像尼采这样的英雄“伟大神秘，不可想象，不可意料，无论在什么时候，无论在什么地方，无论在什么表现，我们都发现他们与平常人不同，他们好象有一种不可思议的魔力”，而“英雄就是伟大的力量的结晶，没有他们，宇宙万物也许就停止了”。⑥ 把这和茅盾当年说的“我们读尼采的著作应该处处留心，

---

① 《从叔本华到尼采・内容述要》，大东书局，1946。

② 1943 年正中书局出版。

③ 陈铨：《文学批评的新动向》，16 页。

④ 欧阳凡海：《什么是战国派的文艺》，载《群众》1943 年 4 月号。

⑤ 陈铨：《文学批评的新动向》，148 页。

⑥ 陈铨：《论英雄崇拜》，见《时代之波》，大东书局，1946。

时常用批评的眼光去看他”，“要评评尼采学说，果然有优点呀，在何处？果然有缺点呀又在何处?”[①]相比，态度是多么不同!

其次，如前所述，“五四”时期鲁迅、茅盾等人介绍尼采，与他们改造国民性的思想密切相关，他们希望尼采的学说能起振奋民心的作用，激励老大羸弱的中华民族的战斗精神，使之猛醒而奋发，以自立于世界民族之林。与此相反，四十年代陈铨等人介绍尼采，目的却在于巩固极少数所谓“英雄”对于广大人民的统治，始终致力于证实这种统治的“合理性”，宣扬“弱者”活该灭亡，群众理应受治。由于这种目的的不同，他们对于尼采的理解和阐述都是不同的。就拿尼采的超人学说来作一个例子。鲁迅认为超人学说的核心就是：人是可以而且应该被超过的，将来的人应该比现在的人更完善；人应该是现世的，肉体与灵魂相统一以发挥生命的极致；应该无视恶势力之干扰而傲然前行；人的生命与其漫长而平庸，勿宁短暂而辉煌。[②] 这与尼采在《查拉图斯特拉如是说》序言第三节中以“喂，我教你们超人”为标志提出的超人学说的四个方面相一致。在这段文章中，尼采说：“喂，我教你们超人，人是一种东西，该被超越的”；“喂，我教你们超人，超人是地的意义”；“喂，我教你们超人，这便是海，在他这里能容下你们的大侮蔑”；“喂，我教你们超人，这便是闪电，这便是风狂”。应该说鲁迅的理解比较符合尼采原意。四十年代的陈铨却对超人学说作了不同的解释，他也明确地提出了四点：第一，“超人就是理想人物，就是天才……没有天才，人类一切的活动，就会陷于停滞状态”；第二，“超人就是人类的领袖……猴子在人类眼光中是笑柄，普通人类在超人眼光中也是笑柄。人类不能让猴子来领导，同样超人也不能让普通人类来领导……假如让群众来处理一切，等于我们回复到禽兽的状态”；第三，“超人就是社会的改革家……社会上一切的事物价值，一般的群众决没有智识勇气，来推倒反抗，只有先知先觉才能够发现他们的缺点，从事改革，假如没有他们，社会上就要死气沉沉，我们不能再有‘人生’，我们只有‘人死’”；第四，“超人就是勇敢的战士，……战争是无情的，然而战争的好处就在无情，因为它淘汰弱者，使强者生存”。[③]显然，如果说鲁迅是把“超人”理解为“尤为高尚，尤近圆满的人类”的未来理想，理解为大家都要朝这个方向努力的人类进化的新阶段，那么，陈铨却把

① 沈雁冰：《尼采的学说》。

② 参阅鲁迅《察拉图斯忒拉的序言·后记》，见《新潮》第2卷第5期。

③ 陈铨：《文学批评的新动向》，145—147页。

“超人”理解为已经存在的高踞于万民之上，天生统治一切的，与群众对立的天才、领袖、英雄；如果说鲁迅介绍尼采始终着眼于“群之大觉”，希望鼓舞弱国人民自强不息，那么，陈铨鼓吹的却是弱者理应被淘汰：“强者应征服弱者，智者应支配愚者，对于弱者愚者我们不应当有任何的同情，因为他们根本不应该生存在世界，他们在世界占的地盘，应当让更优秀的人类来代替他们……假如我们立下一种制度，使弱者愚者得着充分的发展，那么世界的文化，一定会停滞、腐化、不可救药。”①当然，由于尼采的超人学说本身就包含着矛盾，表达方式又极隐晦曲折，正如鲁迅所说，“用箴言集成，外观上常见矛盾”，② 因此对超人学说历来就有不同的解释。但是我们可以清楚地看到陈铨的解释是与德国纳粹学者斯皮迪曼(《尼采的主宰观》)、果尔纳弗尔(《尼采——时代的先觉》)、阿屠尔·拉切(《尼采与德国的发展》)等人的解释相一致的，他们在提倡一个“主宰者阶层主宰一切”，仇视群众，颂扬战争，屠杀弱小民族等方面都相一致。陈铨所理解的超人与鲁迅所理解的超人有着本质的不同。茅盾当年所曾极力批判的“贤智者充分发展成为超人，庸愚者应得极力淘汰免得玷污社会的庄严”的“强词夺理已极”的信条也已被陈铨等人奉为最高理想。

再次，“五四”时期，尼采曾以其对旧传统的反抗以及对坚强意志和创造精神的追求对中国新文学的形成给予良好的影响，到了四十年代，陈铨等人却企图以尼采思想为基础，在腐朽的国民党统治区，掀起一个以天才、意志、力量为中心的，所谓“盛世的”“伟大的新文学运动”以与“五四”以来的进步文学传统相抗衡。他们所提倡的文艺理论的哲学基础，如陈铨所说，就是“内心决定外物”的“自我哲学”，而尼采的超人哲学的完成恰恰使得这种“自我哲学”的思想潮流达到“登峰造极”。③ 从这个基础出发，“近代文学批评的新动向，就是对于天才加一种解放”，“天才可以随时创造规律，规律绝对不能束缚他们”，“我们再不要任何‘外在’的规律，来束缚我们自己，我们要根据‘内在’的活动，去打开宇宙人生的新局面”。④ 这种“内在的活动”，有时被称为“心灵的创造”，有时被称为“内在的生命力”。“天才”的表现实际上就是这种力量的表现，因此，“世界第一流的文学就是能够提高鼓舞生命力的文学”。按照他们的解释，

① 陈铨：《从叔本华到尼采》，117、124 页。

② 鲁迅：《察拉图斯忒拉的序言·后记》，见《新潮》第 2 卷第 5 期。

③ 陈铨：《文学批评的新动向》，14 页。

④ 同上书，16 页。

这种文学包括三个创作母题，那就是：恐怖、狂欢、虔恪。首先是“对这无穷的时空，生命看出了自家最后的脆弱，看出了那终究不可幸逃的气运——死、亡、毁灭，恐怖是生命看到了自家最险暗的深渊：它可以撼动六根，可以迫着灵魂发抖”。这就是生命的恐怖的主题。恐怖，而后能渴慕，能追求，能创造，能征服：“你征服了宇宙……你之外再无存在……你是一个热腾腾，你是一个混乱的创造……狂欢！狂欢！它是时空的恐怖中奋斗夺得来的自由乱创造。”这就是生命的狂欢的主题。经历了恐怖和狂欢就会对超乎“自我”与“时空”之上的那个神秘不可知的“伟大、崇高、圣洁、至善、万能”的“绝对体”，“严肃屏息崇拜”，这就是生命的虔恪的主题。① 这样就把文学引入到反理性主义的神秘莫测的境界。他们认为尼采的作品就是这种文学的典范。“尼采是生命力饱涨的象征”，“尼采的写作是生命的淋漓……纯是一种生命力磅礴所至的生理必需，为创造而创造，为生命力的舞蹈而创造……他本无目的……只是生命力的一时必要的舞蹈与挥霍。”②这样，文学就成了脱离社会、脱离人民、无意义、无目的、仅为少数人所享有的东西，正如他们所宣称：“文学只有天才才能创造”，“文学的领域里没有平凡人的足迹”。③ 但是与此同时，他们又提倡“今后中国文学应当用艺术形式提倡固有的道德”，④ 并宣称“尼采超人的呼声也无异于孔、孟、释、耶”。⑤ 显然，战国策派一方面力图把文学引入脱离政治，脱离生活的歧途，一方面又力图利用文学作为宣传旧传统、旧道德的工具，其目的都是为了巩固现存社会秩序，这与“五四”时期反对旧文化、旧道德，提倡文学为改造社会、改造人生的革命精神是完全背道而驰。

最后，如前所述，“五四”时期，尼采的学说虽属唯心主义、极端个人主义，但仍以战斗的姿态汇入了中国反帝反封建的历史洪流，当时介绍尼采的人如鲁迅、郭沫若、茅盾等都不曾提到尼采直接反对社会主义的言论，这是时代条件所决定的。到了四十年代，中国历史发展的趋势已十分明显，光明与黑暗、进步与反动的分野也已很清楚，陈铨等人介绍尼采已经是自觉地用尼采学

---

① 林同济：《寄语中国艺术人》，见《时代之波》，3、5、10 页，大东书局，1946。

② 林同济：《从叔本华到尼采·序》。

③ 陈铨：《文学批评的新动向》，50—55 页。

④ 陈铨：《民族文学运动的意义》，见《战国》第 25 期。

⑤ 林同济：《从叔本华到尼采·序》。

说作为工具来反对人民，坚持倒退，抵制党所领导的群众运动。这种明确的现实性和针对性在他们的著作中随处可见。例如当他们强调“规律”是“天才心灵的创造”时，他们就把坚持客观规律的人算为“侏儒”“学究先生”“政治小丑”①；当他们宣扬唯有天才能领导，能指挥时，他们就把组织群众进行斗争的人污蔑为“没有一点自主的能力”，“听着别人几句口号，沾沾自喜，直着脖子狂叫，自命为前进分子”②；当他们鼓吹弱者活该被淘汰时，他们就叫嚷：“现在世界弱小民族，口口声声呼喊正义人道，终究不能拯救他们灭亡的命运”③；当他们贩卖“群众不过是天才活动的工具”时，他们就诽谤说：“现在不让天才来领导群众，却让群众来压迫天才，人类前途还有什么希望呢?”④不仅如此，陈铨等人还特别介绍了尼采痛恨的包括社会主义和民治主义在内的“七种东西”，并得出结论说：“这是人类七毒，七毒不除，文化一定要平庸、堕落、腐化、崩溃，消灭。”⑤他们就是这样把矛头直接指向正在对帝国主义、封建主义进行艰苦斗争的人民群众，指向社会主义。和“五四”时期相反，尼采的学说在他们手中已成为维护和巩固法西斯帝国主义、封建统治的有力武器。

五

通过以上简要的分析，不仅可以看到尼采确实在中国不同的时期产生了不同的影响，而且也可以看到所以产生这些影响的原因。

显然，在中国人民起来，想要彻底推翻几千年封建统治的时候，他们不可能从长期封建统治下的中国社会找到新的有力武器。他们需要越过旧的范围，找到一个可以重新考察，重新评价的立足点，这种立足点不仅在中国是新的，最好在世界各国也是“最新”的。尼采学说正是作为一种“最新”思潮，为一些先进的中国知识分子所注目。尼采对资本主义文明的虚伪、罪恶的揭露和批判，对于已经看到并力图避免资本主义弱点的中国先进知识分子来说，正是极好的借鉴。他那否定一切旧价值标准，粉碎一切偶像的破坏者的形象(这种形象在中国传统社会从来未曾有过)；他的超越平庸，超越“旧我”，成为健康强壮的

---

① 陈铨：《文学批评的新动向》，16页。

② 同上书，121页。

③ 同上书，97页。

④ 同上书，97—121页。

⑤ 同上书，178页。

超人的理想都深深鼓舞着正渴望彻底推翻旧社会，创造新社会的中国知识分子，引起了他们的同感和共鸣。无论从鲁迅塑造的狂人所高喊的“从来如此——便对么?”的抗议，还是从郭沫若许多以焚毁旧我，创造新我为主题的诗篇，都可以听到尼采声音的回响。这些因素就是“五四”前后尼采在中国知识界有着不可磨灭的进步影响的原因。但是尼采学说本身充满了混乱复杂的矛盾，包含许多非理性的因素，他的著作如他自己所说，只是一个山峰和另一个山峰。通向山峰的路却没有，也就是说缺少推理程序和逻辑论证；各种隐晦深奥的比喻和象征都可以被随心所欲地引证和曲解，加以他的学说中本来就存在着反社会主义、反人民的部分，这就使尼采在四十年代中国特殊的政治条件下产生了与“五四”时期全然不同的反动影响。

另外，通过前面的简要分析，我们还可以清楚地看到一种外来思潮要发生影响决不是偶然的、盲目的，它必然按照时代和社会的需要被检验和选择。例如“五四”时期，尼采的《权力意志论》就几乎不为人所知，他的一些反对社会主义的言论很少被注意，即使有所涉及也必附有严肃的批判(如茅盾的《尼采的学说》)。除了这种时代和社会的制约而外，一种外来思想的传播还要受到传播者自身世界观、政治倾向和兴趣爱好的限制。无论是鲁迅、茅盾、郭沫若，还是林同济、陈铨，他们笔下的尼采都已经不是原来的尼采，而是加进了某些新的内容和色彩的新的尼采。任何外来思潮发生影响的过程都是这样一个选择、鉴别、消化、吸收、批判、扬弃的过程。人为的照搬或移植都只能是表面的，不会产生什么真正深刻的影响。

在如何对待外来思想这个问题上，鲁迅、茅盾、郭沫若在“五四”时期就已经作出了很好的批判继承的榜样，那种把“五四”时期对待外来事物的态度通通归结为好就一切皆好，坏就一切皆坏的形而上学的说法显然并不符合历史实际。

“五四”以来，对中国现代文学颇有影响的人物除尼采外，还有托尔斯泰、易卜生、罗曼·罗兰、高尔基等。在这些人物中间，尼采的影响历来是最少提及的。如果我们能对尼采的影响采取一个正确的、历史的马克思主义的态度，那么对于其他人物的影响就更不难作出实事求是的正确评价了。

了解世界文学研究发展状况　提高现代文学研究水平*

马克思、恩格斯在《共产党宣言》中早就预言："随着资产阶级的发展，随着贸易自由的实现和世界市场的建立，随着工业生产以及与之相适应的生产条件的趋于一致，各国人民之间的民族隔绝和对立日益消失了。""五四"以来的中国现代文学正是这种世界性变化的产物。如果中华民族不曾突破长期以来闭关锁国、与世隔绝的状况，中国现代文学也就不可能产生。从历史实际来看，世界思潮，特别是文艺思潮的确在中国现代文学的发展过程中留下了深深的痕迹，这种痕迹正是中国现代文学有别于古典文学的重要标志之一。研究世界文学对中国现代文学的影响应是研究中国现代文学发展史的一个重要课题。

当然，这种影响产生的具体情况是十分复杂的，应作具体分析。例如"五四"前后，中国先进的知识分子介绍国外思潮，都是以汲取有用之物以建设祖国文化为目的的。李大钊同志曾明确提出要"变'人'之文明为'我'之文明"。① 他们从不认为外国的东西，好就绝对的好，一概搬入，而是以清醒的理性重新估价，根据自己的需要加以批判抉择。一九〇七年，鲁迅就曾提醒人们不要把西方"迂流偏至"之物加以"馨香顶礼"，② 茅盾也很早就说过，对于西方文

---

* 原载《中国现代文学研究丛刊》，1980年第4期。

① 李大钊：《〈晨钟〉之使命》。

② 鲁迅：《文化偏至论》。

明“尽管挑了些合用的来用，把不合用的丢了，甚至忘却也不妨”。① 他们的想法正如列宁所说，是与“使中国避免走资本主义道路，即防止资本主义的愿望结合在一起的”。另外一些人如学衡派的胡先骕、吴宓则力图介绍西方“最新”的，但并不健康的思潮。前者所写的《欧美文学最近之趋势》，后者所写的《写实主义之流弊》就是其中的代表。还有一些人，他们也看到西方资产阶级文明的弱点，但却力图用中国的封建文化来解决资本主义文化所不能解决的问题，所谓用“东方的精神文明来拯救西方的物质疲惫”。梁启超的《欧游心影录》、梁漱溟的《东西文化及其哲学》就是力图这样做的。到了三十年代，情况又有不同，一方面是苏联文学特别是拉普文艺理论对左翼文学的影响，另一方面是哈代、白璧德、纪德等人对非左翼文艺界的影响。四十年代，解放区继续发展了以高尔基为代表的苏联无产阶级进步文学的影响；国统区则情况更其复杂：有战国策派以尼采哲学中的反动部分为核心企图掀起的“民族运动与文学运动”，有罗曼·罗兰等人对胡风派文学的影响，也有对西方现代派大师 T. S. 艾略特和依修伍德等人的介绍……这一切都亟待重新研究，重新作出评价。

外国文学影响了中国，中国文学也必然对外国产生影响。举一个例子来说，易卜生著名剧作《玩偶之家》女主人公娜拉的形象传入中国后，不仅产生了广泛影响，而且有了新的发展。鲁迅首先提出“娜拉走后怎样”的问题。他指出如果没有整个社会的改造，娜拉走后的出路只有两条，一条是堕落，一条是回家。不久，他又在短篇小说《伤逝》中具体描绘了在中国社会，娜拉式的人物尽可实行“我是我自己的，他们谁也没有干涉我的权利”的理想，然而由于经济压迫，更重要的是由于没有进一步的信仰和追求目标，她们从封建家庭出来，结局仍然是回到封建家庭，像“蝇子停在一个地方，给什么来一吓，即刻飞去了，但是飞了一个小圈子，便又回来停在原地点……很可笑，也可怜”。② 几年后，茅盾在他的短篇小说《创造》中又进一步发展了这一类中国的娜拉式人物的形象。女主人公娴娴曾经是被丈夫任意摆布和塑造的一块不定形的毛坯，但她终于有了自己的理想和觉悟，背叛了曾经主宰自己的丈夫而出走。由于时代的不同，作者暗示了她有可能投身革命工作，找到光明前途。娜拉形象在中国的这些发展，肯定给国外研究易卜生的工作提供了丰富的内容，也提出了新的问

---

① 沈雁冰：《尼采的学说》。

② 鲁迅：《在酒楼上》。

题。一些外国学者也已明确地指出了这一点。① 目前，无论是对于外国文学对中国文学的影响，或是中国文学对外国文学的影响，我们都还研究得很不够，而缺少对这些问题的研究，中国现代文学史也就很难写得全面而深入。

中国现代文学是作为世界文学的一个部分发展起来的。必须了解同时期世界文学发展的状况，才能更深刻地看到我们自己文学的民族特色。有比较才能有鉴别，只有和世界各民族文学相比，认清究竟有哪些不同之处，然后才能更全面地了解自己文学的独特之点。就中国现代文学本身来研究中国现代文学，有许多特点是很难看清楚，说深刻的。美国哥伦比亚大学夏志清教授六十年代曾写了一本很有影响的《中国现代小说史》，其中许多观点为我们所不能同意，但他有一点讲得很好。那就是把二十年代初期在中国产生的现代文学与同时代的世界文学相比，指出当时世界文学大部分作品都只是着重于描写"个人精神上的空虚"，"对社会、人生充满失望和厌恶"，"产生了大量充满虚无主义和非理性的文学作品"，而中国新文学则与此相反，"中国的国耻、积弱和腐败启发了一九一八至一九三七年间大部分严肃的作品"，"这种觉醒反映出作家对人类尊严和自由的向往"，这些作家"非常感怀中国的问题，无情地刻划国内的黑暗和腐败，对祖国有着一线希望，以为西方国家或苏联的思想制度也许能挽救日渐式微的中国"。这就形成了二十年代初期中国现代文学完全不同于当时世界文学潮流的一种"感时忧国"的独特精神。这样从世界文学发展的高度来考察中国现代文学的特点，就能使我们对这些特点有更加深入的认识。再如上面提到的娜拉的例子，显然，只有把中国现代文学作为世界文学发展的一部分来研究，充分了解易卜生原著的成就及其局限，我们才能更好地理解鲁迅杂文《娜拉走后怎样》和短篇小说《伤逝》，以及茅盾的小说《创造》的深刻含义。

近几十年来，文艺理论、文学批评、作家作品分析等方面在国外都有了不同程度的发展。如果我们仍停留在原处，就不能提高现代文学研究水平，满足人民需要。粉碎"四人帮"后，不少大学生对现代文学兴趣不高，他们感到这门学科没有多少理论，批评原则千篇一律、程式化，作家作品分析又多半是"结构严谨""语言精炼""形象生动"等可以适用于任何较好作品的"常用词"。要突破这种局面就需要我们有更生动的理论指导，更远大的眼光，更宽阔的视野。首先是更广泛更扎实地来提高我们的马克思主义理论水平。过去我们学习马克

① Vera Schwarcz: *Ibsen's Nora: The Promise and The Traps*, Bulletin of Concerned Asia Scholars, 1975.

思主义文艺理论往往局限于几封信、几条原理，缺少全面、系统的研究。对于马克思主义在各个与文学有关的领域中的运用和发展，特别是近二十年来在国外的发展知之甚微。例如美学方面出版了卢卡契的美学多卷本，国外评论界不少人认为这是继黑格尔美学之后的巨著，是运用马克思主义于美学领域的伟大成就。我们对此尚缺乏研究，还很难作出评价。再如语言是文学表达的唯一手段，而我们对文学语言，对马克思主义语言学及其新发展都了解得很不够，对于西方的结构主义语言学、语义学之类就更不用说了。至于马克思主义的心理学，特别是文艺心理学，我们就接触得更少。这样发展下去，我们研究的路就只能愈走愈窄。总之，不提高马克思主义理论水平，不提高我们对马克思主义理论了解的深度和广度，不熟悉这一理论在各有关领域的发展，我们就不能突破现状，将现代文学研究提高到新的水平。

另外，文学作品的批评原则和分析方法，几十年来也有了很大的变化和发展。早在二十年代初期，茅盾在他的《文学批评管见》和《文艺批评杂说》等文章中，就介绍过文学批评的不同派别，如以时代、环境、人种来说明文学现象的泰纳等人；认为纯粹的文艺批评即纯粹的自我表现的克罗齐等人以及主张“印象的批评论”和“欣赏的批评论”的法朗士等人。经过五十余年的发展，世界文艺批评的派别更多了。

如五十年代影响很大的美国新批评派，他们反对文学批评家只专注于作者生平、时代背景、道德价值、社会认识意义等并非作品本身的问题，提倡不要止于对作品的外在的考察而要深入到作品“内面”去。也就是说主要应分析作者用以展示、探究、发展其主题，传达其思想的手段，即文字、意象、语言等技巧。他们认为一首诗经过散文的意译，一部小说作成了情节的提要之后，就失去了它艺术的精华，批评家所要着重研究的正是作品如何得以呈现，如何能激发想象力，以及如何能给予美学享受的那些最根本的因素。例如他们分析一部作为文学作品的戏剧时，首先就抓住它一方面直接表现发言者的思想、情感、意图、思慕或恐惧，如抒情诗；一方面又有一条贯穿全局的故事线索，如短篇或长篇小说；他们特别注意剧本所用的文字，考量每一个人物语言的冲力，衡量每一种言辞对戏剧冲突与主题结构的修辞效果等等。

六十年代盛极一时的结构主义文学批评则与此不同。结构主义批评家反对只作个别的局部的分析，强调系统的综合研究。他们把对文学的研究与语言学、心理学、人类学密切结合在一起，希望找出其间的内在联系。他们不赞成描述一大堆材料或加以表面的分类考察，而是致力于发掘一种更深层的关系，正是这种关系决定了文学现象之所以为文学现象而不是其他。因此，他们注重对一个系统内部诸因素之间的关系进行探讨，强调对某个文学体裁内部的模式演变进行论述。他们热衷于把文学现象分成若干系列，从总体上研究这些系列的共同之处。例如他们把最早的文学现象——神话分为若干原型：创造的原型(某种超自然的力量如何创造了宇宙和人类)；永生的原型(逃避时间的局限或服从时间的轮转而得永生)；英雄的原型(有的为追求某一目的而经受了严酷的考验，有的为补偿人间或自己民族的罪孽而成为祭坛上的牺牲)。结构主义批评家把后来的文学现象都与这些原始的模式联结起来，例如认为莎士比亚所塑造的哈姆雷特就是一个为赎罪而献身的英雄，他的死亡结束了罪恶和黑暗，使国家重现黎明和春天。当然这只是举其简单的一例，真正结构主义的分析要比这复杂得多。

另外，心理学的批评方法也有了很大的发展。这一派批评家以弗洛伊德的精神分析学作为理论指导。弗洛伊德把人类心灵活动分为三个区域：一、被称为“意底”的无定型的欲求与活力，它绝无理性与秩序，只按“快乐原则”满足本能的需要。二、代表理性与审慎的“自我”，它担任内在世界与外在世界之间的仲裁，按“现实原则”来决定行止和取舍。三、维护社会秩序的“超自我”，它代表良知、自尊与秩序，遵循“道德原则”来抑制“意底”的盲目冲动。弗氏认为“意底”使我们成为禽兽，“超自我”则使我们有如天使，而“自我”则使我们成为永远健全的人类。唯有“自我”能平衡“意底”与“超自我”两种相反的势力。心理学派的文学批评家多半根据这三种心灵力量的矛盾与冲突来分析人物形象。如弗洛伊德的学生恩莱斯特·琼斯就认为《哈姆雷特》一剧所表现的正是主人公对由于失去心灵平衡而导致的一种病态心理所作的无益的搏斗。对于哈姆雷特何以多次延迟，不杀其叔父这一历来有争议的问题，他的回答很简单，那就是发狂与抑郁性的歇斯底里并发意志丧失症的结果。①

还有象征的文艺批评方法。这一派批评家着重研究作品意象的象征意义。例如卡洛琳·斯巴琴就曾写了一本名为《莎士比亚的意象及其告诉我们什么》的书，把莎士比亚用过的全部意象编成目录，系统地研究其象征意义。这类批评家认为伟大的作品总是以美学的有力形式传达或表现作者的某种经验。当读者要再体验到这种经验时，就必须认识作者用来表达这种经验的意象及其相关的象征。例如他们分析马克·吐温的《哈克贝里·芬历险记》，就着重分析了那一

① Ernest Jones：*Hamlet and Oedipus*.

条象征着与社会恶势力相抗衡的伟大自然力的密西西比河。主人公赫克在这条河上漂流，这条河成了人们不必对己对人说谎的唯一处所，它给予人们自由静观的感觉和轻松自在的生活，它不断向前奔流，从一个险滩到另一个险滩，它载着主人公历经险阻，导向另一个不确定的追求。

当代世界文艺批评方法除了以上介绍的较重要的几种而外，还有许多别的方法和流派。当然这些批评方法不一定全对，甚至大部分不对，但是，要突破中国现代文学目前的研究水平，我们必须了解，必须研究，要像鲁迅早就提倡的那样："一面尽量的输入，一面尽量的消化、吸收，可用的传下去了，渣滓就听它剩落在过去里。"①如果采取这样的态度，我想，各种流派的批评方法都可以启发思考，对我们有所助益。举个例子来说，分析茅盾的作品，如果我们在逐篇分析之外，再把许多作品中的人物形象连贯起来，作为一个总体去考察，组成若干系列，比方说，慧女士(《幻灭》)—孙舞阳(《动摇》)—章秋柳(《追求》)—桂奶奶(《诗与散文》)—李蕙芳(《色盲》)—梅行素(《虹》)—张素素(《子夜》)—赵惠明(《腐蚀》)作为一个系列；静女士(《幻灭》)—方太太(《动摇》)—琼华(《一个女性》)—表妹(《诗与散文》)—赵女士(《色盲》)—林珮瑶(《子夜》)作为另一个系列，还有吴荪甫(《子夜》)—唐子嘉(《多角关系》)—何耀先(《第一阶段的故事》)—林永清(《清明前后》)又是一个系列。这样从总体来加以分析，找出各个形象之间的继承和发展，共同处和不同点，从而看出茅盾创作方法的演变和写作技巧的发展，这样不是也可以在作家研究方面提供一些新的线索吗？

又如分析老舍的作品，我们往往用同样的方法分析他的每篇作品如何反映了社会生活，这当然是必要的，但如果我们更注意到老舍作品的不同艺术风格和不同写作方法，分析就会更深入一些。老舍曾经说过自己的创作有两条道路，"《月牙儿》与《骆驼祥子》各自象征了这两条道路。"②如果我们分析《月牙儿》时，不止于复述故事，分析人物，指出它如何反映了下层人民的苦难生活，而对那贯串全文，无时不有，无处不在的"月牙儿"的象征也作一些认真的分析，那么我们就会看到它在发展故事，烘托气氛，刻画人物心理等方面起了多么重大的作用，对于全书凄婉的魅人色彩和富于象征意味的抒情语言也可作进一步解释。总之，只要有正确的态度，更多地了解国外各派文学批评方法，并不会将我们引入歧途而只会使我们更加丰富。

---

① 鲁迅：《关于翻译的通信》。

② 费德林柯：《旅程与邂逅·我所认识的老舍》。

目前，由于我国国际地位日益提高，各国人民都很希望进一步了解现代中国，不少过去只研究中国古代文化的汉学家也转而研究中国现代文化。对我国现代文学感兴趣的外国学者愈来愈多。他们迫切需要了解我们自己对现代文学各方面的看法，而我们对中国社会最了解，对反映现代中国社会的中国现代文学也最有发言权。为了向全世界正确地介绍中国现代文学，我们迫切需要和国外学者一起找到可以互相理解，互相交流的共同语言。这也要求我们进一步了解世界文学的发展状况，进一步从世界文学发展的高度来研究我们自己的现代文学。

《蚀》和《子夜》的比较分析*

茅盾说："一个已经发表过若干作品的作家的困难问题，也就是怎样使自己不至于粘滞在自己所铸成的既定的模型中；他的苦心，不得不是继续地探求着更合于时代节奏的新的表现方法。"①在我国现代文学中，茅盾的确是一个勇于探索，不满足于既得成就的作家，他的主要作品在处理生活与创作的关系，作家思想与人物形象的关系，以及艺术结构、心理分析、描写技巧、语言特色等多方面都各有创造，互不雷同。如果把这些作品联系起来研究，就可以看出作者不断突破"自己所铸成的既定模型"的可贵努力，从中获得深刻的教益。本文仅就《蚀》和《子夜》作一些比较分析。

一

早在一九三四年，《子夜》刚发表不久，朱自清先生就曾评论说：

> 这几年，我们的长篇小说渐渐多起来，但真能表现时代的，只有茅盾的《蚀》和《子夜》。前一本是作者经验了人生而写的，这一本是为了写而去经验人生的。《子夜》是细心研究的结果，并非写意的创作。②

---

* 原载《文学评论》，1981 年第 1 期。

① 《宿莽·弁言》。

② 朱佩弦：《子夜》，见《文学季刊》第 2 期。

事实确实如此。茅盾写《蚀》三部曲，曾“真实地去生活，经验了动乱中国的最复杂的人生一幕”①。这些经验给他留下了难忘的印象，特别是他接触过的一些人物长久活跃在他心头，以致他“凝神片刻，便觉得自身已经不在这个斗室，便看见无数人物扑面而来”②。真正激发茅盾的创作热情的，正是这些人物，尤其是其中的几个“时代女性”。他曾回顾说：我又“忙里偷闲来试写小说了。这是因为有几个女性的思想意识引起了我的注意。那时正是‘大革命’的‘前夜’。小资产阶级出身的女学生或女性知识分子颇以为不进革命党便枉读了几句书。并且她们对于革命又抱着异常浓烈的幻想。是这幻想使她走进了革命，虽则不过在边缘上张望。也有在生活的另一方面碰了钉子，于是愤愤然要革命了，她对于革命就在幻想之外再加上一点怀疑的心情……她们给了我一个强烈的对照，我那试写小说的企图也就一天一天加强”③。这种由生活中实有的形象所唤起的创作冲动，有时是很强烈的。例如作者就曾回忆过有一次曾与这样一位女性同行于大雨滂沱之中，“忽然感到文思汹涌，……在大雨下也会捉笔写起来”。后来，作者又谈到怎样“眼见许多‘时代女性’发狂颓废，悲观消沉”，又怎样在从武汉到牯岭的客船“襄阳丸”三等舱内，“发现了在上海也在武汉见过的两位女性”④。在速写体小说《牯岭之秋——一九二七年大风暴时代一断片》中，作者更是详尽地描述了这位在“襄阳丸”上相逢的密斯王。她曾是湖北妇女协会常务委员，曾在纱厂组织女工放足闹解放的。

这些生活中实有的人物，经常萦回在作者心中，形成鲜明的意象，使作者“只觉得倘不倾吐心头这一点东西，便会对不起人也对不起自己似的”⑤，于是不能自已地要把它表现出来，结果就是《蚀》三部曲中的“时代女性”的典型形象。这些形象又可分为两型，如作者所说：“《幻灭》、《动摇》、《追求》这三篇中的女子虽然很多，我所着力描写的却只有二型：静女士、方太太属于同一型；慧女士、孙舞阳、章秋柳属于又一的同型。”⑥这两型恰好与上述作者在《几句旧话》中所分析的两种不同的女性知识分子相呼应。这“时代女性”的两型

① 《从牯岭到东京》。
② 《写在〈蚀〉的新版后面》。
③ 《几句旧话》。
④ 同上。
⑤ 《回顾》。
⑥ 《从牯岭到东京》。

反映了时代和生活的真实内容，丰富了中国现代文学的画廊，这是茅盾的一个重要贡献。

《蚀》三部曲的确不是有意为之、苦心搜求的结果，它是由作者的生活经历中自然涌现出来的，也就是朱自清先生所说的“写意之作”。

写《子夜》时，情形就不同了。一九二九年以后，茅盾已不大愿意再写那些熟悉的素材，他说：“那些无意中积聚起来的原料用得差不多了，而成为我的一种职业的小说还不得不写，于是我就要特地去找材料。我于是带了‘要写小说’的目的去研究‘人’。”①这时，他的“日常课程就变做了看人家在交易所里发狂地做空头，看人家奔走拉股子，想办什么厂，看人家……”②而“朋友中间，有实际工作的革命党，也有自由主义者，同乡故旧中间，有企业家，有公务员，有商人，有银行家，那时我既有闲，便和他们常常来往。从他们那里，我听了很多……当时我便打算用这些材料写一本小说”。③《子夜》所写的生活，不是作者所曾亲身经历的，而是通过“看”、“听”、调查研究所得，正如朱自清先生所说，是“细心研究的结果”，作者是为写小说才去经验人生的。但《子夜》同样取得了巨大的成就，它所提供的中国民族资本家的典型形象，对中国现代文学史是一个不可磨灭的贡献。

由此可见，写自己的亲身经历，可以写出优秀的作品，写自己未曾经历过的生活，而有目的、有计划地深入调查研究，也能写出成功的巨著。朱自清先生早就认为《蚀》和《子夜》同样都“真能表现时代”，作者也曾引一位批评家的话说：“左拉因为要做小说，才去经验人生；托尔斯泰是经验人生以后才来做小说”，他强调指出：“这两位大师出发点何其不同，然而他们的作品却同样的震动了一世了……我爱左拉，我亦爱托尔斯泰。”④

作家当然应该写自己经历过的、熟悉的生活，但这也并不是绝对的。事实上，作者的亲身经历总有一定限制，他必须不断扩大眼界，深入调查，接触新情况，了解新问题，研究新人。如果总是局限于写自己经历过的事，那么，所写的东西势必愈来愈琐细，愈来愈离开目前正在发展的沸腾的生活。茅盾很早看到了这一点，他毅然放下自己熟悉的题材去开拓新的领域。这种开拓使他的

① 《谈我的研究》。

② 《我的回顾》。

③ 《〈子夜〉是怎样写成的》。

④ 《从牯岭到东京》。

创作达到了新的高峰，他的这种不满足于既往，不断突破自己的精神，给我们留下了一个很好的榜样。

二

《蚀》和《子夜》的不同，还表现在作者的思想感情如何在创作过程中起作用这个问题上。在写《蚀》时，作者很强调："我只注意一点，不把个人的主观混进去"，他只求"能够如何真实便如何真实"地反映生活，他承认自己不想，也"不能积极地指引一些什么——姑且说是出路罢"①。而《子夜》的创作则有着自觉的、明确的目的。作者通过深入的调查研究，加深了对中国社会性质的认识。他把这些认识和当时正在展开的关于中国社会性质问题讨论的一些文章的论点相比较，更增加了写小说的兴趣。于是，"打算用小说的形式"写出民族工业等三个方面。他要把自己对中国社会性质的认识，"给以形象化的表现"，以"回答托派"。② 作者对自己作品的这些解释曾引起过不少不公平的论断。例如认为《蚀》既然只是如实反映现实，不表现作者主观的思想感情倾向，又不指明出路或暗示历史发展的方向，那就是一部客观主义、自然主义的作品。至于《子夜》，一些评论家往往不是从作品实际出发，加以归纳，而是从作者上述的主观意图出发，任意演绎，以致吴荪甫这个本来塑造得很成功的主要人物形象，愈来愈被分析成某种社会性质的"图解"，某种作者概念的形象化了。在讨论形象思维时，有人认为在文艺创作过程中，形象思维必须经过逻辑思维这个独立的阶段，再还原为形象，才能写出有价值的作品。他们认为《子夜》的创作过程就是有意识地广泛接触生活中的各种人和事，然后认真分析，加深认识，找出其中本质的东西，最后通过精心安排的艺术手段加以表现，构成艺术形象。在批判"主题先行论"时，又有人提出，《子夜》不是也是"用小说的形式"来表现作者的思想么？作者要用小说来"回答托派：中国并没有走向资本主义发展的道路，中国在帝国主义的压迫下，是更加殖民地化了"。这不也是先行的主题么？一些国外的评论家也往往因此褒《蚀》而贬《子夜》，他们认为《子夜》是概念化的作品，艺术技巧也远逊于《蚀》。要弄清楚这些问题，只能从作品的具体分析入手。

茅盾在开始创作五年后，曾总结说："我所能自信的，只有两点：一，未

---

① 《从牯岭到东京》。

② 《〈子夜〉是怎样写成的》。

尝敢‘粗制滥造’；二，未尝为要创作而创作——换言之，未尝敢忘记了文学的社会的意义。”①《蚀》决不是无目的的为写实而写实的作品。作者当时就说，写《蚀》的目的是“想要以我的生命力的余烬从别方面在这迷乱灰色的人生内发一星微光”②。这一星微光就是“写一些平凡者的悲剧的或暗淡的结局，使大家猛省”③。事实上，《蚀》不仅没有做到“不把个人的主观混进去”，恰恰相反，它强烈地表现着作者主观的思想感情，如对孙舞阳、章秋柳这类“时代女性”的同情和偏爱就是一例。作者多次强调这类人物虽然表面上都显得轻率放纵，浮躁浪漫，但实际上“却有一颗细腻温柔的心，一个洁白高超的灵魂”，而且“思想彻底，心里有把握”，她们神往于反抗破坏，冒险奋斗，醉心于戳穿假面，揭露真相；她们也曾渴望牺牲自己，做一点有益于别人的事，但她们不知道怎样去做，而且她们不免利己、自私、崇尚感官的享乐，“不愿在尝遍生之快乐的时候就死”，想在“吃尽了人间的享乐的果子之后再干悲壮的事”。革命的被叛卖在她们的心灵上留下了难愈的创伤，她们觉得自己受了骗，“理想的社会，理想的人生，甚至理想的恋爱都是骗人的勾当”，她们不愿“拿着将来的空希望”，“为目前的无聊作辩护”，不愿作渺茫的将来的奴隶而愿执着地粉碎一切现实的束缚。她们声称：“既定的道德标准是没有的，能够使自己愉快的便是道德”。于是恣意追求一己的快意和刺激：“我们正在青春，需要各种刺激，需要心灵的战栗，需要狂欢。刺激对于我们是神圣的，道德的，合理的”。她们憎恶平庸，厌恨周围停滞的生活，她们始终不能和革命失败后的黑暗社会妥协，而且挣扎着不愿在那灰色的生活中沉没。作者说：“慧女士、孙舞阳、章秋柳不是革命的女子，然而也不是浅薄的，浪漫的女子，如果读者并不觉得她们可爱、可同情，那便是作者描写的失败”④。她们的可爱、可同情就在于她们奋不顾身地想要脱出那几千年来形成的腐败社会秩序，英勇反抗封建统治强加于人民，特别是妇女的道德镣铐。（她们的浪漫、追求“性”的解放正是这种反抗的歪曲表现。）她们曾满腔热情地投入伟大的人民革命，革命的失败和她们自身的弱点使她们终于又被抛出革命的轨道，回到原来的旧生活，她们拼命挣扎，虽然并无结果，但毕竟远胜于屈服、苟活，乃至同流合污。“只要环境转

---

① 《我的回顾》。

② 《从牯岭到东京》。

③ 《写在〈野蔷薇〉的前面》。

④ 《从牯岭到东京》。

变，这样的女子是能够革命的”[1]。作者写这一切，决不是用客观主义、自然主义的态度，而是充满了赞赏与同情。当然，作者没有为她们指点什么“出路”，没有给作品加上一个“光明尾巴”。这是因为在那个时代，对于“时代女性”这类人物来说，找不到出路，始终在黑暗中颠踬浮沉才是普遍的、本质的。作者说：“如果在他们中间插进一位认识正路的人，在病态中泄露一线生机……我应该尚能见到这一点，可是我并不做；因为我相信《追求》中人物如果是真正的革命者，不会在一九二八年春初还要追求什么，他们该是早已决定了道路了。”[2]另外，《蚀》也反映着作者的消极情绪，他并不讳言：“我有点幻灭，我悲观，我消沉，我都很老实地表现在三篇小说里。”特别在《追求》中，那种自始至终都存在的缠绵幽怨和激昂奋发的调子更是突出地显示着作者“忽而高亢灼热，忽而跌下去”的情绪。[3] 而这种情绪对于当时相当大一部分知识分子来说也是普遍的，本质的。如果在《蚀》所描写的时代和环境中突然出现一位指点前途的伟丈夫，作者也能喜气洋洋地展望未来，那就完全破坏了作品的真实，既不符合当时的时代气氛，也违悖了生活发展的逻辑。因此，认为《蚀》没有指明出路并反映了作者某些消极情绪，就判定这是自然主义、客观主义的作品也是不公正的。

《子夜》也不是只表现作者思想观念而不寄托作者感情的作品。吴荪甫是一个从生活中涌现出来的活生生的形象，而不是什么“本质”的“化身”，作者写《子夜》未必经过一个独立的逻辑思维阶段，这部作品和“四人帮”提倡的“主题先行论”更是风马牛不相及。当然，这些问题由于作者的一些并不完全切合实际的解释显得复杂化了。例如一九五二年，作者在《〈茅盾选集〉自序》中说，《子夜》“这部小说写的是三个方面：买办金融资本家，反动的工业资本家，革命运动者及工人群众”，这不仅和三十年代末作者在《〈子夜〉是怎样写成的》一文中所说的“(一)投机市场的情况；(二)民族资本家的情况；(三)工人阶级的情况三方面”不完全相同，更重要的是作者把“民族资本家”换成了“反动的工业资本家”，给吴荪甫戴上了一顶与赵伯韬并无本质不同的“反动”帽子。从此，人们只好不看作者对吴荪甫所曾倾注的同情，也不谈这种同情在读者心中引起的美学感应。其实，评论作品首先还是要从作品实际出发，作者对自己创作意

---

① 《写在〈野蔷薇〉的前面》。

② 《读〈倪焕之〉》。

③ 《从牯岭到东京》。

图的事先设想或事后解释与作者进入创作过程时按形象思维规律来塑造人物本身，虽不能说没有关系，但毕竟不是一回事。茅盾在创造吴荪甫这个人物时，决不是把他作为一个“反动工业资本家”来处理的。相反地，他是在塑造一个失败的英雄，一个主要不是由个人的失误而是由历史和社会条件所必然造成的悲剧的主人公。作者曾对他的命运深感遗憾和惋惜，并激起读者同样的感情。这倒不是什么新发现，而是《子夜》发表当年，人们还无须顾忌或回避什么时的真实感觉。例如朱自清就曾说：“吴、屠两人写得太英雄气概了，吴尤其如此，因此引起一部分读者对于他们的同情与偏爱，这怕是作者始料所不及的吧。”① 侍桁称《子夜》为“一本个人悲剧的书”，他说：“这个英雄的失败被写得象希腊神话中的英雄的死亡一般地使人惋惜。”②其实作者自己当时也并不隐讳这一点，他在作品中明确地说：这个“魁梧刚毅，紫脸多疱”的人“就是二十世纪机械工业时代的英雄、骑士和‘王子’。”(1977 年版，90—91 页)在作者看来，他正是那一时代英雄传奇的理所当然的主角。正因为这样，《子夜》第一版，扉页上印满了纵横交错的“A Romance of China in 1930”(一九三〇年的中国罗曼司)的图案。是的，不论吴荪甫的主观动机如何，他的愿望是抵抗帝国主义、官僚买办，实现自己国家的工业化。这正与我国整个民族的历史愿望相吻合。他雄才大略，高瞻远瞩，是一个刚毅顽强、讲求效率，最恨拖沓不中用者的“铁铸的人儿”。无论是才干、人格、气质、风度，他都远远超过粗俗鄙陋的赵伯韬之流，然而他却惨败于后者之手，这不是他本人的过失，而是无法抗拒的社会和历史的必然。从他的败亡，我们也看到了某些比较美好的事物的被毁灭。因此，作者对他的主人公的同情、赞赏、遗憾、惋惜，以及通过这个形象所激发的读者类似的美学感情是可以理解，可以接受的。(当然，这是就他和官僚买办的关系而言，他和工农的关系是另一个问题。)作者显然不是用一个“反动工业资本家”的概念来指导吴荪甫形象的创作，而是按照自己对生活本身的真情实感来写的。这种真情实感与他的主观概念甚至并不完全吻合，这就是朱自清所说的“作者始料所不及”。如果吴荪甫这个人物只是一个完全由作者“根据推理设想出来”的“反动资本家”的图式，这种效果就不可能产生，吴荪甫这个形象也就不可能在现代文学史上占有今天的地位。

过去也曾有人批评吴荪甫是一个“只有在西欧那样的资本主义社会中”才可

---

① 朱佩弦：《子夜》，见《文学季刊》第 2 期。

② 侍桁：《〈子夜〉的艺术思想及人物》，见《现代》第四卷第 1 期。

能存在的人物，“在中国社会里，他是并未实存。”①从半封建半殖民地的中国社会土壤能不能产生吴荪甫这样的人物呢？只要把吴荪甫和左拉在《金钱》中塑造的大资本家萨加尔略加比较就可以说明。瞿秋白同志很早就谈到“《子夜》带着很明显地左拉的影响，特别是左拉的长篇小说《金钱》”②。我们确实可以从这两个人物身上看到某些共同特点，例如他们都醉心于金钱的狂流从自己手中流过，变成更多的工厂、银行、城市，他们都有着活跃的生命力，有着为攫取利润而不惜赌上身家性命的野心家亡命徒气质，并且为此而使别的欲望和感情减退乃至瘫痪。但吴荪甫决不是萨加尔，他为积累资金不得不一点一滴地搜刮农村，他面临的是占绝对优势的帝国主义和买办阶级的强大联盟，这个联盟不仅控制着雄厚的经济实力而且可以任意左右国家政权。赵伯韬为压垮吴荪甫们的“空头”，可以轻易“请财政部饬交易所……没有现货交上去做担保，就一律不准抛空卖出”，以致“发一个所令”把卖方的保证金增加一倍而买方保证金仍旧。他们就是用这样的非经济强制手段，配合强大经济实力，拉走杜竹斋，迫使吴荪甫全军覆灭，这失败是必然的，和萨加尔偶然由情妇泄露经济秘密而遭失败完全不同。这位中国企业家虽也鄙夷那些“靠公债、黄金、地皮吃饭”的投机商人而一心想创办中国的现代化实业，但他几乎从一开始就动摇，一遇困难就自怨自艾，后悔当时不如投资办银行，搞投机。在挫折和威吓面前，这位“铁铸的人儿”也很难掩饰灵魂的颓丧和空虚。这与一败涂地，关进监狱仍然兴致勃勃地筹划未来银矿和轮船公司的萨加尔当然不可同日而语。吴荪甫游学欧美，很注意保持自己的绅士风度，尽量用“皱皱眉头摆摆手”来表示内心的不满，但他惯于作为封建家长，以自己的专横意志强加于全体家庭成员，作为“威严神圣的化身”而出现，这也是和萨加尔完全不同的。这些不同之处生动地融汇在吴荪甫的性格之中，形成了这个性格的复杂矛盾。如果不是从具体的现实着眼，而只是从抽象的概念出发，吴荪甫的形象就不会像现在这样成为那一特殊时代，那一具体社会条件下独一无二的“这一个”。

另外，吴荪甫的结局也是他的性格发展的逻辑结果，而不是作者概念的安排。作者曾经强调“中国民族资产阶级的出路是两条：(一)投降帝国主义，走向买办化；(二)与封建势力妥协，他们终于走了这两条路。”③但作品实际却并

---

① 侍桁：《〈子夜〉的艺术思想及人物》，见《现代》第四卷第1期。

② 瞿秋白：《〈子夜〉和国货年》。

③ 《〈子夜〉是怎样写成的》。

不如此。吴荪甫虽曾把几个小厂出顶给日本公司，但那并不是他财产的主要部分，他把他资金的全部都用来和赵伯韬决一死战，结果是一败涂地，以致不得不用手枪对准自己的胸膛。但他毕竟没有投降，也不曾妥协。如果作者按照自己上面所说的概念把吴荪甫写成一个终于投靠帝国主义、封建势力的人，与赵伯韬同属反动，那么，这个人物就会全然失色而不再是现在的吴荪甫了。

由此可见，吴荪甫这个形象不是按照作者的主观概念而是按照生活本身的逻辑来创造的。作者认识的一些企业家的经历和遭遇，反映在作者头脑中，经过作者的感知、想象，理智和感情的作用，逐渐形成一个企业家的美学意象，这个作家头脑中的美学意象通过艺术手段表现出来，就是客观存在的吴荪甫的艺术形象。在这个过程中，逻辑思维始终起着辅助的作用，它帮助认识和理解生活中的形象，帮助提炼和改造头脑中的意象，使之能概括更深广的生活内容，它也帮助安排结构等表现手段，使之更完善。但是在创作过程中，并没有一个独立的离开形象本身的逻辑思维阶段。如果一个艺术形象只是某种逻辑思维结论的形象化，那就决不可能获得长久的艺术生命。从这一点来说，《蚀》和《子夜》的创作过程并没有什么不同。但是，在作者的思想如何在形象形成的过程中起作用这个问题上，《蚀》和《子夜》的确存在着自觉与不自觉，作用大和作用小的区别。

茅盾写《子夜》时，已经有了比较系统的科学的文艺理论的指导。他强调文艺必须是“社会现象的正确而有为的反映”①，所谓“有为”，就是要“指示未来的途径”，成为一把“创造生活”的“斧头”②。为要创造生活，作家就“不但须有广博的生活经验，亦必须有一个训练过的头脑，能够分析那复杂的社会现象”③。《子夜》是在这些原则指导下创作的。作者对中国社会性质的正确认识在《子夜》的创作中起着很大的指导作用，作者十分自觉地努力使这些正确思想通过作品对读者产生影响。《蚀》却与此不同，在这部书里，作者把自己的全部思想感情，印象和经验一起呈现在读者面前，并不像《子夜》那样有很明确的指导思想，也不是那样自觉，那样有目的地要告诉读者一点什么。这种不同是客观存在着的。但却并不能因此而判定作品的高下。有明确思想指导的作品固然可以更深刻地揭露生活的本质，没有明确思想指导的作品只要真正反映了典型

---

① 《我的回顾》。

② 《我们所必须创造的文艺作品》。

③ 《我的回顾》。

的生活和人物，它本身就向人们揭示深刻的真理；不曾自觉地要向读者说明什么思想的作品容易写得亲切自然，但自觉地要以某种思想影响读者的作品也不见得都是概念化的产物，更谈不上“主题先行”。“四人帮”所提倡的“主题先行论”具有它特殊的含义，那就是：领导出思想，群众出生活，作家出技巧，作家的任务就是把别人规定好的思想(主题)和材料图解化为形象。这当然是应该坚决反对的，但是这决不等于不允许作家在深入生活的基础上事先构思和安排自己作品的思想和主题。茅盾想通过小说的形式告诉读者，中国并没有走向资本主义发展的道路，而是更加殖民地化了。这是他研究人和研究生活所得的结论，这个结论帮助他综合、选择和提炼许多生活中的企业家的形象，塑造成吴荪甫这个民族资本家的典型。作者一直没有离开形象的思维，他对中国社会性质的理性认识只是帮助他开拓了形象思维的深度和广度。这和“主题先行论”能有什么关联呢？如果我们批判“主题先行论”，连作家自觉地事先考虑到用正确思想去影响人们这一条也否定了，那是不符合创作实际的。《子夜》的成功就是一个明显例证。当然《蚀》和《子夜》都不是没有缺点的作品，上面谈到的两本书的这种不同恰好也造成了他们各自不同的缺点。例如《蚀》提供了不少壮阔的历史场面，但有些情节如果经过更好的提炼，本来可以表现更丰富的内容，但却轻轻带过而难以启发读者的深思。《子夜》的缺点则在另一方面，由于作者总想告诉读者一点什么，总想表现一些“本质”的东西，而又缺少足以表现这种“本质”的具体生动的生活细节，这就难以避免概念化的毛病，而使读者感到有些人物“是作者根据推理设想出来的”。如用秋隼律师和经济学教授李玉亭来表现法律、经济从属于政治就是明显的一例。即使塑造得相当成功的吴荪甫有时也难免这种概念化的痕迹。特别是当作者离开了形象思维的规律，不是严格按照生活的逻辑，而是主观地想强加给人物一点什么自己的理论时，这种弱点就更其明显。例如作者最近回忆瞿秋白同志曾详细看过《子夜》时说：“秋白说：‘福特轿车是普通轿车，吴荪甫那样的资本家该坐“雪铁笼”’，又说：‘大资本家到愤怒极顶而又绝望时，就要破坏什么，乃至兽性发作’，这两点我都照改，照加。”①于是，在《子夜》中，我们就读到“他疯狂地在书房里绕着圈子，眼睛全红了，咬着牙齿，他只想找什么人来泄一下气！他想破坏什么东西……一切不如意这时全化为一个单纯的野蛮的冲动，想破坏什么东西”(440 页)。以下是强奸王妈的情节。这样的情节缺乏生活的基础，是从“兽性发作”的概念出发而

---

① 《回忆秋白烈士》，见《红旗》1980 年第 6 期。

附加上去的。王妈这个人物来无迹，去无踪，她的出现只是为了说明吴荪甫的“兽性”而已。尤其重要的是这种行为完全不符合人物性格发展的逻辑，显得很不协调。实际上，他这样做了，也很难说达到了“想破坏什么东西”的目的。一贯持身颇为严谨的吴荪甫在那样愁绪纷繁，万事攒心，急待挣扎的情况下，竟然冒着被人识破而威名扫地的风险，在自己家中去强奸一个他从未关注过的并不吸引人的女仆，真是很难令人置信的事。由此不难看出这种属于作者概念的外加的东西是怎样妨碍了艺术创作。

三

下面，再从艺术表现的技巧方面来对《蚀》和《子夜》进行一些比较。作家头脑中的意象要转化为客观存在的艺术形象，必须借助于艺术表现的技巧。在这方面《蚀》和《子夜》也有很多不同。

首先是由构思过程不同而表现出来的艺术结构的不同。写《蚀》时，茅盾是“文思汹涌”，“信笔所之，写完就算”，作者还来不及全盘考虑作品的结构。因此三部曲虽然写来自然流畅，但整个结构则比较粗疏松散，正如作者所说：“结构上的缺点，我是深切地自觉到的，即在一篇中，我的结构的松懈也是很显然”①。《幻灭》所取的是一种单线结构，以静的经历为主线，许多人和事随着静的故事或出现，或消失。《动摇》以胡国光和方罗兰为中心形成两条线索，时有交叉，但并未拧成一股。《追求》则以王仲昭、张曼青、章秋柳三种对生活的不同追求为主体，各有自己的发展脉络，时而互通音响，但也并未真正交织起来。整个人物的安排，情节的发展显然都缺乏统一的全盘筹划。

《子夜》的情况则完全不同。作者说：“《子夜》的写作方法是这样的：先把人物想好，列一个人物表，把他们的性格发展以及联带关系等等都定出来，然后再拟出故事的大纲，把它分章分段，使它们联接呼应。”《子夜》的确是精心结构之作，它“把好几个线索的头同时提出，然后交错地发展下去，在结构技巧上，竭力避免平淡”②。《子夜》的结构使它所反映的生活矛盾像蛛网一样密结交织在一起，共同向前发展。作者不肯把这些矛盾一个接一个陆续引出，而是同时铺开来，形成统一的高潮。这样做有两个好处。其一是可以同时从不同的生活角度，展开对人物性格、身份、教养等各方面的描写，收到丰满而富于立

---

① 《从牯岭到东京》。

② 《〈子夜〉是怎样写成的》。

体感的效果，符合生活本身的面貌；其二是各个矛盾同时呈现可以起鲜明的对照作用，便于揭露矛盾的内在联系和相互影响，而描写出时代的全貌。例如第二章吴荪甫一面要求派兵镇压双桥农民起义，一面请公安局派警察保护工厂；一面准备吞并朱吟秋，一面酝酿和赵伯韬联合搞投机。这不仅从多方面立体地刻画了吴荪甫的性格，而且表现了这些矛盾的相互关系，使读者看到三十年代初期中国民族资产阶级与工农对抗，与官僚买办则又矛盾又联合的时代特点。由于作者对结构作了通盘考虑，《子夜》情节的发展，有张有弛，富于节奏。如第一、二、三章，随着矛盾的铺开和发展，节奏紧张明快(第四章是一个不大成功的插入，先不论)。第五章对第三章作了一些补充和润色，行文明显地舒缓。第六章矛盾突然中断，节奏一弛，暂时离开了紧张的冲突而轻松地展开了青年男女之间的趣事和罗曼史。第七章拾起中断的情节，形势开始明朗化，作品的第一个高潮以吴赵联合得胜，工潮结束而告终。第八章有关冯云卿的描写是第一个高潮的余波，而又与下一个高潮有关。从第九章起，形势突变，情节急遽发展，以后三章写吴赵斗法，节奏逐渐加快。十三章后，由于吴荪甫失利，他加紧了对工人的压榨，作品转入对罢工的描写，直到第十六章，这两部分都是为最后的高潮作准备。第十七章夜游黄浦，气势一挫，表面的平静预示着即将到来的风暴，渲染着挣扎和绝望。最后两章吴荪甫背城一战，是全书最紧张的高潮，情节急转直下，几经波折，直到吴荪甫全军覆灭，与第一个高潮吴赵联盟取得的胜利形成强烈对比，全书就在这最高潮中，以沉重而迅速的节奏戛然而止。至于《子夜》结构的严密，“前后联结呼应”，以致细节的相互关照，那更是许多人所称道的。总之，“作者精湛的布局把许多错综混乱的线索，应用了高明的艺术手段，织成一部成熟的艺术品”①。《子夜》在结构方面的艺术成就，是用“信笔所之，写完就算”的《蚀》的写法所难以达到的。

心理描写是茅盾刻画人物的一个重要手段。早在一九二一年，他在《近代文学体系的研究》中就曾认为近代文学的特点之一就是“心理解析的精研”。正是多方面的，颇有深度的心理描写使《蚀》在当时的创作中显得很独特。但《蚀》的心理描写多半出于直抒——由无所不知的作者直接叙述人物心理；或联想——如静女士从晒台上一件半旧的淡红色女衫想到了自己的身世和前景；有时也借助于人物的精神分裂，借两个“自我”的冲突来表现心理矛盾；另外，写下意识的精神幻象也是作者常用的方法，如静仿佛看到的“人间丑恶结成的”飞

---

① 赵家璧：《子夜》，见《现代》第三卷第6期。

速旋转的巨大黑柱，在王仲昭“脑盖骨下飞速旋转的”“留声机唱片”等。《子夜》的心理描写已经不再是这种比较单纯的写法，而是以多种方式融汇在交错发展的多种矛盾之中，尽量做到“故事即人物心理与精神能力所构成”①。例如吴赵最后一次会谈，吴荪甫被逼得走投无路，想在更有利的条件下投降，而又于心不甘，这是故事如何向前发展的关键。十七章后半部，作者综合多种方法把这一关键时刻吴荪甫的心理写得淋漓尽致，构成了故事发展的重要组成部分。作者先是精心布置了这一长段心理描写的氛围：没有人在家，当差的、女仆在门房里偷打小牌，满天乌云，公馆阴沉可怖；接着写他在客厅里叫骂，到处“找讹头”，威厉的声音在满屋子里滚，从他的行动写出他内心的烦躁；然后转入回忆对比，从两个月前的壮志宏图到两个月后的空剩泡影，满目凄凉，写出他内心的痛苦和感慨；以后由作者对主人公进行了冷静的心理剖析，“只有投降破产象走马灯似的在脑子里旋转，并且绝对没有挣扎反抗的泡沫在意识中浮出来……发展实业的狂热已经在他的血管中冷却……”但这又不是像某些外国小说那样长篇大论的单调的剖析，而是随时插进了环境与行动的交织描写：“‘然而两个月的心血算是白费了，’吴荪甫自言自语地哼出了这一句来，在那静悄悄的大客厅里，有一种刺耳的怪响。他跳起来愕然四顾，疑心这不是他自己的话，客厅里没有别人，电灯的白光强烈地射在他脸上。”这种动作和外在环境的描写再次强调了他心理上的寂寞、空虚和不甘失败。最后，作者又用一系列逆境的刺激进一步激发和反衬出他的心理状态：妹妹一定要出走，弟弟不仅不遵命放弃飞镖，而且还进一步玩起剑来。这不能不使一向无人敢拂逆其意的吴荪甫大为震怒。而双桥镇又倒闭了十来家店铺，老板在逃，要求救济。总之，他的权威处处露出败象，“到处是地雷，一脚踏下去就轰炸了一个”。种种逆境对心理的刺激遂结为下意识的精神幻象。那就是在钢丝软垫忽然变成刀山，而身旁的少奶奶却又在梦中呻吟呜咽时的那个离奇的梦境：妹妹要出家当尼姑，把头发剪得光光的，弟弟要分家产自立门户，阿萱和许多人在客厅里摆擂台，园子里挤满了三山五岳奇形怪状的汉子，最后是刘玉英灼热的诱惑。梦境消散后，第二天当他想到已经收买了女间谍这一得意之笔，立刻，“热烘烘的一团勇气又从他胸间扩散，走遍了全身”。这样的心理描写与客观事件密切相联，本身就构成了情节发展的一个环节，而且又是用多种方法从多方面同时表现出来，使读者看到其复杂多变，从而呈现出浓郁的色彩和立体感。

---

①《近代文学体系的研究》，见茅盾与刘贞晦合著：《中国文学变迁史》。

和心理描写一样，茅盾早就强调对人物的间接描写，即“戏剧描写，着意描写人物的动作和别人的议论、气氛，注意人物的串合，环境与事变的交互影响”。① 人们常说茅盾的小说像层次丰富，色彩浓郁的油画，这和他大量采用对照、烘托、陪衬、反衬等间接描写手法而且很注意人物肖像、动作、氛围等细节描写是分不开的。这些特点在写《蚀》时已经初具规模而到写《子夜》时则更为成熟。

《动摇》中陆梅丽的客厅给人留下了深刻的印象：“厅的正中有一只小方桌，蒙着白的桌布，淡蓝色的瓷瓶高踞在桌子中央，斜含着腊梅的折枝。右壁近檐处有一个小长方桌，供着水仙和时钟之类，还有一两件女子用品，一盏四方形的玻璃宫灯，从楼板挂下来，玻璃片上贴着纸剪的字，是天下为公……”既洋溢着书香旧家的色彩，又烘染着当时的时代气氛，同时又衬托出陆梅丽的性格——玲珑文雅，端庄细腻。孙舞阳的住处却大不相同了，在那里，“一株梅树疏疏落落开着几朵花，方梗竹颓丧地倚墙而立，头上满是细蜘蛛网，孙舞阳的衣服用具杂乱地放着。靠窗户有一张放杂物的小桌，闻得一阵奇特的香，放着一个黄色的小方纸盒，很美丽，很惹眼，很香。方罗兰揭开一看，恍然大悟地说：‘原来是香粉！’(其实是一种新式避孕药)。”这一切都衬托着孙舞阳浮躁轻率浪漫的性格，与陆梅丽形成鲜明的对比。又如《幻灭》中，作者并没有直接写静女士为全无出路而感烦恼，只是写“一头苍蝇撞在西窗的玻璃片上，依着它的向光明的本能，固执地硬钻那不可通的路径，发出短促而焦急的嘤嘤的鸣声”，当她心情略微平静时，苍蝇也已不再“盲撞”，而是“静静地爬在窗角，搓着两只后脚”。这些用细节烘托人物性格的间接描写，在《蚀》三部曲中是常见的，但应该说《子夜》是更自觉地运用了这些方法，并取得了更大成功。作品前半部吴荪甫显赫的声势和刚毅的性格多半是通过间接描写来完成的。例如一开头，作者就通过并非吴记的戴生昌轮船局大小职员“霍地一齐站了起来”，肃然起敬，奔走效劳，轰走闲杂人，一片声喊脚夫等来烘托出吴荪甫的气派。接着，吴老太爷中风后，周围一片慌乱，有的惊叫，有的打碎茶杯，有的满屋乱跑，有的泪流满面，有的满脸惊慌，只有吴荪甫指挥若定。人们只听到他威厉的斥骂和一系列命令，别人愈慌乱就愈反衬出吴的冷静和刚毅。在书的前半部，吴荪甫周围的男女仆人和办事员总是“小心翼翼，蹑手蹑脚”，或是“门悄悄地开了，探进了一个头来”，或是一个“长方脸在门缝中探一下，挨进身来又

① 《近代文学体系的研究》，见茅盾与刘贞晦合著：《中国文学变迁史》。

悄悄地将门关上”，连屠维岳也是“悄悄地开门”。总之，上下人等都是屏息侧立，伺候吴荪甫的一笑一颦。作品后半部，随着情节发展的需要，描写方法也作了相应的改变，除较多用细腻的心理刻划外，多半用对照的方法，通过主人公本身性格和行为的前后矛盾、反常和对待同样事物的不同态度来揭示人物性格的发展变化。

作品中的重要人物赵伯韬主要也是通过侧面描写来完成的。例如从人们对徐曼丽和雷鸣所开的玩笑中，读者得知这是一个扒进各式公债，各式女人的坏蛋。李玉亭背叛吴荪甫前来投靠，冯云卿出卖女儿设美人计，都从侧面烘托了这个人物的威力和神秘。吴荪甫愈能干，愈努力，他的失败就愈能反衬赵伯韬的“法力无边”。作者很少正面写赵伯韬如何破坏吴荪甫的事业，他只是写益中公司的窘迫和挣扎，写杂牌军的临时变卦，写山西军的迟迟不出或突然出动，写杜竹斋突然退出益中，存户纷纷提款，交易所忽然增加空头保证金等，这一切都从侧面描写了赵伯韬的为人和性格。如果没有这些侧面描写，全书就会枝节横生，臃肿不堪，而且这个人物也不会像现在这样，带有一种无从捉摸的神秘色彩。

作者很善于通过某些人物的眼光来描述另一些人物的特色，这是一种经济的手法，不仅描写了叙述对象，同时也描写了叙述者的主观特点。例如第二章，整个时代气氛，国内外大事，人物之间的关系，各种私生活琐闻，都是从一大群阔人、政客、军官、老板的寒暄、酬酢、互相吹捧、取笑中表现出来，而这些人物本身同时也就得到了相应的生动描写。另外，作品中的许多人物都穿插着一种对比、映衬的关系。例如雷鸣刚和林佩瑶扮演过一场“维特”式的活剧，转眼又和徐曼丽不堪入目地胡缠。这种鲜明的对比有力地刻划了雷鸣的内心世界而带有浓厚的讽刺意味。其他如同是交际花的刘玉英和徐曼丽之间，同是豪绅子弟的曾家驹和阿萱之间，同是走卒的屠维岳和莫干丞之间都存在着一种对比关系，有助于写出不同的性格。

《子夜》的细节甚至极微小之处也都经过精心安排，表现着作者的匠心。举个简单的例子：吴荪甫经常是以行动的姿态出现，我们看见他或“直奔二楼，闯进总经理办公室去”，或“一直走进轮船局去”；而赵伯韬则总是“元宝式地埋在沙发里，高高把腿翘到桌上，露出一腿毵毵黑毛”。前者的活动地点多是办公室或家里豪华的欧式客厅，后者则总是在大饭店堂皇的套间包房。这些细微末节都精细地反映着人物的历史背景及文化教养，同时又进一步起着突出人物性格的作用。应该说《子夜》在侧面描写方面确是一个成功的范例。

《蚀》和《子夜》的语言也有明显的不同。在《蚀》的叙述描写语言中，作者很重视明晰的层次，常用动态和拟人的描写，力图通过听觉、视觉和心理印象的交织形成立体的感受。例如《幻灭》中黄鹤楼头，孔明墩边月夜谈心的一幕：

> 汉阳兵工厂的大起重机，在月光下黑魆魆地蹲着，使你以为是黑色的怪兽，张大了嘴，等待着攫噬。武昌城已经睡着了。麻、布、丝、纱四局的大烟囱，静悄悄地高耸半空，宛如防御隔江黑怪兽的守夜的哨兵。西北一片灯火，赤化了半个天的，便是三十万工人的汉口。大江的急溜，澌澌地响，武汉轮渡的汽笛，时时发出颤动哀切的长鸣。此外，更没有可以听到的声音。（新版 75 页）

“蹲”“等待攫噬”“高耸”“赤化”“长鸣”都是动态的描写。先写视觉形象：如怪兽，如哨兵，还有一片灯火的汉口；然后写听觉形象：大江急流的澌澌声，汽笛颤动的长鸣。这历史悠久的武汉三镇仍旧隔江相望，但早已不是古代的名城，这里满布着起重机、兵工厂、烟囱之类近代工业的痕迹。整个描写造成一种壁垒森严、形势险恶、巍然对峙的心理印象：三十万工人的汉口虽已赤化，但仍无法摆脱那虎视眈眈的“攫噬”的威压；大江急流、深夜船笛都带着浓郁的悲壮而哀切的色彩；也许还加上黄鹤楼、孔明墩这类为历代文人反复咏叹的历史名胜所能引起的远为廓大的时间和空间的联想，这就形成一种沉郁而压抑，潜在地期待着最后决战的悲壮的时代气氛。这种时代气氛与鲜明的地方色彩的动态描写相交织，再加上现实和历史所能激发的心理印象，这就达到了远远超出于文字本身的强烈艺术效果。这种写法在中国传统小说中是很少见的。在人物语言方面，尽管作者“五四”时期就曾指出一些作品“千人一腔”的毛病，但《蚀》在这方面的成就并不很大，不少人物都说着一种一般的知识分子语言，缺乏鲜明的个性色彩。又由于作者认为在这个过渡时期“语体文”采用一些“西洋文法”是可以的，“不能因为一般人暂时不懂而便弃却”①，《蚀》的语言的欧化倾向相当明显。

《子夜》无论在叙述描写语言还是在人物语言方面都有了一些变化。这个变化首先是由于作者写《子夜》时，经常考虑到怎样使这本书能为群众所接受。吴组缃先生曾回忆说：“听朱自清先生谈，他亲自听作者和他说，作者写本书有

---

① 《语体文欧化之我观》，见《小说月报》第十二卷第 6 期。

意模仿旧小说的文字，务使它为大众所接受。”①《子夜》叙述描写语言的特色首先是明快有力，色彩浓烈，字里行间都寄托着作者的褒贬和强烈的爱憎。例如同是写雷雨，工人们身边的雷雨是“闪电、响雷，豪雨，一阵紧一阵地施展威风，房屋也似乎岌岌震动，但是屋子里的三位什么都不知道，她们全心神都沉浸在另一种雷，另一种风暴里”。吴荪甫身边的雷雨却是另一副模样：“电闪、雷鸣、雨吼充满了空间……风夹雨的声音又加上满园子树木的怒号……又有个霹雳。象沉重的罩子似的落下来，所有的人声都被掩没。”这种语言的主观色彩在《蚀》中是较少见的。《子夜》中人物语言的性格化也更突出了，不仅吴荪甫、赵伯韬的语言很有个性特色，就是一些次要人物如冯云卿的小老婆那种上海滩恶女人刁悍泼辣，威逼利诱，挑拨离间的一大套话也是非常生动，很有特色的；即便是人对人的称呼也都很有讲究。例如各种政客大亨称吴荪甫都是“三爷”“荪翁”，唯独比吴荪甫年轻许多的诗人范博文却可以当面直呼“荪甫”。这不仅因为他们原有一点亲戚瓜葛，而且也是为了表现范博文自命不凡，满不在乎的诗人气质。对这样的细微之处，作者也不放弃个性化的追求。《子夜》的语言虽然还不曾达到作者所希望的“为大众所接受”的程度，但欧化的句法词汇大量减少了，整个行文也较《蚀》更为明快清晰。

《蚀》和《子夜》代表着茅盾创作的两个高峰，它们都从不同的方面取得了不同的成就。这说明了作者不断突破自己的创新的探求，也说明了文艺创作的广阔天地，并将鼓舞我们像作者那样，永远“不粘滞在自己所铸成的既定的模型中”，而“继续地探求着更合于时代节奏的新的表现方法”。

① 吴组缃：《子夜》，见1933年6月《文艺月报》创刊号。

茅盾的现实主义理论和艺术创新*

——为悼念茅盾同志逝世而作

中国现代文学奠基人之一茅盾同志在持续勤奋的写作中溘然长逝。他的影响遍及世界，他的功绩永存于中国现代文学六十年发展的各个段落。他的名字将和鲁迅、郭沫若一起作为中国新文学创始者而永远载入史册。

现实主义理论的开拓

茅盾和鲁迅、郭沫若不同，他不仅未曾留洋，而且也从未上过大学。清贫的家境和长子的责任使他不得不在念完三年北京大学预科之后就到上海商务印书馆去作一名小职员。那是1916年，茅盾二十岁。如果说茅盾在开始其奋斗生涯时有什么准备的话，那就是卓有远见的父亲和明达的母亲所曾赋予他的较为开阔的眼界和清醒冷静的心理素质。父亲是一个在家行医的落魄秀才，崇拜谭嗣同，鼓吹科技，赞成维新。母亲颇通文理，一直以教育孩子自立成材为己任，并爱读小说，使茅盾自幼接触不少中国传统小说名著①。并不富裕的经济情况和不受重视的社会地位使他从小就倾向于自我奋斗和同情被压迫人民；冷静清醒的心理素质使他一向能较为理智地直面人生而很少在激情和幻想中寻求逃遁；开阔的眼界使他从不偏狭自限，而对一切外来事物采取考察、分析、鉴别、吸收的科学态度。这样的思想心理背景正是茅盾一进入文坛就倾向于现实主义的

* 原载《中国现代文学研究丛刊》，1981年第4期。

① 《我的小传》，《文学月报》创刊号。

一个重要原因。

茅盾的第一篇文艺论文不是一般人认为的《新旧文学平议之评议》(1920 年 1 月 25 日)，也不是《现在文学家的责任是什么》(1920 年 1 月 10 日)①，而是 1919 年 4 月—6 月在《学生杂志》连载的《托尔斯泰与今日之俄罗斯》。这篇文章与 1920 年 1 月—2 月连载于《小说月报》的《俄国近代文学杂谭》一起，充分体现着“五四”思想解放运动的时代特征：突破一切传统束缚，以清醒的理性重新估价一切；从广泛比较鉴别和批判中取我所用，创立新知。茅盾在这两篇文章中通过对英、法、美、俄及北欧诸国文学的比较分析，提出了自己的现实主义原则。首先，他认为文艺必须不受限制地彻底揭露黑暗现实。托尔斯泰所以比易卜生伟大，就因为“伊柏生多言中等社会之腐败，而托尔斯泰则言其全体”。英法文学家揭露现实还不够彻底就因为他们在思想上仍受着传统的束缚：“英之文学家”虽“极文学之美事”，但“其思想不敢越普通所谓道德者一步”，“不能于众论之外，更标异论，更辟新境”；“法之文学家则差善矣……顾犹不敢以举世所斥为无理，为可笑者形之笔墨”；“独俄之文学家决不措意于此，决不因众人之指斥而委曲其良心上之直观”。但是，揭露现实本身并不是目的，揭露现实是为了唤起人们的觉悟，唤起对被压迫人民的同情。他批评法国作家莫泊桑、雨果的作品“悲惨有余，惋叹不足”，不能像俄国文学那样“使人下泪，使人悔悟”；而英国作家狄更斯“未尝不曾描写下流社会的苦况，但我们看了显然觉得这是上流人代下流人写的”，俄国作家的作品则使人们听到“压在最下层的悲声透上来”，“如同亲听污泥里人说的话一般，决不信是上流人代说的”。1921 年，茅盾广泛考察了西方近代文学后，曾得出结论说：近代文学之所以重要，就因为“它是社会的工具，是平民的文学，是大多数平民生活的反影，是大多数平民要求正义人道的呼声，是猛求真理的文学”。② 他所谓平民就是“压在最底层”的“污泥里人”，也就是他在 1918 年写的《履人传》《缝工传》中赞扬的被压迫的普通劳动者——鞋匠、裁缝。茅盾提倡的“平民文学”显然比陈独秀的“国民文学”，周作人的“人的文学”有着更具体、更明确的内容。文学的作用既在于唤起人们对被压迫者的同情，就不能停留于对现实生活的客观摹写而必须贯穿作者对生活的理想。他认为欧美小说家写短篇小说大都“注重在结构(plot)”，而俄国优秀作者则首先“着眼于思想用意(cause)”。因为“文学的最后

① 《茅盾的第一篇文艺论文》，《新文学史料》1980 年第 3 期。

② 《近代文学体系的研究》，上海，上海新文化书社，1921。

目的”“到底还在表示至高的理想”，所以“纯萃科学色彩的文学不能涵和人的精神界，仅使人失望悲闷，是个大缺点”①。他指出深刻反映时代社会的文学就“或隐或显，必然含有对于当时时代罪恶反抗的意思和对于未来光明的信仰”②。他“诅咒一切命运论的文学”，“诅咒悲观的诗人”，甚至“诅咒赞叹大自然的伟力以形容人类的脆弱的文学”，他号召新文学家“要有钢一般的硬心去接触现代的罪恶”，“要以我们那几乎不合理的自信力去到现代的罪恶里，看出现代的伟大来”③。总之，突破传统思想束缚，彻底揭露现实；同情社会底层的被压迫人民；从黑暗中看到光明的未来。这就是“五四”时期茅盾所提倡的“为人生的文学”的具体内容。它的核心是如实反映现实，因此是现实主义的；同时它又要求显露作家爱憎，指引未来前途，怀着有益于被压迫人民的明确目的，因此又不同于西方批判现实主义而具有中国社会和时代的鲜明特色。

从1919至1927的八年间，茅盾写了大量文艺论文，但都是对以上原则的探讨、充实和提高，主要表现在两个方面：

一方面是关于如实描写现实与表现作家感情和理想的关系问题。茅盾认为旧文学的病根就在于“抛弃真实的人生不去观察”，只是“主观的向壁虚造”，因此，“这几年来的新文学运动都是向这个‘假’上攻击而努力于求真的方面，现在已差不多成一个普遍的记号”④，而“新文学的写实主义于材料上最注重精密严肃，描写一定要忠实”⑤。为了强调“忠实”，他曾提出“譬如人生是个杯子，文学就是杯子在镜子里的影子”⑥，提倡“不用理性去解释”，“不用想象去补饰”的“自然主义真精神”，但他始终不满于“自然派作品里的主人公大都是意志薄弱不能反抗环境而终为环境压碎的人”⑦。1923年，他更明确地宣称：“文学是要指出现人生的缺点，并提出一个补救此缺憾的理想的”，作者应“教我们以处恶境而不悲观，历万苦而不馁的真勇气”，这才可以“提起国内青年的精神”⑧。1925年以后，反映现实与描写理想的矛盾得到了新的统一。茅盾指

① 《近代文学体系的研究》。
② 《创作的前途》，《小说月报》1921年第7期。
③ 《乐观的文学》，《文学旬刊》1922年第57期。
④ 《什么是文学》，载张若英编《新文学运动史资料》，1923。
⑤ 《文学与人生》，载张若英编《新文学运动史资料》，1922。
⑥ 同上。
⑦ 《霍甫德曼的自然主义作品》，《小说月报》1922年第6期。
⑧ 《杂感》，《文学周报》1923年6月第76期。

出：“文学中所表现的当代人生实在是经过作者个人与社会的意识所拣选淘汰而认为合式的，”①因此作家应“确定站在一阶级的立点上，为本阶级的利益而立论”②，“文学决不可仅仅是一面镜子，应该是一个指南针”③。

另一方面是文艺为什么人服务的问题。茅盾虽然一开始就着眼于社会底层的被压迫者，但他同时也多次谈到过文学的“全人类性”，如“欲使文学更能表现当代全体人类的生活，更能宣泄当代全体人类的感情，更能声诉当代全体人类的苦痛与希望”④等。可以看出茅盾关于这一问题的思考是逐步深入的。1922年他提出文学家应“注意社会问题，同情于第四阶级，爱被损害与被侮辱者”⑤；1923年，他说：新文学应当能够“担当唤醒民众而给他们力量的重任”⑥；1924年他号召“不同派别的文学者联合起来……一致鼓吹无产阶级为自己而战”⑦；1925年，他指出“全民众”是一个“可笑的名词”，“我们看见的是此一阶级和彼一阶级。何尝有不分阶级的全民众?”他认为应该抛弃乌托邦式的“民众艺术”的口号，而换上一个“头角峥嵘，须眉毕露的名儿——这便是无产阶级艺术”！⑧

茅盾现实主义文艺思想的发展充分体现着中国现代文学与中国社会革命密切联系的特点，从一个侧面反映着中国革命日趋高涨的进程。

1927年北伐革命的失败在革命知识分子中引起了极大的震动。鲁迅、郭沫若、茅盾恰好代表了革命知识分子在革命转折关头的三种不同类型。革命失败和白色恐怖使鲁迅以往的思路因而轰毁。他感到先前的攻击社会如一箭之入于大海，正因未真正威胁反动派，才作为“废话”而得以存留⑨，因而投身于实际革命斗争，他是由于革命的失败而参加革命的。郭沫若则不同，反革命屠杀激发了诗人百倍的仇恨，他恨不得一切知识分子都能在一夜之间获得无产阶级意识。革命失败所引起的激愤使他一时看不清斗争的实际条件而在一定程度上

---

① 《告有志研究文学者》，《学生杂志》1925年第7期。

② 《论无产阶级艺术》，《文学周报》1925年5月第173期。

③ 《文学者的新使命》，《文学周报》1925年9月第190期。

④ 《新文学研究者的责任与努力》，《小说月报》1921年第2期。

⑤ 《自然主义与中国现代小说》，《小说月报》1922年第7期。

⑥ 《大转变时期何时来呢》，《文学周报》第103期。

⑦ 《欧战十年纪念》，《文学周报》第133期。

⑧ 《论无产阶级艺术》。

⑨ 《答有恒先生》，《而已集》。

脱离了群众。茅盾又是另一种情形：革命夭折给他带来的是痛苦的思索，是暂时离开革命的漩涡，重新审视自己走过的道路，是经过一段曲折洄流，以更深刻的认识，更坚定的决心，重新汇入革命洪流。

清醒的理智使茅盾看到“左”的盲动主义只会使人民遭受更大损失。他说：“我实在是自始就不赞成一年来许多人所呼号呐喊的‘出路’，这‘出路’之差不多成为‘绝路’，现在不是已经证明得很明白?”“我就不懂为什么象苍蝇那样向窗玻璃片盲撞便算是不落伍?”①但是新的出路究竟在哪里？暂时失去了前进的方向和远景，茅盾总结过去，又面临了过去所曾感到的矛盾。

第一，理想与现实的统一骤然破裂了。他曾要求文学成为指南针，现在他自己也失去了方向！是将真实，包括作者内心的真实不加“补饰”地展现在读者之前，还是将迷惘埋在心底而给大众显示理想的光明？茅盾基本采取了前一种态度，他不讳言自己“不能积极地指引一些什么”，“因为我既不愿昧着良心说自己以为不然的话，而又不是大天才能够发现一条自信得过的出路来指引给大家”，于是只能作“能够如何真实便如何真实的时代描写”②。但是，另一方面他又始终反对将现实生活无目的、照原样地摄入作品。就在革命最低潮的1927年11月，他写了一篇文章《看了〈真善美〉创刊号以后》，批评该刊的小说作品只是些“砖石木料”，不能表现“现代人的心情——悲哀、疑惑、反抗，对于新理想的憧憬和追索”；在1928年1月写的《欢迎太阳》中，他又劝告太阳社的青年作家不要“惟实际材料是竞”，“希望他们先把自己的实感来细细咀嚼，从那里边榨出些精英、灵魂”，如果不能从实际材料中得到“新发现，新启示”，这些材料就不是文学而只是新闻。③

第二，革命的失败使茅盾不得不重新回顾曾经走过的文学道路。他虽一向提倡描写底层劳苦人民，但在严峻的现实面前，他很早就感到新文学和人民缺乏联系，“文学自文学，民众自民众”④，“中国目下果然缺乏作者，而尤缺乏读者，中国的作者界就是读者界”⑤。革命失败所引起的严肃的反省，使他更加感到“新文艺运动虽然产生了若干作品，然而并未走进群众里去……因为新

---

① 《从牯岭到东京》。

② 同上。

③ 《欢迎太阳》，《文学周报》第298期。

④ 《通信》，《小说月报》1922年第8期。

⑤ 《文学界的反动运动》，《文学周报》1924年第121期。

文艺没有广大群众基础为地盘，所以六、七年来不能长成为推动社会的势力”。他说，“我很愿意，我很希望被压迫的劳苦群众‘能够’做革命文艺的读者对象”，然而，“劳苦群众并不能读”，于是，“为‘劳苦群众’而作的新文学只有‘不劳苦’的小资产阶级知识分子来阅读了”，“这便是最可痛心的矛盾现象”。他认为要解决这个矛盾，新文学就“不得不从青年学生推广到小资产阶级的市民”中去，于是提倡以小资产阶级为对象的文艺①。从1925年的无产阶级文艺到1928年的小资产阶级文艺，不能不说是一种后退，但是这也说明茅盾开始更多地从中国社会实际而不是从主观愿望来考虑问题，他提出了“五四”新文学发展进程中最关键的问题——有为劳苦大众服务的理想和目的，却始终跳不出少数知识分子的小圈子这一“最可痛心的矛盾”。尽管一时还未找到解决这一矛盾的正确途径，但却为下一阶段中国现实主义的发展提出了新的要求和目的。茅盾在怀疑、总结和思索的基础上，迈开了更沉稳有力的步伐。

1930年4月，茅盾结束了一年零八个月在日本的流亡生活回到上海。从此，他的现实主义文艺理论发展到更成熟的阶段。

茅盾这一阶段的现实主义理论是以反对公式化、概念化、脸谱主义为重要特征的。他认为这种倾向“很严重地拗曲现实，很严重地不能把真确的现实给读者看，并且很严重的使得作品对于读者的感动力大大地减弱”②，因此是新文学发展的严重障碍。当时的许多新文学作品虽有革命性，却不能不使“并不反对革命文艺的人们叹息摇头”，正是由于公式化、概念化这个原因。茅盾指出产生公式化、概念化的根源是“有革命热情而忽略于文艺的本质”，“把文艺视为狭义的宣传工具”和“缺乏文艺素养”③，解决的办法只有深入生活，“能够自己去分析群众的噪音，静聆地下泉的滴响，然后组织成小说中人物的意识”，同时，“刻苦地磨练自己的技术”，“拣自己最熟悉的事来描写”④。

“最熟悉的事”并不等于身边琐事，茅盾“唾弃那些不能够反映社会的‘身边

① 以上引文皆见《从牯岭到东京》。

② 《〈地泉〉读后感》，《茅盾论中国现代作家作品》，北京，北京大学出版社，1980。

③ 《从牯岭到东京》。

④ 《读〈倪焕之〉》。

琐事'的描写"①，号召"抉取伟大的时代意义的题材而加以正确表现"②，在有价值的文艺作品中"时代演进的过程将留下一个真实鲜明的印痕，没有夸张，没有粉饰，正确与错误，赫然并在，前人的歪斜的足迹，将留与后人警惕"，在作者笔下，"敌人，友军，乃至'革命自身'，都要受到严密的分析、严格的批判"。在公式化、概念化泛滥的年代，茅盾和鲁迅站在一起坚决捍卫现实主义的基本原则，为左翼文艺的健康发展作出了重要贡献。

既要"抉取伟大的时代意义的题材"，又要"拣自己最熟悉的事来描写"，二者如何统一？根本办法当然是突破个人的狭小圈子投身于沸腾的生活。针对当时不少左翼作家都有一定革命经历却缺乏分析能力，不善于提炼的弱点，茅盾特别强调"不但须要有广博的生活经验，亦必须有一个训练过的头脑，能够分析那复杂的社会现象，尤其是我们这转变中的社会，非认真研究过社会科学的人，每每不能把它分析得正确"③。也就是说作家要反映现实，首先要正确认识现实，要正确认识现实又首先要有深刻的分析能力和科学的认识方法。茅盾所说的社会科学和科学认识方法指的都是马克思列宁主义。这一问题的提出标志着茅盾的现实主义文艺思想和二十年代相比有了新的突破。

总的说来，三十年代茅盾提倡的现实主义，其理论核心就是"对社会现象的正确而有为的反映"④。"正确"就是要真实地反映出时代的某些重要本质方面，既反对歪曲现实的"宣传大纲加脸谱的公式"，又反对毫无意义的"身边琐事"。"有为"就是要使文艺成为"表现时代，解释时代，推动时代的武器"⑤，"象一把斧子"，帮助人们"创造生活"⑥。作品要"正确"而"有为"地反映社会现象，作家就必须有广博的生活经验和善于分析的"训练过的头脑"。

茅盾的这些主张和他后来所写的许多有关写作技巧的具体分析一起，构成了我国现代文学主流——革命现实主义的主要理论内容。这一理论对我国现代文学，特别是左翼文学有着巨大影响，它不仅指导茅盾本人在创作中取得了重大成果，而且也培育了一代中国青年左翼作家。直到今天，这些理论对我国文

① 《我们这文坛》，《茅盾文集》第9卷。

② 《创作不振的原因及其出路》，《北斗》第2卷第1期。

③ 《我的回顾》。

④ 同上。

⑤ 《文学家可为而不可为》，《话匣子》，良友文学丛书。

⑥ 《我们所必须创造的文艺作品》，《北斗》1932年第2期。

学发展也仍然具有深远意义。

艺术个性与小说创新

茅盾和许多从创作开始进入文艺界的作家不同，他是首先以文艺批评家、文艺理论家的身份进入文坛的。在开始创作以前，他已有近十年时间致力于研究中国社会、世界潮流、西方文艺和中国作品；对于文艺的性质特点、社会作用、创作方法，他都已有一系列自己的看法。他是有明确目的并在一定理论方法指导下进行创作的，这构成了他的艺术个性的一个重要方面。冷静、清醒，偏重于理性的心理素质则发展为茅盾艺术个性的又一方面。他自己说："在我，尖锐的理性总不肯让我跌进了玄之又玄的国境，让幻想的抚摸来安慰了现实的伤痕，我总觉得，梦，不是来挖深我的创痛，就是来嘲笑我的失意，所以我是梦的仇人。"①的确，不管现实多么恐怖、痛苦，他从不遁入幻梦，也从不以"历史的必然当作自身幸福的预约券"②，而逃避现实或加以粉饰。他永远坚定地面对现实，正视一切苦难，对它们进行理性的剖析，将现实的历程，包括自己心灵的历程一并客观地如实呈现在自己的作品里。另外，较少狂热的呐喊或激越的呼号，如他自己所说"我素来不喜欢痛哭流涕、剑拔弩张的那一套志士气概"③，这也可以说是茅盾艺术个性的一个特点。

以上这些特点鲜明地反映在茅盾的小说创作之中。茅盾的小说大都是冷静而清醒的，着重理性分析的客观描写，他所塑造的人物多半是作者观察到的客观存在，而绝少作者个人的投影或化身。茅盾曾引过普希金的一封信来说明这两种不同的写法。他说："莎士比亚写的人物一个个是活的人，在社会中可以找出来的，而拜伦写的人物往往是他自己的化身，往往以拜伦的性格的一部分赋予一个人物。"④茅盾认为从人物描写来说"莎士比亚要比拜伦高明得多"，他自己正是以莎士比亚的方法来创造人物，不断从客观世界发掘出新的典型，当"无意中积聚起来的原料用得差不多了"，就"带了'要写小说'的目的去研究人"⑤。用拜伦式的方法写"自叙传式"的人物虽也能写出很深刻的作品，但其

---

① 《严霜下的梦》，《茅盾散文速写集》，北京，人民文学出版社，1980。

② 《写在〈野蔷薇〉前面》。

③ 《从牯岭到东京》。

④ 《杂谈文学修养》，《茅盾论创作》。

⑤ 《谈我的研究》，同上书。

所反映的社会面终究会受到一定局限，茅盾的作品虽然有深有浅，但却概括了整整一个时代。取其大者而言，按内容时间先后排列即可看出：《霜叶红似二月花》（五四前夕，新兴资产阶级的发展与农村封建势力的斗争）——《虹》（五四至五卅，知识分子的觉醒与成长）——《蚀》（北伐革命前后小资产阶级知识分子的幻灭、动摇、追求）——《泥泞》（北伐革命时期农民运动和随之而来的白色恐怖）——《路》《三人行》（1930 年前后的学生生活）——《子夜》（三十年代初期中国社会生活断面）——《农村三部曲》（三十年代前半期的中国农村）——《林家铺子》《小巫》（三十年代前半期中国小市镇生活）——《第一阶段的故事》《右第二章》《锻炼》（抗日战争的前前后后）——《腐蚀》（四十年代初期国统区政治概况）。在茅盾创造的小说画廊中，资本家、买办、工贼、地主、恶霸、帮会流氓、市井恶棍、交际花、知识青年、"时代女性"、教授学者、工人农民、市镇群众、革命领导人……无所不包，三十余年中国社会生活无论从时间的纵的剖面还是从社会各阶层的横的断面，几乎都可以在茅盾的小说中一览无余。在反映社会生活的广度方面，没有一个中国现代作家可以和茅盾相比拟。

从总结西方近代文学所得出的"不朽的文学总是关切着人生"①的结论以及擅长于理性分析的特点使茅盾的小说创作总是带有鲜明的目的性。他总结自己的创作实践说："我所能自信的只有两点：一、未尝敢粗制滥造；二、未尝为要创作而创作——换言之，未尝敢忘记了文学的社会的意义。"②他始终不渝地"关切人生"，努力做到"有益社会"。因此，他在写作时所着重研究的就不仅是生活的材料，而是这材料后面所隐藏的含义。他认为："小说家选取一段人生来描写，其目的不在此段人生本身，而在另一内在的根本问题。批评家说俄国大作家屠格涅夫写青年的恋爱不是只写恋爱，是写青年的政治思想和人生观。"③茅盾始终认为从材料中提炼出正确深刻的思想是创作过程的重要一环。但这些思想只能产生于形象。"若脑中只有一个概念（主题），下笔时再忙于形象化，未有不失败的。……因为文学创作上所谓'思想'是离不开'形象'的……在创作过程中，决没有什么不与形象相伴随的光杆的所谓思想。"④例如《蚀》的思想就是从作者多次接触过的"时代女性"的形象中产生的。她们对革命抱着异

① 《近代文学体系的研究》。

② 《我的回顾》。

③ 《自然主义与中国现代小说》，《小说月报》1922 年第 7 期。

④ 《从思想到技巧》，《茅盾论创作》。

常浓烈的幻想，或在生活的另一方面碰了钉子，愤愤然要革命。正是这些形象形成了《蚀》的思想：小资产阶级知识分子在革命前夕的亢昂兴奋和革命既到面前时的幻灭；革命斗争剧烈时的动摇；幻灭动摇后尚思作最后之追求；而“他们所追求者，都是歧途”，所以只有“全部失望”“全是黑暗”的结局①。另外如《子夜》说明“中国并没有走向资本主义发展的道路，中国在帝国主义压迫下是更加殖民地化了”。这也不是什么凭空产生的“光杆思想”，而是长期观察他的朋友——实际工作的革命党、自由主义者、企业家、公务员、商人、银行家的结果②。读茅盾小说，差不多都能透过形象看到作者对某方面社会问题的思索和分析。其中的优秀部分往往对整个时代和社会进行了发人深思的有力的概括，当然也有一些作品由于作者急于表明对某些问题的看法而在艺术上显得较为贫乏。更遗憾的是往往由于作者企图概括的社会面太广，企图剖析的问题太复杂，有些作品往往有一个宏伟的开头而终于难以卒篇，《虹》《霜叶红似二月花》《锻炼》都是明显的例子。

由于茅盾是从研究西方文学经验而开始其文学生涯的，这在他的艺术表现方面也不能不留下鲜明的痕迹。他自己曾说：“我开始写小说时的凭借，还是以前读过的一些外国小说。”③在艺术表现方面，如果说鲁迅是白描的大师，茅盾则是善于绘制色彩浓郁、富于立体感的油画的巨匠。读茅盾的小说为什么会使人得到一种类似欣赏油画的美感呢？可能是由于以下三个原因：

第一，茅盾很善于构筑复杂的结构，往往同时提出多条线索，使之像蛛网一般密结，然后同时交错发展。《子夜》的结构就是如此。第一、二章，吴老太爷来沪，通过父与子的冲突，概括了吴荪甫与封建势力的血缘关系和矛盾，也反映了农民革命高涨，资本家与农民的矛盾。接着，雷鸣的出现，从侧面写了吴荪甫与妻子的矛盾，刻划了他精神世界的空虚。作为雷鸣与林佩瑶关系的对比而写的雷鸣与徐曼丽的关系则引进了“杀多头”的赵伯韬，是吴、赵矛盾的开始。另外，朱吟秋等人的诉苦介绍了吴荪甫与其他小资本家的关系；四乡农民不稳，家乡来电告急，吴荪甫决定联名请省政府“火速派保安队镇压”；工厂削减工钱，消息走漏，工人怠工，吴荪甫吩咐请公安局增派警察，这又进一步揭开了吴荪甫与工农的冲突。这样多条线索同时展开的结构符合生活本身的实际

---

① 《读〈倪焕之〉》。

② 《〈子夜〉是怎样写成的》。

③ 《谈我的研究》。

面貌，使作者有可能同时从各个侧面展示主人公的性格，也有利于揭露各种矛盾之间的相互关系而显出主要矛盾和矛盾的主要方面。例如与买办阶级又斗争又妥协，与工人农民则尖锐对立，这正是三十年代民族资产阶级的主要特点，这一特点正是在多种矛盾的同时展开中得到表现。这些同时提出的线索前后呼应，时而概述全局，时而特写细部，有张有弛，疏密相间，穿插发展。这就与单线条、单层面发展很不相同，而产生了一种嶂峦重叠的立体感。茅盾小说的优秀代表作如《林家铺子》《腐蚀》等大多采取这种多面多层结构，这种结构与“复杂世相”更为吻合。茅盾很重视这一点，他说：“自平面而进于立体，这是紧要的一点。”①

第二，对人物精神世界纵深的发掘也是构成油画色彩的一个重要方面。1921 年，茅盾在《近代文学体系的研究》一文中就已经把“心理解析的精微”作为近代小说的三大特征之一。他的小说在心理描写方面不仅开风气之先而且取得了突出成绩。他采取的心理描写方法多种多样：有的通过联想，如静女士从晒台上一件半旧淡红色女衫想到自己的身世和前途；有的借助人物分裂为两个“自我”来表现心理冲突；也有的描写人物下意识的精神幻象或由作者直接叙述。在《子夜》中，多种心理描写方法更是溶汇在交错发展的多种矛盾之中，尽量做到“故事即人物心理与精神能力所构成”②。下举第十七章的一个片断为例。作者先是布置了这一长段心理描写的氛围：满天乌云，公馆阴沉可怖；接着写他到处“找讹头”，“威厉的声音在满屋子里滚”，从行动写出他内心的烦躁，然后转入回忆对比，两个月前的宏图壮志如今空剩泡影，衬托出他内心的痛苦和感慨；再由作者对主人公进行了冷静的心理剖析，“只有投降破产象走马灯似的在脑子里旋转……发展实业的狂热已经在他的血管中冷却……”但茅盾很少用某些外国小说常用的长篇大论的剖析，而是随时插进了环境与行动的交织描写：“‘然而两个月的心血算是白费了’，吴荪甫自言自语地哼出了这一句来，在那静悄悄的大客厅里，有一种刺耳的怪响。他跳起来愕然四顾，疑心这不是他自己的话。客厅里没有别人，电灯的白光强烈地射在他脸上。”动作和环境再次强调了他心理上的寂寞空虚和不甘失败。最后作者又用一系列逆境反衬出他的心理状态：妹妹一定要出走，弟弟不仅不遵命放弃飞镖而且玩起剑来，双桥镇又倒闭了十来家店铺……总之“到处是地雷，一脚踏下去就轰炸了

① 《我的回顾》。

② 《近代文学体系的研究》。

一个”。种种逆境对心理的刺激于是结为下意识的精神幻象：那就是在钢丝软垫突然变成刀山，身旁的少奶奶又在梦中呻吟呜咽时的那些离奇的梦境……第二天，当他想到已经收买了女间谍这一得意之笔，立刻，“热烘烘的一团勇气又从他胸间扩散，走遍了全身”。这样的心理描写与客观事件密切相联，本身就构成了情节发展的一个环节，而且又是用多种方法从多方面同时表现出来，使读者看到其复杂多变，从而呈现出浓郁的色彩和立体感。

第三，人们感到茅盾的小说层次丰富、色彩浓郁还有一个重要原因，就是他很善于，并经常采用侧面描写，也就是他所说的“戏剧描写”：“戏剧描写，着意描写人物的动作和别人的议论、气氛，注意人物的串合，环境与事变的交互影响。”①茅盾的小说从来很讲究环境、气氛对人物性格的衬托。例如《动摇》中陆梅丽的客厅给人留下了深刻的印象：“厅的正中有一只小方桌，蒙着白的桌布，淡蓝色的瓷瓶高踞在桌子中央，斜含着腊梅的折枝。右壁近檐处有一个小长方桌，供着水仙和时钟之类，还有一两件女子用品。一盏四方形的玻璃宫灯从楼板挂下来，玻璃片上贴着纸剪的字，是天下为公。”既洋溢着书香旧家的色彩，又烘染着当时的时代气氛，同时又衬托出陆梅丽的性格——玲珑文雅，端庄细腻。孙舞阳的住处却大不相同：“一株梅树疏疏落落开着几朵花，方梗竹颓丧地倚墙而立，头上满是细蜘蛛网。孙舞阳的衣服用具杂乱地放着，靠着窗户有一张放杂物的小桌，闻得一阵奇特的香，放着一个黄色的小方纸盒，很美丽，很惹眼，很香。方罗兰揭开一看，恍然大悟地说：‘原来是香粉？’(其实是新式避孕药)。”这一切都衬托着孙舞阳浮躁轻率，浪漫随便的性格而与陆梅丽形成鲜明对比。《子夜》前半部吴荪甫显赫的声势和刚毅的性格也多半是通过间接描写显现出来的。例如一开头，作者就通过并非吴记的戴生昌轮船局大小职员“霍地一起站了起来”，肃然起敬，奔走效劳，轰走闲杂人，一片声喊脚夫等烘托出吴荪甫的气派。吴老太爷中风后，周围一片慌乱，吴荪甫却指挥若定，别人愈慌乱就愈反衬出吴的冷静和刚毅。在吴荪甫面前，周围的人总是“小心翼翼，蹑手蹑脚”，或是“门悄悄开了，探进了一个头来”，或是一个“长方脸在门缝中探一下，挨进身来又悄悄地把门关上”。总之，上下人等都是屏息侧立，侍候吴荪甫的一笑一颦！《子夜》中的重要人物赵伯韬也几乎全是通过侧面描写来完成的。例如从人们对徐曼丽所开的玩笑中，读者得知赵伯韬是一个“扒进”各式公债和女人的流氓；李玉亭背叛吴荪甫前来投靠，冯云卿出卖女

① 《近代文学体系的研究》。

儿设美人计都从侧面烘托了这个人物的神秘和威力。吴荪甫愈能干，愈努力，他的失败就愈能反衬赵伯韬的“法力无边”。作者很少直接写赵伯韬如何破坏吴荪甫的事业，但吴荪甫的每一失败都笼罩着赵伯韬的魔影，这比正面描写更能烘染出赵伯韬这个人物的无从捉摸和神秘色彩。茅盾还经常通过他作品中某些人物的叙述来描写另一些人物，这是一种经济的手法，不仅描写了叙述对象，同时也描写了叙述者。例如《子夜》第二章，整个时代气氛，国内外大事，人物之间的关系，各种私生活琐闻都是从一大群阔人、政客、军官、老板的寒暄、酬酢、互相吹捧取笑中表现出来，而这些人物本身因而也得到了描写。《子夜》中许多人物都穿插着一种对比、映衬的关系。例如雷鸣刚和林佩瑶扮演过一场“维特”式的话剧，转身又和徐曼丽胡缠。这种鲜明的对比有力地刻划了雷鸣的内心世界而带着浓厚的讽刺意味。其他如同是交际花的刘玉英和徐曼丽，同是豪绅子弟的曾家驹和阿萱，同是走卒的屠维岳和莫干丞，其间都存在着一种对比关系，有助于写出不同性格。《子夜》中人物的动作，即使是最细微的动作也都反映着人物的特点。例如吴荪甫经常以行动的姿态出现，我们看见他“直奔二楼，闯进总经理办公室”，“一直走进轮船局”，而赵伯韬相对来说经常是静止的，他总是“元宝式地埋在沙发里，高高把腿翘到桌上，露出一腿毵毵黑毛”。前者的活动地点多是办公室或家里豪华的欧式客厅，后者则总是在大饭店堂皇的套间包房。这些细微末节都精细地反映着人物的历史背景、文化教养，同时进一步突出了人物性格。

另外，茅盾作品的叙述语言很重视明晰的层次，常用动态的、拟人的方法，力图通过听觉、视觉和心理印象的交织形成立体的感受；他的描写语言色彩浓烈，字里行间都寄托着作者的褒贬和爱憎；人物语言则多富于个性。

所有这些都使茅盾的小说显出丰富的层次：疏密、浓淡，远近、深浅，主从、轻重，张弛、快慢各不相同，而又适度得体。这就构成茅盾小说最突出的艺术特点——油画式的立体感。

抒情象征与散文随笔

郁达夫曾评论茅盾的散文，指出他的特点在于“观察周到，分析清楚”，“然而，抒情练句，妙语谈玄，不是他之所长”。[①] 第二句话只对了一半，茅盾的确很少“谈玄”。他自己就说：“我也曾尝试找找‘性灵’这微妙的东西，不幸

---

① 郁达夫：《〈中国新文学大系·散文二集〉序》。

‘性灵’始终不肯和我打交道。”①但“抒情练句”却未必是茅盾之所短。如果不计北伐革命前茅盾所写的《五月三十日下午》一类议论性较强的短文，可以说茅盾散文实际上是和他抒发内心矛盾积郁的需要同时产生的，换句话说，茅盾散文实自“抒情练句”始。

北伐革命失败后，茅盾所写的一组散文如《严霜下的梦》《叩门》《卖豆腐的哨子》《雾》等都是抒情散文，都是通过一种情调和雾围的构筑来抒发内心的抑郁。《严霜下的梦》没有具体的人和事，只有怪异的梦，用灰色翅膀掮拂着人们脸颊的阴森的蝙蝠和肃杀的瓦上严霜的寒光。这一切构成一种非常痛苦的孤独而窒息的气氛，同时贯穿着作者清醒的理智：他深知所有的光亮都不是自己所期待的黎明的曙光，他只能无望地默默忍受噩梦的统治。这里没有明确的象征，也没有客观的分析，只是通过作者主观心情的抒发，烘染出一种浓郁的情调，使读者感受到他灰暗的心境，理智的个性，对反动政权不抱任何幻想的清醒的认识。《叩门》一方面写寒冷、凄厉和虚空，一方面写“殷殷雷鸣”，“不知是北风怒吼抑是‘人的觉醒’”？幻想“跨在北风颈上，砉然驱驰于长空”。《卖豆腐的哨子》写“满天茫茫的愁雾”，“胸间回荡起伏的怅惘”，也写“闷在瓮中，象是透过了重压而挣扎出来的地下的声音”。这些都是类似的写法。这种写法与具体的象征不同，后者如《白杨礼赞》，可以具体指出白杨象征什么，楠木象征什么，但我们却很难说明《严霜下的梦》中的蝙蝠和噩梦象征什么。1934 年的《黄昏》《雷雨前》也是如此。《雷雨前》写的“热烘烘的桥石”“苍白龟裂的泥土”“飘飘扬扬踱方步的鸡毛”“密不通风的灰色的幔”，都不是具体有所指的象征。特别是桥上那个人，他先是感到浑身的毛孔全都闭住，像要呕出什么来，他窒闷得只好张开两臂，用力行一次深呼吸，可是只吸进了“热辣辣的一股闷”；汗胶住他的全身，像结了一层壳；熬到下午三点，他像快要干死的鱼；他等待风暴，却迎来了苍蝇、蚊子和讨厌的蝉；他跳起来拿着蒲扇乱扑，神经质地大声叫喊；最后，只觉得世界末日也不会比这再坏！作者这样不厌其烦，极有层次地展示这个人物的心理感受就是为要构筑一种气氛，使读者感染到作者所要表现的那种压抑、窒息、烦闷。这不只是表现气候的燥热而是表现整个黑暗社会所造成的沉重的精神压力。因此《雷雨前》不是具体的象征，而是通过整个的气氛来描写三十年代中国的政治与社会矛盾。

茅盾也有一些散文是通过具体的象征手法来抒情的。《白杨礼赞》以不折不

① 《速写与随笔·前记》。

挠、参天耸立的白杨树来表现伟岸、正直、平凡的北方农民的气质和“用血写出新中国历史”的意志。前者是具体形象，后者是抽象概念。用具体事物赋予抽象概念以形象而使读者得到启发就是象征。如《沙滩上的脚迹》，以“夜的国”象征黑暗社会；以纵横重叠的兽迹象征生活中的歧路；以夜叉象征生活道路上总会遇到的凶险；以人鱼象征恶的诱惑；以鬼火排成的字象征引人堕落的伪善的招牌；而“心火的照明”则象征追求光明的意志和决心。这些都是以具体事物给抽象概念以赋形。

茅盾还有很多散文依靠的是平实的叙述和对生活场景质朴的素描，但这类散文也仍是抒情的，其抒情方式有三：

第一，字里行间浸染着浓厚的感情色彩。如《戽水》一篇中的三幅素描。第一幅是欢快的：“……叶子板格格地憨笑似的，一边跟小河亲一下嘴，一边就喝了满满的一口，即刻又辘辘地上去，高兴得嘻嘻哈哈地把水吐了出来……小河也温柔地微笑，河面漾满了一圈一圈的笑涡。”第二幅是痛苦的：“小河渐渐瘦了……满脸土色，吐着叹息的泡沫……水车叫人牙齿发酸地轧轧乱响……从干瘪的小河榨出些浓痰似的泥浆来。”第三幅是绝望的：“河心里的泥开始起皱纹，象老年人的脸，水车也都噤了口。”全篇都是事实的叙述，同时又处处洋溢着作者的关切之情。

第二，叙事和形象的议论结合在一起，以达到抒情的目的。如《谈月亮》在叙事中结合月亮的形象，发挥了反对调和、短视、敷衍、苟安的议论。作者写道，月亮“把凹凸不平的地面幻化为一片模糊虚伪的光滑”，“把黑暗潜藏着的一切丑相幻化为神秘的美”，“水样的猫一样的月光”使人变得感情脆弱；月亮的圆缺使人悟出恬淡知足的哲理；月亮的光“既不能使五谷生长也不能晒干衣裳”，这光“只够你看见五个指头却不够辨别稍远一点的地面的坎坷”，它“消弭了一切轮廓”而使你变成短视，在你心上“遮起一层迷迷糊糊的苟安的雾”。通过这种叙事和议论的生动结合，作者充分抒写了自己渴望进取，追求光明的磊落情怀。

第三，截取生活中本身就富于诗情画意的片断，加以再现，作为抒情的手段。《风景谈》就是运用这类写法最成功的一篇。在这里，作者很少发议论，也不大着意渲染自己的感情，一切都含蕴在一个个生动精美的画面之中。正是所谓“寓情于景”，这“景”本身就具有浓厚的抒情色彩：在“蓝的天，黑的山，银色的月光”的背景上“姗姗而下”地唱着粗朴短歌的种地人；在喧哗的小河里洗濯，燃起熊熊野火晚炊，说着七八种方音，唱着同一个雄壮音调的年青的一群；被雨赶到天然石洞中促膝谈心的一对，憩息在桃林茶社一片简陋的绿荫下而各得其乐的男女，还有那在银白色天幕前，粉红色霞光中扬起系红绸的喇叭的小号兵和那位犹如雕像一般的战士。这些都是茅盾所说的富于表现力的“生活剪片”。这些“剪片”明暗相间，对比鲜明，错落有效地交织在一起。例如那稀稀落落黄毛癞头式的黄土高原并不美，但配上那幅荷犁晚归的美丽的剪影，立刻幻出神奇的色彩；秃顶的山，浅濑的水由于年青人的欢声笑语变成“静穆的自然与浵漫着生命力的人”交织而成的美妙图画；沉闷的雨天，寂寞的荒野，原始的石洞因为“安上了”一对促膝谈心的年青人而顿时生色；半片磨石，几尺断碣，荞麦大麻玉米，粗劣而简陋，但有满溢着青春活力的青年男女点缀其间，马上就成了人间乐园。作品中的许多场景都是按对比原则安排的：如大城市西装革履烫发旗袍高跟鞋的一对儿与原始石洞中的革命青年；过去拿调色板木刻刀，如今“一律被锄锹的木柄磨起老茧”；过去调朱弄粉，如今煮小米饭炒油菜；一方面是柔和的粉红的朝霞，一方面是刚性的刺刀闪亮的寒光等。色彩的明丽丰富多变也是这篇散文的特色：天的蓝、山的黑、月光的银色、小米饭的金黄、油菜的翠绿、河水泡沫的雪白、荞麦花的粉红、桃林树叶的绿、太阳给磨石断碣抹上的金，还有“银白色的背景前一个淡黑的侧影”，霞光和晨风吹动着的喇叭上的红绸……这些由鲜明对比和富丽色彩构成的画面不再是平面的、单线条白描的，而是明暗、浓淡相映衬的色彩复杂的油画，这些油画立体地、丰富地展示了作者对敌后根据地的一片深情。

郁达夫曾说：“现代散文之最大特征，是每一个作家的每一篇散文里所表现的个性比以前的任何散文都来得强。”①茅盾的散文也鲜明地表现着他的艺术个性。首先就是郁达夫总结的，“唯其阅世深了，所以每不忘社会”②，也就是茅盾自己说的“未敢忘记文学的社会意义”，“未尝为创作而创作”③。即使是北伐革命刚失败的失望徬徨之际，他也从不曾想逃避退隐。他的散文始终表现着正视现实，不满现状，热切地追求着未来，期待着新的召唤。阿英说：“在中国小品文活动中，作为社会的巨大目标的作家，在努力的探索着这条路的，除茅盾、鲁迅而外，似乎还没有第三个人。”④事实正是这样。其次就是“观察的

① 郁达夫：《〈中国新文学大系·散文二集〉序》。

② 同上。

③ 《我的回顾》。

④ 阿英：《现代十六家小品·茅盾小品序》。

周到，分析的清楚”。茅盾的散文抒情味再浓，也始终贯穿着清醒的理智，始终包含着对社会，对人生，对自己的冷静而理智的分析。这种分析往往是辩证而全面的。他能从“满天白茫茫的愁雾中”听到“震破了凝冻的空气”的“地下的声音”，并“从这单调的呜呜中，读出了无数文字”①；虽然“浓雾抹煞了一切”，但他仍能看到“红鲤鱼的活泼泼的跳跃划破了死一样平静的水面”②。茅盾的散文也始终贯穿着他冷静清醒而理智的个性。其三则是前面着重分析的抒情的多样性和油画式的丰富色彩。当然，茅盾的散文大部分是反映社会的平实的叙述，特别是后期。正如茅盾自己所说：“《太白》发刊以后，我就打算——借郁达夫先生的一句话‘利用他之所长而遗弃他之所短’。我打算写写通常所谓随笔以及那时很风行的速写。”后来又说：“这些文章好象是日记帐，文字之不美丽自不待言，又无非是平凡人生的速写，更谈不上什么玄妙的意境。读者倘若看看现在社会的一角，或许能隐约窥见少许，但倘要作为散文读，恐怕会失望。”这是客观而正确的分析。他的确有意地压抑了自己“抒情练句”的才能。抒情的多样性和油画式的丰富色彩，包括情调的渲染，象征的运用，形象的议论，鲜明的对比等这些特点并不存在于茅盾全部散文之中，但茅盾散文脍炙人口，传诸后世的作品却是兼有以上三个特点的名篇。

茅盾从 1919 年开始其文学生涯，他生命中的六十余年与中国现代文学发展的六十余年密切相关。他的现实主义理论和艺术创新已经引起普遍的兴趣和关注。他的著作被翻译成十几种文字，研究他的成就的专著不下数十种。茅盾作为中国现代文学奠基者之一的伟大功勋将永垂史册。

茅盾同志永垂不朽！

---

① 《卖豆腐的哨子》。

② 《雾》。

鲁迅的《破恶声论》及其现代性*

鲁迅的《破恶声论》以“迅行”的笔名发表于1908年12月出版的《河南》杂志第8期。《河南》杂志是中国留日学生创办的、宣传反清革命的综合性刊物，1907年(清光绪三十三年)创刊于东京，主编名武人，《发刊之旨趣》由朱宣所作。主要刊登的文章有：《平民的国家》(作者鸿飞)、《二十世纪之黄河》(作者裴谷)、《指南公传奇》(作者虞民)、《巾帼魂传奇》(佚名)等。原拟为月刊，但后来并未按月出版。《河南》杂志目前已很难找到，阿英在他编写的《辛亥革命书徵》中说，他所见到的，只有五期。

1901年《辛丑条约》签订之后至辛亥革命(1911)的十年间，到日本留学的中国学生达数千人，其中多数倾向于反清革命。他们出版了许多革命书报，其中十多种杂志是先后由各省留日同乡会或以各省留日同人名义出版的，内容上也偏重各省当时的政治、社会和文化问题，并从事科学的启蒙宣传，如《浙江潮》《江苏》《汉声》《洞庭波》《云南》《四川》等。

鲁迅于1902年4月到达日本，同年11月，许寿裳、陶成章等即在东京组织了百余人的浙江同乡会，并出版了《浙江潮》月刊。鲁迅写的《中国地质略论》，翻译的《斯巴达之魂》《地底旅行》的一部分都发表在1903年的《浙江潮》上。鲁迅在日本完成的几篇重要论文则陆续发表于后来的《河南》杂志，如《人之历史》发表于1907年12月第1期，《摩罗诗力说》发表于1908年2、3月第2、3期，《科学

---

* 原载《中国现代文学研究丛刊》，2000年第3期。

史教篇》发表于1908年6月第5期，《文化偏至论》发表于1908年8月第7期。

《破恶声论》约7000千字，虽未写完，却是集大成之作，它是鲁迅留居日本七年来思考的结晶，是他在《文化偏至论》和其他文章的基础上对中国文化社会改革问题更进一步深思熟虑的结果。

何为“恶声”？

“破恶声”是本篇的主旨。何为“恶声”？这得从鲁迅在《文化偏至论》中已经提出“掊物质，排众数”的主张说起。所谓“掊物质”是反对“诸凡事物无不质化，灵明日以亏蚀，旨趣流于平庸，人惟客观之物质世界是趋，而主观之内面精神，乃舍置不之一省。重其外，放其内，取其质，遗其神，林林众生，物欲来蔽，使性灵之光，愈益就于黯淡”。鲁迅认为这就是“19世纪文明之通弊”，必须加以掊击。“排众数”的“众数”在《文化偏至论》中是指三部分人：一类是“垂微饵以冀鲸鲵”的巨奸，“将借新文明之名，以大遂其私欲者”；另一类是“宝赤菽以为玄珠”的“盲子”，他们对自己大声疾呼的东西还不了解，就自以为得了人生真谛，借众凌寡；还有一类则是将“陈旧于殊方”的“迁流偏至之物”“举而纳之中国，馨香顶礼”。这三种人合起来，就是鲁迅所说的“庸众”。在《破恶声论》中，鲁迅进一步将这些“庸众”分为两类：一类是“出接异域之文物者……效其好尚语言，峨冠短服而步乎大衢，与西人一握为笑……”；另一类是“居内而沐新思潮者，亦胥争提国人之耳，厉声而呼，示以二十世纪之国民当做何状”①。对于这两种人，“聆之者”都是“蔑弗首肯，尽力任事惟恐后”；加以“日鼓舞之以报章，间协助之以书籍”，于是“事权言议，悉归奔走干进之徒”。鲁迅指出，这些人都是“掣维新之衣，用蔽其自私之体”，例如：“为匠者乃颂斧斤，而谓国弱于农人之有耒耜；事猎者则扬剑铳而曰民困于渔父之宝网罟；倘其游行欧土，偏学制女子束腰道具之术以归，则再拜贞虫而谓之文明，且昌言不纤腰者为野蛮矣。”

总而言之，这些“庸众”所发之声都是“恶声”。鲁迅说，这样的“恶声”“纵唱者万千，和者亿兆，亦决不足破人界之荒凉，而鸩毒日投，益以速中国之隳败”。这种“恶声”往往是“万喙同鸣，鸣又不揆诸心，仅从人而发，若机栝，林籁也，鸟声也。恶浊扰攘，不若此也。此其增悲，盖视寂漠，且亦甚矣”！

---

① 本篇引文凡未注明出处者，皆出于《破恶声论》，见唐弢编：《鲁迅全集补遗续编》(增订本)，上海出版公司，1952。

在《破恶声论》中，鲁迅进一步对两种当时比较流行的“恶声”作了深入分析：一种是甚嚣尘上的“汝其为国民”说，“慑以不如是则亡中国”；另一种是人云亦云的“汝其为世界人”，“慑以不如是则畔(叛)文明”。

自梁启超提出“国民”这一概念以来，它一直是20世纪头十年“万喙同鸣”的中心之一。1905年，汪兆铭在刚创刊的《民报》第一期就曾发表《民族的国民》一文，鼓吹“立宪”，提出颠覆“六千年来之君权专制”，建立“民族主义”和“国民主义”的国家。他认为：专制国家的国民只是“奴隶而已”，而“立宪国之国民”才是独立自由的。他认为对于国民来说：“自其个人的方面观之，则独立自由，无所服从。自其对国家的方面观之，则以一部对于全部，而有权利义务，此国民之真谛也。”鲁迅早在《文化偏至论》中就对“金铁立宪”者，痛加挞伐。他对于“立宪”的结论是：“古之临民者，一独夫也；由今之道，且顿变为千万无赖之尤，民不堪命矣，与兴国究何与焉?”在《破恶声论》中，鲁迅更进一步指出：“以独制众者，古，而众或反离；以众虐独者，今，而不许其抵拒!”其结果是“以多数(扰攘之庸众)临天下而暴独特者!”人们都“不敢自别异”，只能“泯于大群，如掩诸色以晦黑。假不随驸，乃即以大群为鞭箠，攻击迫拶，俾之靡骋”。在这样的情况下，有什么自由可言呢?因此，鲁迅在《破恶声论》中说：“众倡言自由，而自由之憔悴孤虚实莫甚焉!”

鲁迅提出“汝其为世界人”的问题是有其针对性的。1907年6月，吴稚晖、李石曾等人在巴黎创办了《新世纪》周刊，宣扬无政府主义，声称人类将于20世纪开始走向大同，国家、民族和语言界限都将消除，“万国新语”(即世界语)将成为世界唯一的语言，国籍、民族将不再重要，人们都将成为“世界人”。鲁迅在《破恶声论》中指出这种“同文字”“弃祖国”“尚齐一”并以不如此“将不足生存于二十世纪”相威胁的主张，其实质和“国民说”一样，都是灭裂个性，压制少数的理论。《新世纪》是一个宣传无政府主义的刊物。在其第一期发表的《新世纪之革命》一文中，强调新世纪的革命思想是“扫除一切政府，纯正自由；废官止禄，无有私利；弃名绝利，专尚公理”。在其长篇连载的《普及革命》(第15、17、18、20、23期)一文中，署名“民”的作者全面提出了反法律、反赋税、反对传统、国粹、宗教、迷信等各个方面的主张。1908年，章太炎等人曾在《民报》上发起反击，《新世纪》亦有所回应，形成了关于无政府主义的一次小小的论战，《破恶声论》可以说也参与了这次论战。《新世纪》周刊共出121期，1910年5月停刊。

心声与内曜

鲁迅在《破恶声论》中说："吾未绝大冀于方来，则思聆知者之心声而相观其内曜。内曜者，破黮暗者也，心声者，离诈伪者也。有是，乃如雷霆发于孟春而百卉为之萌动，曙色东作，深夜逝矣。"鲁迅当时仍然对未来怀着坚定的信心。他认为希望就在于首先出现少数"不和众嚣，独具我见之士"，他们以自己的智慧，"洞瞩幽隐"，绝不人云亦云，他们遵循自己的信念，奋然前行，"举世誉之而不加劝，举世毁之而不加沮"，"惟所信是诣"。鲁迅心目中的这类人就是像尼采、易卜生那样"据其所信，力抗时俗，示主观之极致""意力绝世""多力善斗，即忤万众不慑之强者"(《文化偏至论》)。在这个基础上，鲁迅于《破恶声论》中又提出"白心"和"神思"两个概念。"白心"和"神思"都出自中国传统文化。

"白心"出自《庄子・天下》篇："不累于俗，不饰于物；不苛于人，不忮于众……以此白心，古之道术有在于是者。""白心"就是以"不累""不饰""不苛""不忮"的态度，直白其心。鲁迅说："顾蒙帼面，而不能白心，则神气恶浊，每感人而令之病。""白心"也就是直白的心声，如奥古斯丁、托尔斯泰、卢梭等人的直白之书，鲁迅赞美说："伟哉其自忏之书，心声之洋溢者也。"因此，鲁迅强调："善国善天下，吾愿先闻其白心。"鲁迅所说的"白心"就是"不累于俗，不饰于物；不苛于人，不忮于众"的至精至诚的心声。唯有这样的真心发出的心声，才能明"人生之意义"；而使"个性不至沉沦于浊水"。

"神思"出自《文心雕龙》，指的是"观古今于须臾，抚四海于一瞬"的内在而真诚的丰富的想象力。在《文化偏至论》中，鲁迅曾将尼采等人所代表的"崇奉主观""张皇意力"尊崇独创的一派定名为"新神思宗"，这里"神思"一词所蕴涵的，是强力意志、创造性想象力和主观战斗精神等含义。在《摩罗诗力说》中，鲁迅认为作为"心声"的诗歌就产生于"古民神思，接天然之閟宫，冥契万有，与之灵会"之时。这里所说的神思专指与万物相冥合的神秘的想象力。《破恶声论》五次谈到"神思"，都是指"朴素之民"自由自在的不受任何约束和指使的创造性想象。如说"夫神话之作，本于古民，睹天物之奇觚，则逞神思而施之以神化"。又说"夫龙之为物，本吾古民神思所创造"等。

"白心"和"神思"结合在一起，就能发出出自内心的精诚之声。这种"心声""披心而噭，其声昭明"，可以"烛幽暗以天光，发国人之内曜"。"内曜"即内心的智慧之光，这种国人之"内曜"一旦被启发出来，就可以使"古国胜民，素为吾志士鄙夷不足道者，咸入自觉之境”。于是，“人各有己，不随风波，中国亦以立”(《文化偏至论》)。当然，能发出这种“心声”的，首先只能是少数“思虑、学术志行大都博大渊邃、勇猛坚贞，纵迕时人不惧”的“首唱之士”。虽然为数不多，但有了他们，就会如“留独弦于槁梧，仰孤星于秋昊”，给人们带来希望，他们的存在会逐渐唤起“群之大觉”，而做到“人各有己”。鲁迅在《文化偏至论》和《摩罗诗力说》中已经提出“张灵明”“任个人”的主张，他认为救国之道“首在立人，人立而后凡事举，若其道术，乃必尊个性而张精神”。“只有国人之自觉至而个性张”，“沙聚之帮”才能“由是转为人国”。“人国既建，乃始雄厉无前，屹然独见于天下”。这就是青年鲁迅的最高理想。

迷信与伪士

自戊戌政变(1898)至辛亥革命(1911)这段时期，有关宗教问题的讨论曾经颇为热烈，这和西方的影响也是分不开的。当时很多改革者都认为重视宗教对西方文化的发展起了很大作用，而不重宗教正是中国传统文化的重要缺陷。改革者谭嗣同在他的《仁学》中就很强调宗教能给人“以慰藉而启悟之”，可以使人对人生意义、归宿，对过去、现在、未来求得一种了解，使人有所系属和归依。康有为、梁启超、谭嗣同等改革家都很重视发挥宗教的稳定社会的功能。1906年起，章太炎也很推崇宗教的意义。他和陶成章等人一起提出“用宗教发起信心”，“以增进国民道德”的宗教救国论。在他主讲的国学讲习班上，佛典被列为重要的课程之一，并大力鼓励学生学佛。青年鲁迅在章太炎的影响下，也对宗教，特别是佛学和民间宗教怀着浓厚的兴趣。

《破恶声论》用相当多的篇幅讨论了宗教问题，其中可能有些部分是直接针对1907年9—11月连载于《新世纪》的长篇论文《普及革命》中的有关宗教的一些论点的。例如《普及革命》强调宗教“束缚人之思想，阻碍人之进步，使人信仰，使人服从者也。信仰则迷信生，服从则奴性根……人民根器薄弱，智识幼稚，易受可惊、可欣、可羡、可怕之佛说、福音、儒论、神话，而淘汰磋磨于不知不觉之中……今世纪，科学日以发达，真理日以显明，当以正当的教育代宗教，以真理的科学破迷信，而不当以宗教代教育，替科学也。不知出此，而惟斤斤以宗教为补救之道，其谬误为何如哉。……宗教与科学适为反对。科学求真理，而宗教尚妄诞；科学重实验而宗教尚虚伪……有宗教，则革命不得普及，欲普及革命，不得不反对宗教。有宗教则科学不得发达；欲发达科学，不得不反对宗教”。

鲁迅首先从宗教的来源谈到什么是迷信，他认为先民“见夫凄风烈雨，黑云如盘，奔电时作”就会产生一种“虔敬之感”及一种“形而上之需求”，“宗教即以萌蘖”。鲁迅说：“中国志士谓之‘迷’，吾则谓此乃向上之民欲离是有限相对之现世，以趣无限绝对之至上者也。人心必有所冯依，非信无以立，宗教之作，不可已矣。”况且，“破迷信者，于今为烈”，“破迷信”时时沸腾于“士人之口”，但却从来没有人谈作为迷信的对立面的“正信”是什么？“正信不立，又乌从比校而知其迷妄也？”

其次，鲁迅认为中国的原始民间宗教以及由此派生而来的淳厚民俗和道德风尚都是十分美好的。中国以“普崇万物为文化本根……覆载(天地)为之首，而次及于万汇。凡一切睿知义理与帮国家族之制，无不据是为始基焉。效果所著大莫可名。以是而不轻旧乡，以是而不生阶级，他若虽一卉木竹石，视之均函有神秘性灵，玄义在中，不同凡品。其所崇爱之溥博，世未见其匹也”。遗憾的是这些如歌如诗、美妙无比的灵性却被一帮“伪士”指斥为“迷信”，甚至由此而长期形成的民风民俗也被横加指责。鲁迅说：“朴素之民，其心纯白，则劳作一岁，必求一扬其精神故农则年答大戬于天，自亦蒙庥而大酺，稍息心体，备更服劳”，因而有赛会，有“举酒自劳”“洁身酬神”之举。然而，就是这种极为合理的民风民俗也被那些志士认为是“丧财废时，奔走呼号，加以禁止，而钩其财帛为公用!”鲁迅愤慨地指出：“诗人朗咏以写心，虽暴主不相犯也，舞人屈伸以舒体，虽暴主不相犯也，农人之慰而志士犯之，则志士之祸烈于暴主也!”

最后，志士们反“迷信”最有力的武器是科学，鲁迅从三个层面对这个问题进行了分析。首先，他认为有些高喊科学的人，无非是假科学之名以谋私利：“科学为之被，利力实其心。”对于这种人，鲁迅认为“其可与庄语乎，直唾之耳”。其次，他认为有些人把科学看得太简单了。这些自以为“奉科学为圭臬之辈，稍耳物质之说，即曰：磷，元素之一也，不为鬼火；略翻生理之书，即曰：人体，细胞所合成也，安有灵魂?”这类人“知识未能周，常以致浅而多谬者解释万事，不思事理神閟变化，决不为理科入门一册之所范围”。再次，鲁迅认为科学是人类神思创造之物，神话和宗教也是人类神思创造之物，它们之间本来是相通的。正如鲁迅写于1907年的《科学史教篇》的结论所说：“科学者，神圣之光，照世界者也。可以遏末流而生感动。时泰，则为人性之光，时危，则由其灵感，生整理者如加尔诺(Carnot)，生强者强于拿破仑之战将云。”可见科学和宗教神话一样，都是人类自由精神创造的产物。志士们将宗教神话诬为迷信，强调其与科学势不两立，正显示了那些“精神窒塞，惟肤薄之功利是尚”的志士们的私心和愚蠢。因此，鲁迅大声疾呼：“伪士当去，迷信可存，今日之急也。”“伪士”，当然就是指前面所说的那些“志士”。

《破恶声论》与现代性

《破恶声论》虽然是一篇未完成的著作，但却相当全面地总结了鲁迅在日本留学七年的思想发展和成果。鲁迅在日本的时期正值明治三十五年至明治四十二年，经过明治维新，经过中日战争(1894)和日俄战争(1904)的胜利，这时的日本已进入一个相当发达的资本主义社会，同时，资本主义的弊害也已暴露无余。鲁迅这一时期的思想就是以“矫十九世纪文明之弊害”为出发点的。

鲁迅对于当时占主流地位的各种资本主义的改革方略都进行了相当彻底的否定：“将以富有为文明欤，则犹太遗黎，性长居奇，欧人之善贾者，莫与伦比，然其民之遭遇何如矣？将以路矿为文明欤，则五十年来，非、澳二洲莫不兴铁路矿事，顾此二洲土著之文化何如矣？将以众治为文明矣，则西班牙、波托牙二国立宪且久，顾其国之情状又何如也？”(《文化偏至论》)更其严重的是这样发展的结果是“诸凡事物无不质化，灵明日以亏蚀，旨趣流于平庸，人惟客观之物质世界是趋，而主观之内面精神，乃舍置不之一省。重其外，放其内，取其质，遗其神，林林众生，物欲来蔽，社会憔悴，进步以停，于是一切诈伪罪恶，蔑弗乘之而萌，使性灵之光，愈益就于暗淡：十九世纪文明一面通弊，盖如此矣”(《文化偏至论》)。这些精彩的论述在《破恶声论》中得到了简要的总结。

正是这种对资本主义的深刻批判使鲁迅和现代主义紧密地联系在一起。事实上，鲁迅所追求的自由和独立创造的思想从一开始就是资本主义经济冲动和现代文化发展的共同根源。在经济活动中，它体现为奋力开拓，追求最大利润的个人主义；在文化方面，它体现为“不受约束的自我”。尽管两者在抗击封建传统时曾站在一条战线，但很快就生成为一种尖锐的敌对关系。这种敌对关系首先表现为经济领域所要求的组织形式同现代文化所标榜的自我实现规范之间的断裂。也就是说资产阶级无止境的贪欲，使生产越来越组织化、官僚化，生产者个人被贬低到不值一提的地位，这与崇尚自由独创的现代文化——现代主义形成了无法调和的冲突。丹尼尔·贝尔(Daniel Bell)说：“我把现代主义看成是瓦解资产阶级世界观的专门工具。最近半个世纪以来，它正逐步取得文化领域中的霸权地位。”①另一位研究现代性的思想家欧文·豪(Irving Howe)则认为现代主义“存在于对流行方式的反叛之中，它是对正统秩序的永不减退的愤怒攻击”②。青年鲁迅正是以他“对正统秩序(资本主义秩序)的永不减退的愤怒攻击”成为现代主义的先觉者。

在《破恶声论》中，鲁迅把他在《文化偏至论》等几篇文章中对“任个人、排众数”的提倡，和对“同是者是，独是者非，以多数临天下而暴独特者”的看法归结为“以独制众者，古，而众或反离；以众虐独者，今，而不许其抵拒”。鲁迅的意思是：过去的封建独裁，一人专政，老百姓过不下去了，还可以造反；而今以多数为幌子的所谓“众治”对个人的迫害，则更难以抵拒，连造反也难以组织!

现代主义与此相反，它坚持自我的绝对专断，强调人不受任何限制，迫切寻求对众人的超越。鲁迅提出的“神思”和“白心”给中国传统的文化话语注入了现代主义的内容。如前所述，《破恶声论》中的“神思”和“白心”都是指不受任何干扰，出自内心的自由创造的想象力。这种想象力只存在于“厥心纯白”的“朴素之民”，即“气禀未失之农人”中间，“求之于士大夫”，“则戛戛乎难得矣”。因为他们“为稻粱折腰”，“躯壳虽存，灵觉且失”，早已失去自由创造的能力。如果将鲁迅所呼唤的“心声”和“内曜”与“神思”和“白心”结合起来看，就可以发现鲁迅所寄予希望的正是尼采式的少数“精神界之战士”的强烈意志和主体精神以及他们使“朴素之民”的“神思”和“白心”得到发扬的可能性。这就和现代主义的“自我无限精神”和“意志的胜利”血脉相连，其目的则是启“群之大觉”，“建立人国”的东方理想和内涵。

《破恶声论》以很多篇幅讨论了宗教问题。在这些讨论中，最值得注意的有以下三点：第一，鲁迅认为民间宗教(伪士斥为迷信者)、民俗、神话都是出于“朴素之民”发自内心的真诚的自由(繇己)精神活动，这种精神活动是多种多样的，不应受到任何人的干扰和压制。第二，鲁迅拒斥一切自上而下的、排他的宗教。他对这类“正信教宗”深恶痛绝，指责那些所谓“破迷信之志士”实则是“敕定正信教宗之健仆”而已。第三，鲁迅强调信仰是不可能强迫的。他指出：

---

① 丹尼尔·贝尔：《资本主义文化矛盾》，赵一凡等译，31页，北京，生活·读书·新知三联书店，1992。

② 欧文·豪：《文学和艺术中的现代思想》，13页，纽约，地平线出版社，1967。

“今者更将创天下古今未闻之事：定宗教以强中国人之信奉”，如此“心夺于人，信不繇己”，只可能产生危害社会的“伪士”。

鲁迅关于宗教的这些思想虽然还不是十分明确，但仍可看出它是和宗教观念的现代性相连的。按照卢曼（N. Luhmann）在《宗教的功能》中所说的，宗教之社会功能的现代转型在于：传统的宗教有系统整合的功能；而现代的宗教的功能则并非是系统整合的。刘小枫认为：“宗教的现代化即世俗化、私人化、多元化，它们表明，要想重构传统式的、具有普遍有效性之意义——价值共识，很可能只是乌托邦或卢曼所谓的怀旧梦。”①在这种状况下，宗教日益私人化，也就是更加个体化和主体化。这种私人化或个体化和主体化的后面是平等理念、意义知识多元化的内在支撑。鲁迅关于宗教的世俗化、私人化、多元化的议论也是和他一贯的“建立人国”的思想一脉相通的。

在《破恶声论》中，鲁迅并不是在一种二元对立的方式中来谈中外、古今的关系的，他始终致力于在世界最新发展的脉络中来考察中国文化从古至今所存在的各种问题，因此他能跻身于世界思想发展的最前沿，而使自己的讨论充满着现代色彩。

---

① 刘小枫：《现代社会理论绪论——现代性与现代中国》，467页，香港，牛津大学出版社，1996。

新方法　新途径　新收获*

——评《走向世界文学——中国现代作家与外国文学》

读完湖南人民出版社最近出版的《走向世界文学——中国现代作家与外国文学》一书，感到很振奋。这部书绝大部分文章由青年人撰写。全书共四十三万余字。作为一本专题性学术论文集，它首先给人一种出乎意外的厚重感。全书按小说、诗歌、戏剧、散文分作四辑，详尽而深入地论述了三十位现代作家与外国文学的关系。书中涉及的外国作家共326人，分属于26个国家。本书研究视野之开阔，对于中外文学的涉及面之广泛，论点和方法之创新，在我国比较文学和现代文学的研究方面都有所突破。如果书中的三十篇文章散见于各处，也许不会取得目前的效果，但由于这些文章都是第一次发表，并自觉地按照统一的编撰方针，向大体同一的方向发掘，既有多样性，又具整体感，从一个共同的特殊角度，照亮着“五四”以来的中国文学这一庞大而复杂的研究对象，这就产生了前面所说的那种历史的厚重感。

《走向世界文学》讨论的是“中国现代作家与外国文学的关系”。这当然首先是一个比较文学的题目。“比较文学”最初的定义就是“国际文学的关系史”，“比较文学工作者站在语言的或民族的边缘，注视着两种或多种文学之间的题材、思想、书籍或感情方面的彼此渗透”①。近年来，在比较文学领域中研究这种影响(或渗透)的文

---

* 原载《文学评论》，1986年第1期。

① 基亚：《比较文学》，颜保译，4页，北京，北京大学出版社，1983。

章已经不少，然而，进行如此全局性的探讨，如此完整地呈现出一个历史时期内中外文学关系的全貌，这还是第一次。这部书作为一个雄辩的历史见证，以不可磨灭的史实阐明了编者力图在导言中强调的道理——唯有交流，才有进步，唯有相互启迪阐发才有新质的创造；封闭、绝缘、孤立任何时候都只能意味着停滞、僵化和枯竭。

从比较文学研究的角度来看，本书以大量史料充实了我国比较文学的内容，特别是在影响研究方面可以说无论从理论上，实证上，都达到了新的水平。尤其难能可贵的是在贯穿全书的影响研究中始终保持了以下四个特色：

第一，不作一般肤浅的表面联系，始终根据不同作家的创作个性，深入分析其所受外国文学影响的原因和特色。例如朱栋霖在《曹禺：自我突破中的完成》一文中，从探索青年曹禺何以最先受到易卜生的影响而不是莫里哀、肖伯纳等人的影响入手，指出曹禺“个性偏于忧郁，对生活中悲剧性事件尤为敏感，审美情感中包蕴着一股令人窒息的悲剧压抑感”，这就决定了他偏好易卜生这样的悲剧艺术家，从而进一步得出外来影响的产生往往取决于作家个性及其审美情操的结论。方锡德在他的《冰心：母爱、童年和大自然的礼赞》中特别分析了“五四”时期，冰心、郭沫若、王统照、徐志摩都曾受到泰戈尔的影响，但由于他们的社会经历、创作个性各异，所受影响也就不同。这种力图对“影响”进行具体分析的努力特别值得称道。

第二，始终把“影响”和单纯的“接受”“模仿”区别开来。“影响”是一个“启发—促进—认同—消化—变形”的有机过程，决不会像鲁迅所嘲讽的那样“吃牛羊肉就会类乎牛羊”。《走向世界文学》中很多文章都强调了这一消化变形的过程。例如赵毅衡与张文江合写的《卞之琳：中西诗学的融合》相当深刻地指出了西方诗歌对中国诗人的影响如何通过诗人所承袭的深远的中国诗歌传统而形成新质的变异。

第三，《走向世界文学》中大部分文章都重视了对外来影响进行艺术分析而不只是实证地追溯源流、作历史考证。例如赵园在她那篇卓有特色的《路翎：未完成的探索》中指出：“没有外国文学的修养，就没有了小说家路翎，没有了路翎小说的特殊魅力”。她认真地探讨了路翎怎样试图把罗曼·罗兰和托尔斯泰的“抒情、哲理、政论统一的小说风格引进了自己的作品”。黄子平则在那篇本身就充满诗意的《艾青：从彩色的欧罗巴带回了一支芦笛》中才气横溢地分析了“波特莱尔对异域阳光的梦想，兰波对晨曦的追逐，凡·高对太阳的神一般的崇拜，马雅可夫斯基与太阳的对话，叶赛宁对太阳光辉永存的信念”如何“全部汇入艾青毕生不倦的‘光的赞歌’”。

第四，有些文章已注意到将影响研究和平行研究结合起来考察。例如汪应果所写的《巴金：心在燃烧》不但研究了巴金如何在写《家》之前认真阅读了《复活》，并在日记中写下了自己的感想，同时也把喀秋莎和鸣凤，喀秋莎与聂赫留道夫的爱情，鸣凤与觉慧的爱情作为类似的原型进行了平行的比较研究。

比较文学不但研究国际文学关系的历史，而且，更重要的是要研究不同文学系统的迁移、融合和流播，特别在法国中心论、欧洲中心论破灭之后更是如此。在中西文化汇合的背景上研究中西文学的汇合正是当前世界比较文学研究的重要课题。

事实上，五四新文学运动及其后的三十年正是整个世界文化综合研究的最好标本，全世界没有任何一个地区，任何一个时代能像我国“五四”时期那样，使各种文化——西欧的、美国的、苏俄的、日本的、印度的、波斯的、北欧被压迫民族的——都集中在一起，和一个那样久远的、几千年连绵不断而且始终统一的古老文明相撞击。在整个世界文化发展史中，这种现象也是罕见的。曾小逸同志在“导言”中首次提出了“五四学”的概念。他认为：以西方近代文学的诞生为开端，以东方现代文学的形成为归宿——划分了人类文学史上的整整一个时代。而发生于二十世纪初叶的中国五四新文学运动则最集中、最充分、最深刻地体现了这一时代中的东西方文学汇合和交流的基本特征和历史规律。“五四学”以中国现代文学的诞生过程为研究对象，而以寻求东西方各民族文学的交流和融合过程中所体现的人类文学的本质及其发展规律与发展趋势为研究目的。实际上，中国五四新文学在世界文学史上的意义和贡献与其说是提供了为数不多的伟大作家作品，勿宁说是提供了一种难能可贵，不可再得的世界性文学交流和融合的实例。尽管这篇“导言”在论述上还有不少疏漏之处，但它提出了许多值得研究的问题，开拓了新的研究领域。这种超越两种文学或文化而引向世界性多种文学综合研究的层次，实际已超越了比较文学而向总体文学的方向发展。

《走向世界文学》中的有些文章不仅超越了两种文学比较的范围而且也超越了传统观念中学科的局限，接触到目前比较文学的最前沿——科际整合(Interdisciplinary 或译超学科研究)。美国学者库勒(Jonathan Culler)在他那本著名论著《符号的追寻》中呼吁突破文学研究闭关自守的状况，认为沟通自然科学与社会科学，文学与艺术，让文艺理论得以在与其他学科的比较研究中发展自己，正是目前比较文学发展的关键和当务之急。但这方面的研究在我国几乎还是一个空白。《走向世界文学》中的有些文章为这种研究作了很好的开端，黄子平在他的文章中正确地指出："诗人艾青在创作上受印象派绘画的影响是极带根本性的，它涉及了艾青感受世界和艺术地再现世界的基本方式。"宋永毅在研究李金发的文章中也强调了绘画、雕塑、音乐如何融汇变形为李金发的诗。当然，这些仅只是开始，尚有待于进一步的开拓。

由于《走向世界文学》一书努力把中国现代文学作为世界文学的一部分来考察，努力以中外文学的关系为背景来重新理解和分析现代作家，这就为现代文学研究提供了新的视野。

第一，本书作者第一次以中国现代文学的研究丰富了世界文学。例如，为要说明中国现代文学中浪漫主义思潮的发展，就不能不追溯到西方浪漫主义文学的传入，并分析其被选择、扬弃、吸收、演变的过程，以及它与中国传统文学中的浪漫主义创作方法相结合的可能性和局限性。而研究十九世纪西方浪漫主义思潮于二十世纪在东方的发展和演变，正是研究整个浪漫主义思潮不可或缺的重要组成部分，没有这一部分，有关浪漫主义的研究就谈不上完整。再如易卜生的《玩偶之家》在鲁迅的《娜拉走后怎样》《伤逝》，在茅盾的小说《虹》和《创造》，在胡适的剧本《终身大事》中都有反响，这种反响对于挪威甚至全世界的易卜生研究都有十分重大的价值，缺少这一部分就不可能对易卜生的伟大贡献作出任何准确评价。《走向世界文学》一书中的许多文章如《鲁迅：先驱者的形象》《郁达夫：浪漫派？感伤主义？零余者？私小说家？》《徐志摩：性灵深处的妙悟》《蒋光慈：暴风雨的歌者》等都在这方面作出了不同的独特贡献。

第二，"五四"以来的现代文学，作为一个整体的产生，本身就是多种外国文化与中国的悠久文明相撞击的结果。离开了中外文化相互渗透的背景就不可能真正理清三十年代文学发展的历史脉络。例如不弄清三十年代苏联文艺政策、文艺思潮、文学作品对中国文学的影响就很难对左翼革命文学及其组织——左翼作家联盟作出正确而全面的历史评价；不了解鲁迅和"摩罗诗派"以及尼采、安德列耶夫和阿尔志跋绥夫等人的联系，就不可能理解鲁迅思想艺术的形成和发展。钱理群同志的《周作人：东西文化汇流中的历史抉择》是一篇颇有思想深度的论文。它将周作人置于英美、俄国两大文化传统的影响以及日本文化的影响所构成的"三棱镜"下，在读者面前勾勒出一个复杂的历史人物形象及其所经历的曲折道路，从而比别的文章更有说服力地分析了周作人从斗士到隐士到叛徒的复杂过程。宋永毅同志在他那篇《老舍：纯民族传统作家——审美错觉》一文中从"老舍在西方文学影响下形成的政治理想与信念"出发来解释

《猫城记》的弱点，也提出了较为深刻的见解。

第三，由于从中外文学关系的新角度出发，《走向世界文学》一书刷新了对一批现代文学作家的评价。一批长期被冷落、甚至划入禁区的作家由于在中外文学关系中形成了某些特点，开创了某些局面，在书中第一次被专章论述，如《施蛰存：对西方心理分析小说的响往》《废名：从冲淡、古朴到晦涩、神秘》《路翎：未完成的探索》《梁遇春：中国的爱利亚》等，另一批作家虽经常被提到，如老舍、许地山、何其芳、卞之琳等，但如此系统地多方面探讨他们与西方文学和印度文学的关系，这也还是第一次。还有一些作家，过去也曾提到他们与外国文学的关系，但在本书中，这些关系得到了更进一步的深入分析，如鲁迅、郭沫若、郁达夫、茅盾等。

总之，《走向世界文学》一书由于采取了新的方法和新的途径，因而为中国现代文学研究打开了一个新的天地，使人们感到在这个新的天地里还有大量课题等待着进一步的开掘。当然，和许多年轻人的新作一样，这本书也还有不少论证不严密、论据不充实，立论过大而论证不足的缺点，特别是全书仍是从个别作家出发，缺少带全局性、倾向性的对于各种流派的综合分析。然而，开创之功不可没，历史将永远记载《走向世界文学》一书在中国走向世界中的功勋。

“乡土文学”研究的新收获*

——读杜惠荣、王鸿儒《蹇先艾评传》

每一个具有现代文学史常识的人都熟悉蹇先艾这个名字，他是现代“乡土文学”的先驱者之一，是一位历经风霜，至今仍然活跃在文坛上的“五四”时代的老作家、老战士。如果对现代文学作更深入的考察，还会发现一个引人注目的文学现象：蹇先艾几乎是贵州这块西南边地本土唯一的现代乡土作家。这自然是中国现代文学发展的不平衡性的典型表现；而蹇先艾文学发展道路的研究，也就因此获得了一种“史”的价值与意义。杜惠荣、王鸿儒同志是贵州本土培育出来的现当代文学研究工作者，他们对这一饶有兴味的文学史研究课题，是有最充分的发言权的。尽管他们的专著《蹇先艾评传》并未着意于讨论这一问题，但专著对于蹇先艾创作道路与成就翔实而细致的分析，确能打开我们的思路，给我们以许多启示。本文作者正是在这一点上，对这部下了很大功夫，因而写得扎实有力的研究著作，感到浓厚的兴趣，并愿借这篇短评谈谈由这本书所引起的一些思索。

《评传》的作者详尽地叙述了蹇先艾由一个封闭的黔北山区的封建世家子弟，成为著名的现代作家的历史道路，并得出如下结论：“蹇先艾当年若不是走进了代表中国最高精神和物质文明的大城市，不是在这里感受到民主主义思潮的冲击，那么他是不可能从贵州山区封建宗法制思想的禁锢下尽早地解放出来”，成为一个现代作家的。这个论断是有说服力的，而且具有更普遍的意义：它从一个侧

* 原载《中国现代文学研究丛刊》，1987 年第 2 期。

面说明，中国现代文学不是中国传统文化封闭体系内部调整的产物，它从根本上说是在世界新文化、新思想影响下产生的。它是东西方文化互相撞击，从而引起传统文化根本变革的结果。正是这一基本历史特点决定了中国现代作家大都产生在对外开放、有可能接受外来文化冲击的地区，像贵州这样的远离现代新思潮的，偏远的古老中国的本土上，则不可能直接产生现代作家及现代作品。即使是取材于内地生活的“乡土文学”，以及蹇先艾这样的“乡土作家”，其产生的前提条件，恰恰是作家与本土的分离。必须首先在远隔本土的现代大城市的“异地”接受现代新思潮的冲击，从本土封建宗法社会造成的思想与艺术桎梏中解放出来，获得现代意识与情感，才有可能以全新的眼光去发现熟悉的本土生活的现代价值，从而创造出现代意义上的“乡土文学”，实现更高层次上的作家与本土生活的拥抱与结合。这就是说，“五四”乡土文学在本质上是觉醒了的现代作家，以西方文化作为参照系统，对本土文化进行的历史的“反观”与“反思”。如《评传》作者所说，蹇先艾用西方人道主义的眼光去反观贵州内地生活，就发现了“这块乡土上原始的习俗和世态”反人性的残酷与野蛮，进而热烈期待、诅咒反人性的封建宗法社会的死灭；但当他亲身感受着社会生活现代化过程（在旧中国现代化过程与半殖民地化过程几乎是同步的）中，必不可免的道德的废弛而陷入苦闷时，又意外地发现了这片乡土上蕴藏着的原始的本性的“母性之爱的伟大”（鲁迅语），并且为蒙着温情脉脉的“爱”的面纱的封建宗法社会的瓦解而产生“隐隐的乡愁”。诚然，这两种发现，以及两种情感反应之间，存在着矛盾，但正是这矛盾真实地表现着中国现代知识分子在西方文化撞击下，进行民族文化重建过程中所面临的选择的困惑与痛苦；这是“五四”以后“乡土文学”（也是蹇先艾创作）的内在价值的一个极重要的方面。

尽管“五四”时期“乡土文学”的提倡者（如周作人）曾试图赋予乡土文学以比较宽泛的文化意义。但是，由于现代中国政治问题所具有的特殊尖锐性，由于中国历史进程很快由“五四”思想革命转向政治革命，也由于蹇先艾这样的“五四”乡土作家所受外来文化影响中，以同情下层人民为主要特征，更具有民主主义色彩的俄罗斯与被压迫民族文化的影响的特别深刻，这就使得乡土文学以后的发展，越来越集中于传统文化的政治层面，即在压迫者与被压迫者的阶级对立中，探讨下层人民传统性格的优劣得失，并且随着中国革命事业的发展，下层人民（首先是农民）的作用日益受到重视，对其反抗精神的挖掘必然地成为乡土作家的主要兴趣所在。《评传》详尽地分析了蹇先艾乡土文学创作中，始终贯串着“反封建”的主题，越来越注重于“描写下层人民的优秀品质”，并逐步孕育了“初步的阶级观点”，强调“他的乡土观念便是国家观念的组成部分”，“当祖国遭受敌人蹂躏之时，他便踏上了反对帝国主义的爱国立场”，他的乡土文学也就溶入了“抗战文学”的主流之中。这些分析都大体符合蹇先艾的创作实际；而《评传》作者所得出的结论：蹇先艾“所走过的文学历程，和我国‘五四’以来新文学的发展基本上相一致”，也确切地说明了蹇先艾作为中国现代文学“主流派”作家的历史地位。在充分地肯定包括蹇先艾创作在内的“乡土文学”发展的政治化趋势所具有的历史必然性与积极意义的同时，也要看到任何肯定价值总是包含着自己的否定因素。“乡土文学”政治化的结果，造成了自身的特点逐渐消溶于时代主流文学的共性之中。蹇先艾本人曾经提醒我们注意，“早期的‘乡土文学’和后来发展了的‘乡土文学’是有所异趣的”①。《评传》引用了蹇老的这篇文章，却回避了这一重要观点，似乎是不应有的“疏忽”。

自然，局限性的存在也为后来者的发展提供了新的可能性，这也是显然的。我们现在正是从当代贵州文学的发展中，欣喜地看到了本文一开始所说的蹇先艾孤立现象的结束。贵州本土终于涌现出了一大批具有全国影响的现代作家，这是能够反映中国政治、经济、文化现代化及中国文学现代化历史进程的深入的。而我从这本《蹇先艾评传》中，更是看到了贵州本土培养出来的研究工作者的成熟。这是贵州出版的第一本现代文学研究专著，就已经达到了全国水平，不仅毫不逊色于文化发达地区出版的同类著作，而且具有自己的特点。全书材料的扎实，分析的确切，文笔的流畅，都显示出一种不可忽视的“实力”。据我所知，贵州已经拥有一批在思想与学识方面都有所准备的研究工作者，本书作者便是他们中的一个。因此，我们完全有理由期待本书的作者，以及贵州的现代文学研究工作者，特别是他们中的年青一代，能够不断地向学术界奉献出高质量的研究成果，为改变目前现代文学研究发展的不平衡状态，作出独特的贡献。

① 蹇先艾：《我所理解的乡土文学》，原载《文艺报》1984 年第 1 期。

我在美国所见*

今天我来，感到特别兴奋，听说樊骏同志今天早上报告做得特别好，而且一开始就说，现在是中国正在走向世界，世界也在走向中国。这就是我们现在的时代精神，就是我们历史的高度。他讲的和我想的完全一样。这和我们党中央提出的要面向世界、要进行改革等精神也是一致的。今天听了王瑶先生讲话，也非常鼓舞人心，大家做出了很多成绩，一个新的队伍正在成长。现在我向大家汇报一些我在国外了解到的中国现代文学研究状况。我想分三个问题汇报。第一个问题，国外目前把中国现代文学作为了解中国现代社会的一个重要手段，这是一种趋势，也可以说是一种学派。第二个问题，是对现代文学的比较研究。第三个问题，是用一些当前流行的新的文学分析方法来分析中国现代文学。我觉得美国(学术界)有一个办法很好，你在上面讲，底下就提问题。这对我有很大帮助，如果我能回答，就讲一讲，不能回答就回去想一想。我想，今天也可以留出一刻钟到廿分钟来谈谈大家所想要知道的问题。

现在来讲第一个问题。有一部分外国学者把中国现代文学作为了解现代中国的重要渠道，这与当前世界上关于“历史”的新概念有关系。过去我们对“历史”的了解，便是一些重大的历史事件和历史人物，并从中总结出规律性的东西。现在很多人认为历史，就是各个不同阶段的人民的实际社会生活。他们很重视实际的人民生活状

* 原载《中国现代文学研究丛刊》，1985 年第 1 期。这是作者在中国现代文学研究会第三次年会上的讲话。

况，特别是过去很少知道的偏僻地方人民的实际生活。譬如地方史的研究非常盛行，我在法国巴黎就碰到一个和我差不多大年纪的女学者，她告诉我她的博士论文是关于贵州的历史。我听了吓一跳，因为我就是贵州人，但从来不知道有谁研究贵州史。她那本出版的贵州史，用了很多教会的材料，神父、教士深入到少数民族地区，做了许多细致的调查，了解风土人情，有关民俗学、人类学，搜集了丰富的材料。我还知道很多人在研究上海史，而且很细，研究上海的警察史。我在加州大学伯克利分校，就知道有个教授研究上海警察史，我问他为什么专门研究警察史，他说他发现廿年代建立了上海警察制度的头头，便是伯克利大学的毕业生，他的毕业论文便是对伯克利警察制度的研究，回国后便把这一套带回去，建立了中国第一个比较严密的警察制度。可见他们对历史研究很细，大量研究地方史，口头历史，重视把留在口头的实际生活记录下来。美国现在有人在研究张申府(他属于中国的第一批共产党员，周总理的入党介绍人)，对他进行大量的录音，写他的传记，写他和罗素的关系，研究罗素哲学的传入。就是说对口头历史、地方历史、文献记录都很重视。目前在美国知识分子圈子中，市面上流行的黄色片、武侠片、功夫片、科幻片，都没有什么市场。很多人最爱看的是文献纪录片，比如中国城的日常生活，各个角落，不同地方的人是怎样在生活的。由于对“历史”观念的很大改变，文学就起了很重要的作用，因为它的确能具体展示社会生活的某些层面。当然文学不等于完全真实的历史，甚至一定是不真实的，因为是创作出来的，但是作者对现实生活的歪曲或理解和加工本身，也是历史的一个组成部分，也是一种人民的历史。所以，现在很多人在研究中国现代文学展示出来的中国现代生活。有些大学开了“从中国现代文学看中国现代社会”等课程就说明这种趋势。另外，政治系、社会系或历史系的有些课程中，也常以鲁迅、老舍的小说和茅盾的《蚀》与《子夜》为例。国外重视对中国现代文学的研究，不一定是认为这一时期产生了伟大的不朽作品和作家。他们重视的是这一时期是非常复杂的世界文化对一个悠久的伟大民族的文化产生影响的最好范例。一般认为，世界各民族的文化是不断地接近，不断地互相影响的，这与《共产党宣言》一书中所讲的也相一致。各民族的“精神产品”逐渐化成大家共有的财富，民族的片面性和局限性，日益成为不可能，将要由许多种民族的和地方的文学形成一种世界文学。国外新马克思主义者，很强调这一点。实际上中国文化曾受到三次大的冲击，引起很大的浪潮，对中国文化历史发展起了很好的作用。第一次是印度文化的传入，在魏晋时期印度佛教的传入，实际上是盛唐文化的先声，促进了盛唐文化的发展。第二次是“五四”时期资产阶级科学民主思想的传入，对封建意识形态是一次很大的冲击。于是产生了中国的新文化，新文学。第三次大的冲击，是马克思主义在三十年代普及到全中国，马克思主义也是外来文化，它是在三十年代逐渐生根、开花、结果的。这三次大的文化冲击和交融，具有各自不同的特点。第一次印度文化传入时，中国是比较强大的，魏晋时期思想家很多，中国的思想体系是完整的，而且是丰富的。印度佛教的传入，首先要依附中国文化本身。我不大懂佛教，好像开始依靠的是道家的一些说法，然后逐渐地加以改变，为中国所吸收，对中国有用的就发展起来，无用的就被淘汰了，逐渐形成了我们中国的佛教。中国的佛教和印度的佛教是很不相同的，具有中国自己的特点。“五四”时期，科学民主思潮传入时，我们的准备很不够，中国处于较弱的地位。各帝国主义国家带着政治、军事、经济、文化的强大优势，一下子涌进中国，所以产生了很多特殊现象。很多人用茅盾的《虹》和《蚀》来说明中国当时在中外古今之间的挣扎，我是同意这个看法的。

西方的东西进入中国有一个消化、变形的过程，和原来的不一样了。比如，《虹》里的梅女士她们演易卜生的《娜拉》，梅女士认为，娜拉不怎么样，真正有价值的是林顿夫人。因为她牺牲了自己，把“牺牲”作为一种她自己占有的东西来换取她所要求的东西，所以她是很勇敢的。第一次结婚她是为了母亲和妹妹，第二次结婚是为了救娜拉。所以，她是一个勇敢的女性。而娜拉自己却是脆弱的。她要救她的丈夫，可是真要付诸行动时，她却不敢向前走了。可见梅女士对娜拉有自己的理解，与易卜生的原意并不一定相符。

“五四”时期资产阶级文化的传入在中国造成了很大的混乱，与印度佛教传入时的情况是不一样的。我们可以看到选择、消化、吸收和变形的复杂过程。鲁迅《伤逝》中的子君就是出走以后的娜拉，中国社会决定了她是没有出路的。这已经有一个变形了。从茅盾的《创造》中也可以看到，一个文化人把一个未成熟的漂亮姑娘拿来改造成自己理想中的妻子，但是女主人在读了许多书后，成长起来走掉了，她找到了一条正确的出路，比改造她的人更高一筹，这是又一种娜拉。从这些现象中可以看到世界各种文化到中国以后所呈现的各种不同的状况。一般认为“五四”时期的文化汇合，在全世界的文化史上也是少见的。因为，当时不仅有西方文化，也有东方的文化，如印度的泰戈尔，还有大量日本的思潮等。这是一个很好的标本，用来说明全世界的文化怎样集中在一个地方，怎样结合在一起与一个古老的文化相撞击，被消化、被吸收。现在外国研究“五四”运动的书很多，其中很多都用现代文学作品作为例子来讲。

第三次浪潮——马克思主义的传入，也在现代文学中引起了很大的回响。事实上，三十年代以来，苏联的文学、文艺政策对我们的影响，始终没有很好清理过：哪些是马克思主义，哪些是“拉普”的极左思潮，都起了些什么好的、坏的作用等等。当时还有不少作品（如蒋光慈的）写到马克思主义传入以后在中国引起的反响。法国著名作家、曾任文化部长的马尔罗，六十年代曾访问过中国。他写了三本反映中国革命的小说，一本《人的命运》，写的是二十年代北伐革命时期的中国，和蒋光慈的作品又像又不像，他以一个外国人的眼光来看中国的北伐和地下工作。把他们两人的作品进行比较分析，可以从不同角度看到马克思主义在中国的反响。另外，在四十年代出现的一些小说中也可以看到，比如路翎的《财主的儿女们》，反映了马克思主义对中国文化的冲击在知识分子里面的反应。国外的社会学家、历史家常常把中国现代文学作为一种社会史料来看待。例如目前关于研究中国历史、近代史的最畅销的三本书是斯彭司所写的《姓王的女人》、《康熙传》和《天安门》，这些书都大量引用了文学作品中的材料，用来综合反映中国社会的生活。

第二个问题我要谈的是用比较的方法来研究中国现代文学。这种现象并不是偶然的，文学研究到了现在，各国家、各民族间的距离近了，让人感觉到世界越来越小。而文学研究本身也遇到了一些困难。比如莎士比亚，研究了这么多年就那么些书，想达到一个新的高度是很不容易的。就莎士比亚研究莎士比亚，很难提出新的看法。于是，很多人就找到了新的角度，把莎士比亚同中国的某些作家如汤显祖比较。伯克利大学东方语言文化系的系主任白之教授把莎士比亚的《冬天的故事》和汤显祖的《牡丹亭》作比较，研究田园风光在这两个剧本中的运用方法有什么不同，各自都有什么特点，这些特点又代表了什么不同的社会环境和历史时代，得出新的有意义的结论。在现代文学的研究方面，比较方法运用得也是较多的。例如去年白之教授开了一门课，专讲从文学发展的过程中来考察作品，他强调任何作品的出现都不是偶然的，都有一个承前启后的作用，要把文学作品放到一定的文学发展过程里面来研究。比如卓文君在《汉书》里只有简略的记载，在元曲里发展成一个故事，“五四”时期郭沫若写了“三个叛逆的女性”，着重写了卓文君。这样，就可以把这些作为一个系列来分析。可以看到，在不同的时代，不同的作者怎样增加了新的内容，怎样表达，怎样发展。再如潘金莲的形象，在《水浒传》、《金瓶梅》和元剧中都出现过，欧阳予倩在1923年也写了一部五幕剧《潘金莲》，认为潘金莲是一个非常勇敢的女性。她非常漂亮，因不愿屈从于财主而受到报复，被迫嫁给一个丑陋的人，她当然不愿意，因而追求自己喜欢的人，这是完全应该的。但在中国封建社会里，她接触不到别的男人，只能看到一个武松，她对武松的爱是很纯洁的，最后武松把她杀了，临死前她还认为死在武松的手里很高兴。为什么"五四"时期会发生这么大的变化呢？和过去有什么联系？他们认为，"五四"时期的文学并不是完全从外面来的，它有自己的继承性。这两个潘金莲和卓文君的系列就说明了这一点。这是外来的个性解放思想、叛逆的思想等在当时起了作用。于是，产生了郭沫若笔下的《卓文君》和欧阳予倩笔下的《潘金莲》。然后，白之教授又把中国的文学系列和欧洲的文学系列进行了比较。例如欧洲浮士德的形象，最初是民间传说，后来歌德写过，还有很多其他作家都写过，这也构成一个系列，也有历史的发展。然后，把这些系列和中国文学的系列作比较，看它们之间有什么共同和不同的地方，并用它们来说明这两个民族、两个地区、两个文化系列的不同。

白之教授开的第二门课是中国现代文学中的农民形象，他从鲁迅《故乡》里的闰土讲起，讲到茅盾描写北伐时期湖南农民运动中老农形象的《泥泞》，吴组缃《樊家铺》里的农妇，茅盾《水藻行》中两种全然不同的农民，再讲到台湾作品《嫁妆一牛车》中有点像阿 Q 的老实农民，再联系到《小二黑结婚》中的小二黑和《李顺大造屋》中的李顺大。他把"五四"以来的农民形象连成一气，着重研究作者和农民的关系以及主人公和读者的关系。例如从《泥泞》看，作者与农民的关系是同情的关系，农民低一等，是麻木的，作者是高一等，是清醒的。在《小二黑结婚》中，作者则在农民之下，小二黑形象高大，作者歌颂他，向他学习。《故乡》呢，作者和农民是平等的，不知道将来前面的路是怎样。墙与隔膜从何而来，用何方式来消灭，只有模糊的希望。作者也没有高高在上，也没有歌颂农民，所以这是平行的。白之教授把这些不同的关系画成曲线，以纵坐标表示不同年代，横坐标表示作者与农民的关系，或上或下，这个曲线与中国革命的发展基本吻合。再把这个中国农民的系列与曲线和欧洲小说、俄国小说中的农民相比，得出一些很有意思的结论。这种比较研究，不只是孤立地拿作品与作品比，限于表面地谈谈哪些地方受到什么影响。这种总的体系的比较，便于找出不同文学体系的特点与时代特点，不觉表面与单调。当然还有许多不同方法的比较，例如分析同一种文艺思潮在不同国家的发展，如现实主义在中国、欧洲、拉丁美洲、非洲就是不一样的；欧洲的浪漫主义思潮传到中国也变了形；先锋派思潮，像水一样流过中国，但并未生根；自然主义在中国，已不是原来意思的自然主义，而已接近现实主义。王瑶先生出博士研究生题，出得非常好，要考生解释写实主义、现实主义、批判现实主义、革命现实主义、社会主义现实主义在中国文学史上出现的不同历史时期，以及它们所代表的不同思潮与观念。这个题目能考出一个人的水平。这五个主义联成一个系列，考察其源流，能说明文艺思潮不同时期的不同发展。哈佛有一个博士研究生，研究象征主义如何通过李金发在中国风行一时，后来如何戛然而止。另外，还有不少人不仅研究外国文学对中国文学的影响，也研究中国文学对外国文学的影响。这比较多的是指古代，如李白对现代派诗的创始人庞德就有很大影响，庞德也承认；还有山水诗、禅宗、王维、寒山诗的影响等，也都有人研究。还有一些文章研究东方文学的互相渗透和影响，例如巴金的《家》对马来西亚的华语文学的影响，以及在朝鲜的影响等。我在巴黎遇到一些汉学家，他们正在编写一本书，讲中国文学在亚洲文化形成中的作用。有一篇文章讲《剪灯新话》如何流传到朝鲜，许多朝鲜小说都在《剪灯新话》的影响下发展起来。这是一个新课题，研究东方文学本身的影响。新加坡等华侨地区都在研究中国文学的影响。最后，还有一些学者致力于中西文学相互影响的研究，例如1982年我去德国，有个挪威的学者，研究易卜生《娜拉》对中国的影响，如在《伤逝》《创造》《虹》里都有《娜拉》的变形，而这些东西反过来对挪威的易卜生研究也有很大影响。过去我们总是用西方文艺理论概念来解释中国文学，现在反过来人们开始重视用中国理论概念来研究西方文学，这是新的趋势。此如普林斯顿大学研究《红楼梦》，过去认为结构很乱，从西方概念看，是无结构论，是低级阶段。现在认为这是一种不同的"间织"结构的方法，用不同色彩和线索交织起来，然后用"间织"理论来研究西方现代作品，像福克纳、普罗斯特的作品，也有新的启发。如用神似、意境、韵味等中国文论概念来分析西方作品，也会得到新的结论。这种交流可以打破文学研究停滞的局面，可以互相得到启发。当然，大多数学者还是研究西方对中国的影响，因从"五四"以来这方面很突出。

第三个问题，关于国外如何用西方的文学分析方法来研究中国现代文学。目前在文学批评方面用得很多的是"叙述学"。六十年代以来，结构主义已经不再盛行，现在完全用结构主义来分析作品的已经很少。叙述学强调小说写得好不好，动不动人，有没有艺术水平，关键不在于故事，而在于如何叙述。艺术性的不同关键在于叙述的不同。为什么会不同？他们分析得很细。首先列一个公式：

作者⟶拟想作者⟶叙述者⟶作品中的人物⟶叙述对象⟶拟想读者⟶读者。

公式中第一是“作者”，是真实的作者，“拟想作者”只是作品中表现出来的作者。“叙述者”是叙述故事的人，如《故乡》中的“我”。“叙述对象”是“叙述者”所叙述的对象，然后是“拟想的读者”，最后是“真正的读者”。如用吴组缃先生的《官官的补品》为例。作品中少爷吃人奶做补品。作者是完整的吴先生，“拟想作者”则是表现在这个作品中的吴先生的一部分，“叙述者”是官官自己。“拟想作者”与叙述者官官对待农民的态度是完全不同的。叙述者官官认为农民不交租坐牢是应该的，剥削是完全合理的，而“拟想作者”通过官官的口吻，给读者的信息却恰好相反，然后是“拟想的读者”得到了与叙述者官官的愿望完全不同的结论。叙述学提倡把一个作品打散成最小的因素，这便是“命题”。“命题”有三部分，一个是名词，一个是属性，形容词，第三个是动词。如“一朵红花枯萎了”这是一个命题，“一个小姑娘把这朵红花摘下来”也是一个命题。叙述学相信只有一个命题又一个命题的比较分析，才可能发现艺术的魅力所在。他们认为《官官的补品》所以好，所以有“反讽”的意味，正是由于叙述者与拟想作者的观点完全相反，叙述者官官讲得愈是理直气壮，拟想作者传达给拟想读者的信息愈是叙述者的蛮不讲理。再如台湾作家朱西宁的《破晓前后》，主要情节与《错斩崔宁》相似，叙述辛亥革命前后，一个农村青年花了钱买得一个衙役的职务，头一天便遇到与错斩崔宁相类似的事。从《错斩崔宁》到《双熊梦》到《十五贯》都是一个封闭性的故事，有一个最后结局，善有善报，恶有恶报。《破晓前后》整个故事大部分是透过小衙役的眼光来叙述的，结尾时这个小衙役很觉不安，感到这碗亏心饭没法吃。但究竟如何，并无结论，结局是开放性的。一个美国学者曾把《破晓前后》和《错斩崔宁》分解成许多命题，逐个加以对此，用来说明中国传统小说与现代小说在叙述方法上的不同。

另外，现象学的哲学思潮也在文学批评方面引起了相当强烈的反响。现象学提倡不只注意经验中的客体或经验中的主体，而要集中探讨物体与意识的交接点。现象学派的文学理论特别强调在探讨文学作品时，不但要顾及作品本身，而且要同样重视对作品的种种反应。所以作品并不等于印好的书，因为书一定要通过读者的阅读和意识才能有生命，成为“作品”。对于不识字的人，书只是一堆纸。因此小说必须能激发读者自己去建造一个“小说世界”，也就是说作品的意义不得不有赖于诠释活动才能存在。这就产生了所谓诠释学。诠释学在西方首先从解释《圣经》开始，就跟我们要注释六经一样。现在把诠释学运用到文学上来，比如分析肖军的《羊》。这个故事发生在监狱里，一个囚犯一面看着窗外的海，一面看着监狱。这里有很多不好解释的地方，比方说这个囚犯是什么人，他的待遇为何与别人不一样(他还有看报的自由)？为什么这个窗户一面向着海，一面向着囚牢，这有什么象征意义？为什么小说的题目叫《羊》？监狱有个偷羊贼，偷来的一只母羊在牢里生了小羊，没东西吃，小羊便死了，偷羊贼也被折磨死。后来有个小孩与囚犯说话，小孩又到苏联去了，这里有很多谜。诠释学的方法就是要找出所有悬念，由读者自己来解释各种问题。提倡诠释学的人认为没有读者创造性的艺术活动，所有的文学都是没有价值的。再如他们分析师陀的《一吻》，把它和鲁迅的《故乡》比较，因为它们的结构都是一个人经过许多沧桑变化又回到故乡，但效果不同，都有很多隐藏的东西难以解释。从现象学的角度来分析，看读者和作者在哪些地方能汇合。用这种方法来分析茅盾的《水藻行》也很有意思。《水藻行》的结尾是开放性的，作者并没有说明作品冲突的结局，那位强壮的农民可能是打官司，可能被抓，也可能造反，或许就照原样活下去，读者可以根据不同分析得出自己的结论。总之，作品愈能最大限度地调动读者的想象力，就愈是好作品。

总之，西方现在的文学理论、文学批评方法，甚至历史概念，都变化得很快。三十年来，继新批评派之后，结构主义、叙述学都很强调与作者和读者绝缘的“本文分析”，但许多学者已经感到这种绝缘的分析不行，如诠释学，特别强调诠释的循环，读者要了解作者想讲些什么，必须回到作者的时空。想了解肖军的《羊》，必须了解肖军所处的时代和社会背景、条件。但读者在了解《羊》时必然带有读者自己的主观色彩，不可能完全客观。所以，必须要回到读者本身的时空，才能了解作者的时空，这便是一个循环。从这里可以看到文艺理论的发展，又逐步回到社会生活，回到人与人的关系，回到作品与读者和作者的联系，不能孤立地只看一个小的结构。这是总的发展趋势。德国的法兰克福学派、新马克思主义，在英、法、美都有很大发展，特别在英国，特雷·伊戈顿的《文艺批评》小册子(已有中文译本)和 1980、1983 年出版的《文学理论》，试图把马克思主义根本理论推向前进，以解释几十年来新发生的各种文学现象，作出了很有意义的贡献。实际上马克思主义在最近三十年来有了很大发展，很值得注意，至少应该认真研究。马克思主义本身也不是一个封闭性的体系，而是开放性的，要不断吸取人类新的历史经验，在解释各种新事物、新现象的过程中发展、更新、创造，使自身更加完美，这就是几年来我深深感觉到的。

乐黛云主要著作目录

一、专著

1.《中国文化与世界文化》，北京：北京出版社，2020。

2.《乐黛云讲比较文学》，北京：商务印书馆，2019。

3.《朝向“人类命运共同体”》，贵阳：贵州人民出版社，2018。

4.《跨文化之桥》，北京：北京大学出版社，2017。

5.《跨文化方法论初探》，北京：中国大百科全书出版社，2016。

6.《师道师说》，北京：东方出版社，2016。

7.《何处是归程》，北京：中央编译出版社，2015。

8.《乐黛云散文集》，南京：译林出版社，2015。

9.《多元文化中的中国思想：21 世纪跨文化流通十六讲》，北京：中华书局，2015。

10.《比较文学与中国现代文学》，福州：福建教育出版社，2015。

11.《涅槃与再生——在多元重构中复兴》，北京：中央编译出版社，2015。

12.《漫游书海——书评书序》，上海：东方出版中心，2012。

13.《跨越文化边界——学术随笔》，上海：东方出版中心，2012。

14.《长天依是旧沙鸥：散文杂感》，上海：东方出版中心，2012。

15.《逝水与流光》，长春：长春出版社，2012。

16.《清溪水慢慢流》，上海：东方出版中心，2012。

17.《跟踪比较文学学科的复兴之路》，上海：复旦大学出版社，2011。

18.《当代名家学术思想文库·乐黛云卷》，沈阳：万卷出版公司，2010。

19.《四院·沙滩·未名湖——60 年北大生涯(1948—2008)》，北京：北京大学出版社，2008。

20.《乐黛云散文选》，北京：民族出版社，2008。

21.《比较文学研究》(与王向远合著)，福州：福建人民出版社，2006。

22.《中国知识分子的形与神》，北京：昆仑出版社，2006。

23.《比较文学与比较文化十讲》，上海：复旦大学出版社，2004。

24.《比较文学简明教程》，北京：北京大学出版社，2003。

25.《跨文化之桥》，北京：北京大学出版社，2002。

26.《绝色霜枫》，南昌：百花洲文艺出版社，2000。

27.《自然》[与安娜·索瓦涅阿尔戈(Anne Sauvagnarguse)合著]，上海：上海文化出版社；法国：法国 Desclee de Brouwer 出版社，2000。

28.《比较文学原理新编》(乐黛云等著)，北京：北京大学出版社，1998。

29.《透过历史的烟尘》，北京：北京大学出版社，1997。

30.《我就是我：这历史属于我自己》，台北：正中书局，1995。

31.《比较文学原理》，长沙：湖南文艺出版社，1988。

32.《比较文学与中国现代文学》，北京：北京大学出版社，1987。

33.《光荣归于斯大林》，北京：中国人民大学国文教研室，1952。

二、主编

1.《跨文化对话》(与李比雄共同主编)1—43 辑，上海：上海文化出版社/南京：江苏人民出版社/北京：生活·读书·新知三联书店/北京：商务印书馆，1998—2020。

2.《学衡》(第一辑)，胡士颖，潘静如分册主编，北京：北京联合出版有限责任公司，2020。

3.《全球视野下的中国文化本位》，《跨文化对话》第 17 辑至 36 辑精选 Ⅰ(与陈越光共同主编)，北京：中国人民大学出版社，2018。

4.《全球治理、国家治理与社会治理》，《跨文化对话》第 17 辑至 36 辑精选Ⅱ(与陈越光共同主编)，北京：中国人民大学出版社，2018。

5.《得失穷通任评说——他人评论》，上海：东方出版中心，2012。

6.《比较文学研究》，武汉：湖北教育出版社，2008。

7.《编年史：中欧跨文化对话(1988—2005)：建设一个多样而协力的世界》(与金丝燕共同主编)，南京：南京大学出版社，2008。

8.《21 世纪中国百部苗学文库》(与朱群慧、东旻共同主编)，北京：中国文史出版社，2006。

9.《迎接新的文化转型时期》，《跨文化对话》丛刊(1—16 辑)精选(与钱林森、金丝燕共同主编)，上海：上海文化出版社，2006。

10.《中外比较文学名著导读》(与陈惇共同主编)，杭州：浙江大学出版社，2006。

11.《中学西渐丛书》，北京：首都师范大学出版社，2006。

12.《多元之美》(与孟华共同主编)，北京：北京大学出版社，2009。

13.《跨文化沟通个案研究丛书》，北京：文津出版社，2005。

14.《比较文学论集》(与钱林森共同主编)，南京：译林出版社，2004。

15.《中国文学在国外丛书》，广州：花城出版社，2002。

16.《文化传递与文学形象》(与张辉共同主编)，北京：北京大学出版社，1999。

17.《风景的哲学》，天津：天津人民出版社，1997。

18.《快乐的期待》，天津：天津人民出版社，1997。

19.《远离喧嚣》，天津：天津人民出版社，1997。

20.《独角兽与龙：在寻找中西文化普遍性中的误读》[与阿兰·勒·比松(Alain Le Pichon)共同主编]，北京：北京大学出版社，1995。

21.《当代英语世界鲁迅研究》，南昌：江西人民出版社，1993。

22.《西方文艺思潮与二十世纪中国文学》(与王宁共同主编)，北京：中国社会科学出版社，1990。

23.《中西比较文学教程》，北京：高等教育出版社，1988。

24.《中国比较文学年鉴(1986)》(与杨周翰共同主编)，北京：北京大学出版社，1987。

25.《国外鲁迅研究论集(1960—1980)》，北京：北京大学出版社，1981。